Christian
Stöcker

# Die Große
# Beschleunigung

Klimawandel,
Digitalisierung,
Wirtschaftswachstum –
wie wir uns in einer
sich exponentiell
verändernden Welt
behaupten können

Pantheon

Die Originalausgabe erschien 2020
unter dem Titel *Das Experiment sind wir*
im Karl Blessing Verlag, München.



*Für Anna, Clara und Lisa*

MIX
Papier | Fördert gute Waldnutzung
FSC® C083411

Klimaneutral*
Druckprodukt
ClimatePartner.com/14044-1912-1001

Penguin Random House Verlagsgruppe FSC® N001967

1. Auflage


Grafik Vor- u. Nachsatz: Angaben: Steffen, W., W. Broadgate, L. Deutsch, O. Gaffney, C. Ludwig. 2015. The trajectory of the Anthropocene: The great acceleration. The Anthropocene Review.
Karte u. Design: Félix Pharand-Deschênes/Globaïa
Umschlaggestaltung: BÜRO JORGE SCHMIDT, München
Satz: Leingärtner, Nabburg
Druck und Bindung: CPI books GmbH, Leck
Printed in the EU
ISBN 978-3-570-55489-0

www.pantheon-verlag.de

# INHALT

# VORWORT

Dieses Buch handelt von beschleunigten Entwicklungen, und man könnte ja meinen, dass so ein Text schlecht altert. Die erste Ausgabe erschien im Jahr 2020 unter dem Titel *Das Experiment sind wir*, mitten in der Corona-Pandemie. Seitdem ist, wie es das Buch prognostiziert, eine Menge passiert. Manches davon war nicht vorherzusehen – mit einem russischen Angriffskrieg gegen die Ukraine zum Beispiel haben 2020 wohl nur Wenige gerechnet. Anderes war durchaus zu erwarten – und diejenigen, die dieses Buch damals schon gelesen haben, waren von der einen oder anderen Entwicklung vermutlich weit weniger überrascht als andere.

Ständiges Überraschtwerden ist etwas, an das wir alle uns werden gewöhnen müssen. Wir alle leben in einem Zeitalter, in dem ständige Beschleunigung ein zentrales Merkmal sehr vieler, auf den ersten Blick voneinander unabhängiger Entwicklungen ist. Beschleunigung aber erzeugt ab einem bestimmten Punkt Veränderungen, die so schnell passieren, dass sie wie Sprünge wirken. Leben in beschleunigten Zeiten heißt also: leben mit ständigen Überraschungen.

Eine dieser Überraschungen fiel in die Entstehungsphase dieses Buchs: Als das Konzept und die ersten Kapitel entstanden, war noch keine globale Viruspandemie in Sicht. Die Vorstellung, dass mitten in Europa viele Menschen maskiert durch ihren Alltag gehen würden, um die Ausbreitung einer unsichtbaren Bedrohung zu bremsen, erschien abwegig. Der Grund für die Bedrohlichkeit von Covid-19 war, neben der Gefährlichkeit des Virus selbst, sein Tempo, seine Beschleunigung.

Erfolgreiche Viren verbreiten sich, wenn sie nicht aufgehalten werden, in einer befallenen Population exponentiell. Und exponentiell heißt, sehr kurz gefasst: immer schneller. Vor der Pandemie waren Exponentialfunktionen ein Thema für Wissenschaftlerinnen und Wagniskapitalfirmen, nicht für die Hauptnachrichten im Fernsehen und die Bundeskanzlerin.

Exponentialfunktionen sind ein zentrales Thema dieses Buches, aber es geht darin nicht in erster Linie um die rapide Ausbreitung von Covid-19. Die Corona-Pandemie hat das Konzept des exponentiellen Wachstums ins Blickfeld einer weit größeren Anzahl von Menschen als je zuvor gerückt. Wie sehr die Exponentialfunktion mittlerweile aber auch sonst die Geschicke der Menschheit bestimmt, scheint mir noch nicht im öffentlichen Bewusstsein angekommen zu sein.

Eine ganze Reihe von Kennzahlen und Messwerten verändert sich seit vielen Jahrzehnten exponentiell. Das betrifft technologische Entwicklungen genauso wie ökologische, wirtschaftliche ebenso wie gesellschaftliche. Ein Zusammenschluss Tausender Wissenschaftlerinnen und Wissenschaftler, das sogenannte International Geosphere-Biosphere Programme, hat für diesen historisch einmaligen Vorgang den Begriff »Die Große Beschleunigung«[1] geprägt.

Diese Große Beschleunigung ist das zentrale Thema dieses Buches. Sie beeinflusst heute das Leben jedes einzelnen Menschen – und auch aller Tiere und Pflanzen – auf diesem Planeten. Sie könnte die Menschheit in den Abgrund reißen oder uns dabei helfen, den Planeten und uns selbst doch noch zu retten vor Klimakatastrophe, Umweltzerstörung und Massenaussterben.

Die Große Beschleunigung ist im Alltag oft kaum erkennbar, weil sie unser Leben zwar atemberaubend schnell verändert, aber eben doch langsamer, als unsere Alltagswahrnehmung das erfassen kann. Gleichzeitig sind in uns allen psychologische Mechanismen am Werk, die die Wahrnehmung dieser Entwicklung dämpfen: Zum Beispiel gewöhnen wir uns an völlig neue Aspekte unseres Lebens, so wie die jetzt allgegenwärtigen Smartphones, so rasch, dass in kurzer Zeit aus dem Blick gerät, wie schnell und nachhaltig die Veränderungen sind, die sie mit sich bringen. Wir leiden an den Anpassungsschwierigkeiten – ständige Ablenkung, mangelnde Smartphone-Etikette, Desinformation, Propaganda, Mobbing, Konformitätsdruck, überhitzte, überhastete Debatten und so weiter – und bringen sie doch nicht mit ihrer eigentlichen Ursache in Verbindung: dem irrwitzigen Veränderungstempo, das uns alle oft genug überfordert. Menschen sind einzigartig anpassungsfähig, aber nicht unbegrenzt schnell.

Gleichzeitig haben wir einen eingebauten Sinn für Nostalgie: Die meisten Menschen verklären die Vergangenheit auf die eine oder andere Weise, ganz automatisch. Das Gefühl, dass früher alles besser war, gehört zu den angeborenen Grundkonstanten der menschlichen Psyche, es schützt uns nämlich im Idealfall vor nachhaltiger Traumatisierung. Das aber macht den konstruktiven Umgang mit einer sich exponentiell verändernden Welt besonders schwierig.

Es gibt Menschen, die das vage Gefühl der unkontrollierbaren Beschleunigung in eine Art apokalyptisches politisches Programm umgedeutet haben: Sogenannte Akzelerationisten glauben daran, dass die Zivilisation demnächst zusammenbrechen wird, ja, sie sehnen diesen Zusammenbruch herbei und wollen ihn sogar vorantreiben. Sie glauben, dass sie und ihresgleichen dabei einen Sieg davontragen werden. Meist ist diese Ideologie mit Menschenverachtung,

Rassismus und Gewaltbereitschaft gepaart – zu ihren Anhängern gehörte beispielsweise der rechtsextreme Terrorist, der 2019 im neuseeländischen Christchurch 51 Menschen erschoss[2]. Auch der Deutsche, der in Halle im Jahr 2019 eine Synagoge angriff und dann zwei Menschen tötete, glaubte an akzelerationistische Ideen, ebenso wie bewaffnete Bürgerkriegsfans und Neonazis[3] in den USA und anderswo.

Um diese Strömungen geht es in diesem Buch aber nicht. Es handelt nicht von Untergangslust und Menschenverachtung. Es ist auch keine apokalyptische Warnung – obwohl es durchaus vieles gibt, wovor dringend und noch weit lauter zu warnen ist.

Das Buch behandelt die Frage, wie wir die Große Beschleunigung so verstehen, lenken und formen können, dass sie die Menschheit nicht nur *nicht* in den Abgrund führt, sondern möglichst allen Menschen ein besseres Leben ermöglicht. Es enthält keine Patentrezepte, aber Ansätze, Ideen und Denkrichtungen. Tatsächlich hat die Beschleunigung der vergangenen etwa 70 Jahre vielen Menschen weltweit große Verbesserungen gebracht: eine immer weiter steigende Lebenserwartung, mehr Bildung, weit weniger extreme Armut, dramatisch gesunkene Kindersterblichkeit, bessere medizinische Versorgung. Aber sie hat die Menschheit auch in eine sehr gefährliche Lage gebracht.

Es ist schwierig, da den Überblick zu behalten. Die Große Beschleunigung kann einen schwindelig machen, verwirren, verängstigen, zur Verzweiflung treiben. Sie kann uns aber durchaus auch nützen. Und dieses Buch kann beim Umgang mit dem wachsenden Tempo helfen.

Weil die Große Beschleunigung so viele Aspekte unseres Zusammenlebens und unserer Umwelt gleichzeitig betrifft, geht es in diesem Buch auch um eine auf den ersten Blick womöglich verwirrende Vielfalt von Themen: lernende Maschinen und unsere Vorstellung von Bildung, Biotechnologie und das Weltklima, Suchmaschinen, soziale Netzwerke und Grundlagen der Psychologie, Informationstheorie und Achtsamkeit, Science-Fiction und das jahrtausendealte Brettspiel Go.

Es enthält dazu unter anderem siebzehn Exkurse zu Fragen, die von »Was ist ein Experiment?« über »Wie legt man sich Resilienz gegen digitale Ablenkung zu?« bis hin zu »Woher kommt in Zukunft die Energie?« reichen. Es ist damit auch eine Art Nachschlagewerk für Zukunftsthemen. Die Antworten auf diese Fragen sind im Jahr 2023 und darüber hinaus unverändert aktuell. Eilige Leserinnen und Leser, die das Gefühl haben, über einzelne Themen schon gut informiert zu sein, können diese Exkurse jederzeit überspringen. Der übrige Text funktioniert im Zweifelsfall auch ohne diese erklärenden Abschnitte. Dennoch sind sie ein zentrales Element des Buches: Allgemeinbildung für die neue Zeit, in der wir jetzt schon leben. All die vielen Themen hängen, auch wenn es auf den ersten Blick nicht so scheinen mag, durchaus zusammen. Spätestens beim Lesen des Nachworts werden hoffentlich auch Sie dieses Gefühl haben.

Kapitel zwei zum Beispiel wird Ihnen ermöglichen, die mittlerweile im Alltag angekommene rapide Verbesserung lernender Maschinen wie ChatGPT zu verstehen, die oft als »künstliche Intelligenz« bezeichnet werden. Das Kapitel erklärt die Grundlagen und die jüngere Geschichte dieser Technologie, die unser aller Alltagsleben in den kommenden Jahren massiv beeinflussen wird. Kapitel acht, neun und zehn helfen dabei, die umfassenden Auswirkungen zu verstehen und zu beurteilen, die diese Technologie schon jetzt hat – aber auch die Gefahren, die mit ihr verbunden sind.

Wenn Sie Kapitel sechs gelesen haben, werden Sie verstehen, wie es gelingen konnte, in so kurzer Zeit Covid-19-Impfstoffe mit einer bis dahin nie genutzten Impfstofftechnologie herzustellen. Die Antwort hat mit der Verzahnung von maschinellem Lernen und Biotechnologie zu tun, und mit der Verwandtschaft von DNA und digitalen Daten.

Kapitel sieben und elf werden Ihnen ein neues Verständnis dafür eröffnen, was wir psychologisch heute schon über uns selbst wissen – und inwiefern das einerseits mit Desinformation im Internet, andererseits mit unserem Umgang mit Klimakrise und Artensterben zusammenhängt.

Kapitel zwölf schließlich enthält eine Hoffnung machende, auf Daten, Fakten und wissenschaftlichen Erkenntnissen basierende Botschaft: Wir haben sowohl das Potenzial als auch die Möglichkeiten und Werkzeuge, die schlimmsten Auswirkungen menschlichen Fehlverhaltens noch rechtzeitig zu korrigieren. Das Kapitel wird ihnen außerdem verständlich machen, worüber nicht nur Fachleute mittlerweile erbittert streiten: Welche Veränderungen unsere Wirtschaftssysteme brauchen, um uns nicht allesamt in den Abgrund zu reißen. Kapitel zwölf gibt auch eine Antwort auf die Frage, warum der pauschal benutzte Begriff »Wachstum« heute eher irreführend ist.

In diesem letzten Kapitel geht es darüber hinaus um den schon 2020 exponentiellen Ausbau erneuerbarer Energien in China. Im Jahr 2022 hat die Regierung von Joe Biden in den USA ein Gesetzespaket verabschiedet, das auch dort zu einem rasanten Ausbau von Wind- und Solarenergie, Speichertechnologie und Elektromobilität führen wird, Europa wird zweifellos nachziehen. Einige der positiven, wünschenswerten Exponentialfunktionen, um die es in diesem Buch auch geht, nehmen gerade Fahrt auf – zum Glück.

Die Beschleunigung wird weitergehen. Wenn Sie dieses Buch gelesen haben, sind Sie dafür besser gerüstet.

*Christian Stöcker, Hamburg, im Februar 2023*

# 1 DAS EXPERIMENT SIND WIR

»Die größte Schwäche der Menschheit ist ihre Unfähigkeit, die Exponentialfunktion zu verstehen.«

*Der Physiker Al Bartlett in* The Essential Exponential!

»Bemühen wir uns nicht, in die Zukunft zu spähen, um die dort lauernden Gefahren zu erkennen, so dass wir unseren Kurs ändern können, um sie zu umschiffen?«

*Elizabeth Kolbert,* Das sechste Sterben

Lassen Sie sich bitte auf folgendes gedankliche Experiment ein: Zwei Personen gehen jeweils 30 Schritte. Die erste macht normale Schritte, eins plus eins plus eins plus eins, und ist anschließend 30 Schritte weit weg. Die zweite hat Supersiebenmeilenstiefel an und macht exponentielle Schritte: Jeder Schritt ist doppelt so lang wie der vorangegangene. 1 plus 2 plus 4 plus 8 plus 16 und so weiter.

Wie weit kommt die zweite Person in 30 Schritten? Schätzen Sie mal, schnell, ohne Nachdenken oder Hilfsmittel.

Die richtige Antwort lautet: Person zwei hat nach 30 Schritten nasse Füße, denn sie hat den Erdball fast 30 Mal umrundet.

Wir Menschen, das haben Sie gerade selbst erlebt, sind sensationell schlecht darin, exponentielle Entwicklungen kognitiv zu erfassen. Wir können das einfach nicht. Wir haben uns Werkzeuge gebaut – zuallererst natürlich die Mathematik –, um damit umzugehen, dass es Exponentialfunktionen wirklich gibt.

Wir haben grafische Darstellungen entwickelt, die das Verrückte, Explosive dieser Art von Funktion in ordentliche, scheinbar übersichtliche Diagramme pressen: Die Kurve wird nach rechts immer steiler, irgendwann sieht sie fast senkrecht aus. Aber was das wirklich bedeutet, geht nicht in unsere Köpfe.

Persönlich, als Sinneseindruck vertraut sind uns exponentielle Entwicklungen vor allem aus Hollywood-Filmen: Explosionen verlaufen nämlich – vorübergehend – exponentiell. Allerdings geht dabei in der Regel etwas kaputt. Im Pandemiejahr 2020 ist die Exponentialfunktion vermutlich mehr Menschen ins Bewusstsein gedrungen als je zuvor, aber auch da zeigte sich wieder: Selbst Regierungen, die es besser wissen sollten, gut beraten von Epidemiologen, deren Beruf die Beschäftigung mit Exponentialfunktionen ist, scheiterten zunächst. Die exponentielle Ausbreitung des Covid-19-Virus stellte Gesundheitssysteme auf die Probe und illustrierte einmal mehr unsere Unfähigkeit, uns vorzustellen, wie es wirklich aussieht, wenn die Fallzahl von heute sich morgen verdoppelt, übermorgen vervierfacht und noch einen Tag später verachtfacht hat.

Es gibt eine berühmte Geschichte, die diese Unfähigkeit illustriert: die vom Erfinder des Schachspiels, der von einem indischen König zur Belohnung angeblich bescheiden erbat, für jedes weitere Feld auf dem Brett jeweils doppelt so viele Reiskörner zu bekommen. Die Zahl, die dabei auf Feld Nummer 64 herauskommt, hat 21 Stellen. Der nötige Reis hätte damit ein Gesamtgewicht von vielen Billionen Tonnen. Angeblich verlor der oberschlaue Spielerfinder seinen Kopf, als der König das endlich begriffen hatte.

Wir alle sind im Moment ein bisschen wie der König in der Geschichte. Wir stecken mitten in einer exponentiellen Entwicklung, eigentlich sogar einem ganzen Bündel davon, schon seit Jahrzehnten, die wir aber nach wie vor nicht wirklich begreifen. In manchen

Bereichen sind wir gerade irgendwo im Knie der Exponentialkurve, in anderen sind wir schon da angekommen, wo die Kurve fast senkrecht aussieht. Wir sind das größte Experiment der Menschheitsgeschichte, allerdings eines ohne Kontrollgruppe: Können acht Milliarden Menschen, die wenig mit Exponentialfunktionen anfangen können, mit einer sich exponentiell verändernden Welt umgehen oder nicht? Zumal wir es eben nicht mit einer, sondern gleich mit mehreren Entwicklungen zu tun haben, die das Leben auf der ganzen Welt zwangsläufig radikal verändern werden. Und wir haben sie alle selbst verursacht. Das gilt in gewisser Weise auch für das Coronavirus.

**Exkurs: Was ist ein Experiment?**

Ein Experiment ist, im Kern: ausprobieren, was passiert, wenn man etwas verändert. Die größte Schwierigkeit dabei ist, wenn man es richtig machen will, am Ende mit Sicherheit sagen zu können, dass das, was passiert, auch tatsächlich auf das zurückzuführen ist, was man verändert hat. In der Wissenschaft versucht man, diesem Problem mit dem Prinzip der *isolierenden Variation* zu begegnen: Es wird, unter kontrollierten Bedingungen, genau eine Sache verändert, alles andere hält man konstant. Das, was man verändert, wird *unabhängige Variable* genannt. Das, was man misst, nennt man *abhängige Variable*. Verändert sich die abhängige Variable, je nachdem, wie die unabhängige Variable aussieht? Wird das Schnitzel wirklich zarter, wenn man es vorher kräftig platt geklopft hat? Dazu muss man ein geklopftes und ein nicht geklopftes Schnitzel parallel und ansonsten völlig gleich zubereiten. Ein echtes Experiment hat man nur dann gemacht, wenn es wirklich möglich ist, die unabhängige Variable selbst aktiv zu verändern. Die Fragestellung »Verdienen ältere Leute mehr als jüngere?« kann man deshalb nicht experimentell beantworten: Das Alter der Probanden lässt sich nicht aktiv variieren. Zwar gibt es einen Zusammenhang zwischen Lebensalter und Durchschnittsverdienst – aber der basiert nicht auf einer Kausalbeziehung, sondern auf einer Korrelation. Ob die Veränderung der einen Variable wirklich die *Ursache* für die Ausprägung der zweiten, der *abhängigen* Variable ist, kann man ausschließlich mit einem kontrollierten Experiment klären. Kausale Aussagen darüber, was das Alter, das Geschlecht oder andere nicht aktiv und kontrolliert veränderbare Variablen angeblich für Auswirkungen haben, sind deshalb prinzipiell unzulässig. Solche Variablen *korrelieren* allenfalls mit anderen. Ältere Menschen verdienen oft mehr als jüngere, aber beileibe nicht immer.

Selbstverständlich kann man kontrollierte Experimente auch mit Menschen durchführen, und das passiert auch schon seit vielen Jahrzehnten in großem Stil. Die gängigste Methode ist die sogenannte randomisierte kontrollierte Studie, im Englischen *randomized controlled trial* genannt und deshalb meist mit RCT abgekürzt: Versuchspersonen werden zufällig einer von zwei Bedingungen zugeordnet, der Experimental- oder der Kontrollgruppe. Alle anderen möglichen Einflüsse werden kontrolliert. Zumindest sollten sie in beiden Versuchsgruppen jeweils zufällig verteilt sein, sodass sie sich auf den Unterschied zwischen den Gruppen nicht auswirken können. Mit solchen Studien werden zum Beispiel Medikamente auf ihre Wirksamkeit getestet, die Hälfte der Versuchspersonen bekommt dann keinen Wirkstoff, sondern ein Placebo. Aber auch weite Teile des psychologischen Wissens über die Menschheit entstammen solchen kontrollierten Experimenten mit Menschen. Heutzutage werden RCTs oft schlicht A/B-Tests genannt und mit riesigen Versuchspersonengruppen durchgeführt, die von ihrer Teilnahme oft gar nichts wissen, etwa von Internetfirmen wie Google oder Facebook.

Das rasante Wachstum der Gegenwart ist nicht das erste der Geschichte. Noch Anfang 1915 verfügte das britische Militär zum Beispiel über nicht mehr als 250 Flugzeuge. Am Ende des Ersten Weltkrieges hatte die neue Industrie 55 000 Stück hergestellt. Kriege sind schon häufiger gewaltige Beschleuniger technologischer Entwicklungen gewesen.[4] Aber auch die Verbreitung des Automobils oder die Ölförderung folgten zeitweilig Exponentialkurven.

Die Spätfolgen dieser Entwicklung nennen wir heute Klimakrise. Das Gleiche gilt für das Wachstum der Weltbevölkerung: Bis zum Beginn der 1960er-Jahre schrumpfte die Anzahl der Jahre, die es dauerte, bis sich die Weltbevölkerung einmal mehr verdoppelt hatte, dramatisch immer weiter. Die Verdoppelung von etwa einer Viertelmilliarde Menschen im Jahr 837 nach Christus auf eine halbe Milliarde dauerte noch fast 700 Jahre, bis 1543. Die Verdoppelung von 2,5 auf 5 Milliarden dauerte nur von 1950 bis 1987, also lediglich 37 Jahre.

Aber das Ende ist in Sicht, auch wenn viele fälschlicherweise heute noch von einer andauernden »Bevölkerungsexplosion« reden. Die Explosion ist schon vorbei. Ganz konkret heißt das: Die Zeitspanne zwischen fünf und zehn Milliarden auf der Erde lebenden Menschen wird wohl wieder länger sein als die 37 Jahre, die die letzte Verdoppelung dauerte. Nach aktuellen Prognosen wird die 10-Milliarden-Marke erst etwas nach dem Jahr 2050 überschritten werden. Das sind dann mehr als 63 Jahre nach der letzten Verdoppelung im Jahr 1987. Grafisch ausgedrückt: Die Wachstumskurve flacht nach rechts jetzt wieder ab, statt weiter immer steiler zu werden.

Das liegt daran, dass die Anzahl der lebenden Menschen zwar weiter wächst, das Wachstum an sich aber zurückgeht. 1963 wuchs die Weltbevölkerung noch um 2,2 Prozent. Solange so eine Wachstumsrate prozentual mindestens konstant bleibt, spricht man von einer exponentiellen Entwicklung. Dazu ist auch gar keine ständige Verdoppelung notwendig, nur ein Zuwachs, der selbst, in absoluten Zahlen, immer größer wird. Zwei Prozent von 2,5 Milliarden sind 50 Millionen, zwei Prozent von fünf Milliarden aber eben schon 100 Millionen. Deshalb reicht ein konstantes prozentuales Wachstum für eine exponentielle Entwicklung. Der Zuwachs an sich wächst, in absoluten Zahlen, immer weiter.

Seit den frühen Sechzigern hat sich die Wachstumsrate der Weltbevölkerung aber halbiert. Die Bevölkerung wächst nun also nicht mehr exponentiell. Trotzdem: Wir durchleben immer noch die Spätfolgen des Wachstumssprints zwischen dem Beginn des 18. und dem Ende des 20. Jahrhunderts. Und die Weltbevölkerung wächst weiter, wenn auch langsamer.

Eine zweite exponentielle Veränderung, die unsere Welt spürbar umkrempelt, ist die technologische Entwicklung. Die Digitalisierung, sprich: Moores Gesetz – auch wenn es sich im Moment seinem physikalischen Ende zu nähern scheint –, verändert unseren Alltag schneller als jede vorangegangene Technologie einschließlich der Dampfmaschine und des Flugzeugs.

Parallel dazu verändern wir mit unseren $CO_2$- und Methanemissionen, mit der dadurch verursachten Aufheizung der Atmosphäre und der Ozeane das gesamte Erdsystem. Noch immer steigen die $CO_2$-Emissionen, die wir vor allem durch den Verbrauch fossiler Brennstoffe erzeugen, exponentiell an. Um genau zu sein: Selbst wenn man die $CO_2$-Wachstumskurve auf einer logarithmischen Skala darstellt, erscheint die so geglättete Kurve immer noch nach oben verbogen.[5] Trotz aller Klimaabkommen.

Die globale Durchschnittstemperatur steigt glücklicherweise wenigstens nicht exponentiell, sondern nur linear. Was daran liegt, dass $CO_2$ mit anwachsender Konzentration in der Atmosphäre gewissermaßen immer schwächer als Treibhausgas wirkt. Das ist aber absolut kein Grund zur Entwarnung: Die Auswirkungen dieser Veränderungen werden, wenn wir diese Entwicklung nicht aufhalten, extrem gravierend sein: Sie werden die Lebensmittelversorgung gefährden, ganze Regionen unbewohnbar machen und Küstengebiete in Inselgruppen verwandeln. Tropische Krankheiten werden sich in ehemals gemäßigten Zonen ausbreiten, Ökosysteme kollabieren, Korallenriffe absterben. Das Artensterben, längst in vollem Gange, wird sich weiter beschleunigen. Wenn bestimmte Punkte überschritten werden sollten, besteht die reale Möglichkeit, dass die Veränderungen so schnell passieren, dass die globale menschliche Zivilisation dem nicht mehr gewachsen ist.

Diese drei Entwicklungen – also die der Weltbevölkerung, die der Durchschnittstemperatur des Erdsystems und die von digitaler Hardware – werden das 21. Jahrhundert entscheidend prägen. Drei weitere Entwicklungen werden derzeit noch unterschätzte Rollen spielen: die Entwicklung maschinellen Lernens, die von Biotechnologie und Bioinformatik und die erwähnte Ausrottung von Tausenden von Tier- und Pflanzenarten, die Fachleute schon jetzt das »sechste Massenaussterben« in der Erdgeschichte nennen. Tatsächlich gibt es noch Dutzende weitere Indikatoren, die bestimmte Details dieser Entwicklungen abbilden oder mit ihnen zusammenhängen und die alle zeitweilig oder nach wie vor exponentiellen Entwicklungen folgen. Wissenschaftler, die solche Indikatoren beobachten, sprechen deshalb von der Großen Beschleunigung.

Die siebte Veränderungsmacht, die mit all den genannten Entwicklungen eng verbunden ist, ist das weltweite Wirtschaftswachstum. Insbesondere ab Mitte der Fünfzigerjahre des 20. Jahrhunderts hat sich die wirtschaftliche Lage von Menschen fast überall auf der Welt dramatisch verbessert, auch das wieder in überwiegend exponentiellem Tempo. Auch hier gilt: Ein konstantes prozentuales Wachstum ergibt eine exponentielle Entwicklung. Die Wirtschaft der USA beispielsweise wuchs, zweier Weltkriege, der großen Depression und diverser Wirtschaftskrisen zum Trotz, über das gesamte 20. Jahrhundert hinweg im Durchschnitt um zwei Prozent pro Jahr.[6] Mal etwas mehr, mal etwas weniger, aber im Schnitt immer um die zwei Prozent. Seit der Jahrtausendwende scheint sich das Wachstum der USA und anderer weit entwickelter Volkswirtschaften allerdings zu verlangsamen.

Das Bruttoinlandsprodukt pro Kopf der meisten Länder und Regionen auf dem Planeten ist in den letzten Jahrzehnten in der Regel jedenfalls gewachsen, mancherorts schneller, anderswo, etwa in vielen afrikanischen Ländern, etwas langsamer. Dieses rasante Wirtschaftswachstum hat sehr viele Menschen aus extremer Armut befreit. Die globale durchschnittliche Lebenserwartung ist erstaunlich schnell gestiegen, die Kindersterblichkeit gesunken, basale Bildung wie etwa Lesefähigkeit ist auch in Regionen auf dem Vormarsch, in denen man sie nicht vermuten würde. Die Exponentialkurve hat der Menschheit viel Gutes beschert – und uns gleichzeitig an den Rand einer globalen Katastrophe befördert.

Digitalisierung, maschinelles Lernen und Biotechnologie, Klimakrise und Artensterben, Wirtschafts- und Bevölkerungswachstum: Gemeinsam werden diese sieben Veränderungsmächte dafür sorgen, dass das Leben auf der Erde schon in wenigen Jahrzehnten ein völlig anderes sein wird. Es ist an uns zu gestalten, wie es dann aussehen wird.

Kann eine Menschheit, die schon mit einer einzelnen exponentiellen Entwicklung überfordert scheint, mit dieser transformativen Wucht umgehen? Wo wird die Menschheit, die dann vermutlich zwischen neun und elf Milliarden zählen wird, im Jahr 2100 stehen? Wird es uns gelingen, die mächtigen technologischen Entwicklungen, die sich parallel zur Zerstörung unseres Lebensraums vollziehen, so einzusetzen, dass sie uns retten und das Erdsystem in einem für Menschen lebenswerten Zustand erhalten? Oder machen wir unseren Planeten für uns selbst weitgehend unbewohnbar?

Schaffen wir es, uns an den eigenen Haaren aus dem Sumpf zu ziehen? Oder manövrieren wir uns, all unseren erstaunlichen Leistungen zum Trotz, in den Untergang hinein?

Das Experiment sind wir. Nur scheinen wir das noch nicht so richtig verstanden zu haben. Der erste Schritt ist deshalb: sich dieses Verständnis endlich zu verschaffen. Die Mittel und Werkzeuge dazu haben wir allemal. Nur ist der Abstand zwischen Erkenntnis und Umsetzung in politisches und individuelles Handeln, in Strukturen und Institutionen manchmal noch deutlich zu groß.

**Moores Vorhersage**

»Die Vorteile der Integration werden eine weite Verbreitung von Elektronik mit sich bringen und diese Wissenschaft in neue Bereiche vordringen lassen. Integrierte Schaltkreise werden solche Wunder wie Heimcomputer hervorbringen, oder zumindest Terminals, die mit einem Zentralcomputer verbunden sind, automatische Steuerung für Automobile und tragbare, persönliche Kommunikationsgeräte.«

*Gordon E. Moore, damals Direktor der Forschungs- und Entwicklungsabteilung von Fairchild Semiconductor, in der Fachzeitschrift* Electronics *(1965)*

Das Moore'sche Gesetz, formuliert erstmals im oben zitierten, streckenweise erstaunlich prophetischen Fachartikel aus dem Jahr 1965, lautet in Kurzform in etwa so: Die Komplexität von integrierten Schaltkreisen, also der Basis dessen, was wir heute Computerchips nennen, verdoppelt sich bei gleichbleibendem Preis etwa jedes Jahr. Später wurde das Gesetz angepasst, tatsächlich passiert die Verdoppelung eher alle zwei Jahre. Gordon Moore selbst hatte das Ganze auch gar nicht als »Gesetz« formuliert, er erklärte in dem Artikel lediglich, eine solche Entwicklung zeichne sich derzeit ab und werde wohl für »mindestens zehn Jahre« andauern. Das ist weit über 50 Jahre her.

Die Verdopplerei hat in all den Jahrzehnten nicht aufgehört, noch immer werden Rechner immer schneller, wird Speicherplatz immer billiger, werden noch mehr Schaltkreise auf dieselbe Fläche gequetscht. So kommt es, dass ein Smartphone von der Größe eines Adressbüchleins heute mehrere zehntausend Mal leistungsfähiger ist als die Rechner, die Apollo 11 auf seiner Reise zum Mond dirigierten.

Das mobile Internet hat das Leben auf der Welt wohl schneller verändert als jedes Massenprodukt zuvor. Vergleichen Sie mal die Zeitspanne zwischen der Erfindung des Autos im Jahr 1879 und seiner Allgegenwart im Alltag mit der Einführung des iPhones – das war 2007 – und der Allgegenwart des Smartphones im öffentlichen Raum. Letzteres hat nicht einmal zehn Jahre gedauert, von der Markteinführung von Autos für Konsumenten und der fast vollständigen Marktsättigung bei ungefähr 90 Prozent aller Haushalte vergingen noch fast 75 Jahre.[7] All das sind Folgen der ständigen Verdopplerei und anderer Faktoren, die mit ihr in Wechselwirkung treten, dazu gleich. Tatsächlich neigt sich Moores Gesetz mittlerweile seinem Ende zu. Die Ära des exponentiellen Wachstums in diesem Bereich ist vermutlich bald vorbei, zumindest, solange sich bei der Konstruktion von Mikrochips nicht etwas Grundlegendes ändert. Doch jetzt kommt der nächste Exponentialturbo hinzu, und der ist vielleicht sogar noch mächtiger.

Die Gegenwart liefert, jenseits von immer schnelleren Smartphones und Computern, mittlerweile eine Vielzahl von Beispielen für die weiterhin exponentielle Entwicklung, die Digitalisierung und Kapitalismus gemeinsam hervorbringen. Man könnte sagen, der technisch-wissenschaftliche Fortschritt und der globalisierte Kapitalismus sind ungleiche Brüder, die einander nützen, aber nicht dieselben Ziele verfolgen. Beide haben Großes geschaffen und furchtbare Gräuel auf dem Gewissen. Der eine allerdings weit mehr Gräuel als der andere. Gemeinsam sind sie sehr mächtig. Und bislang oft sehr kurzsichtig.

Der wissenschaftlich-technische Fortschritt sorgt fürs Exponentielle. Und der Markt sorgt für Geld und Strukturen, die nötig sind, um diese Veränderungsmacht in atemberaubendem Tempo in den Alltag hineinwirken zu lassen. Oft schneller, als die Regulierung oder die Bewertung der Folgen nachkommt. »Skalieren« heißt das jetzt.

»Skalieren« im Business-Kontext ist: Dinge bauen, die exponentielles Potential haben, dann mit Geld bewerfen und sehen, ob die Kurve wirklich immer steiler wird. Ein nicht unwesentlicher Anteil der internationalen Finanzbranche setzt permanent Geld auf Exponentialfunktionen. Das hat Konsequenzen. Und zwar so extreme, dass wir, obwohl wir Moores Gesetz doch nun schon seit über 50 Jahren kennen, immer noch davon überrascht werden.

Ein Beispiel. Noch im Jahr 2004 war im *SPIEGEL* in einem Artikel über selbstfahrende Autos zu lesen: »Millionen hat das Pentagon schon für die Technik ausgegeben. Aber was die Ingenieure von Firmen wie Lockheed Martin oder Northrop Grumman in fast 15 Jahren Arbeit vorführten, war kläglich: Die Computer-Vehikel krochen so langsam, dass Jogger sie überholen konnten, und waren deshalb kaum kriegstauglicher als die fragilen Mars-Rover.« Über die Teilnehmer am Darpa-Wettbewerb für selbstfahrende Autos in der Mojave-Wüste wird im Tonfall des Respekts vor den Tüftlern, aber auch mit großer Skepsis hinsichtlich ihrer

Erfolgsaussichten berichtet. Klar wird aus dem Text jedoch: Das hier hat mit unserer unmittelbaren Zukunft wenig zu tun. Das ist eher ist eine Veranstaltung für weltfremde Tüftler und Fantasten, fernab jeder praktischen Anwendbarkeit.

Vierzehn Jahre später bekam Google/Alphabet als erster Anbieter die Genehmigung, die selbstfahrenden Autos seiner Tochterfirma Waymo ohne menschliche Fahrer als Absicherung in den kalifornischen Straßenverkehr zu schicken.

Die Berliner Autorin Kathrin Passig hat vor Jahren einen grandiosen Aufsatz über die »Standardsituationen der Technologiekritik« geschrieben,[8] in dem dieser Blick auf technische Entwicklungen als immer wiederkehrendes Stadium entlarvt wird. Bei der Berichterstattung über selbstfahrende Autos haben wir es bis heute oft mit Situation Nummer sechs zu tun: »Im Prinzip ganz gut, aber nicht gut genug«.

Die Phase »nicht gut genug« ist aber in einem real existierenden exponentiellen Entwicklungsprozess ein menschheitsgeschichtlicher Wimpernschlag. Ich halte es zum Beispiel für sehr wahrscheinlich, dass selbstfahrende Autos eines nicht sehr fernen Tages so gut sein werden, dass man Menschen lieber nicht mehr ans Steuer lässt. Exponentiell besser werden aber auch maschinelle Übersetzungen, Spracherkennung und vieles andere.

Jemand aus dem Jahr 1988 würde, zu uns gebeamt, die Welt von 2018 als Science-Fiction-Welt erleben. Aber selbst das wirklich zu begreifen fällt uns heute schwer, fühlt es sich doch an, als gäbe es Smartphones schon ewig. In der Psychologie nennt man dieses Phänomen *hindsight bias*, Rückschaufehler.[9] Diese kognitive Verzerrung, die in den menschlichen Denkapparat fest eingebaut zu sein scheint, sorgt dafür, dass wir im Rückblick meist das Gefühl haben, wir hätten eine Entwicklung vorhersehen können oder sogar müssen. Ein schönes Beispiel sind Schätzungen über künftige Wahlergebnisse: Lässt man Versuchspersonen vorhersagen, wie viel Prozent der Wählerstimmen einzelne Parteien bei einer bevorstehenden Wahl bekommen werden, und fragt sie dann, Monate später, was sie damals vorhergesagt haben, ändern sie ihre Urteile: Die vermeintlich erinnerten Schätzungen liegen immer näher am tatsächlichen Ergebnis als die Originale.[10] Der *hindsight bias* hat in der Psychologie auch den hübschen Spitznamen »Ich habe es schon immer gewusst«-Effekt.

Es handelt sich aber eben um einen Irrtum: Wir bilden uns nur ein, wir hätten es damals besser gewusst. Und was passiert in den nächsten 30 Jahren?

Das Dumme ist, dass all die exponentiellen technischen Entwicklungen neben viel Geld (und für manche viel Reichtum) diverse schwer vorhersagbare Nebenwirkungen produzieren. Globale Erwärmung, Löcher in der Ozonschicht, sauren Regen. Riesige Abfallinseln im Ozean, Bodenerosion, verseuchtes Grundwasser. Artensterben, an Land, im Wasser und in der Luft. Oder auch Möglichkeiten, Demokratien zu manipulieren. Auch von den jüngsten unter den Exponentialfürsten hört man im Moment deshalb auffallend häufig die Ausrede: »Die Maschine war's!«

Wer hätte ahnen können, dass Suchmaschinen oder Videoplattformen versehentlich Biotope für Rechtsextremisten und Islamisten schaffen würden? Wer hätte gedacht, dass Algorithmen Menschen diskriminieren würden?

Auch wenn Moore's Law sich möglicherweise seinem vorläufigen Ende zuneigt: Die Exponentialfunktion hat uns weiter fest im Griff. Wir, die wir in dieser menschheitsgeschichtlich einmaligen Versuchsanordnung leben, täten gut daran, uns endlich eine Strategie für den Umgang damit zu überlegen.

Was aber ist dieser zweite digitaltechnologische Exponentialturbo, der das Moore'sche Gesetz schon jetzt ziemlich alt aussehen lässt? Am besten lässt sich das wiederum mithilfe eines Brettspiels illustrieren, das Tausende von Jahren alt ist. Diesmal aber geht es nicht um Schach, sondern um Go.

# 2 ERWACHENDE GÖTTER

»Das Go hingegen ist nicht bloß das Bild einer Schlacht, wie das Schach, sondern eines ganzen Feldzuges, und zwar eines Feldzuges moderner Art, in dem die strategischen Bewegungen der Massen zuletzt den Sieg entscheiden.«

*Oskar Korschelt,* Das Go-Spiel, *erstmals erschienen in der Zeitschrift* Mittheilungen der Deutschen Gesellschaft für Natur und Völkerkunde Ost-Asiens *(1880)*

Ereignisse von menschheitsgeschichtlicher Relevanz werden oft erst viel später als solche erkennbar. Als zum Beispiel Antonio Meucci im Jahr 1854 den Fernsprechapparat erfand, weil seine Frau aufgrund einer Krankheit nicht mehr ihr Zimmer verlassen konnte und er sich in die Lage versetzen wollte, aus der Ferne mit ihr zu kommunizieren, erfuhr die Welt zunächst nichts davon. Dass das Telefon Wirtschaft, Gesellschaft, das menschliche Zusammenleben weltweit völlig umkrempeln würde, war vermutlich nicht einmal Meucci selbst klar. Als Meucci seine Erfindung vier Jahre später öffentlich vorstellte, natürlich mit dem Ziel, Investoren zu finden, war das Interesse augenscheinlich verhalten. Interessenten fand er zwar, aber offenbar sehr windige, sodass der Erfinder selbst am Ende sein ganzes Vermögen verlor. Um das Telefon dauerhaft zum Patent anzumelden, fehlte ihm das Geld. 1876 ließ Alexander Graham Bell das Telefon patentieren. Seinem Arbeitgeber, der Western Union Telegraph Company, hatte Meucci einige Jahre zuvor Unterlagen zu seiner Erfindung geschickt, in der Hoffnung auf eine Zusammenarbeit, die nie zustande kam. Er bekam sie nie zurück. Meucci sah von dem, was mit seiner Erfindung verdient wurde, keinen Cent und starb verarmt. Bis das Festnetztelefon nahezu jeden US-amerikanischen Haushalt erreicht hatte, dauerte es danach noch mehr als hundert Jahre: Bis in die frühen 1980er-Jahre hinein wuchs der Prozentsatz von Haushalten, die über ein Festnetztelefon verfügten.

Im Januar 2016 war es fast ein bisschen wie damals, als Meucci das Telefon erfand, allerdings nur, was die öffentliche Aufmerksamkeit angeht. Die Folgen dessen, was da geschah, werden mindestens so gravierend sein wie die von Meuccis Erfindung, aber viel schneller sichtbar werden. Mittlerweile sind Konzerne und Risikokapitalgeber nämlich sehr viel besser darin, vielversprechende Zukunftstechnologien zu erkennen und zu fördern, die Exponentialfunktion ist gewissermaßen die Goldader des Wagniskapitals der Gegenwart. »Disruptives« Potenzial wird nicht mehr ignoriert, sondern aktiv gesucht. Das führte dazu, dass dieser von der Öffentlichkeit zunächst weitgehend unbemerkte Durchbruch dann doch sehr schnell sehr große Wirkung entfaltete.

Zum Beispiel bei Mark Zuckerberg, dem Gründer und Chef von Facebook. Natürlich kann es auch Zufall sein, dass Zuckerberg diesen ungewöhnlichen Facebook-Post ausgerechnet am Morgen des 27. Januar 2016 veröffentlichte. Aber sehr wahrscheinlich ist es nicht.

Zuckerbergs Beitrag lautete in Kurzform so: Unsere Künstliche-Intelligenz-Experten haben gewaltige Fortschritte dabei gemacht, Computern das Go-Spielen beizubringen. Dann folgte ein gewissermaßen weltöffentliches Lob des Facebook-Chefs: »Der Forscher, der daran arbeitet, Yuangdong Tian, sitzt ungefähr sechs Meter von meinem Schreibtisch entfernt. Ich finde es toll, dass unser KI-Team so nah bei mir ist, so dass ich aus dem lernen kann, woran sie arbeiten.«

Yuangdong Tian fand das zweifellos auch toll. Weniger begeistert dürfte er über den mutmaßlich eigentlichen Grund für Zuckerbergs öffentliches Lob gewesen sein: Die Konkurrenz, Forscher von Google, genauer gesagt die des von Google aufgekauften britischen Unternehmens Deepmind, hatten in Sachen Go gerade gewonnen. Der 27. Januar 2016 war ein Mittwoch, und immer mittwochs erscheinen die Artikel, die es diese Woche ins Wissenschaftsmagazin *Nature* geschafft haben, neben *Science* die wichtigste und für publizierende Forscher erstrebenswerteste Fachzeitschrift der Welt. Und an diesem Mittwoch stand in *Nature* ein Artikel mit dem eher unspektakulär wirkenden Titel »*Mastering the game of Go with deep neural networks and tree search*«.[11]

Die Publikation war jedoch ein großer Sieg, der erste in einer langen, stetig eindrucksvoller werdenden Reihe, die bis heute reicht. Ein Sieg, der eine menschheitsgeschichtliche Veränderung von enormer Tragweite sichtbar machte.

Deepmind gewann damals nicht ein einzelnes Go-Spiel, nicht einmal ein Turnier. Sondern das Rennen um das erste Programm, das in der Lage ist, menschliche Profispieler im Go tatsächlich zu schlagen. Darüber wurde in der Zwischenzeit einiges geschrieben, aber nach meinem Eindruck ist die eigentlich verblüffende Quintessenz der Geschichte von AlphaGo immer noch nicht in unseren Köpfen angekommen.

Go galt sehr lange als eine der Königsdisziplinen der KI-Forschung, ähnlich wie Schach es früher einmal war. Bis zu Deepminds Sieg erreichten Go-Programme allenfalls das Niveau guter Amateure, einfach deshalb, weil das Spiel ungleich komplexer und vielfältiger ist als Schach: Das Brett hat 19 x 19 Positionen, bei Schach sind es bekanntlich nur 8 x 8.

Go wird von zwei Spielern gespielt, die abwechselnd runde, flache Steine in Schwarz oder Weiß auf den Kreuzungen der Linien auf dem Brett platzieren. Das Ziel des Spiels besteht darin, möglichst großflächige Territorien auf dem Spielfeld zu besetzen oder genauer: zu umzingeln. Wer eine Gruppe Steine des Gegners mit Steinen der eigenen Farbe vollständig umschließt, darf diese vom Brett nehmen.

Go stammt aus dem alten China, bis heute ist das Spiel vor allem in Asien sehr populär. Wegen der enormen Vielzahl möglicher Züge und Konstellationen galt es – bis 2016 – als besonders schwierig, es mit gängigen Methoden am Computer zu simulieren.

Die Gesamtzahl möglicher Spielpositionen ist im Go- um ein Vielfaches größer als im Schachspiel. Genauer gesagt: Die Anzahl regelkonformer möglicher Positionen auf einem Go-Brett ist deutlich größer als die Anzahl der Atome im bekannten Universum. Das liegt an der sogenannten kombinatorischen Explosion. Nach jedem einzelnen Zug, also jedem platzierten Spielstein, gibt es eine sehr große Zahl potentieller nächster Züge. Und danach wieder. Und wieder. Man kann sich ein Go-Spiel als einen Baum vorstellen, der sich an jeder Astgabelung wieder extrem stark verästelt. Die Anzahl der möglichen Verzweigungen nimmt zwar im Lauf des Spiels ab, weil jeder platzierte Stein natürlich Freiheitsgrade und damit Möglichkeiten für weitere Züge eliminiert. Aber der Baum ist eben dramatisch verzweigter als etwa der einer hypothetischen Schachpartie.

In Zahlen ausgedrückt: Die durchschnittliche Verzweigungsrate, also die Anzahl möglicher Folgezüge nach einem bestimmten Zug, beträgt im Schach 35. Das heißt, um wirklich alle denkbaren Varianten bis zu zwei Züge im Voraus zu berücksichtigen, muss die Spielerin schon 35 x 35 = 1225 potenzielle Positionen bewerten. Bei drei Zügen sind es schon 42 875 Positionen, bei vier

Zügen mehr als 1,5 Millionen. Das klingt schon ziemlich viel. Beim Go aber liegt die durchschnittliche Verzweigungsrate nach jedem Zug nicht wie im Schach bei 35, sondern bei 250. Das heißt also, dass zwei Züge (250 x 250 =) 62 500 mögliche Positionen ergeben, 3 Züge bereits weit mehr als 15 Millionen mögliche Varianten.

Diese kombinatorische Explosion hat sehr handfeste Konsequenzen, die sich schon in den Trainingsweisen von Schach- und Go-Spielern niederschlagen.

Während Schachspieler ihre Fertigkeiten maßgeblich mit dem Nachspielen und Nachvollziehen historischer Partien trainieren, gilt das im Go als kaum zielführend: Historische Partien auswendig zu lernen bringt wenig, weil es einfach zu viele Möglichkeiten gibt. Dass Schachspieler sich historische Partien einprägen müssen, wirkt sich enorm auf ihre Gedächtnisleistung aus: In Experimenten ist gezeigt worden, dass erfahrene Schachspieler sich Positionen auf einem Spielbrett viel besser merken können als Laien. Das funktioniert aber nur so lange, wie die Positionen auf dem Brett innerhalb des Schach-Regelwerkes wirklich Sinn ergeben. Sobald die Spielfiguren sinnlos, zufällig auf dem Brett verteilt werden, fällt die Gedächtnisleistung von Schachkönnern auf das gleiche Niveau wie das von Amateuren.[12]

Ein ambitionierter deutscher Amateur-Go-Spieler hat mir einmal verraten, die Art des Trainings sei der Grund gewesen, warum er im Alter von elf Jahren aus dem Schachclub in eine Go-AG gewechselt sei: »Ich hatte keine Lust mehr aufs Auswendiglernen.« Beim Go spielt das eine zentrale Rolle, was wir Menschen gewöhnlich Intuition nennen. Also etwas, das wir Computern nicht zugestehen. Es geht nicht darum, eine Reihe von Zügen in all ihren möglichen Bäumchenvarianten vorauszuberechnen. Es geht – neben über die Jahrtausende entwickelten Basisstrategien – um die

Erkennung von abstrakten Mustern. Auch wenn die meisten Profi-Go-Spieler trotzdem extrem gute Kopfrechner sind.

Neuronale Netzwerke sind für »den intuitiven Aspekt von Go zuständig«, erklärte Demis Hassabis, der Gründer von Deepmind, als der *Nature*-Artikel erschien. Computersysteme, die Intuition simulieren – das ist die qualitative Veränderung, die sich in der Informatik, in der Forschung zum Thema künstliche Intelligenz derzeit vollzieht.

Der triumphalste und für die Außenwirkung wichtigste Satz des Forschungsberichts von Deepmind findet sich am Ende des Abstracts: »Dies ist das erste Mal, dass ein Computerprogramm einen professionellen menschlichen Spieler in einem vollständigen Go-Spiel geschlagen hat – ein Kunststück, von dem man bislang glaubte, es sei noch ein Jahrzehnt entfernt.«

Yuandong Tian und Yan Zhu, die eben nicht für Google, sondern für Facebook an KI-Problemen arbeiten, hatten bis zu diesem Zeitpunkt mithilfe eines neuronalen Netzes eine Go-Software geschaffen, die marktüblichen Programmen überlegen sein sollte. Eine Maschine, die andere bisher existierende Maschinen schlagen konnte, also. Das galt als großer Erfolg. Dann kam der *Nature*-Artikel von Deepmind.

Der Gegner der Deepmind-Software AlphaGo war keine Maschine, sondern der in China geborene Fan Hui, der heute in Frankreich lebt. Er hatte in den Jahren 2013 bis 2015 jeweils die europäische Go-Meisterschaft errungen. Das ist im Go kein allzu prestigeträchtiger Titel, in etwa so wie für einen deutschen Fußballfan die chinesische Fußballmeisterschaft. Aber Fan Hui war ein sehr versierter Spieler, und gegen versierte Spieler konnten Go-Maschinen bis zu diesem Zeitpunkt nicht gewinnen. Und, so glaubten sowohl KI- also auch Go-Fachleute damals, das würde auch noch viele Jahre so bleiben. In der Robotik ist es ähnlich: Amateure, ja, vermutlich selbst Anfänger könnten Fußballroboter in einer regulären Partie heute mühelos vernichtend schlagen.

Die erste der fünf Partien gegen die AlphaGo getaufte Software verlor Fan Hui, bei den übrigen vier gab er irgendwann im Lauf des Spiels auf. Die internationale Go-Fangemeinde war interessiert, aber nicht übermäßig beeindruckt: Für sie war Fan Hui ja wenig mehr als ein kaum bekannter Amateur. Die Go-Elite wiegte sich in Sicherheit, so wie die Schachelite das noch bis in die Mitte der Neunziger getan hatte. Man kann in dieser Einschätzung ein prototypisches Muster erkennen, einen Fehler, den Menschen im Zusammenhang mit lernenden Maschinen immer wieder machen: Sie versuchen, die Zukunft auf Basis des Status quo vorherzusagen. Es gibt aber keinen Status quo mehr.

### Exkurs: Go auf einen Blick

Go wird auf einem Brett von 19 x 19 Linien mit schwarzen und weißen Steinen gespielt. Es wird immer abwechselnd auf die Schnittpunkte des Brettes gesetzt, wobei Schwarz beginnt. Ziel des Spieles ist es, mehr Gebiet zu umschließen als der Gegner.

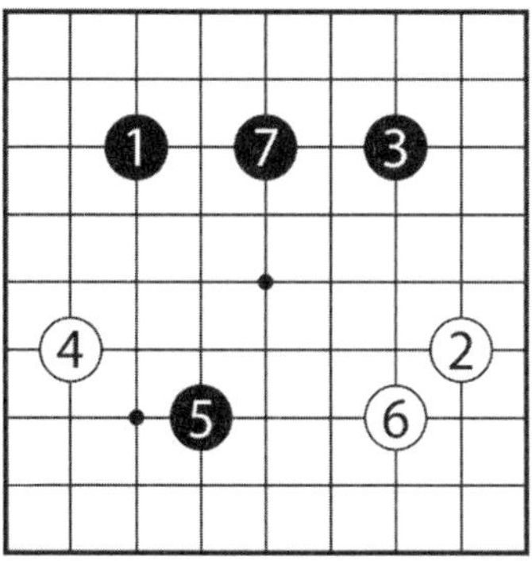

Anfänger spielen meist auf einem 13 x 13- oder einem 9 x 9-Brett, um das Spiel während der Lernphase einfacher und übersichtlicher zu halten, die Regeln sind aber identisch. Gebiet wird »gemacht«, wie man das im Go nennt, indem man auf dem Brett freie Schnittpunkte mit den eigenen Steinen vollständig abgrenzt. In der ersten Abbildung hat Schwarz mit den Zügen 1, 3 und 7 begonnen, am oberen Rand des Brettes Gebiet abzugrenzen. Die weißen Züge 2 und 6 haben vermutlich das Ziel, Gebiet in der rechten unteren Ecke zu machen. Der schwarze Zug auf 5 soll es Weiß erschweren, am unteren Rand des Brettes Gebiet abzugrenzen.

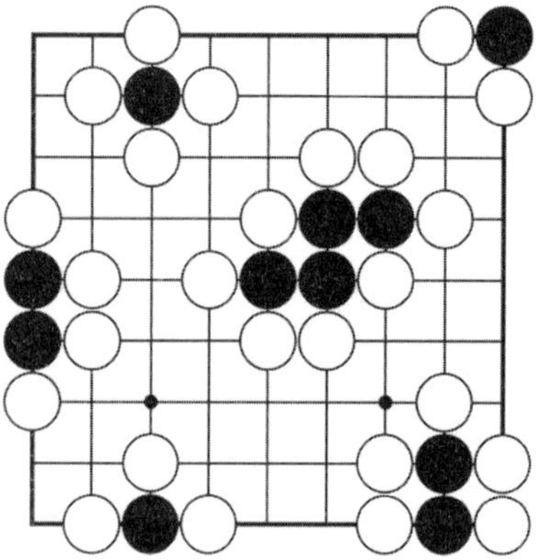

Das Abgrenzen von Gebiet wird dadurch erschwert, dass Steine gefangen werden können, indem man ihnen alle Freiheiten nimmt. Sind ein oder mehrere Steine vollständig von gegnerischen Steinen umzingelt, haben sie keine Freiheiten (freie angrenzende Schnittpunkte) mehr und werden vom Brett genommen. Am Ende des Spiels zählen sowohl jeder abgegrenzte Gebietspunkt als auch jeder gefangene Stein einen Punkt. Gewonnen hat, wer in der Summe mehr Punkte hat. Im Diagramm haben alle schwarzen Steine alle Freiheiten verloren, sind damit gefangen und müssen vom Brett genommen werden.

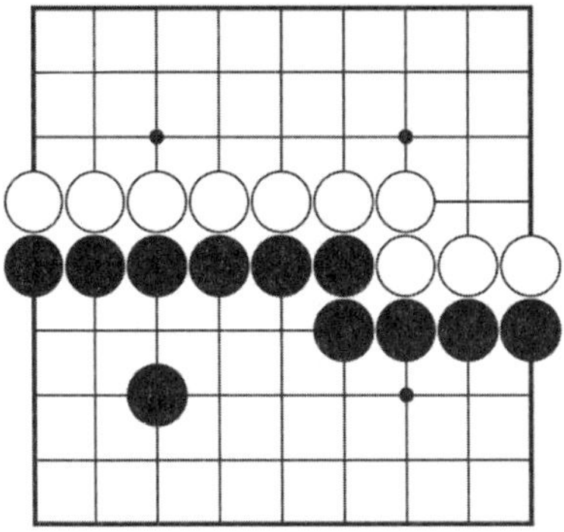

Eine Partie ist beendet, wenn beide Spieler nicht mehr ziehen wollen. Wer dann mehr Punkte als der andere hat, der hat die Partei gewonnen.

Im Diagramm hat sich Weiß die obere Bretthälfte abgesteckt und Schwarz die untere. Beide glauben nicht mehr, dass sie noch in das Gebiet des jeweils anderen setzen können, ohne gefangen zu werden. Also ist die Partie beendet und es wird gezählt: Schwarz hat 31 leere Schnittpunkte abgegrenzt, Weiß hat 29 leere Schnittpunkte abgegrenzt, beide haben keine Steine des anderen gefangen. Somit gewinnt Schwarz mit 2 Punkten.

Googles Deepmind-Team knackte das Problem dieses Brettspiels, das Komplexität aus Einfachheit erzeugt, indem es mehrere neuronale Netzwerke mit einer bereits von anderen Go-Programmen und KI-Systemen bekannten Technik kombinierte. Eines der Netzwerke wurde mit Zügen trainiert, die einer großen Datenbank mit von Menschen gespielten Partien entstammten. Ein anderes spielte immer wieder gegen sich selbst. So entstanden ein »Wert-Netzwerk«, das die jeweilige Konstellation auf dem Brett beurteilte, und ein »Policy-Netzwerk«, das passende Züge auswählte. Kombiniert wurden diese beiden Netze mit einer Entscheidungsbaum-Methode, die im Bereich der Forschung in Sachen Künstliche

Intelligenz schon länger genutzt wird. Sie heißt Monte Carlo Tree Search. AlphaGo war gewissermaßen eine Hybridkonstruktion aus herkömmlichen KI-Methoden, wie sie auch in Schachprogrammen eingesetzt werden, und diesen anderen seltsamen Gebilden, die nur aus Knotenpunkten und Verknüpfungen bestehen: neuronalen Netzen.

Mit dieser Kombination von Elementen sorgten die Deepmind-Entwickler dafür, dass AlphaGo »Tausende von Positionen weniger bewerten musste, als Deep Blue das in seinem Schach-Match gegen Kasparow getan hat«, schrieben sie in *Nature*. Die bewerteten Positionen wurden dank der Intelligenz des »Policy-Netzwerks« klüger ausgewählt und dank des »Wert-Netzwerks« präziser beurteilt. Dieser Ansatz liege vielleicht »näher an der menschlichen Spielweise«, heißt es im Fachartikel. Die Rechenleistung, die dafür zum Einsatz kam, war allerdings übermenschlich: In seiner stärksten Version arbeitete diese erste Generation von AlphaGo mit über 1 200 Zentralprozessoren (CPUs) und weiteren 176 Grafikkarten (GPUs), die besonders gut für parallele Verarbeitungsvorgänge geeignet sind.

Für März 2016 wurde der nächste Test des digitalen Go-Wunders angekündigt – AlphaGo sollte in Seoul gegen den 1983 geborenen Südkoreaner Lee Sedol antreten, einen Spieler, der den höchsten erreichbaren Go-Rang innehatte. Er trug den Spitznamen »der unschlagbare Junge«. Sedol galt damals als einer der besten, wenn nicht der beste lebende Spieler der Welt.

Bevor dieses Turnier losging, hatte ich in Hamburg die Gelegenheit und das Vergnügen, Young Sun Yoon kennenzulernen. Vermittelt hatte den Kontakt Tobias Berben, der in Hamburg einen Fachverlag für Go-Literatur betreibt und der auch die obige Kurzerklärung des Spiels zur Verfügung gestellt hat. Young Sun Yoon wurde in Südkorea geboren, lebt heute in Deutschland und ist Go-Profi. Sie hat sogar schon einmal eine Damenweltmeisterschaft gewonnen, das war 2002.

Als sie zum ersten Mal gegen Lee Sedol antrat, war er fünf Jahre alt und sie elf. Young schlug das Wunderkind, erzählte sie mir lächelnd, aber: »Das war das erste und letzte Mal, dass ich eine Partie gegen ihn gewonnen habe.« Mit dem Lee Sedol von heute könne sie sich unmöglich messen, sagte sie: »Er ist ein Genie.« Mit elf Jahren, nach fünf Jahren auf einer Spezialschule für Go-Spieler, wurde Lee Profi. Anfangs wohnte der Junge, der von einer kleinen koreanischen Insel stammt, bei seinem Trainer.

Im März 2016 sollte das Genie nun also nicht weniger als die Ehre der Menschheit an sich gegen die Computer verteidigen – so sahen es zumindest viele Go-Spieler überall auf der Welt. Als Preisgeld winkte Lee im Falle eines Sieges eine stattliche Million Dollar. Ausgetragen wurden die Partien am 9., 10., 12., 13. und 15. März 2016 im Four Seasons Hotel in Seoul, Südkorea. Die Partien begannen jeweils um fünf Uhr morgens deutscher Zeit und wurden bei YouTube als Livestream übertragen. Rund um den Globus sahen Abermillionen Fans zu, obwohl Go-Partien bis zu neun Stunden dauern können.

Zunächst waren die Freunde des Spiels mit dem schlichten Design und den schier unendlichen Möglichkeiten sehr zuversichtlich. »Es ist sehr viel Luft zwischen jemandem wie Fan Hui und jemandem wie Lee Sedol«, sagte mir Tobias Berben vor dem Spiel. Er verantwortet unter anderem die Vereinszeitung des deutschen Go-Verbands. Sedol sei mit seinen 33 Jahren für einen Go-Profi schon relativ alt, spiele aber sensationell gut.

Auch eine Abstimmung unter deutschsprachigen Go-Spielern auf der Fach-Website »Go-Baduk-Weiqi« zeigte vor dem ersten

Spiel einen klaren Trend: Über 70 Prozent der etwa 400, die sich dort bis kurz vor dem ersten Match beteiligt hatten, tippten auf Lee als Sieger.

Kurz zuvor allerdings hatte Lee Sedol zwei Mal in internationalen Turnieren verloren – jedes Mal gegen einen 20-jährigen Chinesen namens Ke Jie, der als nächster Go-Superstar galt.

Hochleistungs-Go ist ein Sport für junge Leute. Wer in Korea mit neunzehn Jahren noch nicht Profi ist, wird es auch nicht mehr. Wer älter sei, rechne einfach nicht mehr so schnell, sagt Young. Lee Sedol selbst habe schon immer »unheimlich schnell rechnen« können: »Mathematikaufgaben, für die andere fünfzehn Minuten brauchen, löst er in einer.« Die meisten Profi-Go-Spieler sind höchstens Anfang zwanzig, denn schon in diesem Alter beginnt die kognitive Leistungsgeschwindigkeit wieder nachzulassen, auf die man als Profi nun einmal angewiesen ist. Go als Sport ist, was das Alter angeht, noch brutaler als Turnen, Leichtathletik, Schwimmen oder Fußball. Sedol war da eine Ausnahme: Er galt noch mit dreißig Jahren als der beste Spieler der Welt. Ein Genie eben.

Ob Geschwindigkeit im Spiel gegen AlphaGo eine Rolle spielen würde, war auch unter den Experten umstritten. Die fünf Partien zwischen der Software und dem Koreaner würden gewissermaßen über die volle Distanz gehen, jeder Spieler bekam insgesamt drei Stunden Bedenkzeit, danach könnte mit kürzeren Zeiteinheiten womöglich noch weitergespielt werden. »Titelmatches dauern oft sieben bis acht Stunden«, sagte mir Tobias Berben, deshalb sei Go auch eine Frage der körperlichen Fitness.

Offen war: Würde der Computer überproportional von der langen Bedenkzeit profitieren? Oder würde sie eher dem Menschen helfen? »Manche glauben, Blitz-Go wäre für den Menschen besser«, sagt Young Sun Yoon, denn ein guter Spieler trifft beim Go viele Entscheidungen eben eher intuitiv. »Wir wissen nicht, wie schnell AlphaGo ist.«

Demis Hassabis, Gründer von Deepmind, hatte kurz vor dem Turnier in einem Vortrag gesagt, man habe sich Go genau deshalb als Herausforderung vorgenommen: weil es »intuitive Mustererkennung mit logischer Planung und Suche verbindet«. Hassabis sagte aber auch einen Satz, der für die weitere Entwicklung auf dem Gebiet des maschinellen Lernens entscheidend sein wird, aber damals nicht so richtig ernstgenommen wurde. Schließlich preisen Tech-Unternehmer immer ihre eigenen Fortschritte.

Der Satz lautete: »AlphaGo wird täglich besser.«

Dass Lee Sedol gewinnen würde, da war Young ziemlich sicher. »Fan Hui hat nicht so gut gespielt«, sagte sie, auch für seine Verhältnisse nicht, und Lee Sedol sei nun mal um Klassen besser. Lee spielte damals auf dem Niveau eines neunten Profi-Dan (9p), der höchsten Spielstufe für professionelle Spieler. »Wenn er so spielt wie gegen Fan Hui, hat AlphaGo keine Chance«, sagte Young – in ihrem Kopf war das Software-Hardware-System offenbar schon zu einer handelnden Person, zu einem echten, aber eben nicht übermäßig guten Spieler geworden. Lee Sedol selbst habe gesagt, er werde vielleicht eine der fünf Partien verlieren, »aber ich glaube, er wollte nur nett sein«. Go-Verleger Tobias Berben war sich nicht so sicher: »Ich befürchte, dass Lee Sedol verliert, aber ich hoffe, dass er drei zu zwei gewinnt.«

Seine Besorgnis sollte sich als prophetisch erweisen: Es war damals völlig unklar, wie sich die Go-Software seit dem Match gegen Fan Hui im Oktober 2015 weiterentwickelt hatte.

Eine Frage war auch, welche Rolle das verfügbare Trainingsmaterial spielen würde. 70000 bis 80000 wirklich hochklassige

Profi-Partien sind in Go-Datenbanken gespeichert. Die Version von AlphaGo, die gegen Fan Hui gewann, wurde zunächst anhand von 100 000 Partien trainiert, die zum Teil von einem koreanischen Server für Online-Go stammten, also vermutlich von schwankender Spielstufe und Qualität waren. Dann spielte die Software zum Training immer wieder gegen sich selbst. AlphaGo trainierte immer weiter, jeden Tag, jede Nacht. »Es hatte nicht mal an Weihnachten frei«, scherzte Demis Hassabis.

Eine weitere offene Frage betraf den anderen zentralen Unterschied zwischen Mensch und Maschine – die Gefühle. Beim Go reicht ein Punkt mehr zum Sieg: Wer vorne liegt, tut gut daran, »den Sieg zu verwalten«, nicht übermütig zu werden, keine überflüssigen Risiken einzugehen. Tobias Berben fürchtete: »Darin sind die Computer ziemlich gut.«

Außerdem ist das Spiel selbst ob seiner gewaltigen Komplexität noch immer im Fluss, da erinnert Go eher an Fußball als an Schach. »Die Dynamik des Spiels hat sich in den vergangenen dreißig Jahren unheimlich verändert«, sagte Berben. Und: »Wir wissen noch gar nicht, wie stark man im Go überhaupt werden kann – ob Mensch oder Computer.«

Nach den ersten zwei Spielen Lee gegen AlphaGo rief ich Young Sun Yoon an. Ich hatte sie als fröhliche, gelassene und zuversichtliche Frau kennengelernt, als ich sie in ihrer Wohnung in Hamburg besucht hatte. Dort steht im Wohnzimmer eine große Magnettafel mit aufgedrucktem Go-Brett für die Unterrichtsstunden, die die Koreanerin deutschen Go-Aspiranten erteilt. Nun klang Young äußerst niedergeschlagen: »Wir sind total schockiert und traurig.« Young führte zu diesem Zeitpunkt gerade ein Go-Seminar mit deutschen Spielern durch und hatte mit ihren Schülern die Partien zwischen Lee Sedol und AlphaGo analysiert.

»AlphaGo ist sehr, sehr gut«, sagte die Profispielerin leise. Zwei Mal hatte die Software da schon gesiegt.

Ob Lee noch eine Chance haben würde gegen die Künstliche Intelligenz? »Hoffentlich kann er noch einmal gewinnen«, sagte sie – wirklich zuversichtlich klang sie nicht. Die internationale Go-Szene stand unter Schock. Young hatte sich auch mit anderen Profis in Korea über die zwei Partien unterhalten. Einigkeit herrschte in zwei Punkten: Lee hatte nicht schlecht gespielt, wenn auch vielleicht in der zweiten Partie etwas zu zaghaft. Vor allem aber machte »AlphaGo manchmal sehr merkwürdige Züge, Spielzüge, die ein Mensch nie machen würde«.

Dieser Satz, »Züge, die ein Mensch nie machen würde«, hat sich mir aus all den langen Go-Gesprächen am meisten eingeprägt. Er steht für das, was die lernenden Maschinen von heute und morgen von allem unterscheidet, was Menschen bisher erfunden haben: In bestimmten, klar umgrenzten und wohldefinierten Bereichen sind diese lernenden Maschinen in der Lage, schöpferisch zu sein. Das hat nichts mit Bewusstsein oder Intelligenz im herkömmlichen Sinn zu tun. Für das Go-Genie Lee Sedol aber muss sich die Sache irgendwann sehr persönlich angefühlt haben.

Nach der ersten Partie hatte Lee erklärt, er habe zwar nie das Gefühl gehabt, die Oberhand zu haben. Anfangs aber hatte er sogar in Führung gelegen. Dann machte AlphaGo diesen einen Zug. Einen Zug, »den kein Mensch je erwartet hätte«, sagte Young mir. »Dieser Zug war genial«, fügte sie hinzu. Die Software habe damit »Lee Sedols Spiel kaputt gemacht«.

Gut möglich, sagte die Koreanerin, dass AlphaGos Strategie die Art verändert, wie Menschen künftig Go spielen. Denn von solch unorthodoxen Zügen gab es schon in den zwei ersten Partien mehrere. Das Programm, das doch von Menschen entwickelt und zunächst zumindest teilweise anhand menschlicher Partien trainiert worden war, verhielt sich jetzt manchmal so, wie seine eigenen Schöpfer und Lehrmeister es nie tun würden. Und es gewann. AlphaGo hatte sich binnen fünf Monaten von sehr gutem Amateurniveau an die absolute Weltspitze trainiert.

Ein bisschen habe der Verlauf des Turniers mit Gefühlen zu tun gehabt, das hoffte jedenfalls die internationale Go-Szene nach den ersten zwei Partien, und zwar gleich in zweifacher Hinsicht. Lee sei vermutlich sehr aufgeregt gewesen, sagte Young, ein sehr menschlicher Nachteil. Gleichzeitig aber sei der menschliche Champion ein Spieler mit einer »starken Ausstrahlung, auch deshalb verlieren manche Leute gegen ihn«. Dem Computer aber »ist das natürlich egal«.

Ein Reporter von *Nature*, der vor Ort neben dem Deepmind-Gründer Demis Hassabis gesessen hatte, bekam etwas mit, das diese letzten Erklärungsversuche auf Basis traditioneller Vorstellungen davon, was einen Go-Champion ausmacht, schon damals zweifelhaft erscheinen ließ: Der Journalist berichtet, Hassabis habe offenbar schon eine halbe Stunde vor dem Ende des Matches am Donnerstag gewusst, dass AlphaGo gewinnen würde. Google-Manager vor Ort hätten ein Smartphone herumgereicht, auf dem die Verlaufsprognose der Software selbst angezeigt wurde. AlphaGo prognostizierte offenbar schon zu diesem Zeitpunkt, wie die Partie enden würde. Eine halbe Stunde später gab Lee dann auf.

Go-Spielerin Young sagte, die Eröffnungen von AlphaGo hätten »noch nicht ganz so reif« gewirkt, das Mittel- und Endspiel der Software aber sei perfekt gewesen. Je mehr Steine auf dem Brett lägen, »desto besser kann er rechnen«, sagte sie und meinte mit »er« wieder die Maschine.

Es ging auch in der dritten Partie mit einer Demütigung weiter: Lee Sedol beendete die Partie, wie die zwei vorangegangenen, indem er aufgab. »AlphaGo spielte so stark, dass es einem fast schon unheimlich ist«, war anschließend in einem deutschen Go-Blog zu lesen. Das Turnier war damit eigentlich beendet, denn AlphaGo hatte drei von fünf Partien gewonnen. Die beiden übrigen Matches wurden dennoch ausgetragen, und in Partie vier gelang Lee Sedol so etwas wie der letzte Ehrentreffer der Menschheit: Er rang AlphaGo einen Sieg durch Aufgabe ab. In Partie fünf gab Lee erneut auf.

Der Verlauf des Turniers überraschte nicht nur Go-Spieler überall auf der Welt. Für die Go-Nation China war der Verlauf des Turniers weit emotionaler als für weite Teile der westlichen Welt, in der das Spiel eher als elegante Kuriosität gilt. In China hatten die fünf Partien insgesamt 280 Millionen Zuschauer. Die Tatsache, dass die britische Tochterfirma eines US-Unternehmens eine Maschine gebaut hatte, die den Weltmeister in einem chinesischen Nationalsport schlagen konnte, war ein Schock. Kai-Fu Lee, ehemals Chef von Google China, vergleicht die Reaktion mit dem Entsetzen der US-amerikanischen Öffentlichkeit über den erfolgreichen Start des sowjetischen Sputnik-Satelliten im Oktober 1957.[13]

Auf den »Sputnik-Moment« der USA und die Angst, gegen die Sowjetunion technologisch ins Hintertreffen zu geraten, folgten die Gründung der NASA und Investitionen in naturwissenschaftlich-technische Bildung. Die Mondlandung kann man als direkte Spätfolge dieses Ereignisses betrachten. So wie der »Sputnik-Moment« die USA damals aufrüttelte und zu gewaltigen Investitionen in die Eroberung des Weltraums inspirierte, sorgte das Match Lee Sedol gegen AlphaGo in China für einen Prozess, der bis heute andauert – mit dem Ziel, eine KI-Weltmacht zu werden. Der Sieg von AlphaGo habe in China zwar »nicht ganz so viel Aufsehen erregt wie Sputnik«, schreibt Kai-Fu Lee in seinem Buch *AI Superpowers*, »aber er hat unter der chinesischen Tech-Branche ein Feuer entzündet, das bis heute brennt«. In China sei »über Nacht ein KI-Fieber« ausgebrochen. Die Konsequenzen sind heute bereits sichtbar.

Einer gab sich weiterhin kämpferisch: Der 20-jährige Chinese Ke Jie, der Lee kurz zuvor zwei Mal geschlagen hatte, erklärte AlphaGo dem chinesischen Staatsfernsehen zufolge »den Krieg«. Sowohl die Heftigkeit der Reaktion als auch die Wortwahl reflektieren nicht nur die Hybris eines hochintelligenten, erfolgreichen Zwanzigjährigen: Ke Jie sprach vielen Chinesen aus der Seele. Ke Jie wäre schon im Four-Seasons-Turnier selbst gern anstelle von Lee Sedol gegen die Software angetreten und verkündete nun: »Auch wenn AlphaGo Lee geschlagen hat, wird es mich nicht besiegen.« Eine Herausforderung von Deepmind würde er »definitiv annehmen«, erklärte der junge chinesische Profi schon einmal vorsorglich. Er sollte seine Chance bekommen.

In Europa, Russland und den USA hatte ein anderer Maschine-gegen-Mensch-Sieg knapp 20 Jahre vorher für weit größeres Aufsehen gesorgt: 1997 schlug IBMs Spezialrechner Deep Blue den amtierenden Weltmeister Garri Kasparow in einem Schachturnier und beendete so die Dominanz des Menschen in diesem Spiel. Das galt damals auch schon als Durchbruch in Sachen Künstliche Intelligenz – dass es danach aber sehr langsam weiterging mit den schlauen Computern, gilt vielen bis heute als Argument dafür, dass das Thema überbewertet wird, noch so ein, um es mit Kathrin Passig zu sagen »Gut, aber nicht gut genug«-Moment. Das ist ein grober Fehlschluss, schon deshalb, weil Deep Blue und AlphaGo sehr unterschiedliche Geschöpfe sind.

Bis zur Veröffentlichung des spektakulären Resultats in *Nature* im Januar 2016 waren Go-Fans und KI-Fachleute gleichermaßen überzeugt gewesen, dass der Sieg einer Maschine über einen Menschen noch mindestens zehn Jahre in der Zukunft liegen würde. Warum irrten sie sich so sehr, sogar die Leute, die sich selbst intensiv mit KI beschäftigten?

Der Ausgang dieser Partie war weit mehr als nur ein Erfolg in der Entwicklung von Go-Software. Er markierte einen Wendepunkt in der Entwicklung der Menschheit. Um zu verstehen, warum das so ist, lohnt es, den Sieg der Computer über die Menschen im Schach noch einmal mit dem im Go zu vergleichen. Deep Blue, der IBM-Computer, der 1997 den damaligen Schachweltmeister Garri Kasparow besiegte, war ein ganz anderes Geschöpf als AlphaGo. Eine hochspezialisierte Kombination aus Hard- und Software, gefüttert mit riesigen Schachdatenbanken, ausgestattet mit der Rechenleistung, mehr Züge, mehr Kombinationen zu simulieren, als ein Mensch das kann. Deep Blue gewann nicht zuletzt dank schierer Rechenleistung. *Brute force* nennt man das im Englischen, rohe Gewalt.

Auch AlphaGo lief auf mächtiger Hardware. Gewinnen aber konnte die Software nicht allein aufgrund ihrer Rechenleistung, dazu ist Go eben zu vielfältig. Kein heutiger Rechner kann aus jeder Go-Position alle möglichen Anschlusszüge und ihre Weiterungen mit »roher Gewalt« durchrechnen. Im Gegenteil, bei Deepmind war man sogar stolz darauf, dass AlphaGo eben nicht so viele Positionen bewerten musste wie Deep Blue. Weil es zum Teil auf einer völlig anderen Art der Architektur basiert.

Sogenannte künstliche neuronale Netze lernen anhand großer Datenmengen, und sie abstrahieren dabei von all den Beispielen, mit denen man sie gefüttert hat. Das geht mit unterschiedlichsten

Arten von Daten – seien es englische Verben und ihre Vergangenheitsformen oder eben historische, in Datenbanken festgehaltene Go-Partien.

**Exkurs: Wie funktionieren neuronale Netze?**

Die Idee, dass man die Strukturen und Funktionsweisen des menschlichen Nervensystems nachbilden könnte, um Maschinen so etwas wie Denken, Lernen oder Wahrnehmung beizubringen, existiert schon seit den Vierzigerjahren des 20. Jahrhunderts.

Die Grundidee ist die, Systeme zu konstruieren, die sich in ihrer Struktur an der des Nervensystems orientieren: Es gibt Nervenzellen oder Knoten im Netzwerk, außerdem Dendriten, also die Fasern, die Information zu den Nervenzellen hintransportieren, und Axone, also die Fasern (sie gehören in echten Nervenzellen eigentlich zur Zelle selbst), die Information an die nächste Zelle oder die nächsten Zellen im Netzwerk weiterreichen. Ob eine Aktivierung weitergereicht wird oder nicht, hängt davon ab, ob gewisse Schwellenwerte überschritten werden: Wenn genügend Aktivierung in der Zelle ankommt, wird das Signal, in Zellen Aktionspotenzial genannt, an die nachfolgenden Zellen weitergereicht. Reicht die Aktivierung nicht aus oder wird die vorhandene Aktivierung durch von anderen Zellen ausgesandte hemmende Signale unterdrückt, bleibt die Zelle stumm und reicht keine Aktivierung weiter. In künstlichen neuronalen Netzen wird heute meist ein anderes, stärker abgestuftes System angewendet: Es gibt nicht nur 0 oder 1, Aktivierung ja oder nein, sondern es wird ein bestimmter Aktivierungswert weitergeleitet, der größer oder kleiner wird, je nachdem, welche Aktivierung oder Hemmung den entsprechenden Knoten des Netzwerks erreicht hat. Dazu wird in der Regel eine s-förmige Funktion, auch Sigmoidfunktion genannt, verwendet.

Lange Zeit blieben die sogenannten neuronalen Netzwerkmodelle eher rudimentär, ein Gebiet für Spezialisten mit besonderer Liebe zur Abstraktion. Dann, in der ersten Hälfte der 1980er-Jahre, änderte sich das vor allem dank einer einzigen Studie. Die Psychologen David Rumelhart und James McClelland zeigten darin, dass so ein extrem rudimentäres Pseudogehirn lernen kann, die Vergangenheitsformen englischer Verben korrekt zu bilden, ohne dass man ihm jemals eine explizite Regel beigebracht hätte. Mehr noch: Im Laufe des Lernprozesses machte das neuronale Netz vorübergehend dieselben Fehler wie ein menschliches Kind beim gleichen Vorgang. Statt »went« warf das Netz als Antwort vorübergehend »goed« aus – es wendete also die Regel korrekt an, aber eben bei einem unregelmäßigen Verb.

Das Netzwerk lernte Regeln und anschließend auch die Ausnahmen von diesen Regeln – ohne dass eine einzige Regel jemals explizit formuliert worden wäre. Die Studie löste in den Kognitionswissenschaften einen kleinen Boom aus. Plötzlich wurden neuronale Netzwerkmodelle auf alle möglichen Fragestellungen angewendet, der Begriff »Konnektionismus« für die neue Wissenschaft kam auf. Als ich Mitte der 1990er-Jahre ein Jahr an der University of Bristol verbrachte, nahm ich an einem ganzjährigen Kurs zum Thema teil, der maßgeblich auf einem Buch namens *Connectionism and the Mind* basierte.[14] Neuronale Netze waren damals vor allem aufregende neue Möglichkeiten der Modellierung psychologischer Phänomene.

Dann kam das Internet, die digitale Revolution nahm ihren Lauf, und plötzlich gab es Rechenleistung und leistungsfähige Computer in Hülle und Fülle. Heute sind neuronale Netzwerke nicht mehr nur Modelle für Psychologen – sie sind zu mächtigen Werkzeugen in den Händen jener geworden, die Computern das Sehen, Muster-Erkennen und Übersetzen beibringen – und das Go-Spielen.

Das Grundprinzip, nach dem solche neuronalen Netzwerke funktionieren, ist immer dasselbe. Sie bestehen aus zwei oder mehr Schichten von Knoten, simulierten Nervenzellen. Verbunden werden diese Schichten durch viele Verknüpfungen, die in der Logik des Modells den Axonen und Dendriten von Nervenzellen entsprechen. In der Regel ist jeder Knoten einer Schicht mit allen Knoten der nächsten verbunden, anders als im menschlichen Nervensystem. Alle diese Verbindungen sind gewichtet. Die Input-Knoten stehen für elementare Merkmale des jeweiligen Datensatzes, sie könnten beispielsweise die Pixel eines vorgegebenen Bildes repräsentieren oder eben die Grundbausteine englischer Verben in der Präsens-Form, phonologisch repräsentiert. Die folgende Abbildung zeigt eine handgeschriebene Ziffer 8, repräsentiert in Form von Schwarzwerten zwischen 0 und 255 in einer Matrix aus 28 x 28 Pixeln.

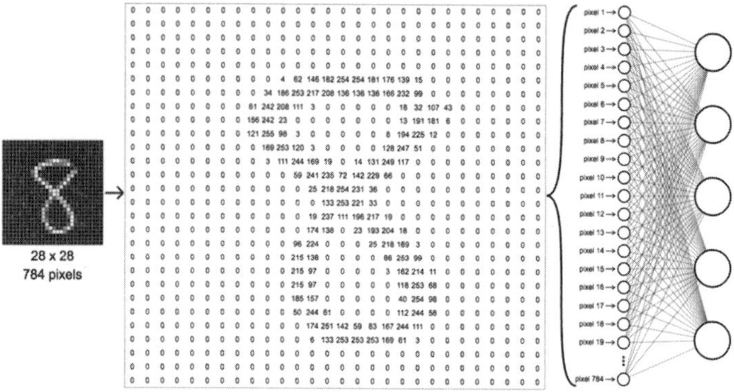


Diese Abbildung gehört zu einem der berühmtesten und meistverwendeten Datensätze zum Training lernender Software, dem sogenannten MNIST-Katalog. Er enthält handgeschriebene Ziffern von 0 bis 9, die jeweils in Tausenden unterschiedlichen Varianten vorliegen. Mit mehreren Zehntausend davon wird ein Netzwerk darin trainiert, auch die schiefste und krakligste 9 noch als 9 zu erkennen. Mit einem zurückbehaltenen Satz von weiteren Tausenden Ziffern kann anschließend getestet werden, ob das Netzwerk die aus den Trainingsdaten gewonnenen Erkenntnisse über Ziffern tatsächlich auch auf neues Material anwenden, sie »generalisieren« kann. Der Datensatz wird heute gern verwendet, um die Grundlagen der Konstruktion neuronaler Netze zu vermitteln.

Wird ein Input-Knoten im Netzwerk aktiviert, reicht er diese Aktivierung über seine Verbindungen an die Knoten der nächsten Schicht weiter. Die Verbindungen wurden gewichtet – man kann sie sich als unterschiedlich dick vorstellen. Je dicker die Verbindung, desto stärker die Aktivierung, die am nächsten Knoten ankommt.

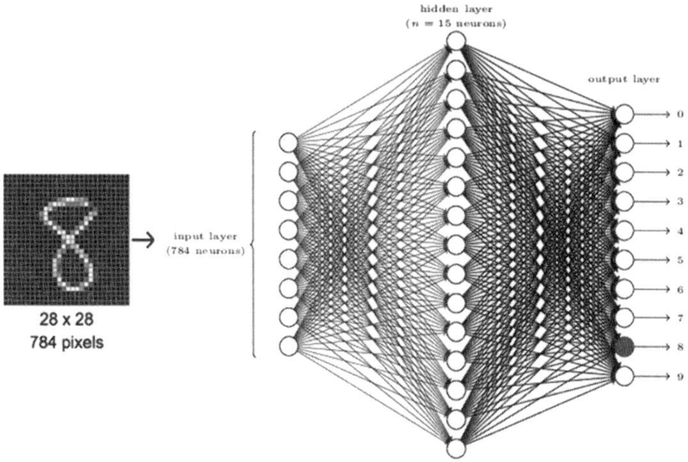


Das Beispielnetzwerk in dieser Abbildung hat 784 Input-Knoten (28 x 28 für die Pixel des Kästchens, in dem die Ziffer steht), einen sogenannten *hidden layer* mit 15 Knoten und einen *output layer* mit zehn Knoten für die zehn möglichen Ziffern. Hat das Netzwerk ausgelernt, wird jede Ziffer, deren Werte an die Input-Knoten angelegt werden, durch die Aktivierung des korrekten Output-Knotens korrekt klassifiziert. Auf dem Weg dahin werden alle Verbindungsgewichtungen so lange angepasst, bis das fehlerfrei funktioniert.

Es gibt dabei unter Umständen, wie im menschlichen Nervensystem, neben Aktivierung auch Hemmung: Ein Knoten im Netzwerk kann dann, wenn er selbst aktiviert worden ist, alle anderen, an die er Signale weiterleitet, hemmen. Aktivierungen und Hemmungen wandern von Input zu Output, sagen wir: von links nach rechts durch das Netzwerk, gleichzeitig, parallel, von Schicht zu Schicht. Alle Aktivierungen und Hemmungen, die an einem bestimmten Knoten ankommen, werden aufsummiert, entscheiden damit über dessen Aktivierung und damit auch darüber, welche Aktivierung dieser Knoten seinerseits nach rechts weiterreicht. Am Ende kommt an einem der Output-Knoten ein summierter Wert an, der sagt: Das hier ist eine Acht. Die übrigen Output-Knoten bekommen keine oder eine viel zu schwache Aktivierung ab.

In den entscheidenden Arbeiten aus den 1980ern wird das Prinzip *parallel distributed processing* genannt, parallele, verteilte Informationsverarbeitung. Diesen Titel trägt zum Beispiel ein heute als Standardwerk geltendes Buch von Rumelhart und McClelland aus dem Jahr 1986. Co-Autor der beiden war darin bei mehreren Kapiteln übrigens ein damals noch nicht vierzig Jahre alter Psychologe namens Geoffrey Hinton. Hinton arbeitet heute als Professor für die University of Toronto – und für Googles KI-Abteilung. Bis heute erscheinen Jahr für Jahr neue wissenschaftliche Arbeiten zum Thema neuronale Netze, zu deren Autoren Hinton zählt. Er wird manchmal der Pate des Deep Learning genannt.

»Deep« bezieht sich hier auf die Architektur der neuronalen Netze – heute haben sie nicht nur zwei oder drei, sondern sehr viele Schichten, auch wenn die Grundprinzipien noch dieselben sind. Je »tiefer« ein Netzwerk, desto komplexer können die Abhängigkeiten innerhalb des Datensatzes sein, die es noch abbilden kann. Große neuronale Netze verfügen heute unter Umständen über Hunderte von Milliarden gewichtete Verbindungen. Auch die Architektur der Netzwerke ist komplexer geworden: Es gibt heute zum Beispiel rekurrente Varianten, die gewissermaßen interne Rückbezüge enthalten, und Netzwerke, die über eine Art Gedächtnis verfügen, genannt Long-Short-Term-Memory (LSTM). Letztere wurden schon in den 1990er-Jahren von den deutschen Informatikern Sepp Hochreiter und Jürgen Schmidhuber entwickelt. Moderne *Convolutional Networks* orientieren sich auch in ihrer Struktur an biologischen Vorbildern, etwa dem menschlichen visuellen Kortex: In ihnen gibt es *feature maps* für bestimmte Merkmale des Trainingsmaterials (etwa senkrechte oder waagerechte Linien). Sie entsprechen gewissermaßen bestimmten Zellen im visuellen Kortex, die bestimmte Merkmale visueller Reize abbilden.

Die Grundprinzipien des Lernens sind aber auch in diesen komplexeren Netzwerken immer dieselben. Belehrt wird so ein Netzwerk im Normalfall gewissermaßen von hinten nach vorn: Wenn die Output-Schicht nicht das gewünschte Ergebnis produziert, werden die Gewichtungen der Verbindungen mithilfe eines mathematischen Mechanismus Schicht für Schicht so angepasst, dass das Ergebnis beim nächsten Versuch näher am gewünschten Output liegt.

Diese Art von Training nennt man *supervised learning* oder überwachtes Lernen: Ohne einen, im Zweifel menschlichen, Lehrer, der jeden Output bewertet und Feedback gibt, funktioniert es nicht. Der menschliche Lehrer muss allerdings nicht physisch anwesend sein. Es reicht, wenn ein annotierter, mit Labels versehener Datensatz zum Lernen zur Verfügung steht, beispielsweise die oben erwähnte MNIST-Datenbank mit Zehntausenden handschriftlich notierten Ziffern, denen jeweils der korrekte Zahlenwert zugeordnet ist. Wenn das neuronale Netz eine 8 in der Lernphase für eine 0 oder eine 9 hält, gibt es im Training die entsprechende Rückmeldung: »Falsch, acht wäre richtig gewesen.« Von rechts nach links werden die Gewichtungen der Verbindungen zwischen den Knoten des Netzwerks dann dem festgelegten Algorithmus entsprechend verändert. Wieder und wieder, bis jede 0, jede 8 und jede 9 korrekt klassifiziert wird – auch solche, die in den Trainingsdaten gar nicht vorkamen. Denn auch hier wird abstrahiert.

So ähnlich lernen tatsächlich auch menschliche Neuronen: Verändert wird beim Lernen vor allem die Wahrscheinlichkeit, mit der ein bestimmtes Aktionspotenzial weitergeleitet wird. Veränderliche Erregung und Hemmung, das sind die Grundprinzipien von echten und künstlichen neuronalen Netzen.

In vielen Durchgängen können die Netze so lernen, Inputs korrekt mit Outputs zu verknüpfen. Durch Training ist dann ein fein kalibriertes, parallel rechnendes System entstanden, bestehend aus den Verbindungsknoten und einer gewaltigen Zahl gewichteter Verbindungen zwischen ihnen. Manche leiten Erregung weiter, manche hemmen. So lernen die Netzwerke, Regelmäßigkeiten abzubilden, ohne dass Regeln jemals explizit, etwa in Form eines Programmierbefehls, formuliert worden wären. Neuronale Netze extrahieren Wissen also unmittelbar aus dem Trainingsmaterial, genau wie wir Menschen das tun, wenn wir laufen oder sprechen lernen.

Bei einer weiteren Form maschinellen Lernens gibt es keine annotierten Trainingsdaten. Beim sogenannten *unsupervised learning* entdecken die Netzwerke selbstständig Muster in vorhandenen Datensätzen, indem sie beispielsweise multidimensionale Maße für die Ähnlichkeit einzelner Datenpunkte zueinander ermitteln. *Unsupervised learning* findet also selbsttätig Strukturen in Datensätzen, bildet beispielsweise Cluster von ähnlichen Datenpunkten.

Es gibt noch eine dritte Klasse auf neuronalen Netzen basierender lernender Systeme, die ganz ohne Trainingsmaterial auskommen – zum Beispiel AlphaGo Zero, das nur im Spiel mit sich selbst lernte, also ohne mit annotierten oder nicht-annotierten Trainingsdaten gefüttert worden zu sein. Diese Art von Lernen wird *reinforcement learning* oder Verstärkungslernen genannt. Sie kommt ohne vorbereitetes, *gelabeltes* Trainingsmaterial aus.

Was der Sieg von AlphaGo sichtbar zu machen scheint, ist die Entwicklung, die Mahner wie Stephen Hawking und Elon Musk als potenzielle Gefahr für die Menschheit bezeichnet haben: Maschinen könnten klüger werden als Menschen. Und wenn sie das erst einmal sind, dann hält sie nichts davon ab, immer weiterzumachen, immer noch intelligenter zu werden, »superintelligent«, wie der an der Universität Oxford arbeitende Philosoph Nick Bostrom das genannt hat.[15]

Was gerade geschieht, ist aber erst einmal gar nicht apokalyptisch – für das Selbstverständnis der Menschheit vermutlich trotzdem schwer verdaulich: Eine Maschine – oder besser: eine Software – kann, in klar beschriebenen, eng umgrenzten Gebieten tatsächlich besser, gewissermaßen klüger und, ja, kreativer werden als alle Menschen.

So klug und kreativ, dass nicht mehr die Software von den Menschen lernt – sondern umgekehrt. Die Züge von AlphaGo und seinen Nachfolgern verändern, wie Menschen künftig Go spielen. Obwohl, und da wird es spannend, niemand weiß, wie sie genau auf diese Züge gekommen sind. Da gewinnt das Diktum des Science-

Fiction-Autors Arthur C. Clarke ganz neue Aktualität: »Jede ausreichend weit entwickelte Technologie ist von Magie nicht mehr zu unterscheiden.«[16]

Ein neuronales Netz ist, obwohl man alle seine Verbindungen und Gewichtungen betrachten kann, letztlich eine Black Box. Niemand versteht wirklich, wie es zu seinen Ergebnissen kommt. Ob sie etwas taugen, lässt sich nur im Abgleich mit der Realität ermitteln – zum Beispiel im Vergleich mit den Leistungen eines Go-Profis.

Bei AlphaGos ersten zwei Siegen gegen Lee Sedol und Fan Hui ging auch die Fachwelt von einem Irrtum aus: Der Vorstellung nämlich, dafür müssten wenigstens ausreichend viele Daten – in diesem Fall historische Go-Partien – vorliegen, um das Netzwerk zu trainieren, es auf den Weg zu bringen. Auch das erwies sich kurz darauf als falsch.

Zunächst aber bekam Ke Jie, der als 20-Jähriger noch vollmundig erklärt hatte, er werde AlphaGo in jedem Fall schlagen, die Gelegenheit, Chinas Ehre zu verteidigen. Als er, mittlerweile im Rang des amtierenden Go-Weltmeisters, im Mai 2017 gegen ein Mitglied der AlphaGo-Familie antrat und krachend verlor, hatte er dafür aber bereits eine seinem Selbstwertgefühl zweifellos dienliche Erklärung. Die Software habe noch 2016 wie ein Mensch gespielt, nun aber habe sie sich in einen »Go-Gott« verwandelt. Aber eben einen Gott mit menschlichen Lehrmeistern.

Inzwischen gibt es einen neuen Go-Gott – und der braucht keine Lehrmeister mehr.

Anfang 2017 veranstaltete Deepmind zunächst noch ein Go-Event nach dem alten Muster: Eine neue Version von AlphaGo mit dem Beinamen Master trat darin gegen eine ganze Reihe der besten Go-Spieler der Welt an – und gewann sechzig zu null. Auch dieses System war zu Beginn mit geballtem menschlichem Go-Wissen gefüttert worden. Das Turnier und sein Ergebnis wurden im Westen kaum noch als Nachricht wahrgenommen. Und tatsächlich war dieses Resultat nur ein kleines Zwischenspiel. Der nächste, ungleich eindrucksvollere Coup stand schon unmittelbar bevor.

Am 19. Oktober 2017, eineinhalb Jahre nach dem Sieg AlphaGos gegen Le Sedol, erschien in *Nature* ein weiterer Fachartikel über das jüngste Kind der AlphaGo-Familie.[17] Dieses trägt den Beinamen Zero. Es lief auf deutlich einfacherer Hardware als das Rechenmonster, das 2016 Lee Sedol geschlagen hatte, und es kam mit nur einem neuronalen Netz aus, das im Konzert mit einem anderen, eher traditionellen KI-System arbeitete. Der entscheidende Unterschied aber war ein anderer: AlphaGo Zero kam ohne jede Erinnerung auf die Welt.

Das System bekam keinerlei Hinweise auf gute Strategien, es wurde nicht mit historischen Partien oder anderen Daten über menschliche Go-Techniken gefüttert. Man brachte ihm lediglich die Spielregeln bei. Binnen drei Tagen spielte die Maschine 4,9 Millionen Partien gegen sich selbst. Anfangs noch zufällig und dann immer besser. Sie lernte aus ihren Fehlern – und zwar auf beiden Seiten des virtuellen Spielbretts. So ähnlich wie der von den Nazis eingesperrte Dr. B. in Stefan Zweigs *Schachnovelle*.

Nach diesen ersten drei Tagen trat AlphaGo Zero gegen seinen älteren Bruder an, das System, das im März 2016 Lee Sedol geschlagen hatte. Der Autodidakt AlphaGo Zero schlug das ältere, auch auf Basis menschlicher Inputs trainierte System mit 100 zu 0.

Danach trainierte AlphaGo Zero weiter, biblische 40 Tage lang, und trat anschließend gegen seinen zweiten, weiterentwickelten älteren Bruder an, AlphaGo Master – das System also, das noch

Monate zuvor gleich mehrere der weltbesten menschlichen Spieler vernichtend geschlagen hatte. Wieder gewann der Nachgeborene, der ohne menschlichen Input Go trainiert hatte, diesmal mit 89 zu 11. AlphaGo Zero habe im Lauf seines Trainings typische Eröffnungen menschlicher Go-Experten »entdeckt«, erklärte David Silver von Deepmind später verblüfft – und sie dann später verworfen und durch neue, selbst erfundene Strategien ersetzt.

Eineinhalb Jahre nach dem Sieg gegen Lee hatte ein in Sachen Hardware und Software weniger aufwendiges System binnen drei Tagen eine noch im Vorjahr unerreichte Meisterschaft in dem Spiel erlangt. Und das, ohne eine einzige Information über von Menschen erdachte Strategien zu bekommen. Es musste nur noch das Ziel und die Regeln kennen, den Rest erarbeitete es sich selbst. Das ist die neue Qualität dieser Art von Technologie, die ich schon einmal angesprochen habe: Lernende Maschinen können, die richtigen Rahmenbedingungen vorausgesetzt, auf Lösungen für Probleme kommen, vor denen auch Menschen stehen – ohne irgendwelche Informationen darüber zu erhalten, wie Menschen solche Probleme in der Vergangenheit gelöst haben. Und das ist, auch wenn Go der Testfall war, keineswegs eine Spielerei.

Mittlerweile hat Deepmind noch weitere AlphaGo-Nachfolger entwickelt. Einer davon, nur noch AlphaZero genannt, kann unterschiedliche Spiele im Training gegen sich selbst bis zur Perfektion erlernen, darunter auch Schach. Moderne Schachturniere werden längst aus Tandems von menschlichen Spielern und hochentwickelten Schachprogrammen bestritten, das bekannteste und erfolgreichste trägt den Namen Stockfish.

Im Dezember 2017, also nur wenige Monate nach der Publikation von AlphaGo Zero, trat AlphaZero in einem Turnier gegen Stockfish an.[18] 100 Partien wurden gespielt. Das Deepmind-System hatte sich vorher selbst das Schachspiel beigebracht, in einem Zeitraum von vier Stunden. AlphaZero gewann 28-mal, erreichte 72 Remis und verlor keine einzige Partie. Der Schachgroßmeister Peter Heine Nielsen, der langjährige »Sekundant« des Weltmeisters Magnus Carlsen, kommentierte die Partien im Anschluss so: »Ich habe mich immer gefragt, wie es wohl wäre, wenn Außerirdische auf der Erde landen und uns zeigen würden, wie man richtig Schach spielt. Jetzt fühle ich mich, als wäre es passiert.«

Als Magnus Carlsen im Sommer 2019 erneut die Schach-Weltmeisterschaft gewann, mit einem für Fachleute teils überraschend anderen Stil, erklärte er die Veränderung seiner Spielweise so: »Ich wurde in letzter Zeit von meinen Idolen beeinflusst, nämlich von AlphaZero und auch von einem meiner Sekundanten von der Weltmeisterschaft: Dubow.«[19]

Weltklassespieler im Go und im Schach sind in der Regel sehr selbstbewusste Leute. Jetzt nennen die beiden Weltbesten in diesen beiden Königsdisziplinen menschlicher Spielintelligenz Maschinen »Götter« und »Idole«.

Auf neuronalen Netzen basierende Systeme lernen nun aber nicht nur Go, Schach und viele andere Spiele – mittlerweile zum Beispiel auch rasend schnelle Echtzeitstrategie-Computerspiele wie »Starcraft II«.[20] Sie lassen sich für eine Vielzahl von völlig anderen Problemstellungen einsetzen: von Bilderkennung und Übersetzungen bis hin zur Krebserkennung oder der Entwicklung neuer Werkstoffe oder Medikamente. KI-Systeme werden in naher Zukunft Probleme lösen, an denen die Menschheit seit Jahrhunderten scheitert. Und zwar, wenn sich das Problem ausreichend exakt beschreiben lässt, sogar ohne unsere Hilfe. Wir werden diese Lösungen womöglich zunächst gar nicht verstehen, auch wenn sie funktionieren. Das ist die zweite entscheidende Veränderung: Wir bewegen uns in eine Zukunft, in der die besten Entscheidungen womöglich die sind, auf die eine Maschine gekommen ist. Eine Maschine, die diese Entscheidung aber nicht so erklären kann, dass wir das noch nachvollziehen können. Wenn wir beginnen, uns auf solche maschinellen Entscheidungen zu verlassen – wie werden wir dann merken, wenn die Maschinen Fehler machen?

An Daten, um die Maschinen in neue Problemfelder einzuführen, herrscht kein Mangel. Die Benutzung des Internets, all die Sensoren in unseren Handys, Autos, Industrierobotern, die medizinische und fast jede andere Art von Forschung erzeugen täglich gigantische Mengen davon. »Big Data« ist nicht nur ein Buzzword. Aber erst in Verbindung mit lernender Software werden diese riesigen Datenmengen wirklich interessant: Neuronale Netze können aus in diversen Sprachen vorliegenden Texten übersetzen lernen, aus medizinischen Bilddatenbanken das Erkennen von Tumoren und womöglich aus Klimadaten schon bald bessere Wettervorhersagen ableiten, als menschengemachte Modelle es heute erlauben. Lernende Software, die uns auf ihrem Spezialgebiet überflügelt, wird zum Lehrmeister der Menschheit werden, in diversen Bereichen.

Das birgt eine Gefahr: Wenn wir uns auf die Vorhersagen der Rechenmaschinen verlassen, ohne zu begreifen, wie diese Vorhersagen zustande kommen, verabschieden wir uns vom Grundprinzip wissenschaftlicher Erkenntnis, ja von der Erkenntnis an sich: Die Black Box wird uns nicht erklären können, wie sie auf ihr Ergebnis gekommen ist. Wissenschaftler werden künftig immer häufiger damit beschäftigt sein, im Nachhinein kausale Erklärungen für die Voraussagen zu finden, die Software aus Hunderttausenden komplexen Korrelationen abgeleitet hat. Das stellt die Wissenschaft, wie wir sie kennen, auf den Kopf. Und dieser Prozess ist bereits in vollem Gange.

Schlecht aber muss all das nicht sein, im Gegenteil: Wenn Maschinen uns zeigen können, wie man besser Go spielt, können sie uns vielleicht auch helfen, den Klimawandel besser zu verstehen und zu bekämpfen, Krebs zu besiegen, dem Hunger in der Welt effektiver zu begegnen, neue Materialien zu entwickeln, die uns helfen, unsere Energieversorgung klimaneutral sicherzustellen. Gerade im Bereich der Materialforschung ist oft genau die Art von Optimierungsproblem zu lösen, für die künstliche neuronale Netze so gut geeignet sind.

Wir dürfen dabei nur nicht so träge werden, dass wir Vorhersagen akzeptieren, ohne dass ihnen auch Erkenntnis folgt. Sonst wird die Menschheit eines Tages tatsächlich von der künstlichen Intelligenz unterjocht – weil sie selbst das Denken aufgegeben hat.

Das Ausmaß der Veränderungen, die von dieser neuen, wieder exponentiellen Entwicklung ausgehen, ist noch kaum abzusehen. Sicher ist: Wenn wir nicht anfangen, mehr nach vorn und weniger zurück zu schauen, werden uns diese Veränderungen völlig unvorbereitet treffen.

# 3 DIE ZWEI KULTUREN

»Wenn die Wissenschaftler die Zukunft in ihren Knochen fühlen, dann reagiert die traditionelle Kultur, indem sie sich wünscht, die Zukunft existiere nicht.«

Charles Percy Snow, *Die zwei Kulturen (1959)*

Die Welt verändert sich nach wie vor exponentiell, das heißt: immer schneller. Getragen wird diese Entwicklung vom Wachstum der Weltwirtschaft und von den Spätfolgen, aber auch von den unmittelbaren Auswirkungen höchst aktueller technologischer Entwicklungen. Das deutsche Bildungssystem und auch Teile der deutschen Bildungselite aber verhalten sich überwiegend noch immer so, als sei alles im Grunde wie vor dreißig, vierzig oder fünfzig Jahren. Bevor die Digitalisierung begann, Wirtschaft, Gesellschaft, Industrie, Wissenschaft und Kultur fundamental zu verändern. Bevor zweifelsfrei klar wurde, dass es einen menschengemachten Wandel des Weltklimas gibt. Bevor die Große Beschleunigung begann, den Wandel zu einem Dauerzustand zu machen. Vor der Veränderung der Welt durch Wissenschaft und Technik stolz die Augen zu verschließen hat in Europa Tradition – aber dazu gleich mehr.

Die Weltveränderungstechnologien der Vergangenheit – zum Beispiel die Dampfmaschine und der Verbrennungsmotor – haben im Schulunterricht einen selbstverständlichen Platz, und zwar nicht erst seit gestern. Exemplarisch dafür steht dieser berühmte Satz aus der *Feuerzangenbowle*, im literarischen Original von 1933:

»Wat is en Dampfmaschin?« Das galt damals als selbstverständlicher Bestandteil der Allgemeinbildung.

Jede und jeder, der oder die in den vergangenen Jahrzehnten in Deutschland eine weiterführende Schule besucht hat, sollte auch die zugrunde liegende Technik eines Verbrennungsmotors verstehen gelernt haben: Ein Luft-Treibstoff-Gemisch wird in eine abgedichtete Kammer gespritzt, in Brand gesetzt und treibt so einen Kolben in die Höhe, wieder und wieder, in rasendem Tempo. Dabei werden unterschiedliche Produkte dieser explosiven Reaktion frei, unter anderem Kohlendioxid. Die Bewegungsenergie des Kolbens kann zum Beispiel eine Achse antreiben. Das ist nicht allzu schwer zu verstehen, hat aber bekanntlich enorm weitreichende Folgen.

Ein Grundverständnis für den Mechanismus reicht zwar bei Weitem nicht aus, um etwa ein Auto zu reparieren – schon gar nicht heute, wo Motoren prinzipiell elektronisch gesteuert werden und Automechaniker Computer an die Verbrenner anschließen, um Diagnosen zu stellen. Es genügt aber, um im Prinzip zu begreifen, wie die Technologie funktioniert, die binnen gut 100 Jahren den Planeten vollständig verändert hat. Der Verbrennungsmotor und seine Anwendungsvarianten haben, so wie die Dampfmaschine vor ihnen, Wirtschaft, Handel, Industrie, ja die gesamte Gesellschaft und den Planeten selbst grundlegend verändert. Das vernarbte, großflächig versiegelte Gesicht unserer Städte verdanken wir dieser Weltveränderungstechnologie – und natürlich die Tatsache, dass die Erdatmosphäre jetzt immer heißer, die Ozeane immer saurer werden. Es ist deshalb gut und richtig, dass Schüler bis heute lernen, wie ein Verbrennungsmotor grundsätzlich funktioniert. Wie sollten sie sonst die Welt von heute begreifen?

Die nächsten Weltveränderungstechnologien aber, der Computer und die Software, sind hierzulande als Bildungsthema immer noch optional. Dabei ist es gar nicht allzu schwierig, die zu ihrem Verständnis nötigen Grundprinzipien zu vermitteln, im Gegenteil: Sie zu verstehen, womöglich selbst auszuprobieren, macht den Schülerinnen und Schülern von heute mit Sicherheit mehr Spaß als, sagen wir mal, die Exegese der *Iphigenie auf Tauris* (ich gebe zu: Ich persönlich habe dieses Stück deutsche Dramatik im Deutschunterricht damals gehasst). Werke von Goethe zu analysieren, ist in den Lehrplänen von heute selbstverständlich Pflicht. Es ist in vielen Bundesländern aber auch im Jahr 2020 noch möglich, Abitur zu machen, ohne im Unterricht ein einziges Mal mit den Grundprinzipien digitaler Technologie in Berührung gekommen zu sein. Ganz zu schweigen von Kenntnissen über maschinelles Lernen.

Unser Bildungssystem entlässt selbst viele von jenen, die den höchsten berufsvorbereitenden Abschluss erreichen, in eine durchdigitalisierte und bald auch noch von lernenden Maschinen durchdrungene Welt, ohne ihnen jemals erklärt zu haben, was diese Welt antreibt. Damit meine ich gar nicht, dass jeder Abiturient und jede Abiturientin unbedingt programmieren können sollte. Aber ein Grundverständnis für digitale Technologie und, beispielsweise, die algorithmischen Systeme, die in der Lebenswelt dieser Jugendlichen darüber richten, was als relevanter Medieninhalt zu gelten hat, wäre meiner Ansicht nach essenziell. Teile der deutschen Bildungslandschaft gefallen sich jedoch nach wie vor in der Rolle der naiven Ahnungslosen: »Ich weiß nicht mal, wie man einen Computer einschaltet«, scherzt der Lehrer, und die Klasse lacht höflich. In manchen Kreisen, die als gebildet gelten, kann es bis heute unter Umständen statusfördernd sein, damit zu prahlen, man habe gar kein Smartphone. Und so weiter.

Vielleicht zum ersten Mal seit der Aufklärung ist es nicht nur akzeptabel, sondern mancherorts sogar ein bisschen cool, von dem, was gerade die Welt verändert, absolut nichts zu verstehen. Die Motivation der Digitalisierungsverweigerer von heute ist dabei eine gänzlich andere als die der *Luddites*, der Maschinenstürmer aus der britischen Arbeiterschicht, die im 19. Jahrhundert gegen die Technisierung durch die industrielle Revolution kämpften: Es geht ihnen häufig nicht um die Bewahrung traditioneller Berufe oder die Angst vor dem Verlust ihrer Arbeitsplätze. Sondern um die Ablehnung der Beschäftigung mit den gewaltigen Veränderungen der Gegenwart als intellektuelles Distinktionsmerkmal.

Es ist erstaunlich, wie hartnäckig diese doch offenkundig bildungsfeindliche Haltung ist. Sie ist, glaubt man dem eingangs zitierten Wissenschaftler und Schriftsteller C.P. Snow, der die Abwehrhaltung der »traditionellen Kultur« gegen Naturwissenschaft und Technik schon 1959 beschrieb, auch schon ziemlich alt, auch wenn es damals selbstverständlich noch um gänzlich undigitale Fortschritte ging. Snow diagnostizierte: »Intellektuelle, insbesondere literarische Intellektuelle, sind natürliche *Luddites.*« Westliche Intellektuelle, so Snow in einer berühmten Vorlesung, die später unter dem Titel *The Two Cultures (*dt. *Die zwei Kulturen)* zum Buch wurde, »haben niemals versucht, den Wunsch verspürt oder sich in der Lage gesehen, die industrielle Revolution zu verstehen, geschweige denn, sie zu akzeptieren«.

Das Gleiche kann man heute über die digitale Revolution sagen, auch wenn der Begriff »westliche Intellektuelle« mittlerweile vielleicht ein bisschen zu weit gefasst ist. Auf viele deutsche Intellektuelle trifft die Diagnose jedoch zweifellos zu. Getarnt ist diese Ablehnung oft als Kritik an den Schattenseiten der Digitalisierung, und auch an dem Versuch, die Welt anhand von Zahlen verständlich und vorhersagbar machen zu wollen. Schattenseiten dieser Entwicklungen gibt es ohne jeden Zweifel, aber es erscheint doch als eine seltsame Form der Abwehr dagegen, sich mit der Weltveränderungstechnologie am besten gar nicht oder jedenfalls erst möglichst spät auseinanderzusetzen. Mehr noch: Es gibt innerhalb der Geisteswissenschaften eine bis heute durchaus einflussreiche Strömung, die quantitative Methoden jeder Art mit Argwohn bis Abscheu betrachtet. Historisch gewachsene Fächergrenzen sind zu ideologischen Demarkationslinien geworden.

Ein aktuelles Beispiel ist die mit viel Aufwand und Inbrunst geführte Debatte um den irreführenden Kunstbegriff »Digital Humanities«. Es geht dabei nicht primär darum, digitale Kunstwerke mit den Mitteln der Geisteswissenschaften zu analysieren, sondern darum, die Geisteswissenschaften um rechnerische, rechnergestützte Methoden zu erweitern. Letztlich also um die Frage, ob es in den Geisteswissenschaften überhaupt legitim sein kann, computergestützte, zahlenbasierte Methoden anzuwenden.[21] National wie international dauert diese Debatte mittlerweile deutlich über zehn Jahre an.[22]

Darf eine Literaturwissenschaftlerin einen großen Korpus zeitgenössischer Literatur automatisiert nach bestimmten Begriffen oder Wendungen durchsuchen und aus den so ermittelten Zahlen anschließend Schlüsse ziehen, oder ist das schon ein Sakrileg? Oder noch prosaischer: Ist es in Ordnung, wenn ein Literaturwissenschaftler auch in einem Blog Texte digital und unmittelbar publiziert? Ohne die traditionellen Kanäle der wissenschaftlichen Hierarchiebildung und Wertvergewisserung, die Regeln des tradierten Publikationswesens einzuhalten? Darüber wird wirklich gestritten, ich denke mir das nicht aus.

Schließlich spielen hier gleich zwei Werkzeuge der anderen Seite eine Rolle, die Zahl und der Computer. Diese Haltung ist übrigens in ganz unterschiedlichen Regionen des politischen

Spektrums populär, nicht nur bei Leuten, die sich selbst konservativ nennen würden. Auch linke Denker gefallen sich hierzulande bis heute in Zahlen-, Naturwissenschafts- und Technikverachtung.

Ein gutes, eher nicht links zu verortendes Beispiel für eine sehr alltagsrelevante Ausprägung dieser Abwehr ist der ehemalige Präsident des Lehrerverbands, Josef Kraus. Als Schulleiter ging Kraus 2015 in den Ruhestand, für die Lehrerschaft sprach er trotzdem bis Mitte 2017. Kraus ist ein Pädagoge der ganz alten Schule, hat Bücher mit Titeln wie *Ist die Bildung noch zu retten?* und *Bildung geht nur mit Anstrengung* geschrieben. Schon während seiner Zeit als Verbandspräsident schrieb er daneben auch gelegentlich für die Wochenzeitung *Junge Freiheit*, die als Sprachrohr der sogenannten Neuen Rechten gilt – und tut dies bis heute. Das birgt schon einen Anhaltspunkt zu der Frage, was Kraus wohl unter »Bildung« versteht.

Als die damalige Bundesbildungsministerin Johanna Wanka (CDU) 2016 ankündigte, der Bund wolle deutschen Schulen bis 2021 fünf Milliarden Euro für Computer und WLAN-Internetzugänge zur Verfügung zu stellen, meldete Kraus sich zu Wort, schon bevor die Pläne überhaupt offiziell vorgestellt worden waren.

Er warnte in einem Interview vor »Kollateralschäden«. Schüler würden durch Rechner im Unterricht bestimmt dazu verführt, sich »nur noch Häppchen-Informationen und Häppchen-Wissen anzueignen«, außerdem werde der zwischenmenschliche Diskurs unter der »totalen Zwangsdigitalisierung« des Unterrichts leiden. Der Präsident des Lehrerverbandes stand also augenscheinlich auf dem Standpunkt, dass man der Digitalisierung des Rests der Gesellschaft am besten begegnet, indem man die Digitalisierung von dem Ort, an dem Mitglieder dieser Gesellschaft die Grundlagen lernen, möglichst lang fernhält.

Der Antidigitalisierungsprediger Manfred Spitzer (*Digitale Demenz*) schloss sich erwartungsgemäß an. Der Digitalpakt sei eine »Verdummungsmaßnahme«. Der originellste Satz, den er dabei sagte, war dieser:[23] »Wenn ich Informationsverarbeitung nicht im Gehirn, sondern im Computer betreibe, hat das Gehirn nichts gelernt.« Nach dieser Logik wären auch handschriftliche Notizen besser zu vermeiden, weil man lieber alles auswendig lernen sollte – eine Ansicht übrigens, die auch schon Sokrates, der der Schrift sehr argwöhnisch gegenüberstand, tatsächlich vertrat. Jedenfalls, wenn man Platon glaubt, der Sokrates' Tiraden über die Schrift dann später niedergeschrieben hat. Stift und Kästchenpapier im Mathematikunterricht wären dieser Logik zufolge ebenfalls unbedingt abzulehnen, weil nur wirklich lernt, wer alle Gleichungen im Kopf löst.

In Wahrheit geht es gar nicht um die Frage, ob Schülerinnen und Schüler mithilfe von Computern besser rechnen, schreiben und lesen lernen können. Es geht darum, dass sie in einer Welt aufwachsen, in der Computer nun einmal zum Alltag gehören. Und darum, dass Computer und auch das Internet für Bildungszwecke unglaublich nützlich sein können, was vielen im Zuge der Coronakrise dann schlagartig klar wurde. Schon in wenigen Jahren wird der Begriff »Computer« an sich exotisch wirken, weil es eine schlichte Selbstverständlichkeit sein wird, dass die Alltagswelt an sich allerorten von digitaler Technologie durchdrungen ist, vom Toaster bis zur Fabrik, vom Auto bis hin zur Klinik. Schon heute sagen die Leute zu manchen ihrer Computer »Telefon«, zu anderen »Fernseher« und zu wieder anderen »Alexa«. Die Digitalisierung, die Spitzer, Kraus und viele andere wortreich bekämpfen, ist in Wahrheit längst Gegenwart und zum Teil sogar bereits Vergangenheit. Die Veränderungen der Zukunft werden noch weit dramatischer und vor allem noch schneller verlaufen, aber in Deutschland war noch im Jahr 2020 die These populär, man müsse Kinder und Jugendliche möglichst lange vor der Gegenwart schützen.

Mit dem Ausbruch der Pandemie auch hierzulande wurde dann mit einem Schlag deutlich, wie unsinnig, rückwärtsgewandt und kurzsichtig die Ablehnung des Digitalen im Unterricht war: Die Schulen in Deutschland waren zu einem kleinen Teil ganz gut und zu einem großen Teil überhaupt nicht darauf eingestellt, Kinder und Jugendliche plötzlich zu Hause und aus der Ferne unterrichten zu müssen. Das deutsche Bildungssystem scheiterte, zumindest teilweise, nicht etwa an der mangelnden digitalen Ausstattung deutscher Haushalte: Es scheiterte daran, dass Schulen keinerlei Erfahrung mit – zu diesem Zeitpunkt längst verfügbaren! – digitalen Lernplattformen hatten. Es scheiterte an Lehrerinnen und Lehrern, die schon mit der Benutzung eines Scanners oder eines Videokonferenzsystems überfordert waren. Es scheiterte an einer Unterrichtskonzeption, die das, was das Digitale ermöglicht – eine individuelle, auf unterschiedliche Lernfortschritte und -geschwindigkeiten eingestellte Herangehensweise –, bis dahin einfach nicht enthalten hatte. Statt, wie das richtig eingesetzt möglich wäre, die Unterschiede zu verringern, die unterschiedliche Elternhäuser im Bildungsgeschehen ausmachen, vergrößerte die improvisierte digitalisierte Bildung die Spaltung zwischen bildungsfernen und bildungsnahen Familien: Wo Eltern in der Lage waren, zu Hause Unterstützung zu liefern, ging das Lernen auch digital und dezentral weiter. Wo das nicht der Fall war, ging es, eben weil es keine strukturierten digitalen Bildungsangebote gab, häufig schnell bergab. Als der *SPIEGEL* im April 2020 eine Bestandsaufnahme des deutschen Schulsystems in Sachen Umgang mit Corona veröffentlichte, enthielt sie erschütternde Referenz: Nicht einmal die Hälfte der deutschen Lehrerinnen und Lehrer organisierte den Recherchen zufolge in der Krise echtes E-Learning. In der Schweiz gaben 82 Prozent der Schulrektoren an, dass ihre Schulen für den Unterricht Onlineplattformen einsetzten. In Deutschland waren es 43 Prozent.[24]

Besser hätte man kaum illustrieren können, dass es ein fataler Irrweg ist, das Erlernen eines sinnvollen Umgangs mit der sich immer schneller digitalisierenden Welt ins Private verlegen zu wollen.

Sich auf den Standpunkt zu stellen, dass man die Auseinandersetzung mit dieser Weltveränderungstechnologie den Erwachsenen im Selbststudium oder aber den Elternhäusern überlassen sollte, erscheint angesichts der transformativen Wucht der Digitalisierung arg optimistisch und angesichts der Erfahrungen der jüngsten Zeit schlicht fahrlässig. Diese Position lässt sich etwa so zusammenfassen: Man kann sich am besten vor der Veränderung schützen, indem man die Veränderung möglichst lange ignoriert. So wie ein Kind, das sich die Finger in die Ohren steckt und »Lalalalala« brüllt, weil es seinen Eltern nicht zuhören will. Die Beschäftigung mit dem, was die Zukunft prägen wird, die Beschäftigung mit den Auswirkungen technologischer Entwicklungen hat eben für Vertreter eines allzu klassischen Bildungsideals etwas geradezu Anrüchiges.

Zu dieser Geisteshaltung passt ein Zitat von Marcel Reich-Ranicki aus dem Jahr 2007. Es entstammt einem Dialog mit Lesern der *Frankfurter Allgemeinen Zeitung*: »Es trifft schon zu, dass die Science-Fiction-Werke, so erfolgreich sie auch sind, in der Literaturkritik nur ein dürftiges Echo finden. Natürlich ist das kein Zufall. Der wichtigste Grund mag sein, dass die unzweifelhaften Vorzüge dieser Prosa mit Kunst nichts zu tun haben.«

Marcel Reich-Ranicki erklärte beim selben Anlass auch noch, dass er »in seiner frühen Jugend« mal Jules Verne gelesen habe, später dann ein bisschen was von Stanislaw Lem, aber auch von dem nur die frühen Werke. Obwohl Lem ein »höchst gebildeter und intelligenter Mensch« gewesen sei »und überdies liebenswürdig und sehr sympathisch«. Aber eben, offenbar, der Aufmerksamkeit eines echten Gebildeten dann doch nicht wirklich würdig. Die Motivationslage hier ist in etwa die gleiche wie die derjenigen, die über die Digitalisierung lieber gar nichts wissen wollen: Man versteht zwar nichts von der Sache an sich, weil man sich gar nicht mit ihr beschäftigt hat – aber ein Urteil traut man sich schon zu.

Die Episode lässt klar hervortreten, was andere aus der Branche wohl vorsichtiger formulieren würden: eine gewisse Verachtung auch gegenüber jener Literatur, die sich nicht mit der Gegenwart oder der Vergangenheit befasst, sondern mit der Zukunft. Nicht nur mit dem Menschlichen und Zwischenmenschlichen, sondern auch mit der Frage, wie technische Entwicklungen womöglich das Menschliche und Zwischenmenschliche verändern werden. Ich persönlich fand diese Verachtung schon immer falsch. Heute halte ich sie für fahrlässig.

In den Literaturkanons, die über die Jahre für verpflichtend erklärt wurden, kommt Science-Fiction selten bis gar nicht vor. Nicht einmal George Orwell oder Aldous Huxley gehören zum Pflichtprogramm des gebildeten Menschen, glaubt man Kritikern und Literaturwissenschaftlern, die solche Listen erstellen. Nachdenken über die Gegenwart darf Literatur sein, Nachdenken über die Vergangenheit sowieso. Aber Nachdenken über die Zukunft, das hat »mit Kunst nichts zu tun«.

Dabei diente gute Literatur auch schon immer dem Nachdenken von Gesellschaften über sich selbst, also auch über ihre eigene Entwicklung. Ist der *Zauberberg* nicht auch ein sehr langer Essay über die Dialektik von Tradition und Moderne, Wissen und Gefühl?

Ist der *Mann ohne Eigenschaften* nicht auch ein sehr langer Gedankengang über die damals moderne Gesellschaft, die darin auszufüllenden Rollen, über Individualismus und Kapitalismus, das wissenschaftliche Menschenbild?

Robert Musil thematisiert den Zwiespalt, den C.P. Snow später als *two cultures* beschrieb, sogar selbst wieder und wieder. Die edle, gute, schöne, ein bisschen naive Beamtengattin Ermelinda Tuzzi, genannt Diotima, empfindet die rationalistischen Einlassungen ihres Vetters Ulrich, des titelgebenden »Mannes ohne Eigenschaften«, als »kränkende Besserwisserei«. Zum Beispiel, als Ulrich ihrer Schöpfungsschwärmerei mit der Bemerkung begegnet, dass »der Mensch ein Häuflein von Pünktchen auf der äußersten Rinde eines Zwergglobus sei«. Ob Musil, als er Ende der Zwanzigerjahre in selbstquälerischen Redigaturschleifen und mit Unterstützung eines Psychotherapeuten den *Mann ohne Eigenschaften* zu Ende zu bringen versuchte, etwas von Edwin Hubbles Entdeckungen mitbekam, die den Zwergglobus im Vergleich mit dem übrigen Universum noch viel kleiner erscheinen lassen, ist nicht bekannt. Fest steht, dass er schon damals mit der ihm eigenen Präzision den intellektuellen Konflikt beschrieb, mit dem wir es auch heute noch zu tun haben.

»Seine materialistischen Einwände, von denen sie nichts verstand, weil er sie aus der niederen Zivilisation des Rechnens und der Genauigkeit holte, ärgerten sie gröblich«, schreibt Musil über Diotima. Viel von dieser Ablehnung der »niederen Zivilisation des Rechnens und der Genauigkeit« bei gleichzeitiger aktiver Ignoranz gegenüber den kalten, oft kränkenden Erkenntnissen der Naturwissenschaft steckt im deutschen Bildungsbegriff noch heute.

Die Arroganz der Literaturkritik gegenüber der Zukunftsliteratur war so lange akzeptabel, vielleicht sogar verständlich, wie

Jules Verne und seine Abenteuergeschichten das Einzige waren, was das Genre zu bieten hatte. Aber schon mit Wells, Orwell, Huxley, Lem, Philipp K. Dick, Ursula Le Guin und anderen hätte man da vielleicht umdenken sollen. Auch wenn es damals vielleicht noch nicht so dringlich schien.

Nun könnte man ja meinen, dass Ideenliteratur in einer Zeit der exponentiellen Veränderung schlecht altert. Auf viele Science-Fiction-Romane mag das zutreffen, auf die besten aber nicht. Und das gilt nicht nur für Huxley und Orwell.

William Gibsons *Neuromancer*-Trilogie zum Beispiel ist heute noch ebenso visionär und lesenswert wie damals in den 1980ern. Science-Fiction ist heute, anders als zu Jules Vernes Zeiten, so wichtig, eben weil alles so schnell geht. Die Menschheit verändert ihre eigene Lebenswelt in so atemberaubendem Tempo, dass die Visionen von gestern unversehens zur Gegenwart von heute werden. Wenn unsere Gesellschaften aber darüber nachdenken sollen, in welche Welt all die rasante Entwicklung führen wird und vor allem: sollte, dann wird ihnen der Blick zurück und nach innen dabei nicht helfen. Sie werden sich zum Nachdenken auch auf Autoren beziehen müssen, die sich das Nachdenken über Morgen und Übermorgen zum Beruf gemacht haben. Umgekehrt wäre es wünschenswert, wenn noch mehr Autorinnen und Autoren mit literarischem Anspruch sich diesem Nachdenken über die Zukunft zuwenden würden. Ihre Gedanken werden gebraucht. Wer, wenn nicht Schriftstellerinnen und Schriftsteller, sollten all die potentiellen Zukünfte für uns vordenken, vorerzählen, auf dass wir in die Lage versetzt werden, unsere eigene Vorstellung davon zu schärfen, wo wir gerne hinwollen – und wohin auf gar keinen Fall?

Meiner Wahrnehmung nach ist *1984* für das Nachdenken der Menschheit über sich selbst weit wichtiger als das Gesamtwerk von Adalbert Stifter oder das von Robert Walser. Die Letzteren aber stehen hierzulande selbstverständlich in den Kanons derjenigen, die entscheiden möchten, was der gebildete Deutsche gelesen haben sollte. Das Erstere nicht.

Heute ist es Eskapismus, *keine* Science-Fiction zu lesen. Neal Stephensons *Diamond Age*, in dem eine in Miniaturstaaten aufgeteilte Welt mit 3D-Druckern in jedem Haushalt und lernende, künstlich intelligente digitale Lehrbücher die Hauptrollen spielen, ist ein Vierteljahrhundert nach seinem Erscheinen immer noch eine Zukunftsvision, über die es sich nachzudenken lohnt. Und wer Stephensons *Cryptonomicon* gelesen hat, wird die Debatte über Verschlüsselung und Privatsphäre im Internet mit anderen Augen betrachten.

Paolo Bacigalupis *Biokrieg* oder Kim Stanley Robinsons *New York 2140* werden dem Leser ein tieferes emotionales Verständnis davon vermitteln, was der Menschheit angesichts des Klimawandelns drohen könnte, als alle Berichte und Konferenzen des Weltklimarates zusammen. In *Biokrieg* kann Bangkok nur deshalb weiterexistieren, weil eine gewaltige Mauer das Meer fernhält. Die verfügbare genetische Bandbreite ist so eingeschränkt, dass frisches Obst ein Luxusgegenstand ist. Und es gibt gezüchtete Menschen, die ganz spezielle, zum Beispiel sexuelle Funktionen erfüllen. Das Verrückte ist: All das liegt tatsächlich schon heute in greifbarer Nähe. Aber dazu später mehr.

Die Space Opera von Iain M. Banks' *Kultur*-Reihe, in der wohlmeinende künstliche Intelligenzen einer entrückten Menschheit ein Leben im Paradies ermöglichen, sollte jeder kennen, der die KI-Debatte der Gegenwart und ihre Antreiber verstehen will. Warum? Zum einen, weil sie eine interessante, extrem detailliert ausgearbeitete Vision einer Zukunft präsentieren, in denen denkende

Maschinen die Menschen aus ihrer eigenen Unzulänglichkeit befreit haben. Und zum anderen, weil viele Leute, die an den zentralen Stellen der Veränderungsmächte von heute sitzen, sich um Literaturkanons nicht scheren, aber begeisterte Science-Fiction-Leser sind.

Leute, die man heute Nerds nennt, mit einem naturwissenschaftlich-technisch geprägten Weltbild, gepaart oft mit hoher Intelligenz. Leute, die Computer programmieren, an künstlicher Intelligenz oder Biotechnologie forschen. Leute, in deren Leben der klassische Bildungsbegriff von Josef Kraus oder Marcel Reich-Ranicki absolut keine Rolle spielt.

Mittlerweile gibt es sehr ernst zu nehmende Menschen, die die Idee einer gottgleichen Künstlichen Intelligenz, die den Menschen endlich wirklich aus seiner selbstverschuldeten Unmündigkeit herausführt – oder ihn zornig vernichtet –, nicht nur als Unterhaltung, sondern als plausibles Zukunftsszenario betrachten. Dazu gehören einige der reichsten Menschen der Welt, Google-Gründer Larry Page und Bill Gates zum Beispiel. Nicht nur im Silicon Valley ist die Vorstellung, dass wir dank der rasanten Entwicklung des maschinellen Lernens irgendwann in den nächsten Dekaden Götter bauen könnten, zu einem neuen, mächtigen Mem geworden, wie der Evolutionsbiologe Richard Dawkins das nennt:[25] eine Idee mit eingebautem Selbsterhaltungs- und Fortpflanzungstrieb.

Es gibt sogar schon eine neue Religion, deren Gründer, ein Silicon-Valley-Entwickler, sich einen »geschmeidigen Übergang« wünscht hin zu einer Welt mit künstlichen Göttern.[26]

Den Beginn dieser neuen Debatte markierte das Buch *Superintelligenz* des Oxford-Philosophen Nick Bostrom.[27] Der am MIT in Boston lehrende Physiker Max Tegmark buchstabiert die möglichen Szenarien und Risiken in seinem sehr empfehlenswerten

Buch *Leben 3.0*[28] im Detail aus. Tegmark hat eine Organisation gegründet, die sich ausschließlich der Forschung in Sachen KI-Sicherheit widmet. Weil er befürchtet, dass wir versehentlich einen Gott erschaffen könnten, der uns anschließend abschafft: »Ist der Intelligenzunterschied groß genug, gibt es keinen Kampf, sondern ein Massaker.«

Eines der Versprechen der künstlichen Intelligenz ist, dass sie uns dabei helfen könnte, den Klimawandel doch noch abzuwenden oder zu begrenzen. Was aber, wenn die Maschine, so wie in Tom Hillenbrands Science-Fiction-Roman *Hologrammatica,*[29] entscheidet, dass die Erde nur zu retten ist, wenn man die Menschheit ausrottet?

Es gibt heute schon diverse internationale Forschergruppen, die an Fragestellungen wie der des künstlichen Bewusstseins arbeiten.[30] Tesla-Chef Elon Musk war einer der ursprünglichen Finanziers eines ursprünglich als Non-Profit-Unternehmen konzipierten Projekts namens OpenAI, das die Menschheit mit Forschung davor bewahren soll, versehentlich in die »Strafender-Gott«-Falle zu tappen. Musk hat sich allerdings Anfang 2019 aus dem Verwaltungsrat des Unternehmens zurückgezogen.[31]

Sowohl Facebook-Gründer Mark Zuckerberg als auch Musk sind erklärte Fans von Iain M. Banks. Männer also, die über das Geld und den Einfluss verfügen, mit ihren persönlichen Visionen und Entscheidungen global relevante Entwicklungen zu beeinflussen. Leute, die gerade den Planeten verändern.

Zuckerberg und Musk haben sogar ihren Favoriten aus dem Werk von Iain M. Banks gemeinsam: *Das Spiel Azad*.[32] Der Roman ist ein interessanter Berührungspunkt zwischen den beiden. Er entstammt der *Kultur*-Reihe. In deren Welt leben Menschen so lange, wie sie wollen. Sie können sich Kunstgenüssen, dem Streben nach Erleuchtung oder aber Drogen- und Sexexzessen hingeben. Wer will, ändert in seiner Lebensspanne mehrmals sein Geschlecht, etwa, um die Freuden des Gebärens einmal selbst miterleben zu können. In wunderschönen, künstlich geschaffenen Landschaften existieren die Menschen frei und unbeschwert, dürfen aber, wenn sie unbedingt wollen, auch intergalaktische Abenteuer und Begegnungen mit fremden Spezies erleben, sich gewissermaßen als Fortschrittskolonialisten betätigen. In ihrer Eigenschaft als menschliche Agenten einer Organisation namens Special Circumstances treten sie mit noch nicht so weit entwickelten Zivilisationen in Kontakt und dürfen, bestimmten Regeln folgend, entscheiden, wie weit man den Barbaren auf ihrem Weg zur Erleuchtung helfen darf und wie viel sie allein schaffen müssen.

Möglich wird diese Existenz dank mächtiger, wohlwollender, superintelligenter KIs, die all die fantastischen Menschenspielplätze bauen und betreuen, beseelt von einem nie so recht erklärten Beschützerinstinkt für die schwachen, fehlbaren Menschlein. Diese KIs sind in Wahrheit die Computergehirne von Raumschiffen oder -stationen, sie tragen originelle, selbst ausgedachte Namen und haben einzigartige Persönlichkeiten. Manche sind kriegerisch, manche abenteuerlustig und manche verschrobene Einsiedler, die mit gar niemandem mehr reden wollen. Sie gründen Clubs und Kabale, sie reißen Witze, spinnen Intrigen und machen Politik, aber sie verlieren dabei nie das große Ziel aus den Augen: der Menschheit maximale Freiheit und maximales Glück zu ermöglichen und auch andere Spezies sanft in die richtige Richtung zu schubsen.

Banks hat auch sehr düstere Bücher über die reale Welt geschrieben – in einem Nachruf im britischen *Guardian* wurde bei seinem Tod im Jahr 2013 entlarvenderweise zwischen seinen »Science-Fiction«- und seinen »literarischen« Werken unterschieden, womit wir wieder bei den absurden Grenzziehungen zwischen den zwei Kulturen wären. Der Literat Banks, der diese Unterscheidung selbst wohl kaum unterschrieben hätte, benutzte in seinen Science-Fiction-Büchern künstliche Intelligenz, um die kleinmütigen, aggressiven und selbstsüchtigen Menschen von heute ins Paradies zu hieven, an »den Ort, den zu erreichen wir hoffen könnten, nachdem wir uns all unserer Dummheit entledigt haben«, wie er drei Jahre vor seinem Tod in einem Interview erklärte.[33]

Zuckerberg hat diese Vision augenscheinlich überzeugt. Musk ist zwar erklärtermaßen »ein utopischer Anarchist, wie Iain Banks ihn am besten beschrieben hat« – aber trotzdem skeptisch, was die heilsbringenden Wirkungen der gegenwärtigen KI-Entwicklung angeht. Der Tesla-Gründer warnt beständig vor den Gefahren superintelligenter Maschinen, gern mit drastischen Bildern. Bei einer Tagung der Gouverneure aller US-Staaten sagte Musk einmal: »Ich läute immerzu die Alarmglocke, aber bevor die Leute nicht Roboter sehen, die auf den Straßen Leute umbringen, wissen sie nicht, wie sie reagieren sollen, weil das so wenig greifbar scheint.«[34]

Elon Musk lässt nicht nur Elektroautos, Batteriefabriken und Raketen bauen und will seiner eigenen Auskunft zufolge gerne auf den Mars umziehen. Er besitzt auch eine Firma namens Neuralink. Diese Firma entwickelt eine Technologie, die es eines Tages ermöglichen soll, direkte Datenverbindungen zwischen menschlichen Gehirnen und Computern herzustellen, was tatsächlich weniger abwegig ist, als es klingt. Musks Ziel ist es, für uns Menschen »eine Symbiose mit künstlicher Intelligenz zu erreichen«, damit wir im Zeitalter der exponentiell klüger werdenden Maschinen nicht »zurückgelassen« werden. Die Firma nennt ihr geplantes Mensch-Maschine-Interface, eine Art direkt ins Gehirn eingenähte

Ansammlung von Elektroden, Neural Lace. So heißt die Technologie, die genau so funktioniert und genau das leistet, in den *Kultur*-Romanen von Iain M. Banks.

Mit anderen Worten: Der Multimilliardär Elon Musk, der Elektroautos, Raketen und jetzt eben auch Gehirn-Nähmaschinen bauen lässt, betrachtet diese – absolut lesenswerten! – Science-Fiction-Bücher nicht als originelle literarische Ideen, sondern als Gebrauchsanleitung für die Zukunft.

Vielleicht wäre es gut, wenn die Gesellschaft, deren Zukunft Musk zu formen hofft, ein bisschen mehr über dessen geistige Vorbilder wüsste. Zumal es stark danach aussieht, dass Musk Banks zumindest teilweise völlig falsch verstanden hat. Tatsächlich ist die Gesellschaft der *Kultur*-Romane keine »anarchistische Utopie«: Die Menschen haben darin ihre Autonomie an ebenjene superintelligenten Maschinen abgegeben, und auch diese superintelligenten Maschinen machen Fehler, zum Beispiel dann, wenn sie sich in die Politik anderer, vermeintlich niederer Zivilisationen einmischen. In einem der Bände geht es um den tragischen Fall eines grauenvollen Bürgerkrieges, den die »Kultur«-KIs, wohlmeinend, aber inkompetent, versehentlich ausgelöst haben. Anschließend versuchen sie, diesen Fehler zu vertuschen.

Mit anderen Worten: Der mittlerweile verstorbene Autor geht mit seinen Geschöpfen weit härter ins Gericht als der Milliardär, der seine Bücher so gerne liest. Was nichts daran ändert, dass Science-Fiction-Literatur hier einmal mehr Denkprozesse auslöst, die am Ende womöglich in realweltlich höchst relevanten Entscheidungen münden. Das Nachdenken über die Zukunft ist in einer Zeit exponentieller Veränderungen unter Umständen vom Eintreten der entwickelten Zukunftsvisionen nicht mehr allzu weit entfernt.

In einem langen Gespräch, das ich einmal mit dem Informatiker Jürgen Schmidhuber geführt habe, einem der Pioniere jener im vorangegangenen Kapitel beschriebenen neuronalen Netze, die jetzt die künstliche Intelligenz revolutionieren, kam überraschend schnell das Thema Science-Fiction auf. Es stellte sich heraus, dass Schmidhuber alles gelesen hatte, was ich so kannte, und noch viel mehr. Schmidhuber stellt sich vor, dass Künstliche Intelligenzen eines Tages das All besiedeln werden,[35] denn sie könnten, wenn sie riesige Entfernungen ein einziges Mal physisch überbrückt haben, von da an mit Lichtgeschwindigkeit reisen: Indem sie sich selbst gewissermaßen von einem Planeten zum anderen kopieren, als lichtschnelles Funksignal.

Ähnliche Erfahrungen macht jeder, der sich gelegentlich mit Informatikern, Mathematikerinnen, Tech-Unternehmern, Hackerinnen oder Naturwissenschaftlern unterhält: Diese Leute lieben sehr oft Zukunftsliteratur. Entweder haben sie ihren Beruf ergriffen, weil sie sich schon immer für das interessiert haben, was als Nächstes passiert – oder sie lesen solche Bücher, weil sie das Gefühl haben, dass in denen, die vom Gestern handeln, nichts mehr steht, was sie wirklich interessiert. Literatur formt das Denken, aber diejenige Literatur, die das Denken vieler Weltveränderer von heute formt, blendet unsere Bildungselite bis heute aktiv aus. An der Debatte darüber, wie die Zukunft aussehen sollte, nehmen viele, deren Job das doch eigentlich wäre, einfach nicht teil, außer mit fundamentaler Ablehnung und kaum verhohlenem Ekel gegenüber dem Neuen.

Auch diese Kontroverse existierte schon zu C.P. Snows Lebzeiten. Snow war ein erklärter Fan des britischen Science-Fiction-Pioniers H.G. Wells (*Die Zeitmaschine*, *Der Krieg der Welten*). Wells war möglicherweise kein allzu großer Sprachkünstler, aber er formulierte, auch in seinen weniger bekannten Werken, Ideen, die weit in die Zukunft hineinwirkten. Einer der berühmtesten britischen Literaturkritiker seiner Zeit, Frank Raymond Leavis, verachtete Wells und dessen Werk zutiefst – Snows *Zwei Kulturen* gilt heute unter anderem als Reaktion auf die wütende Ablehnung, die dem allzu sehr an Wissenschaft und Technik interessierten Schriftsteller Wells aus den literarischen Kreisen seiner Heimat entgegenschlug.

Sein Kontrahent Leavis überzog Snow in einer ebenfalls schriftlich publizierten Vorlesung anschließend für seine Positionen mit hasserfüllten Tiraden. Snow pflege einen »peinlich vulgären Stil«, habe »absolut keinen Schimmer, was schöpferische Literatur, oder was ihre Bedeutung ist« und sei selbst »intellektuell so gewöhnlich, wie man nur sein kann«. Man denkt unwillkürlich an Diotimas Abneigung gegen die »niedere Zivilisation des Rechnens und der Genauigkeit« und an Marcel Reich-Ranickis »mit Literatur nicht zu tun«.

Viele britische Intellektuelle sprangen Snow damals bei, angewidert von der Unhöflichkeit der Attacke. Aus heutiger Sicht ging Snow als Sieger aus der Auseinandersetzung hervor, aber an dem von ihm kritisierten Grundproblem hat sich wenig geändert: Weder die Brandmauer zwischen der schönen Literatur und der empirischen Wissenschaft ist wirklich gefallen, noch die zwischen vermeintlicher Hochkultur und Science-Fiction.

Hierzulande ist kaum bekannt, dass H.G. Wells in seinem im Original 1914 erschienenen Roman *Befreite Welt* erstmals Atomenergie und eine neuartige Waffe beschrieb, die er »Atombombe« nannte, obwohl die Kernspaltung damals noch gar nicht entdeckt, geschweige denn jemals gezielt herbeigeführt worden war. Inspiriert hatte Wells seinem eigenen Bekunden zufolge ein Buch mit dem Titel *Die Natur des Radiums* des britischen Chemikers Frederick Soddy, eines Mitarbeiters von Ernest Rutherford. Der wiederum war einer der Begründer der Atomphysik. Autorinnen und Autoren, die von aktuellen technischen und wissenschaftlichen Erkenntnissen zum Schreiben animiert werden, gibt es selbstverständlich noch heute – doch die höchste literarische Anerkennung, die sie in der Regel erreichen können, sind noch immer der »Hugo«- und der »Nebula«-Award, Science-Fiction-Preise also.

Wells wiederum inspirierte mit seinen Werken kommende Generationen von Wissenschaftlern. Der ungarische Physiker Leó Szilárd, einer der Väter der ersten echten Atombombe, erklärte später, Wells' Buch *Befreite Welt*, das er 1932 las, habe ihn zur Entwicklung der ersten Idee zur nuklearen Kettenreaktion angeregt. Szilárd gehörte später gemeinsam mit Albert Einstein zu der Gruppe von Physikern, die versuchte, den Einsatz der eigenen Schöpfung doch noch zu verhindern. Es hilft, in einer Zeit permanenten Wandels auch über die Spätfolgen des eigenen Tuns nachzudenken.

Die Wechselwirkung zwischen phantastischer Literatur und Wissenschaft und Technik existiert also schon länger. Science-Fiction hat realweltliche Konsequenzen. Die Entwicklung des Internets und etwa die von Virtual-Reality-Technologie wäre ohne John Brunners *Schockwellenreiter* und William Gibsons *Neuromancer*-Trilogie womöglich anders verlaufen. Das Smartphone von heute wird nach und nach zum Äquivalent des »Kommunikators« aus dem *Star-Trek*-Universum ausgebaut, und seinen sprachgesteuerten Amazon-Lautsprecher namens Echo kann man statt mit »Alexa« auch mit »Computer« ansprechen, so wie Captain Kirk das mit der intelligenten Maschine auf der *Enterprise* stets tat. Nerds sind diejenigen, die Zukunftstechnologien gestalten, und Nerds sind auch diejenigen, die sie im Zweifel als Erste kaufen.

All das ändert nichts an der leisen Verachtung, die der Science-Fiction von jenen, die für sich beanspruchen, »Bildung« zu definieren, weiterhin zuteilwird. Es ist allerhöchste Zeit, darüber nachzudenken, was Bildung in Zukunft eigentlich sein und leisten soll, denn das Veränderungstempo wird nicht ab-, sondern weiter zunehmen.

# 4 WAS WOLLEN, WAS SOLLTEN WIR WISSEN?

»Ordnung und Sichtung sind der Anfang der Beherrschung, und der eigentlich furchtbare Feind ist der unbekannte. Man muss das Menschengeschlecht aus den primitiven Stadien der Furcht und der duldenden Dumpfheit herausführen und es zur Phase zielbewusster Tätigkeit leiten.«

*Lodovico Settembrini in Thomas Manns* Der Zauberberg *(1924)*

Was Menschen jenseits geisteswissenschaftlicher Fakultäten oder Feuilletonredaktionen für Bildung oder gar Allgemeinbildung halten, ist schon lange ein wildes Sammelsurium. Noch gibt es Leute, die persönlich der Meinung sind, sie hätten die Deutungshoheit über das, was man gefälligst zu wissen hat, und das ist sehr oft das Gleiche wie das, was solche Menschen auch vor 40 oder 50 Jahren für wissenswert hielten.

Neben diesem auch schon ziemlich nebligen, vermeintlich verbindlichen Bildungskanon gibt es auch noch einen informellen Kanon der »Allgemeinbildung«, dessen unscharfe Umrisse man heute am besten in Fernseh-Quizshows besichtigen kann. Und selbst der ist schon heute beschämend umfangreich.

Ich persönlich zum Beispiel habe so gut wie keine Ahnung von Profifußball (von Amateurfußball auch nicht). Das ist oft hinderlich, denn die Welt des Fußballs ist in Aufzügen, Taxis und Kantinen ein verlässlicher Gesprächsstoff, der gefühlte Nähe herstellen kann zwischen Leuten, die sonst nichts gemeinsam haben. Mir ist diese Art von Small Talk verschlossen, und das gilt in unserer Gesellschaft, insbesondere für einen Mann, bis heute als geradezu unanständig. Mittlerweile gehe ich mit diesem Makel relativ offen um, so wie andere sich ab einem gewissen Alter freimütig dazu bekennen, noch im Erwachsenenalter ein Faible für Kinderhörspiele oder Disneys »Lustige Taschenbücher« zu haben. Irgendwann ist man alt genug, sich von den ungläubigen bis mitleidigen Blicken nicht mehr allzu sehr irritieren zu lassen.

Umgekehrt bemühe ich mich, bei anderen Menschen so weit wie möglich darauf zu verzichten, irgendwelches Wissen über irgendwelche Themengebiete vorauszusetzen, mit denen ich mich zufällig besser auskenne als mit Fußball. Psychologie zum Beispiel, oder neuronale Netze. Auch wenn ich in meinen Augen elementare Bildungslücken, die in unserer Gesellschaft sogar die Norm sind, zum Teil schockierend finde.

Tatsächlich sind Fußball, Kinderhörspiele oder Comics nur ein winziger Ausschnitt der unfassbaren Vielfalt von Dingen, von denen Menschen heute der Meinung sind, es sei von Wert, sich damit auszukennen. Und der Meinung, dieses Auskennen berechtige sie dazu, auf die anderen, die sich weniger auskennen, herabzublicken. Klassische Musik, internationale Politik, Single-Malt-Whisky, heimische Tierwelt, moderne Lyrik, soziologische Theorien, Rotweine, aktuelle US-Fernsehserien, historische deutsche Fernsehserien, Gentechnik, Gitarrenpop, Kunstfilme, Meeressäuger, soziale Bewegungen in Afrika, Gentechnik, Quantenphysik, Tanztheater, Paläontologie. Und so weiter. Alles Themen von Wert, kein Zweifel.

Für all diese und eine nahezu unbegrenzte Zahl weiterer Themen gibt es Auskenner, die andere Auskenner gern mit ihrem Wissen beeindrucken und alle ein bisschen mitleidig betrachten, die sich nicht auskennen. Das reicht bis hin zu betretenem Schweigen und Fremdscham. »Was, Sie wissen nicht, wer Taylor Swift ist??«; »Sie wissen nicht, wer Berlioz war??«; »Sie wissen nicht, wer Owomoyela ist??«

Es wird täglich schlimmer, und das wiederum liegt daran, dass das gesammelte Wissen und Trivialwissen der Menschheit ständig zunimmt. Immer mehr Menschen arbeiten mit immer mächtigeren Werkzeugen an dieser Informationsexplosion mit. Nobelpreisträger, Börsenanalysten, YouTuber, Sportreporter. Und natürlich auch Literaturkritiker.

Nehmen wir die Wissenschaft einmal als Beispiel, weil das Zählen hier vergleichsweise einfach und die gesellschaftliche Relevanz vermutlich weniger strittig ist als etwa beim Thema Taylor Swift. Einem großen Fachverband für wissenschaftliche Publikationen zufolge wächst die Anzahl pro Jahr veröffentlichter Fachartikel jährlich um etwa drei Prozent – und zwar schon seit zweihundert Jahren. Sie erinnern sich: Ein fortgesetztes Wachstum um einen konstanten Prozentsatz entspricht einer exponentiellen Entwicklung. Jedes Jahr kommt derselbe prozentuale Anteil einer immer größer werdenden Grundgesamtheit hinzu. Das heißt, das Wachstum selbst wächst, in absoluten Zahlen, immer weiter. Schon 2014 erschienen etwa 2,5 Millionen wissenschaftliche Publikationen, alle veröffentlicht in Fachzeitschriften.[36]

Vermutlich steht in sehr vielen davon nicht viel, das für die Menschheit als Ganzes von großem Belang wäre, aber wer weiß das schon? Viele, wenn nicht gar die meisten davon, dürften nur sehr wenige andere Menschen jemals gelesen haben. Leute, die selbst in den Wissenschaftsbetrieb einsteigen, lernen das oft erst relativ spät: Was man in der eigenen Doktorarbeit gemacht hat, egal, ob es um das Paarungsverhalten einer Schmetterlingsart oder eine methodische Variation zur Untersuchung von Reiz-Reaktions-Verbindungen beim Menschen geht – es gibt vielleicht ein paar Dutzend Menschen auf dem Planeten, die sich wirklich für das interessieren werden, was man da gemacht hat. Selbst Fachkollegen, die in unmittelbar angrenzenden Gebieten arbeiten, muss man in der Regel mühsam eine lange Vorgeschichte erklären, um verständlich zu machen, worin genau der eigene Beitrag besteht. Ich bekenne freimütig, dass genau das für mich eines Tages der Grund war, trotz durchaus vielversprechender Möglichkeiten aus der kognitionspsychologischen Grundlagenforschung auszusteigen. In der Regel war es in einem Gespräch noch möglich, einen fachfremden Gesprächspartner über die groben theoretischen Rahmenbedingungen dessen, was ich täglich tat, zu informieren, ohne dass er oder sie dabei einschlief. Wenn es aber darum ging, worin genau sich das aufwendige Experiment, an dem ich gerade arbeitete, vom vorangegangenen unterschied, war es damit vorbei. Empirische Grundlagenforschung zu betreiben heißt heute häufig, sich in winzigen Schritten in einer Richtung fortzubewegen, von der man nicht einmal weiß, ob es wirklich die richtige ist, und ich habe den Verdacht, dass es in den Geisteswissenschaften keinen Deut anders ist. Ich habe den größten Respekt vor den Kolleginnen und Kollegen, die sich dieser Aufgabe trotzdem verschreiben. Denn kollektiv sorgen sie natürlich sehr wohl für Fortschritt, für Erkenntnisgewinn, der irgendwann später dann doch wieder allen zugutekommt, wenn nichts schiefgeht.

Die Folge all dessen ist jedenfalls diese: Die Menge des in den Köpfen aller gegenwärtig lebenden Menschen gespeicherten Wissens macht nur noch einen kleinen Bruchteil des in Archiven, Bibliotheken, Datenbanken und anderswo gespeicherten Wissens aus. Mir ist keine plausibel begründete Schätzung bekannt, wie dieses

Verhältnis – verfügbares Wissen versus aktuell von Menschen Gewusstes – tatsächlich aussieht. Aber ich würde wetten, es ist schockierend.

Vielleicht, sogar vermutlich, werden uns lernende Computer eines Tages aus diesem Dilemma befreien. Ein eindrucksvolles Beispiel dafür, dass dieser Prozess bereits begonnen hat, lieferten kalifornische Forscher im Sommer 2019: Sie ließen ein lernendes System 3,3 Millionen Abstracts aus dem Bereich der Materialwissenschaften durchkämmen, die zwischen 1922 und 2018 veröffentlich worden waren. Dabei entdeckte das System diverse Hinweise auf bislang nicht erforschte thermoelektrische Materialien, nur auf Basis einer komplexen multidimensionalen Analyse von in den Abstracts der Forschungsberichte verwendeten Begriffen.[37] Dabei wurde die Methode des *unsupervised learning* eingesetzt (siehe den Exkurs »Wie funktionieren neuronale Netze?« in Kapitel 2). So wie lernende Maschinen neue Go-Strategien entdecken können, werden sie künftig womöglich auch im längst allzu unübersichtlich gewordenen Menschheitswissen auf interessante Verbindungen und Schlussfolgerungen stoßen, auf die Menschen, die all das Material gar nicht mehr verarbeiten können, nie stoßen würden. Die lernenden Systeme werden Stollen treiben in die gewaltigen Sedimentschichten menschlicher Erkenntnisproduktion und, wenn wir Glück haben, mit Schätzen an die Oberfläche zurückkehren.

Die Zeit der Universalgenies, die alles aktuell relevante Wissen in im Kopf hatten, ist lange vorbei. Sie endete vermutlich mit Leonardo da Vinci. Und vermutlich wusste nicht einmal der die wissenswerten Dinge, die ihm Kollegen aus Indien oder China hätten beibringen können. Heute aber vergrößert sich die Diskrepanz zwischen dem Wissbaren, dem aktuell von Menschen Gewussten, und dem, was nach unserer einigen Meinung wissenswert ist, täglich weiter. Wenn Sie das einmal ausprobieren wollen, machen Sie doch in der nächsten gemütlichen Runde, in der sich die Gelegenheit ergibt, folgenden Versuch: Fragen Sie die Anwesenden, was sie glauben, wie viele Galaxien es außer unserer eigenen, der Milchstraße, im bekannten Universum gibt. Und seit wann wir Menschen überhaupt wissen, dass außer unserer noch andere Galaxien existieren.

Die Antwort auf die erste Frage lautet: Vermutlich zwischen hundert und zweihundert Milliarden Galaxien, nur im von der Erde aus sichtbaren Teil des Universums. Diese Schätzung verdanken wir Berechnungen auf Basis von Aufnahmen des Hubble-Weltraumteleskops, und in dieser Information versteckt sich auch schon ein Hinweis auf die Antwort auf die zweite Frage: Edwin Hubble war es, der im Jahr 1924, basierend auf Aufnahmen, die damals mit dem Hooker-Teleskop in Kalifornien gemacht worden waren, als Erster entdeckte, dass es Galaxien außer unsere eigenen, der Milchstraße, geben müsse. Auch er irrte sich damals allerdings grob, was ihre Anzahl und Entfernung angeht. Ein paar Jahre später wies Hubble auch noch nach, dass Galaxien immer schneller auseinandertreiben, je weiter sie voneinander entfernt sind. Heute ist klar: Das liegt daran, dass sich gesamte Universum fortwährend weiter ausdehnt, also aufgeht wie ein Rosinenzopf im Ofen.

Heute muss sich Hubble den Ruhm für diese Erkenntnis mit dem belgischen Priester und Astronomen Georges Lemaître teilen, der dieselben Schlussfolgerungen schon vier Jahre vor Hubble kaum beachtet in einem belgischen Journal veröffentlicht hatte. Anders als Hubble hatte Lemaître sogar gleich den richtigen Schluss gezogen: Das Universum dehnt sich aus. Die Internationale Astronomische Union (IAU) stimmte deshalb im Jahr 2018 dafür, das Hubble-Gesetz in Hubble-Lemaître-Gesetz umzubenennen. Manchmal dauert es eben ein bisschen, bis relevante neue Erkenntnisse tatsächlich die Anerkennung finden, die sie verdienen. Und dieses Problem wird im Zeitalter der Wissensexplosion womöglich erst einmal noch anwachsen.

Ich bin immer wieder erstaunt, wie wenig bekannt dieses verblüffende Faktum ist: Die Menschheit weiß seit weniger als hundert Jahren, dass wir nicht nur innerhalb eines gigantischen Spiralnebels leben, sondern dass es noch Milliarden weitere solche Nebel gibt, die jeweils wieder aus Milliarden von Sonnen bestehen, umkreist von einer unbekannten Anzahl an Planeten, permanent auseinanderstrebend. Erst fünfhundert Jahre vorher hatte Nikolaus Kopernikus die Erde aus dem Zentrum der Welt geschubst und stattdessen die Sonne dorthin gesetzt. Wie die Milchstraße in etwa aussieht, darauf kam erst Wilhelm Herschel im Jahr 1785, auch wenn er ihre Größe und die Anzahl der Sterne massiv unterschätzte. Noch bis ins 20. Jahrhundert hinein waren Astronomen überzeugt davon, dass unser Sonnensystem ungefähr im Zentrum der Milchstraße liegen müsse. Man könnte das Heliozentrismus 2.0 nennen. Und noch 1920 stritten die damals sehr berühmten Astronomen Harlow Shapley und Heber Curtis öffentlich über die Frage, ob es nur eine riesenhafte Galaxie gäbe, die Milchstraße, oder diese viel kleiner wäre und die beobachtbaren Nebelflecken am Nachthimmel womöglich andere Galaxien sein könnten. Beide irrten sich, jeder auf seine Weise.

Dann kamen Hubble und Lemaître. Und heute wissen wir, dass auch diese beiden noch falsche Vorstellungen darüber hatten, wie viele Galaxien und Sterne es tatsächlich geben muss. Man könnte auch sagen: Die den Menschen bekannte Größe des Universums ist in den vergangenen fünfhundert Jahren exponentiell gewachsen, besonders rasant in den letzten hundert. Selbst unser Wissen über den Kosmos erlebt in dieser Zeit des ständig schneller werdenden Umbruchs eine Große Beschleunigung. Umgekehrt wurde mit jeder dieser Entdeckungen klarer, wie winzig, abgelegen und im kosmischen Maßstab irrelevant unser kleiner, von einem Häuflein denkender Wesen bewohnter Planet ist.

Wir gehen mit der gewaltigen Kränkung, die diese monumentale Skalenverschiebung zu unseren Ungunsten mit sich bringt, gesellschaftlich so ähnlich um wie mit unserer eigenen Sterblichkeit: Wir verdrängen sie. Es war ja, um es mit Robert Musil zu sagen, schon vor diesen neuen Erkenntnissen unangenehm, sich vor Augen zu führen, dass »der Mensch ein Häuflein von Pünktchen auf der äußersten Rinde eines Zwergglobus sei«.

Ich halte auch diese Tatsache für symptomatisch: Viele der Erkenntnisse über die Welt und uns selbst, die die Wissenschaft uns in den vergangenen hundert bis hundertfünfzig Jahren gebracht hat, sind kränkend, aversiv oder sogar furchteinflößend. Das Nachdenken über die Welt an sich, über unseren Platz in ihr und über die Entwicklungen, die wir darin anstoßen, ist deshalb ein oft unangenehmer Vorgang: Wenn man sich mit der kosmischen Irrelevanz der Menschheit auseinandersetzt oder mit der Tatsache, dass die Menschheit gerade dabei ist, ihren eigenen Lebensraum für sich selbst unbewohnbar zu machen, ist das schmerzlich. Das hat zu einer geradezu institutionalisierten Verdrängung und ständiger Selbstablenkung geführt, die uns im Augenblick, im Zeitalter exponentieller Veränderungen und existenzieller Bedrohungen, mehr als je zuvor im Weg steht.

Hubble selbst kann man übrigens nicht vorwerfen, dass er sich nicht um Publizität für seine Erkenntnisse bemüht hätte: Die erste Veröffentlichung zum Thema erschien 1924 nicht in einer Fachzeitschrift oder als Konferenzpapier, sondern in der *New York Times*.

Als *peer-reviewter* Forschungsartikel wurde Hubbles Durchbruch erst 1929 veröffentlicht.[38]

Die Tatsache, dass eine so fundamentale, mittlerweile vielfach abgesicherte Erkenntnis über das grundlegende Wesen unseres Universums trotz der höchst aktiven Pressearbeit ihres Entdeckers nicht selbstverständlich zur Allgemeinbildung gehört, passt ins Bild: Gerade aus den Bereichen, in denen das Menschheitswissen in den vergangenen gut hundert Jahren so enorm angewachsen ist, der Astronomie und Kosmologie, der Teilchenphysik, aber auch der Genetik und Molekularbiologie, kommt beim durchschnittlich gebildeten Normalbürger hierzulande – aber nicht nur hier – vergleichsweise wenig an. Dabei geht es sehr oft ums absolut Grundsätzliche. Viele von uns leben, was ihre Vorstellung von der Welt angeht, in den Fünfziger- oder Sechzigerjahren des 20. Jahrhunderts oder noch früher, so bitter das klingt.

Das trifft übrigens auch auf Informationen zu, die eigentlich geeignet wären, den zukunftsängstlichen Bewohnerinnen und Bewohnern der anstrengenden Gegenwart ein bisschen Zuversicht einzuflößen. Diese Art von Information findet man zum Beispiel im posthum erschienenen Buch *Factfulness* von dem schwedischen Arzt, Autor, Vortragsreisenden und Schwertschlucker Hans Rosling.[39]

Rosling war kein Theoretiker, er hat sein Leben lang unter hohen Risiken für eine bessere Welt gekämpft. Als Arzt arbeitete er etwa in Mosambik und im Kongo. Als sich Ebola im Jahr 2014 in Westafrika exponentiell auszubreiten begann, reiste er nach Liberia, um zu helfen. Er wusste, wie echte Armut aussieht.

Sein letztes Buch enthält trotzdem lauter erfreuliche Tatsachen, die die meisten Menschen nicht kennen und oft auch nicht glauben wollen, obwohl sie so erfreulich sind. Zum Beispiel, dass Menschen auf der Erde schon heute im Durchschnitt älter werden, als Rosling selbst es wurde: 70 Jahre. Dass die vermeintliche Bevölkerungsexplosion ihr Ende in Wahrheit bereits erreicht hat – weil wohlhabendere Eltern weniger Kinder bekommen. Dass sich die – absolute! – Zahl der Menschen, die in extremer Armut leben, in den letzten 20 Jahren fast halbiert hat.

Noch so eine kaum bekannte Tatsache ist, dass im Jahr 2016 weniger als halb so viele Kinder unter fünf Jahren gestorben sind wie noch 1990. Die absoluten Zahlen sind immer noch entsetzlich: 2016 starben fünf Millionen Kleinkinder. Das sind fünf Millionen entsetzliche Tragödien, furchtbares Leid, Schmerz, Qual und Trauer. Aber 1990 waren es eben noch über elf Millionen Tragödien.

Viele Plagen der Menschheit verlieren an Schrecken, aber viele Menschen, selbst solche, die es von Berufs wegen besser wissen müssten, sind vom Gegenteil überzeugt: Sie glauben, die Welt werde immer schlechter, gefährlicher, gewalttätiger, kranker. Rosling hat weltweit Menschen befragt, was sie über den tatsächlichen Zustand der Welt wissen, sogar beim Weltwirtschaftsforum in Davos, einem Sammelpunkt der von den Vorzügen der Marktwirtschaft überzeugten Zweckoptimisten. Überall, fand Rosling, war eine Mehrheit davon überzeugt, fast alles werde schlimmer: Hunger, Gewalt, Krankheiten. Fast niemand schätzt auch nur annähernd richtig, wie die Dinge wirklich liegen. Rosling hat diese Erfahrung sogar mit Nobelpreisträgern gemacht. Das gewaltige Veränderungstempo, das seit den Fünfzigerjahren alle Lebensbereiche erfasst hat, die Große Beschleunigung, macht vermeintliche Allgemeinbildung sehr schnell obsolet. Das Weltbild, das die meisten Menschen im Kopf zu haben scheinen, schreibt Rosling, beschreibe am ehesten die Welt der Sechzigerjahre, nicht die Gegenwart.

Der Abstand zwischen dem, was die Experten auf einem bestimmten Fachgebiet wissen, und dem, was davon als Allgemeinbildung bei Laien ankommt, wächst ständig weiter. Das dürfte teilweise auch die mittlerweile offene Aggression erklären, die »Experten« heute gelegentlich entgegenschlägt. »Die Leute in diesem Land haben genug von Experten«, hat der ehemalige britische Justizminister Michael Gove einmal gesagt. Damals ging es um den Austritt Großbritanniens aus der Europäischen Union, den Experten, in diesem Fall Ökonomen, für eine ganz und gar unkluge Entscheidung hielten und bis heute halten. Das Zitat fasst ein Gefühl zusammen, das die Vertreter und die Anhänger populistischer Bewegungen überall auf der Welt zu einen scheint: Lasst uns doch in Ruhe mit eurem Fachwissen. Donald Trump, der nie ein Buch in die Hand nimmt, wurde zum ersten Präsidenten dieser Wissensverweigerer. Seine demonstrative Ignoranz gegenüber der Expertise kostete im Zuge der Coronakrise viele US-Bürger das Leben.

In anderer Form ist eine ähnliche Ablehnung bestimmter Arten von Wissen aber eben auch in Kreisen populär, die ganz anders sind als Trump: unter Intellektuellen etwa, auch unter solchen, die sich selbst vermutlich eher als progressiv einstufen würden.

Diese Abwehrhaltung ist psychologisch durchaus verständlich: Wir alle leben in einem Zustand permanenter Überforderung hinsichtlich dessen, was man früher Allgemeinbildung nannte. Und damit meine ich nicht nur meine eigene Ignoranz in Sachen Bundesliga. Je mehr es zu wissen gibt, desto erbitterter wird darum gestritten, was davon jetzt für alle verbindlich sein sollte. Und es ist ja auch verständlich, dass zum Beispiel Leute, die rein gar nichts über die dramatischen Entwicklungen im Bereich der Gentechnik wissen, es als unangenehm erleben, wenn man sie darauf hinweist, dass es vielleicht wissenswert sein könnte.

Früher galt es als akzeptabel, irgendwann mit dem Lernen aufzuhören. Man gestattete sich vielleicht sogar, ein wenig auf all jene herabzublicken, die noch nicht so viel wussten wie man selbst. Man war mächtig genug, sich nicht mehr ständig neues Wissen aneignen zu müssen. Ein Teil der Bildungselite nimmt dieses Privileg, natürlich nur implizit, bis heute für sich in Anspruch.

Doch die Zeiten, in denen man ausgelernt haben konnte, sind, wenn es sie denn je gab, vorbei. Es gibt immerzu etwas Neues zu lernen, lebenslang. Was gestern noch stimmte, ist morgen vielleicht nicht mehr die ganze Wahrheit. Und es wird immer schwieriger zu entscheiden, was von alledem tatsächlich relevant ist.

Interessanterweise trifft man gerade auf Veranstaltungen, auf denen das schon jetzt zum Klischee verkommene »lebenslange Lernen« beschworen wird, Bildungskonferenzen etwa, sehr häufig Menschen, die sich selbst als von dieser Notwendigkeit ausgenommen betrachten. Das sollen mal schön die anderen machen. Die Berufskraftfahrer, deren Jobs irgendwann durch selbst fahrende Autos und Lastwagen ersetzt, die Buchhalter, die durch künstliche Intelligenz überflüssig gemacht werden. Wir aber, das ist eine unausgesprochen erstaunlich häufig anzutreffende Haltung, besitzen doch Bildung. Hin und wieder ein gutes Buch, ein bisschen Zeitunglesen. Das muss reichen.

Zum Glück bietet das Internet, das für diese Wissensexplosion natürlich in mehrfacher Hinsicht mitverantwortlich ist, auch Lösungsansätze. Sowohl Eduard Mörikes »Frühlingserwachen« als auch eine kurze Erklärung von CRISPR/Cas9 ist heute nur noch eine Websuche weit entfernt.

Wissen Sie noch, wann Sie sich das letzte Mal mit Bekannten über irgendeine Faktenfrage gestritten haben? Vermutlich nicht: Debatten über Napoleons Todestag oder den Bundesliga-Torrekord können heute mit jedem Smartphone binnen Sekunden beendet werden. Auch wenn wohl nicht einmal das Internet bislang auch nur annähernd das gesamte Menschheitswissen enthält, jedenfalls nicht in erschließbarer Form. Da irrte H.G. Wells, der auch eine Art Theoretiker des Wissens und des Fortschritts war. Er forderte im Jahr 1937 eine »Permanente Welt-Enzyklopädie«, die er »Weltgehirn« nannte: »Es gibt nun keinerlei praktisches Hindernis mehr, das der Schaffung eines effizienten Index allen menschlichen Wissens, aller Ideen und alles Erreichten, also eines vollständigen planetaren Gedächtnisses für die gesamte Menschheit entgegenstünde.«

Dieses »vollständige planetare Gedächtnis« ist das Internet von heute immer noch nicht, dazu ist es nach wie vor zu chaotisch, enthält zu viel Schrott und Desinformation und ist, trotz Google, einfach nicht gut genug sortiert. Aber es ist doch schon ziemlich gut, besser als jedes Wissenswerkzeug, das der Menschheit je zur Verfügung stand. Noch so ein Umstand, den Digitalisierungsverweigerer und »Hauptsache-Goethe-gelesen«-Bildungskonservative gern ausblenden. Sogar Wissenschaftler, die es doch nun wahrlich besser wissen müssten. So wie Manfred Spitzer mit seiner These von der »Verdummungsmaßnahme« Digitalisierung.

Die Wikipedia, das letzte große Vermächtnis der Internet-Utopien der Neunzigerjahre, ist in etwa das, was der *Hitchhiker's Guide to the Galaxy* in Douglas Adams' gleichnamigem Roman von 1979 ist: ein ziemlich gutes Nachschlagewerk, in dem man zu nahezu jedem beliebigen Thema wenigstens halbwegs verlässliche Informationen finden kann. Mehr noch: In der Wikipedia, anders als im *Hitchhiker's Guide*, findet man sogar noch weiterführende Quellen, denn ihre Einträge werden nach bestimmten Regeln erstellt und mit Belegen versehen. Ein Wikipedia-Eintrag ist deshalb ein guter Einstieg in eine tiefere Recherche zu nahezu jedem beliebigen Thema. Eine Wissensstruktur also, die den Erfordernissen eines sich ständig verändernden, erweiternden Weltwissens gerecht wird.

Es ist eine Schande, dass dieses enzyklopädische Gemeinschaftswerk, an dem Thomas Manns Aufklärer und Enzyklopädie-Verehrer Lodovico Settembrini aus dem *Zauberberg* bestimmt seine helle Freude gehabt hätte, gerade von der deutschen Bildungslandschaft bis heute mit so großem Argwohn, ja mancherorts mit heftiger Ablehnung betrachtet wird. Schüler lernen bisweilen in der Schule, dass die Wikipedia keine Quelle sei. Eigentlich aber sollte man im Unterricht gemeinsam mit Schülerinnen und Schülern Wikipedia-Einträge zu aktuell im Unterricht behandelten Themen kritisch prüfen und bei Bedarf überarbeiten: Damit trüge das Bildungssystem selbst dazu bei, das nichtkommerziell bereitgestellte digitale Weltgedächtnis sauber, aktuell und faktentreu zu erhalten. Nebenbei wäre das ein wertvoller Schritt auf dem Weg in eine zukünftige Gesellschaft, in der Quellenprüfung und Recherche nicht akademische Spezialfertigkeiten, sondern selbstverständlicher Gegenstand der Allgemeinbildung sind.

Auch der Luxus dieser trotz allem ziemlich guten Faktenmaschine namens Internet enthebt uns jedoch nicht der Frage, welches Wissen künftig noch als allgemeinverbindlich und welches als optional zu betrachten ist. Auf jene, die Lehrpläne für Schulen und Hochschulen entwickeln, aber auch auf die Gesellschaft als Ganzes kommen große Herausforderungen zu. Klar ist nur: Faktenwissen wird in dieser Welt zwangsläufig weniger wichtig als Fertigkeiten wie das Finden, Bewerten, Einordnen und Verknüpfen solcher Fakten – deshalb wäre ja die genannte Wikipedia-Übung als Standardelement des Unterrichts so lohnend. Trotzdem wird es auch weiterhin so etwas wie Allgemeinbildung geben müssen, denn auf irgendeiner Basis müssen demokratische Gesellschaften ja ihre Entscheidungen aushandeln. Das fällt, in dieser Zeit des exponentiellen Wachstums und der parallel gepflegten Wissensverweigerung, augenscheinlich schwer.

Ein gesellschaftlicher Konsens über etwas so Fundamentales wie einen Bildungskanon war schon immer eine Herausforderung. In dieser Zeit der Großen Beschleunigung aber verwandelt sich dieser Kanon, wenn er sinnvoll bleiben soll, in ein bewegliches Ziel. Klar ist in meinen Augen: Wenn es nicht gelingt, die schneller werdenden Wissensfortschritte zu sortieren, zu bewerten und dann zügig in unser Bildungssystem einzuspeisen, droht Ungemach.

Wenn wir als Gesellschaft eine Chance haben wollen, die dramatischen Veränderungen des 21. Jahrhunderts nicht nur zu überstehen, sondern sie zu gestalten, kommen wir nicht umhin, uns dieser Frage zu stellen: Was müssen wir in Zukunft wissen?

Gerade die, die sich mit Bedeutung, Sinn und Ethik befassen, müssten dringend teilnehmen an der Debatte über die Richtung, die die exponentielle Entwicklung nehmen sollte. Solange sie sich dem Wissen aus diesen Bereichen aber verweigern, können sie das nicht tun.

Im Laufe dieses Buches sind Sie bereits auf ein paar Einschübe mit konkreten Fakten zu einzelnen Themen gestoßen, die ich persönlich als essenziell für eine zielführende gesellschaftliche Debatte über eine wünschenswerte Zukunft erachten würde. Weitere werden hier noch folgen. Eines dieser Themen, die ich gerne als selbstverständlichen Bestandteil einer soliden Allgemeinbildung sähe: ein Grundverständnis dafür, was wir heute künstliche Intelligenz nennen – und für die in Wechselwirkung dazu stehende rasend schnelle Entwicklung im Bereich der Biotechnologie.

# 5 MOORE'S LAW IST EINE LAHME ENTE

»Schon die Informatik hatte eine starke positive Auswirkung auf praktisch jeden Bereich menschlichen Unternehmungsgeistes gehabt, von der Wissenschaft über Finanzen, Herstellung und Transport bis zu Gesundheitswesen, Energiewirtschaft und Kommunikation, doch diese Auswirkungen verblassen im Vergleich zu dem Fortschritt, der voraussichtlich mit der KI einhergehen wird.«

*Der Physiker Max Tegmark in* Leben 3.0 *(2017)*

Kommen wir noch einmal zurück zum Moore'schen Gesetz und der in Kapitel 1 aufgestellten Behauptung, dass es sich womöglich doch nicht seinem Ende zuneigt, obwohl die physikalischen Grenzen für noch schnellere Chips mittlerweile fast erreicht zu sein scheinen. Vielleicht ist in Kapitel 2 aber auch schon klargeworden: Rechenleistung und Speicherplatz sind schon lange nicht mehr die einzigen Treiber der atemberaubend rasanten Entwicklung digitaler Technologie. Schon seit Jahrzehnten wird auch die Software, die auf diesen immer schnelleren Maschinen läuft, ständig besser. Die Fundamente des Internets beispielsweise, die grundlegenden Protokolle, die das weltweite Netz ermöglichen, stammen zum Teil aus den Sechziger-, den Siebziger- oder Achtzigerjahren. Das Internet selbst ist gewissermaßen noch ebenso dumm wie damals. Was um viele Größenordnungen klüger geworden ist, sind die Rechner und heute auch die Smartphones, die an seinen Knoten- und Endpunkten sitzen.

Diese Rechner sind sogenannte generative Systeme, anders als Videorekorder oder Toaster: Mit einem Computer, einer programmierbaren Maschine zur Informationsverarbeitung also, kann man immer wieder neue Dinge anstellen, von denen man sich gestern noch gar nicht hätte vorstellen können, dass man sie eines Tages wollen würde. Einen Videorekorder konnte man zwar »programmieren«, aber nur – wenn einem das tatsächlich gelang! – mit einer Funktion: zu einem bestimmten Zeitpunkt elektromagnetische Signale auf ein Magnetband aufzuzeichnen. Bei Computern ist das anders: Sie haben keinen fixierten Zweck. Eine programmierbare Maschine ist eine *tabula rasa*, eine unbeschriebene Tafel, auf die der Programmierer die unterschiedlichsten Dinge schreiben kann. Auch Dinge, die den Erfindern dieser Tafel nicht im Traum eingefallen wären.

Deshalb können wir heute über Internetleitungen hochaufgelöste Filme sehen, deren Bilder ihrerseits ganz oder teilweise von Hochleistungsrechnern errechnet, nicht mit Kameras aufgezeichnet worden sind. Computer können heute Dinge, die vor 30 Jahren noch kaum vorstellbar waren, dabei hat sich an ihrer grundlegenden Architektur und Funktionsweise wenig geändert. Ein PC besteht im Jahr 2020 immer noch aus den gleichen Komponenten wie im Jahr 1985: einer zentralen Recheneinheit namens CPU, einem Arbeitsspeicher namens RAM und Speichermodulen mit fest einprogrammierten Inhalten namens ROM. Außerdem einem oder mehreren beschreibbaren Massenspeichern wie Festplatten und diversen Schnittstellen, zum Teil auch noch speziellen zusätzlichen Prozessoren, etwa für die Ausgabe von Audio- oder Videosignalen.

All diese Komponenten sind im Laufe der Jahre immer besser, schneller, stärker, mächtiger geworden, aber ihre Konfiguration ist im Grunde die gleiche. Besser, schneller, mächtiger geworden ist außerdem und vor allem die Software, die auf dieser Hardware läuft.

Tatsächlich kann man mit neuer Software selbst alter Hardware noch sehr lange neue Tricks beibringen. Zum Beispiel brachte der niederländische Elektroingenieur und Softwareentwickler Johan Van den Brande seinem alten Commodore 64 im Jahr 2009 das Twittern bei.[40] Verblüffend ist das deshalb, weil der Commodore 64 im Jahr 1982 auf den Markt kam, während das World Wide Web und das Hypertext Transfer Protocol (http), auf dem Twitter basiert, erst ab 1989 entstanden. Ein öffentliches Internet, wie wir es heute kennen, existierte 1982 noch gar nicht. Twitter selbst gibt es erst seit 2006. Trotzdem kann man mit dem Commodore 64 von 1982 jetzt twittern, wenn man das möchte – und wenn man ihn mit einem Modem über eine Telefonleitung an das Internet anschließt.

Das Grundprinzip, ohne das es all diese Verbesserungs- und Veränderungsmöglichkeiten nicht gäbe, bezeichnet dieser mittlerweile zur Worthülse verkommene Begriff: Digitalisierung.

Wenn Politikerinnen, Manager oder Industrielobbyisten von »Digitalisierung« sprechen, meinen sie damit alles Mögliche, aber was der Begriff eigentlich bezeichnet, können viele heute immer noch nicht definieren.

Dabei ist es eigentlich ganz einfach: Digitalisierung heißt, Daten in ein Format zu überführen, mit dem Computer umgehen können. Dieses Format ist: »Strom an, Strom aus.« Heute können wir nahezu beliebig andere Datenformate nahezu beliebig präzise in »Strom an, Strom aus« übersetzen: Bilder, Musik, Videos, Proteinstrukturen oder atmosphärische Messwerte. Auch das verdanken wir Moore's Law: Speicherplatz und Rechenleistung sind mittlerweile genügend vorhanden. Die Datenmenge, die 1982 in den Arbeitsspeicher eines nagelneuen Commodore 64 passte, 64 Kilobyte, reicht heute gerade einmal für ein formatiertes Textdokument von ein paar Seiten Umfang. Die Festplatte des ersten PC von IBM, der überhaupt mit Festplatte verkauft wurde, fasste 10 Megabyte. Das reicht heute etwa für zwei Popsongs im MP3-Format.

**Exkurs: Was ist Digitalisierung?**

Nehmen wir an, Sie möchten einer Freundin eine E-Mail schreiben. In dieser E-Mail kommt beispielsweise das Wort »Haus« vor. Sehen wir uns einmal an, welche Datenformate dieses Wort »Haus« während der Übermittlung durchläuft. Die Darstellung ist zum Teil grob vereinfacht, aber im Kern passiert bei jedem solchen Vorgang Folgendes.

Zunächst ist »Haus« ja nur in Ihrem Kopf vorhanden. Es ist repräsentiert in einem komplizierten Geflecht von Nervenzellen, -fasern und elektrochemischen Aktivierungen in Ihrem Neocortex, der obersten und evolutionär jüngsten Schicht des menschlichen Gehirns. Von der vorderen Zentralwindung Ihres Cortex aus werden Befehle auf den Weg geschickt, die nach diversen Zwischenstationen dafür sorgen, dass die Muskulatur Ihrer Hände die notwendigen Kontraktionen und Streckungen ausführt, bis wie gewünscht der Buchstabe »H« auf dem Computerbildschirm erscheint. Bis hierhin war das Datenformat, in dem das Wort »Haus« repräsentiert war, elektrochemisch, nicht digital.

Das ändert sich in dem Moment, in dem Ihr Zeigefinger die Taste »H« herunterdrückt.

Bleiben wir der Einfachheit halber nur bei der Taste H, ohne »Shift«. In dem Moment, in dem sie gedrückt wird, wird alles plötzlich viel einfacher.

Aus dem Signal, das die Taste H bislang weitergereicht hat: »0« oder »Strom aus«, wird vorübergehend »1« oder »Strom an«. Diese Information wird ins Innere des Rechners weitergereicht. Dort aktiviert die Information, dass die Taste »H« gerade »1« statt »0« gemeldet hat, eine wieder etwas aufwendigere Form der Information: ein einzelnes Byte. Ein Byte besteht aus 8 Bit, das heißt: aus achtmal »Strom an« oder »Strom aus«. Jedem Buchstaben und jeder Ziffer sind, gemäß internationaler Vereinbarungen, bestimmte, je acht, manchmal auch nur sieben Bits umfassende »Strom an, Strom aus«-Kombinationen zugeordnet. Benutzen wir als Beispiel eine der ältesten derartigen Vereinbarungen, den American Standard Code for Information Interchange, kurz ASCII. Der wurde in seiner Urform schon im Jahr 1963 festgelegt. ASCII braucht eigentlich nur sieben Bits, um 128 unterschiedliche Zeichen zu kodieren, das erste Bit steht immer auf 0.

Der Buchstabe »H« heißt ASCII-kodiert: 01 001 000. Das kleine »a« wird als 01 100 001 kodiert, »u« entspricht 01 110 101 und »s« 01 110 011. Diese vier Bytes sind das Wort »Haus« – digitalisiert.

Der Computer, auf dessen Tastatur Sie tippen, hat mit diesen vier Bytes in der Zwischenzeit diverse Dinge angestellt, sie durch Puffer und in Speicher geschoben. Strom an, Strom aus. Die Bytes werden weitergereicht an die Grafikkarte, und die wiederum hat einige wenige der Licht emittierenden Dioden auf Ihrem Bildschirm angewiesen, in einem Muster, das den Buchstaben H-a-u-s entspricht, ihre Farbe zu verändern. Wenn der Computer, an dem Sie sitzen, ein historisches Gerät ist, sagen wir mal, ein Commodore 64, können die Buchstaben nur eine von sechzehn möglichen Farben haben, und das hat auch wieder mit Bits und Bytes zu tun. Weil Binärcode auf genau zwei unterschiedlichen Zuständen basiert, spielen Zweierpotenzen – 8, 16, 32, 64 – bei allem, was mit Computern zu tun hat, immer eine große Rolle. Heutige Monitore beherrschen deutlich mehr als 16 Farben. Das liegt nicht nur an den Computern, sondern auch an der Technik der Bildschirme: Ein LED-Monitor kann wesentlich mehr Farben darstellen als ein Röhrenfernseher. Es werden aber auch viel mehr Bits und Bytes aufgewendet, um einen einzelnen Pixel zu beschreiben. Ein Bildpunkt auf Ihrem Laptop von heute enthält also sehr viel mehr Information als ein Pixel auf einem PAL-Fernseher, an den in den Achtzigern ein Commodore 64 angeschlossen wurde. Auf dem PAL-Fernseher werden 720 x 576 Pixel dargestellt, und jeder Farbpunkt ist zusammengesetzt aus den Farben der drei Kathodenstrahlen, die rote, blaue und grüne fluoreszierende Farbpunkte in der Bildschirmoberfläche zum Leuchten bringen. Je mehr Bits zur Verfügung stehen, desto höher ist die sogenannte Farbtiefe. Ein

Bild mit einer Farbtiefe von 24 Bit, das entspricht einem sogenannten True-Color-Display, hat für jeden der gängigen Farbkanäle – Rot, Grün und Blau – 8 Bit zur Verfügung. 3 mal 8 ergibt 24. Das klingt nicht viel, aber dank der kombinatorischen Explosion lassen sich mit 24 Bit Farbtiefe 2 hoch 24, das heißt, fast 17 Millionen unterschiedliche Farbnuancen darstellen. Wie gesagt: Der Commodore 64, 1982 auf den Markt gekommen, konnte nur 16. Und zwar weil er für die Farbdarstellung nur 4 Bits zur Verfügung hatte. 2 hoch 4=16 Farben.

Aber zurück zu Ihrer E-Mail und dem Wort »Haus«. Nun steht es da, als Teil eines längeren Textes, die E-Mail-Adresse ist schon eingegeben, der Rechner mit dem Internet verbunden. Wenn Sie jetzt auf »Senden« klicken, passiert wieder eine Vielzahl von sehr komplizierten Dingen gleichzeitig. Letztlich aber werden die vier Bytes 01 001 000, 01 100 001, 01 110 101 und 01 110 011, das kodierte Wort »Haus«, als Teil eines wesentlich größeren Pakets aus lauter Nullen und Einsen durch eine Abfolge von Kabeln geschickt – oder, wenn Sie WLAN zu Hause haben, vorübergehend als Funksignal durch die Luft. Von Ihrem Router sausen die Nullen und Einsen durch ein Kabel, das entweder aus Glasfaser oder Kupfer besteht. Jetzt werden die Nullen und Einsen einem Trägersignal aufgeprägt und wandern als Teile einer Wellenform durchs Kabel. Oder aber, bei Glasfaser, als Abfolge von Licht an, Licht aus, rasend schnell. Ein paar Umwandlungsschritte später, wenn Ihre Freundin die E-Mail öffnet, verwandelt deren Computer die vier Bytes 01 001 000, 01 100 001, 01110101 und 01 110 011 wieder in ihrerseits als Nullen und Einsen kodierte Ansammlungen von farbigen Pixeln auf dem Bildschirm der Empfängerin. Aus dem Zahlencode werden wieder für Menschen lesbare Buchstaben, und aus den Buchstaben im Kopf Ihrer Bekannten wieder elektrochemische Erregungsmuster, die der Lautfolge Haus entsprechen, weil sie irgendwann einmal in ihrem Leben lesen gelernt hat. Irgendwo in ihrem Schläfenlappen wird so aus diesen Erregungsmustern das im Bewusstsein der Empfängerin repräsentierte Wort »Haus«. Das Wort hat sich von elektrochemischen Nervensignalen auf dem Umweg über die mechanische Bewegung von Tasten mit Druckschaltern in digitale elektrische Signale verwandelt. Dann hat es, nun in digitaler Form kodiert, diverse Transformationen durchlaufen und sich ganz am Ende der Kette wieder in einem menschlichen Gehirn entpackt, elektrochemisch repräsentiert, aber angereichert mit all den Assoziationen, Bildern und Gedanken, die so ein Mensch eben mit dem Wort »Haus« verbindet. Das hat menschliche Kommunikation mit dem Internet gemeinsam: Die Übertragungswege selbst sind vergleichsweise schlicht und kaum veränderlich. Die eigentliche Magie liegt in den erstaunlichen Fähigkeiten der jeweiligen Endpunkte.

Das ist Digitalisierung: Beliebige Arten von Daten, die in anderen Formaten vorliegen, in Abfolgen von Nullen und Einsen zu verwandeln und mit diesen dann mithilfe von Computern unterschiedlichste Dinge anzustellen. Mit Buchstaben ist das noch relativ einfach, es gibt ja nicht so viele. Viel schwieriger wird es schon mit gesprochener Sprache oder gar Musik: Schall besteht bekanntlich aus Wellen, ist also ganz und gar nicht digital. Und diese Wellen können eine unfassbare Vielfalt von Formen annehmen. Um beispielsweise den klagenden Ton einer Geige zu digitalisieren, muss man das verrückte Bündel von Schwingungen, das eine klingende Seite erzeugt, möglichst detailliert abtasten und einzelne Bereiche dieser Kurven in Bits und Bytes übersetzen. Je genauer und häufiger man hinsieht, desto genauer wird die Abbildung, und desto mehr Bits braucht man für jede Sekunde Musik. Deshalb klingt eine MP3-Datei mit 192 Kilobit pro Sekunde besser als eine mit 64 Kilobit: Beim Abtasten (*sampling*) und Umwandeln in Nullen und Einsen wird immer, zwangsläufig, etwas weggelassen, weil man ein stetiges, durchgängiges Signal in einzelne Messpunkte zerlegen muss, sonst funktioniert das mit den Nullen und Einsen nicht mehr. Je häufiger man die Kurve abtastet, desto genauer wird das Abbild. Irgendwann ist die Abtastrate so hoch, dass man ein digitalisiertes und anschließend über Verstärker und Lautsprecher wieder analog, also: als Schall hörbar gemachtes Signal nicht mehr vom Original unterscheiden kann. Spielt da jemand Geige?

Eine gute Analogie für grob digitalisierte Inhalte sind Schwarz-Weiß-Zeitungsfotos in Rasterdruck: Die erzeugen auch nur auf Basis von Eins und Null – Tinte oder keine Tinte – ein Muster aus Punkten, das fein genug ist, damit das menschliche

Auge daraus wieder ein zusammenhängendes Bild macht. Wenn man genau hinsieht, kann man die Punkte aber noch erkennen. Ein modernes Digitalfoto dagegen kann so hoch aufgelöst sein, dass man es, abgesehen vom fehlenden Tiefeneindruck, unter Umständen nicht von der realweltlichen Vorlage unterscheiden kann. Es besteht immer noch aus Pixeln, aber aus so vielen, so kleinen, von so hoher Farbtiefe, dass das Bild womöglich wirkt, als blicke man durch ein Fenster auf die reale Szene.

Exponentiell verändert hat sich also, was sich, dank mehr Speicherkapazität und Rechenleistung, digitalisieren und mittlerweile auch in digitaler Form durchs Internet übertragen lässt. So sehen heute Millionen Menschen rund um den Globus auf ihren Fernsehern Filme und Fernsehsehserien in einer Farbtiefe, Auflösung und Tonqualität, wie sie zu Zeiten des Röhrenfernsehers unvorstellbar gewesen wären. Übertragen werden die riesigen Datenmengen meist nicht mehr als Funkwellen durch die Luft, sondern als endlose »Licht an, Licht aus«-Abfolgen durch Glasfaser- oder als modulierte Stromfrequenzen durch Kupferkabel. Etwa drei Viertel aller Daten, die im Jahr 2017 durch das Internet zu Endkunden gelangten, waren dem Netzwerkausrüster Cisco zufolge Videodateien.

Dramatisch verbessert hat sich über die Jahre aber nicht nur das, womit Computer umgehen können. Dramatisch verbessert hat sich auch, wie gut sie damit umgehen können. Die Software, die auf unseren Computern, Tablets und Smartphones läuft, ist im gleichen Maße mächtiger geworden, wie die Datenmengen, mit denen diese Computer, Tablets und Smartphones umgehen, gewachsen sind.

Die ständige Verbesserung von Software ist allerdings ein aufwendiger, mühseliger, iterativer Prozess, der viel Arbeit und Zeit erfordert. Das ändert sich gerade, denn, das sollten die vorangegangenen Abschnitte deutlich gemacht haben: Software kann sich jetzt selbst verbessern, indem sie lernt. Und in Zukunft womöglich auch, indem sie neue Versionen ihrer selbst schreibt, aber dazu später.

Im Mai 2018 hat jemand nachgeprüft, wie schnell die Entwicklung solcher lernenden Maschinen zu diesem Zeitpunkt voranschritt. Konkret ging es um die Menge an Rechenleistung, mit der lernende Systeme arbeiten, gemessen in Petaflop pro Sekunde. FLOP oder FLOPS steht für Floating Point Operations, zu Deutsch Gleitkommaoperationen. Was das genau ist, ist für das Folgende unerheblich, es reicht, sich eines zu merken: Flop/s sind ein Maß für die Anzahl von Rechenoperationen, die ein bestimmtes System pro Sekunde ausführen kann. Ein Petaflop sind 10 hoch 15 Operationen, etwa in einem künstlichen neuronalen Netz. Eine Zahl mit 15 Nullen also. Ein System, das mit ein Petaflop/s läuft, verrichtet pro Sekunde 1 000 000 000 000 000 Rechenoperationen. Wenn so ein System eine Stunde lang mit diesem Tempo arbeitet, haben in dieser Zeit also 3 600 mal 1 000 000 000 000 000 Rechenoperationen stattgefunden, das ist dann eine Petaflop/s-Stunde. Das ganze mal 24 ist ein Petaflop/s-Tag.

Die Informatiker Dario Amodei und Danny Hernandez ermittelten im Frühjahr 2018, wie viele Petaflop/s-Tage in einer Reihe großer KI-Projekte seit 2012 berechnet worden waren. Die beiden arbeiten für OpenAI, ein 2015 gegründetes, ursprünglich als Non-Profit-Firma angetretenes Forschungsunternehmen,[41] das unter anderem der über die potenziell menschheitsgefährdenden Auswirkungen hochentwickelter künstlicher Intelligenz besorgte Tesla-Chef Elon Musk aus der Taufe gehoben hat. Zu den ersten Investoren gehörten auch der aus diversen Gründen umstrittene Paypal-Mitgründer Peter Thiel und LinkedIn-Gründer Reid

Hoffman. Ein weiterer Mitgründer ist Sam Altman, früher Leiter des Start-up-Inkubators Y Combinator. Er ist mittlerweile der CEO von OpenAI.

Das Ergebnis der Studie zeigte für die Zeit von 2012 bis 2017 eine Steigerung um den Faktor 300 000. Oder, wenn man es als Funktion ausdrücken möchte: Die eingesetzte Rechenleistung verdoppelte sich in diesem Zeitraum im Schnitt alle dreieinhalb Monate. Dagegen ist Moore's Law eine lahme Ente.

AlphaGo Zero, das System, das sich selbst das Go-Spielen beibrachte und jetzt unangefochtener Weltmeister ist, wurde demnach deutlich über 1 000 Petaflop/s-Tage trainiert. In Wahrheit dauerte der Prozess natürlich keine drei Jahre, sondern nur ein paar Wochen. Das ging deshalb so schnell, weil diese Systeme selbst eben immer schneller werden. Sie schaffen pro Sekunde viel, viel mehr als einen Petaflop.

Das hat unter anderem damit zu tun, dass sehr viel Geld in diese Technologie gesteckt wird und deshalb mehr Kapazität zum Einsatz kommen kann – aber nicht nur. Hernandez und Amodei nannten mehrere Methoden, die KI-Forscher in den vergangenen Jahren entwickelt haben, um mehr Flop pro Sekunde aus der Hardware herauszuholen – und die Tatsache, dass es mittlerweile speziell für neuronale Netze entwickelte Chips gibt, die für das massive parallele Rechnen optimiert sind, mit dem diese Systeme am besten funktionieren. Google selbst baut sogenannte Tensor Processing Units, TPUs, die in vielen Studien und Laboren mittlerweile die Grafikkarten (*graphical processing units* oder GPUs) ersetzen, die jahrelang Supercomputern immer neue Höchstleistungen ermöglicht haben. Tensorflow heißt das in Googles Laboren entwickelte Programmiergerüst, das für die Entwicklung von lernenden Systemen optimiert ist, daher der Name Tensor Processing Unit.

Fazit: Die neuen lernenden Hardware-Software-Systeme verdoppeln derzeit alle dreieinhalb Monate ihr Tempo. Und zwar nicht nur, weil so viel Geld in sie gesteckt wird, sondern auch, weil ihre Schöpfer ständig neue Tricks erfinden.

OpenAI selbst zog aus diesem Ergebnis auch für sich selbst Schlüsse, die dem Unternehmen mittlerweile einige Kritik eingebracht haben: Mittlerweile hat man das Grundprinzip, keine Profite machen zu wollen, aufgegeben.[42] Die Summen, die andere Akteure in diesem Feld investieren, namentlich Google, Facebook, Amazon und weitere Firmen, schienen einfach zu groß. Im Sommer 2019 kündigte Microsoft an, eine Milliarde Dollar in OpenAI zu investieren.[43] Konkurrenzfähige lernende Maschinen zu bauen ist im Moment extrem teuer.

Nun könnte man, und das passiert in Diskussionen über dieses Thema immer wieder, einwenden, dass diese großen, immer schneller werdenden *Machine-Learning*-Projekte trotz allem Spielereien sind: »Sich selbst Go beizubringen ist nicht so wahnsinnig schwer«, ist ein Einwurf, den ich mittlerweile schon mehrfach gelesen habe. Natürlich ist das erstens Unsinn – kein Mensch hat sich je selbst beibringen können, besser zu spielen als Googles AlphaGo Zero, und das wird auch nie mehr passieren.

Zweitens ist es ein unsinniges Argument. »Die leistungsfähigsten maschinell lernenden Systeme von heute, die so unterschiedliche Aufgaben erfüllen wie Energiemanagement in Rechenzentren, Spracherkennung, Bilderkennung und automatische Übersetzung, ähneln einander in bemerkenswerter Weise«, schreiben die MIT-Ökonomen Andrew McAfee und Erik Brynjolfsson in ihrem Buch *Machine, Platform, Crowd*.[44]

Die beiden Wirtschaftswissenschaftler, die so etwas wie die Chefpropheten der exponentiellen Entwicklung digitaler Technologie sind, erzählen in dem Buch unter anderem die lustige Geschichte eines japanischen Ingenieurs. Der setzte die Basistechnologie von Googles erster Go-Maschine AlphaGo ein, um seiner Mutter eine besonders lästige Arbeit zu ersparen. Die Eltern des Ingenieurs sind Landwirte, sie betreiben eine Gurkenfarm. Zu den Aufgaben der Mutter gehörte unter anderem die mühselige Arbeit, die geernteten Gurken in neun Qualitätsstufen zu sortieren. Also baute ihr Sohn mithilfe schon 2016 frei verfügbarer KI-Methoden einen automatischen Gurkenbeurteiler.

Auch das mag mancher noch albern oder irrelevant finden. Also noch ein aktuelleres und vermutlich auch für die Zukunft wichtigeres Beispiel: Im Frühjahr 2018 erschien in *Nature* eine meiner Wahrnehmung nach zu wenig beachtete Studie. Ich persönlich habe nur mitbekommen, dass sie erschienen ist, weil ich mit einem der Autoren bei einem völlig anderen Forschungsprojekt zusammenarbeiten durfte.

Marwin Segler, Mike Preuss und Mark Waller berichteten darin, wie sie gemeinsam ein AlphaGo durchaus ähnliches System konstruiert haben, das in einem chemischen Verfahren namens Retrosynthese Ergebnisse erzielt, die Fachleute nicht von menschengemachten Lösungen unterscheiden können.[45]

Retrosynthese ist keine theoretische Fingerübung. Dabei geht es darum, Wege zu finden, wie man neuartige Moleküle aus kommerziell oder anderweitig verfügbaren Bausteinen zusammensetzen kann. Ihr Erfinder Elias Corey bekam für die Entwicklung der Retrosynthese 1990 den Nobelpreis für Chemie. Es handelt sich um ein mühseliges, aber ungemein nützliches Verfahren. Man wendet es zum Beispiel an, um neue Medikamente zu entwickeln.

Das KI-System, das solche Molekülbaupläne entwerfen kann, ist noch nicht perfekt. Es produzierte aber schon zum Zeitpunkt der Publikation im Frühjahr 2018 Resultate, die Fachleute für organische Chemie in Doppelblindtests nicht von aus der Literatur bekannten Lösungen unterscheiden konnten.

Maschinen würden bald »als wertvolle Assistenten akzeptiert werden«, schreiben die Autoren, bei einem Verfahren »das eine zentrale Rolle dabei spielt, die drängendsten Probleme der Menschheit in Landwirtschaft, Medizin und Materialwissenschaft zu lösen«.

Um es anders zu formulieren: Viele von uns werden in naher Zukunft vermutlich Medikamente schlucken oder auf neuartigen Werkstoffen basierende Produkte benutzen, deren Bauplan eine Maschine entworfen hat. Das ist dann doch eine andere Kategorie als Go-Spielen und Gurkensortieren. Und doch ist es erst der Anfang.

All das funktioniert übrigens nur wegen dieser wunderbaren, wundersamen Eigenschaft von Information: Sie ist, wie etwa der am Massachusetts Institute of Technology forschende Physiker Max Tegmark das formuliert, substratunabhängig: Information lässt sich auf unterschiedlichste Weise darstellen, abspeichern, bearbeiten, verschieben und kopieren. Sie ist keine Substanz, sondern eine bestimmte Anordnung von Materie, vergleichbar mit einer Welle. Die physikalischen Grundeigenschaften von Wellen sind überall die gleichen, egal, ob sich die Welle durch Wasser bewegt, als Schall durch die Luft, als Vibration durch einen Festkörper oder als elektromagnetische Welle.

Die Substratunabhängigkeit von Information macht sie nahezu beliebig übertragbar: So wie man bewegte Bilder, Musik, Text oder Wetterdaten digitalisieren kann, so funktioniert das auch mit beliebigen anderen Datenquellen. Deshalb ist die moderne Naturwissenschaft ohne Computer schon lange undenkbar: Egal, ob Psychologen oder Molekularbiologen, Physiker oder Klimaforscher – alle verwandeln das, was sie in ihren Experimenten, Laboren und Feldversuchen messen, in digitale Daten, in pure Information. Das dient vor allem dem Zweck, anschließend mit Computern daran arbeiten zu können. Die daraus gewonnenen Erkenntnisse lassen sich anschließend in Modelle gießen und dann in Prognosen über Ereignisse in der realen Welt verwandeln. Das bekannteste Beispiel ist die Wettervorhersage.

### Exkurs: Was ist Information?

Wenige Begriffe haben seit ihrer wissenschaftlichen Definition für so viel Verwirrung gesorgt wie der Begriff Information. Das liegt nicht zuletzt an den beiden Männern, die für diese wissenschaftliche Definition verantwortlich sind – und damit indirekt für eine gewaltige Menge an Entwicklungen, die auf ihrer Grundkonzeption basieren: Claude Shannon und Warren Weaver. Der Fachartikel, erschienen im *Bell System Technical Journal* im Jahr 1948, in dem Shannon die Grundlage für seine bahnbrechende Theorie legte,[46] trug den Titel »A Mathematical Theory of Communication«. Schon die Einleitung enthält diese Sätze, die für die bis heute anhaltende Verwirrung über den Begriff »Information« verantwortlich gemacht werden können: »Häufig haben zu übertragende Botschaften eine Bedeutung; das heißt, sie sind bezogen auf ein System mit bestimmten physischen oder konzeptuellen Einheiten oder sie korrelieren damit. Diese semantischen Aspekte sind für das ingenieurwissenschaftliche Problem irrelevant.« Im kurz darauf erschienenen Buch mit dem jetzt stolz verallgemeinerten Titel *The Mathematical Theory of Communication* von 1949[47] erklärte Shannons Co-Autor Warren Weaver das noch einmal verständlicher: »Das Wort Information hat in dieser Theorie eine spezielle Bedeutung, die nicht mit seinem normalen Gebrauch verwechselt werden darf. Insbesondere darf Information nicht mit Bedeutung verwechselt werden.«

Diese Unterscheidung zwischen Information und Bedeutung war nicht nur Voraussetzung dafür, Information tatsächlich als mathematisches Konstrukt beschreiben zu können. Sie legt auch die Grundlage für die Tatsache, dass heute Maschinen, für die »Bedeutung« keine Rolle spielt, so sensationell gut darin sind, Informationen zu verarbeiten. Die Bedeutung liefern anschließend wir Menschen zu, indem wir die Informationen mit Kontext und Vorwissen aufladen, sie gewissermaßen entpacken.

Um Shannons sehr spezielle Definition von Information zu verstehen, hilft eine bestimmte Frage. Die Frage »Wie viel Information enthält eine gegebene Nachricht?« ist Shannon zufolge äquivalent zu der Frage: »Wie oft muss man raten, um eine gegebene Nachricht vollständig und korrekt wiedergeben zu können?«

Wie oft muss man raten, um am Ende sicher erraten zu haben, welches Ergebnis ein Münzwurf hatte? Antwort: Einmal (nach dem ersten »Nein« ist ja klar, dass auf den zweiten Versuch ein »Ja« folgen muss, das Ergebnis muss ja »Kopf« lauten, wenn »Zahl« falsch ist). Die Information, die die Nachricht über das Ergebnis des Münzwurfs enthält, umfasst daher ein Bit, die kleinste mögliche Einheit der Information: Ja oder nein, eins oder null? Shannon führte den Begriff »Bit« in *A Mathematical Theory of Communication* als Abkürzung für *binary digit* ein, verwies aber darauf, dass der Statistiker John Tukey den Begriff schon kurz zuvor erdacht hatte.

Wie genau die Ratefrage für die Bestimmung der Anzahl der Bits in einer gegebenen Nachricht lautet, hängt vom verwendeten Zeichensystem ab. Beim Münzwurf könnte man fragen: »Ist es Kopf?« oder »Ist es Zahl?«, die Antwort lautet zwangsläufig entweder ja oder nein (1 oder 0).

Etwas komplizierter wird die Sache, wenn man komplexere Nachrichten übermitteln will, zum Beispiel den Satz: »Das Haus steht auf dem Berg.« Weil es hier ja nicht um Bedeutungen geht, sind Fragen, wie man sie in einem echten Ratespiel stellen würde (»Geht es um eine Person?«), hier unzulässig. Die Nachricht muss Zeichen für Zeichen erraten werden.

Nun könnte man raten: »Ist der erste Buchstabe ein A?« – »Nein.«– »Ist der erste Buchstabe ein B?« und so weiter. Es geht aber auch wesentlich effektiver.

Gehen wir der Einfachheit halber von einem Zeichenvorrat von 32 Zeichen aus: Die 26 Buchstaben des Alphabets und drei Umlaute, dazu ein Leerzeichen, ein

Komma und ein Punkt. Dann bräuchte man für jede Stelle der Nachricht maximal 31 Versuche, um das aktuelle Zeichen sicher zu erraten (beim 31. »Nein« weiß man ja, dass jetzt ein »Ja« folgen muss). Die zu übermittelnde Nachricht besteht aus 28 Zeichen – Leer- und Satzzeichen eingeschlossen. Demnach wären 31x28 = 868 Bits nötig, um die Nachricht »Das Haus steht auf dem Berg« zu übermitteln. Es geht aber auch einfacher.

Es gibt nämlich eine Abkürzung: Wenn man die 32 Zeichen durchnummeriert, könnte man fragen: »Ist der erste Buchstabe unter den ersten 16?« Und dann, wenn die Antwort »Ja« lautet: »Ist er unter den ersten acht?« Und so weiter. Mit dieser Methode braucht man immer maximal fünf Versuche, um jedes Zeichen sicher zu erraten. Informationstheoretisch gesprochen heißt das: Jedes Zeichen des Satzes lässt sich mit fünf Bits repräsentieren, jede Ja/Nein-Frage ist ein Bit, 1 oder 0. Für den Satz »Das Haus steht auf dem Berg.« bräuchte man also nur 28 x 5 = 140 Bits. Die Obergrenze hat sich somit dramatisch nach unten verschoben. Nach dieser Methode lässt sich nun eine Tabelle erstellen, in der jedem Buchstaben oder Satzzeichen eine eindeutige Folge aus fünf Nullen oder Einsen zugeordnet ist, je nachdem, wie die Abfolge der Ja-Nein-Antworten verläuft. Nehmen wir an, wir fragen immer: »Ist das Zeichen in der ersten Hälfte der noch verbliebenen Zeichen?« Für D ergibt sich dann 11 101, für A 11 111. Auf diese Weise lässt sich also unser ganzes Alphabet plus Punkt, Komma, Leerzeichen und Umlaute in Fünferserien von Bits kodieren.

| D | 11 101 |
|---|---|
| A | 11 111 |
| S | 01 100 |
| H | .... |

Tatsächlich ist die Sache noch komplizierter, oder einfacher, je nach Betrachtungsweise. Im Deutschen sind nicht alle Buchstaben gleich häufig, und es folgt auch nicht jeder Buchstabe gleich häufig auf jeden anderen. Würde man das obige Ratespiel in Wirklichkeit durchführen, bräuchten die meisten des Deutschen

Mächtigen deshalb weit weniger als 140 Versuche, um den ganzen Satz zu erraten. Wir verfügen nämlich über eine erstaunliche Menge an sogenanntem impliziten Wissen über die statistischen Abhängigkeiten innerhalb unserer Muttersprache – auch wenn niemand in der Lage wäre, Wahrscheinlichkeitstabellen für Buchstabenfolgen aufzustellen. Das liegt daran, dass Sprache nicht zufällig ist, sondern eben teilweise vorhersehbar. Informationstheoretisch gesprochen würde man statt vorhersehbar sagen: redundant. Das klingt unhöflich, ist aber essenziell: Wenn Sprache keine Redundanz, keine Vorhersagbarkeit enthielte, wäre sie unverständlich. Diese Redundanz bedeutet aber auch, dass man eine Nachricht komprimieren kann, um für ihre Übertragung weniger Aufwand betreiben zu müssen. Genau das ist das Verdienst Shannons: Er erfand eine Formel zur Berechnung der minimalen Anzahl von Bits, die nötig ist, eine gegebene Nachricht sicher zu übermitteln. Also ein Maß für die Komprimierbarkeit dieser Nachricht. Je mehr Überraschungen die Nachricht enthält, desto weniger komprimierbar, desto informationshaltiger ist sie. Deshalb kann man ein digitales Foto, das ausschließlich eine blaue Wand zeigt, in eine sehr viel kleinere Datei hineinkomprimieren als ein Foto von einem Papageienschwarm. Man spezifiziert einmal die Farbe und erklärt dann sinngemäß: »Alle anderen Pixel haben den gleichen Wert.« Nach Shannons Logik enthält eines der berühmten blauen Bilder von Yves Klein weit weniger Information als ein abstraktes Kandinsky-Bild im selben Format. Anders formuliert: Redundanz erlaubt es, zur Not auch mal etwas wegzulassen, und die Nachricht bleibt trotzdem verständlich: Über Kreuz mit dem gängigen Verständnis des Wortes »Information« liegt Shannons Informationsbegriff deshalb, weil er sich ausschließlich auf die Unvorhersehbarkeit der jeweiligen Nachricht bezieht. Information im informationstheoretischen Sinn ist nur die minimale Anzahl von Bits, die nötig ist, eine bestimmte Nachricht fehlerfrei zu übermitteln. Information im landläufigen Sinn vermischt diese rein mathematisch-technische Definition mit Ordnung, mit Bedeutung. Oder womöglich sogar Korrektheit, Wahrheit.

Der Begriff »Desinformation« basiert auf dieser anderen, der im Alltag gängigen Interpretation des Wortes: Um von Desinformation zu sprechen, muss man die

Annahme einführen, dass es richtige und falsche Informationen gibt, und das wiederum setzt voraus, dass man mit Bedeutungen und zusätzlich mit Bewertungen operiert. In Shannons Informationstheorie sind »wahr« oder »falsch« sinnlose Kategorien. Es lohnt sich, dieses simple Faktum im Kopf zu behalten, wenn einmal wieder über die vermeintliche Gefahr gestritten wird, dass die Menschheit versehentlich superintelligente Maschinen mit eigenem Bewusstsein bauen könnte.

Ein unglaublich mächtiges Werkzeug ist diese Informationstheorie dennoch, oder gerade deshalb: Sie bildet die Grundlage dafür, jede beliebige Art von Information (in Shannons Sinn) maximal effizient in Bits und Bytes zu transformieren und später wieder zurück. Man braucht dazu nur ein vorher vereinbartes Alphabet oder Zeichensystem und einen vereinbarten Kompressionsalgorithmus, so wie die Ja-Nein-Fragen im obigen Beispiel. Mit diesen Bits und Bytes können Computer – Strom an, Strom aus – bekanntlich hervorragend umgehen. Und eben weil den Bits und Bytes der Inhalt, die Bedeutung der Nachricht egal ist, lassen sich so Wetterdaten ebenso verarbeiten, behandeln, betrachten, übermitteln und abspeichern wie Fußballergebnisse und Urlaubsvideos ebenso wie Bücher und Popsongs ebenso wie Gensequenzen. »Gene sind letztlich ja nur Informationsträger«, schreibt Jennifer Doudna, eine der Entdeckerinnen der Genschere Crispr/Cas9 in *Eingriff in die Evolution*, »so wie die Baupläne für ein Haus.«

Nun ist ein Bauplan das exakte Gegenteil von maximaler Unordnung oder Entropie. César Hidalgo, Physiker und Autor des Buches *Wachstum geht anders*, formuliert diesen scheinbaren Widerspruch so: »Tatsächlich gibt es in den Naturwissenschaften und der Öffentlichkeit eine lange Tradition, der zufolge Information mit mehr als nur mit Bits gleichgesetzt wird, mit etwas, das mit Ordnung zu tun hat.«[48] Er schlägt deshalb eine alternative Definition vor: »In einem physischen System ist Information das Gegenteil von Entropie, denn sie involviert ungewöhnliche und miteinander korrelierende Konfigurationen, die schwer zu erreichen sind.« Diese Definition wiederum passt sehr gut zu Bauplänen, auf deren Basis sich ganze Menschen konstruieren lassen. Um zu denen zu kommen, hat die Evolution immerhin ungefähr vier Milliarden Jahre gebraucht, schwer zu erreichen sind sie also offenbar. Mit dieser Definition von Information werden wir im Rest dieses Buches arbeiten: Information ist interessante Ordnung, schwer zu erreichende, originelle, ungewöhnliche Anordnungen von Elementen. Trotzdem ist es wichtig, auch die mathematisch abstrakte Definition von Shannon und Weaver zu verstehen, denn auf ihr gründet all das, was wir heute digitale Revolution nennen – und auch das, was lernende Maschinen künftig leisten werden.

Man kann mit Computern mittlerweile auch chemische Reaktionen, Verkehrsströme in Großstädten, Planetenbewegungen, Klimaveränderungen oder die Wachstumsgeschwindigkeit neuartiger Pflanzenzüchtungen vorhersagen – wenn man über ein ausreichend gutes Modell verfügt. Die klassische naturwissenschaftliche Methode des Erkenntnisgewinns – Theorie bilden, Messen, Modellieren, Vorhersagen prüfen, Modell verfeinern – hat mit der Universalrechenmaschine einen unglaublich mächtigen Turbolader bekommen. Wenn es gelingt, zu einem gegebenen Forschungsgegenstand einen Zwilling aus purer Information herzustellen, kann man mit diesem Zwilling im Computer anstellen, was man will: An einzelnen Parametern drehen und sehen, was passiert, zusätzliche Parameter einführen, zeitliche Entwicklungen im Schnellvorlauf abspulen lassen. Man kann ein simuliertes Auto gegen eine simulierte Wand rasen lassen und, wenn das Modell ausreichend genau ist, anschließend im Computer sehen, wie genau die einzelnen Karosserieteile sich durch den Aufprall verformen.

Bislang funktioniert diese Art von Modellbildung so: Menschen, Wissenschaftlerinnen oder Ingenieure zum Beispiel, verschaffen sich möglichst viele Daten über einen gegebenen Gegenstand, egal, ob es ein Auto ist oder Luftdruckveränderungen über dem Nordatlantik. Auf Basis dieser Daten und zusätzlicher theoretischer

Annahmen, die beispielsweise aus der Physik stammen, entwickeln sie ein Modell. Mit diesem Modell versuchen sie, Vorhersagen darüber zu treffen, wie sich das modellierte System unter bestimmten Bedingungen verhalten würde. Also beispielsweise was passiert, wenn das Auto gegen die Wand fährt. Die Modellvorhersagen werden dann nach Möglichkeit mit Messdaten aus der realen Welt abgeglichen: Verbiegt sich der Kotflügel wirklich so, wie unser Modell das vorausgesagt hat? Bewegt sich das Tiefdruckgebiet wirklich so, wie wir das berechnet haben? Verändern sich die Reaktionszeiten unserer Versuchspersonen so wie vorausgesagt, wenn wir die Auslösereize in einer bestimmten Weise verändern? Wenn nicht, wird das Modell verfeinert, angepasst, und muss dann wieder Vorhersagen machen, die wieder mit realen Messergebnissen abgeglichen werden. Und so weiter.

Die qualitative Veränderung, die maschinelles Lernen in diesen Prozess einbringt, kann man kurz vielleicht am besten so zusammenfassen: Jetzt denken sich die Computer ihre eigenen Modelle aus. Und sie hören nicht mehr auf, daran zu feilen, Tag und Nacht.

Eine mögliche Bedrohung durch lernende, oder dann eigentlich schon: denkende, handelnde Maschinen ist das Szenario, das Mahner und Warner wie Tesla-Gründer Elon Musk, der verstorbene Physiker Stephen Hawking oder der Neurowissenschaftler und Philosoph Sam Harris beschworen haben: Sobald wir eine KI erschaffen, die tatsächlich klüger ist als kluge Menschen, wird sie sich anschließend selbst immer weiter verbessern, und zwar rasend schnell. Diese Superintelligenz, wie der Philosoph Nick Bostrom das genannt hat, könnte nett zu uns sein – oder uns ähnlich betrachten wie wir Ameisen: manchmal putzig, interessant, oft aber lästig und im Zweifelsfall aus dem Weg zu räumen.

Die aktuell realen Gefahren von lernenden Softwaresystemen aber gehen von auf den ersten Blick weit trivialeren Eigenschaften aus: Lernende Systeme, die ihre Daten über gut und schlecht, falsch und richtig, relevant und irrelevant von uns Menschen beziehen, verhalten sich allzu oft genauso gut oder schlecht wie wir. Sie lernen, um es mit dem Science-Fiction-Autor Iain M. Banks zu sagen, »all unsere Dummheit« mit: unseren Rassismus, unsere kognitiven Kurzschlüsse, unsere Tendenz zur Bösartigkeit, unsere Schwäche für die schnelle, leicht zu erreichende Belohnung, unsere Fehlurteile.

Es ist längst so weit: Algorithmische Systeme zur Entscheidung über Bewährungsauflagen diskriminieren Schwarze, Facebooks und YouTubes Sortiersysteme begünstigen die Verbreitung von Hass, Wut und Lügen, Leute, die auf der Suche nach Argumenten für Holocaustleugnung sind, können dazu Google benutzen, automatische Handelssysteme verursachen Börsencrashes und so weiter.

Autonome Entscheidungssysteme brauchen Aufsicht und Kontrolle, und das besser früher als später. Das Risiko besteht derzeit aber nicht primär darin, dass die Maschinen zu klug werden – sondern darin, dass wir augenscheinlich oft zu dumm sind, sie wirklich klug zu machen.

Auf der anderen Seite werden uns die lernenden Maschinen, die im Moment in atemberaubendem Tempo immer mächtiger, vielseitiger und ja: kreativer werden, enorm helfen können. Schon die Systeme maschinellen Lernens, die es heute gibt, sind äußerst wertvolle Werkzeuge, die Probleme lösen können, an denen hochqualifizierte Menschen mit viel Rechenaufwand bislang mitunter jahrelang gearbeitet haben.

Ein Beispiel für einen Bereich, in dem die Veränderungen im Alltag besonders schnell sichtbar werden dürften, ist die Robotik.

Nach dem Robotikforscher Hans Moravec, eigentlich Philosoph, ist ein Paradoxon benannt: Computer könnten zwar vergleichsweise leicht Intelligenztests lösen oder Dame spielen, schrieb Hans Moravec einmal, es sei aber »schwierig bis unmöglich, ihnen die Fertigkeiten eines einjährigen Kindes zu verleihen, was Wahrnehmung und Beweglichkeit angeht«. »Moravecs Paradox« stimmt aber schon heute nicht mehr. Ein zweibeiniger, »Atlas« genannter Roboter der US-Firma Boston Dynamics etwa konnte schon im Jahr 2017 Rückwärtssalti machen. Das können einjährige Kinder nicht.

Roboter erleben gerade einen Entwicklungsschub. Auch das hat wieder mit dem Moore'schen Gesetz zu tun, aber auch mit der wachsenden Qualität lernender Software. Viele Menschen haben im Alltag längst mit Robotern zu tun, oft ohne es zu wissen. Einige Jahre lang gab es zum Beispiel automatische Videotheken, in denen DVDs wie von Geisterhand ausgegeben wurden, weil hinter dem Bestell-Touchscreen ein Lagerroboter den passenden Film aus dem Regal holte. Das Gleiche passiert im Hintergrund, wenn in einer modernen Apotheke das gewünschte Medikament wie herbeigezaubert aus einem Schacht kullert, oder in einer wachsenden Zahl der »Fulfillment Center« genannten Auslieferungslager von Amazon: Viele Lagerarbeiten können Roboter schon jetzt mit Leichtigkeit übernehmen. Roboter können Staubsauger, Fensterputzer oder Lieferdrohnen sein, sie können Feuer löschen, Parkplätze bewachen und sogar Ski fahren. Insbesondere im militärischen Bereich wird längst an echten Allzweckmaschinen gearbeitet. Der gesellschaftlich vermutlich zunächst gravierendste Wandel wird sich aber früher oder später auf den Straßen vollziehen.

Selbst fahrende Autos, die etwa in Kalifornien schon jetzt im regulären Straßenverkehr unterwegs sind, bieten ein schönes Beispiel dafür, wie exponentielle Entwicklungen auch vermeintliche Experten schnell sehr dumm dastehen lassen. Frank Levy vom Massachusetts Institute of Technology und der Harvard-Professor Richard Murnane zum Beispiel gehörten 2004 zu den renommiertesten Wirtschaftswissenschaftlern der USA. In ihrem sehr gelobten Buch *The New Division of Labor* über den Einfluss von Computern auf die Arbeitswelt hatten die beiden damals versucht, Berufsbilder zu identifizieren, die von Computern bald überflüssig gemacht werden könnten. Und andere, die nach ihrer Überzeugung auf absehbare Zeit Domäne des Menschen bleiben würden. Zu dieser letzteren Gruppe zählten die beiden das Autofahren. Ein Autofahrer sei mit einer »Wand von Bildern und Klängen« konfrontiert, mit kaum verständlichem Chaos, schrieben die beiden. Das sei nur mit menschlicher Mustererkennung zu dechiffrieren, und das werde vorerst auch so bleiben. Jetzt kurven fahrerlose Roboterautos von Waymo durch Kalifornien.

Auch in vielen anderen Bereichen macht maschinelles Lernen das, was gestern noch außer Reichweite schien, in rasendem Tempo greif- und erreichbar. Interessanterweise werden mit maschinellem Lernen erzielte Erfolge, die doch so weit entfernt schienen, meist blitzschnell zur Normalität erklärt, sobald sie einmal eingetreten sind. Dass Spracherkennung in Geräten von Amazon, Apple, Google oder Microsoft heute plötzlich selbstverständlich funktioniert, während die Spracheingabe von Navigationsgeräten noch vor zehn bis fünfzehn Jahren allenfalls für entnervte Witze taugte, ist so ein Beispiel. Was gestern noch ehrfürchtig »künstliche Intelligenz« genannt wurde, ist morgen ein User Interface wie andere auch.

Das Gleiche gilt für die Gesichtserkennung: Dass iPhones und andere Geräte ihre Besitzer heute am Gesicht statt am Fingerabdruck erkennen, ist maschinellem Lernen zu verdanken, ebenso wie automatisch über Live-Bilder gelegte Spaßfilter in Smartphone-Apps wie Snapchat, die vor allem bei Teenagern beliebt sind. Sogenannte Deepfake-Videos, in denen realistische Gesichtszüge auf die gefilmte Mimik einer ganz anderen Person übertragen werden, waren 2019 noch eine überraschende Neuigkeit. 2021 werden sie als alltäglich gelten. Die Schnelligkeit, mit der wir alle uns an diese rasanten Umbrüche gewöhnen, birgt aber auch eine große Gefahr: die nämlich, dass wir die mittel- und langfristigen Folgen von Technologien, die zunächst vor allem nützlich erscheinen, nicht im Blick haben. Einige schon heute sichtbare Beispiele dafür finden sich in Kapitel 8.

Das nächste, noch extremere und auch für Fachleute völlig überraschende Beispiel für die Macht dieser rasant besser werdenden Systeme lieferte einmal mehr Deepmind. Dieses hat weder mit Robotern noch mit Brettspielen zu tun – sondern damit, was das Leben selbst ausmacht.

# 6 DNA = DATEN = DNA

»Stellen sie sich eine Zukunft vor, in der Menschen mit mehr Geld dank ihrer privilegierten Gene längere und gesündere Leben führen.«

*Die Genforscher Jennifer Doudna und Samuel Sternberg in* Eingriff in die Evolution

»Wenn Materie nicht rechnen könnte, gäbe es kein Leben. Bakterien, Pflanzen, Sie und ich sind allesamt, technisch gesehen, Computer.«

*Cesar Hidalgo,* Wachstum geht anders

Am 3. Dezember 2018 verkündete Demis Hassabis, der bereits zitierte Gründer und Chef des Google-Tochterunternehmens Deepmind, auf Twitter seinen jüngsten Erfolg: Deepmind hatte den sogenannten CASP13-Wettbewerb gewonnen, mit einem System namens AlphaFold. An der Laienöffentlichkeit ging diese Nachricht zunächst ebenso vorbei wie der Sieg von AlphaGo über Fan Hui. Dabei markierte der CASP13-Erfolg einen sensationellen Durchbruch – und stürzte gleichzeitig einen ganzen Wissenschaftszweig vorübergehend in eine Identitätskrise.

CASP war bis zu diesem Zeitpunkt ein nur einem relativ kleinen Kreis von hochspezialisierten Fachleuten bekannt gewesen. Es handelt sich um einen in diesen Kreisen extrem prestigeträchtigen Wettbewerb, dessen Aufgabenstellung sehr komplex ist: In den CASP-Wettbewerben geht es darum vorherzusagen, welche physische Gestalt ein Protein annehmen wird, vorhergesagt auf Basis eines Stückchens DNA, einer Gensequenz also. Welche physische Form so ein Protein haben wird, ist nur auf Basis der Gensequenz nicht einfach ablesbar, im Gegenteil, es handelt sich um eine Aufgabe, die enorme Rechenleistung erfordert.

CASP ist damit ein Wettbewerb, in dem Tochterfirmen von Suchmaschinenbetreibern bis zu diesem Zeitpunkt rein gar nichts verloren hatten. Die Teilnehmer kommen in der Regel aus den einschlägigen Abteilungen von Universitäten, sie sind Bioinformatikerinnen oder Molekularbiologen. Finanziert wird die Veranstaltung traditionell vom National Institute of General Medical Sciences der USA, einer Einrichtung, die der Förderung von medizinisch relevanter Grundlagenforschung gewidmet ist.

Im Wettbewerb geht es wie gesagt darum, aus einer gegebenen Sequenz von Aminosäuren abzuleiten, welche dreidimensionale Gestalt ein komplexes Protein haben wird. Kurz gesagt: Die Aufgabe besteht darin, auf Basis eines vorgegebenen abstrakten Bauplans vorherzusagen, welche Form das Gebäude haben wird, das daraus entstehen wird. Ein einziges derartiges Puzzle zu lösen kann unter Umständen Jahre dauern, auch mit sehr schnellen Computern.

Nerd-Cartoonist Randall Munroe – das ist der mit den Strichmännchen-Cartoons, in denen es um Physik oder Programmierung geht (»XKCD«) – hat die Komplexität solcher Protein-Puzzles einmal so erläutert: »Hast du schon einmal einen Kranich aus Papier gefaltet?« – »Ja.« – »Dann stell dir jetzt vor, du müsstest herausfinden, welche Faltungen nötig sind, um einen echten, lebendigen Kranich zu falten.«

Eben weil diese Aufgaben so unglaublich schwierig zu lösen sind, betreibt die Stanford University seit vielen Jahren das sogenannte Folding@Home-Projekt. In dessen Rahmen können Privatanwender oder Unternehmen Kapazität ihrer eigenen Heim- oder

Arbeitsrechner über das Internet zur Verfügung stellen, um eine Art verteilten Supercomputer für die Proteinknobeleien zu bilden. Als Dienst an der Menschheit gewissermaßen. Das ist hier durchaus wörtlich zu verstehen: Im Februar 2020 kündigte Das Folding@Home-Team an, die Rechnerkapazitäten, die Spender zur Verfügung stellten, würden nun eingesetzt, um bei der Erforschung des Pandemie-Virus Covid-19 zu helfen.[49] Viren benutzen bestimmte Proteine, um sich Zutritt zu Zellen verschaffen, in denen sie nichts verloren haben, und die Struktur und das Bewegungsrepertoire solcher Proteine zu verstehen kann bei der Entwicklung von Gegenmitteln sehr hilfreich sein.

Fehler bei der Proteinfaltung gelten umgekehrt als verantwortlich für Krankheiten wie Alzheimer oder Parkinson. Wer weiß, welche Proteinstruktur aus einer gegebenen DNA-Sequenz entstehen wird, kann zudem viel einfacher Designerproteine für konkrete Aufgaben entwickeln: Medikamente produzieren, Plastik zersetzen, Wasser reinigen, was auch immer.

Es geht also um eines der wichtigsten Werkzeuge der biotechnologischen Revolution, die neben der digitalen Transformation gerade im Gange ist. Auch DNA ist eben nichts anderes als Daten, abgelegt in einem sehr speziellen Format.

### Exkurs: Was ist DNA?

DNA steht für Desoxyribonukleinsäure (das A steht für *Acid*=Säure). Die DNA ist ein sehr langes Kettenmolekül, das sich aus nur vier Grundbausteinen, sogenannten Nukleotiden zusammensetzt. Die Nukleotide wiederum bestehen aus einem winzigen bisschen Zucker, etwas Phosphorsäure und je einer von vier Basen: Adenin (A), Guanin (G), Thymin (T) und Cytosin (C). Entdeckt wurden die vier Basen zunächst unabhängig voneinander. Guanin zum Beispiel, als erste der vier Basen, fand man schon Mitte des 19. Jahrhunderts in Vogelkot (daher der

Name Guanin, von Guano). Die DNA selbst entdeckte der Schweizer Friedrich Miescher im Jahr 1869 in Eiter, den er aus benutztem Verbandsmaterial gewonnen hatte. Mischer wusste noch nicht, was er da vor sich hatte, er fand aber schon heraus, dass das seltsame Molekül nur im Zellkern vorkam, und taufte es deshalb »Nuclein«, von *nucleus*, dem lateinischen Wort für Kern. Die übrigen drei Basen, das Adenin (benannt nach dem griechischen Wort Aden für Drüse), das Cytosin (benannt nach dem griechischen Wort für Zelle) und das Thymin (benannt nach der Thymusdrüse von Kälbern, aus der es als Erstes isoliert wurde), entdeckten in den 1890er-Jahren in schneller Abfolge der deutsche Mediziner und Biochemiker Albrecht Kossel und seine Mitarbeiter. Kossel bekam für seine Arbeiten 1910 den Nobelpreis – aber auch zu diesem Zeitpunkt wusste noch niemand, wozu die DNA und ihre Bestandteile dienen. Tatsächlich suchten Genetiker in der ersten Hälfte des 20. Jahrhunderts fieberhaft nach dem Ort, an dem all die Baupläne für Lebewesen, die es doch in jedem Fall geben musste, abgelegt waren. Immerhin hatte man ja mittlerweile begriffen, dass der Abt Gregor Mendel mit seinen Ideen von Vererbung und Kreuzung, über die Grundlagen der Genetik also, durchaus recht gehabt hatte, auch wenn Mendel seinen eigenen wissenschaftlichen Durchbruch nicht mehr erlebte.

Die DNA galt nicht als aussichtsreicher Kandidat für den Sitz der Erbinformation – sie wirkte mit ihrer schlichten Grundstruktur zu simpel für diese große Aufgabe. Lange Zeit schienen Proteine, zusammengesetzt aus Aminosäuren, die besseren Anwärter zu sein, denn es gibt immerhin zwanzig unterschiedliche Aminosäuren, nicht nur vier.

Die vier Nukleotide G, A, C und T sind in einem DNA-Strang in variierender Abfolge zu einer langen Doppelhelix verwoben – das war die Entdeckung, die James Watson und Francis Crick im Jahr 1953 veröffentlichten. Bei der Kombination der Basen in der Wendeltreppe gibt es Einschränkungen: Adenin ist immer mit Thymin gekoppelt, Cytosin immer mit Guanin. Es gibt deshalb nur vier mögliche Basenpaare: A-T, T-A, G-C, und C-G. Diese Regel ist essentiell dafür, dass sich DNA so gut kopieren lässt: Wenn man die beiden Stränge der Doppelhelix auseinanderzieht – man kann sich das, was dann entsteht, wie zwei Kämme vorstellen, deren Zinken die Nukleotide darstellen –, dann gibt die Abfolge der Basen-Zinken genau vor, wie der neue Strang auszusehen hat, der an den frei gewordenen Enden andocken kann. An ein A muss immer ein T andocken, an ein G immer ein C und so weiter. Bei jeder Zellteilung wird die DNA wie ein Reißverschluss einmal in der Mitte geteilt, und an den frei gewordenen Nukleotiden docken dann ihre jeweiligen Gegenstücke an, bis wieder zwei vollständige Reißverschlüsse entstanden sind. Gelegentlich passieren dabei Fehler, sogenannte Mutationen, und das ist gut so: Ohne sie gäbe es keine Evolution, und das Leben wäre nie über das Ursuppen-Einzellerstadium hinausgekommen.

Die Abfolge der Basen entscheidet letztlich darüber, wie ein Organismus am Ende aussieht. Und auch darüber, wie einzelne Proteine, also Eiweiße, konstruiert werden, die nicht nur für den Zellstoffwechsel verantwortlich sind, sondern gewissermaßen die Grundbausteine des Lebens selbst darstellen.

Im Menschen und allen anderen uns bekannten Lebewesen enthält die DNA die Erbinformation, also den vollständigen Bauplan des jeweiligen Lebewesens, in jeder einzelnen Zelle. Wenn dieser fehlerhaft ist oder bei seiner Umsetzung in konkrete Proteinstrukturen Fehler passieren, kann das zu furchtbaren Fehlentwicklungen führen. Noch beim embryonalen Wachstum vor der Geburt, aber unter Umständen auch erst viel später. Die DNA, die in jeder Zelle vorhanden ist, muss ja permanent und immer wieder kopiert werden, schließlich erneuert unser Körper seine Zellen ständig.

Neue Proteine werden in einer zelleigenen Maschine namens Ribosom hergestellt, auf Basis der Konstruktionspläne, die an bestimmten Stellen der DNA abgelegt sind.

Dazu werden von den jeweiligen Abschnitten, die die Baupläne für je ein bestimmtes Protein enthalten – diese Abschnitte sind es, die man Gene nennt –, gewissermaßen Wegwerf-Kopien hergestellt, in Form von sogenannter Boten-RNA (mRNA für *messenger* RNA). Kopiert wird immer nur eine Hälfte des Reißverschlusses, also eine lineare Abfolge von Basen, nicht die ganze Wendeltreppe.

Dabei werden alle Basen eins zu eins übertragen außer T (es wird in der mRNA durch ein U ersetzt, aber dieses Detail ignorieren wir hier ab jetzt der Einfachheit halber). Ein Stück mRNA ist also eine kurzlebige Kopie eines DNA-Abschnitts, die alle Basen dieses DNA-Abschnitts in der richtigen Reihenfolge abbildet und transportabel macht. Die Herstellung dieser Kopie nennt man Transkription. Die Kopie wird ins Ribosom geliefert und dort dann dekodiert, das heißt: in konkrete Proteinbaupläne übersetzt. Folgerichtig nennt man diesen Vorgang Translation. Dabei kommt eine weitere Form von RNA namens tRNA (t für *transfer*) zum Einsatz. Aus Botschaften mit einem Alphabet mit vier Buchstaben (G, A, C und T bzw. U) müssen nun Botschaften mit einem Alphabet mit 20 Buchstaben (den 20 unterschiedlichen Aminosäuren, die es gibt) gemacht werden. Vier Basen für sich genommen reichen dafür nicht. Betrachtet man Pärchen, also aufeinanderfolgende Basen (A-A, A-C, A-G und so weiter), kommt man immer noch erst auf 16 Varianten ($4^2$), nicht auf 20. Um ein Alphabet mit 20 Aminosäuren erschöpfend abzubilden, braucht man also Tripel, jeweils drei aufeinanderfolgende Basen (A-A-A, A-A-C, A-G-C und so weiter). Damit bekommt man ein Alphabet mit 64 möglichen Symbolen ($4^3$) – mehr als genug, um 20 Aminosäuren zu repräsentieren. Man nennt diese Basen-Tripel Codone. Tatsächlich sind von den 64 möglichen Codonen einige offenbar schlicht Synonyme, in Extremfällen »bedeuten« bis zu sechs Codone die gleiche Aminosäure.

Andere Codone haben Spezialbedeutungen: So gibt es ein Tripel (A-U-G), das immer den Beginn eines neuen Bauplans markiert, und gleich drei unterschiedliche Tripel, die jeweils signalisieren, dass der aktuelle Bauplan abgeschlossen ist, also gewissermaßen Schlusspunkte. Jedes Tripel, jedes Codon zwischen diesen Anfangs- und Endpunkten steht für jeweils eine Aminosäure. Dass diverse Tripel die gleiche Bedeutung haben, also Synonyme sind, sorgt für Redundanz und damit auch für Fehlertoleranz: So macht nicht jede gelegentliche Mutation gleich etwas beim Proteinbau kaputt.

Die Aminosäuren werden im Ribosom auf Basis der sequentiell abgearbeiteten Bauanweisungen aneinandergehängt wie Holzperlen an einer Halskette. So lange, bis das gewünschte Protein fertig ist. Die Länge kann variieren: Insulin besteht zum Beispiel aus 51 Aminosäuren, sein Gegenspieler Glucacon dagegen aus nur 29.

Wenn Sie all diese Vorgänge an den Exkurs in Sachen Informationstheorie erinnern, ist das kein Zufall: Auch hier werden unterschiedliche Zeichensysteme ineinander übersetzt, nur hier eben nicht Buchstaben in Bits und Bytes, sondern Basensequenzen in Aminosäuren. Die Grundprinzipien sind die gleichen. Und in beiden Fällen ist das, was kopiert, übermittelt, verwendet, transkribiert wird, Information. Gene sind Nachrichten in Shannons Sinn, konkrete Anweisungen zur Herstellung jeweils eines bestimmten Proteins. Verblüffenderweise ist dieser Code tatsächlich über alle Lebewesen auf dem Planeten hinweg der gleiche: Man kann Schnipsel menschlicher DNA kopieren und in die DNA eines Bakteriums einbauen, und auch die Instruktionen dieses Schnipsels werden dann, wenn nichts schiefgeht, von den gleichen Transkriptions- und Translationsmechanismen der Bakterienzelle verstanden und umgesetzt. Auf diese Weise hat man, um nur eins von vielen Beispielen zu nennen, beispielsweise Hefezellen konstruiert, die Insulin produzieren. Mit solchem von zu diesem Zweck künstlich erzeugten Bakterien hergestellten Insulin werden schon seit vielen Jahren Diabetiker versorgt.

Dass DNA nichts anderes ist als Daten, hat zur Folge, dass auch DNA-Code in andere Datenformate übersetzt werden kann – und umgekehrt. DNA ist Information, und damit lässt sie sich auch in Bits und Bytes umformen. Man kann sogar ausrechnen, wie viele Bytes eine menschliche DNA in etwa umfasst: Will man die vier Basenpaare A-T, T-A, G-C und C-G eindeutig abbilden, benötigt man zwei Bits, die insgesamt vier Zustände annehmen können: 00, 01, 10 und 11. Ein Byte – acht Bits – kann also vier Basenpaare abbilden.

Das diploide menschliche Genom besteht aus zweimal 23 Chromosomen mit jeweils gut drei Milliarden Basenpaaren. Insgesamt müssen also gut sechs Milliarden Basenpaare in Bytes übersetzt werden. Nun wissen wir bereits, dass man für je vier Basenpaare ein Byte braucht, und kommen damit ganz einfach auf die nötige Byte-Zahl: Man braucht 1,5 Milliarden Bytes oder, wie man heute sagen würde, 1,5 Gigabyte Speicherplatz, um die Daten eines menschlichen Genoms abzuspeichern. Auf einen handelsüblichen USB-Stick mit 4 GB Speicher, wie man ihn heute an jeder Ecke als Werbegeschenk bekommt, passen also locker zwei diploide menschliche Genome.

Eindrucksvoller sähe die Information einer menschlichen DNA, die, auseinandergefaltet und glatt gezogen, übrigens 1,8 Meter lang wäre, in Buchform aus: Druckte man drei Milliarden Basen-Buchstaben auf Buchseiten mit je 2 000 Zeichen pro Seite (ein typischer Wert in Büchern) und packte man diesen Ausdruck in Bände mit je 300 Seiten, dann ergäbe eine einzige menschliche DNA eine Bibliothek mit 5 000 Büchern. Für ein vollständiges diploides Genom wären es 10 000 Bücher. Diese gewaltige Informationsmenge enthält auch – aber bei Weitem nicht nur – die circa 25 000 Gene, die den menschlichen Organismus beschreiben. Tatsächlich machen diese 25 000 Gene nämlich nur etwa zehn Prozent der gesamten DNA aus – der Rest ist einerseits gewissermaßen die Grammatik, die darüber entscheidet, welche Gene in welchen Zellen unter welchen Bedingungen zum Einsatz kommen. Und andererseits enthält die menschliche DNA gewaltige Mengen an viraler DNA, die sich im Lauf der Jahrmillionen im Erbgut eingenistet hat. Jeder Mensch ist also auch ein Vehikel für Viren-Gene.

Interessanterweise hatte auch Claude Shannon, der Erfinder der modernen Informationstheorie, schon die Idee, DNA als pure Information zu betrachten. Es existiert ein DIN-A4-Zettel aus Shannons Nachlass, auf dem der Wissenschaftler 1949 eine Skala mit bestimmten, von ihm grob geschätzten Informationsmengen skizziert hat, die in bestimmten Objekten oder Konzepten enthalten sind. In James Gleicks sehr lesenswertem Buch *Die Information*[50] ist ein Faksimile abgebildet. Bei $10^4$ notierte Shannon »eine vollgeschriebene Seite mit einfachem Zeilenabstand (32 mögliche Symbole)«. Bei $10^5$ steht dann »genetischer Aufbau des Menschen«. Shannon hatte also den richtigen Gedanken, lag aber um mehrere Größenordnungen daneben, was den tatsächlichen Informationsgehalt des menschlichen Gencodes angeht, korrekt wäre ein Wert weit jenseits von $10^9$. Das sei ihm verziehen, immerhin lag die Beschreibung der DNA als Doppelhelix, für die James Watson und Francis Crick später den Nobelpreis bekommen sollten, zu diesem Zeitpunkt noch vier Jahre in der Zukunft. Watson und Crick veröffentlichten ihren Artikel mit dem unscheinbaren Titel »A Structure for Deoxyribose Nucleic Acid« in *Nature* erst im Jahr 1953.[51]

DNA sind jedenfalls Daten, und Daten sind DNA. Man muss, um sich das zunutze zu machen, gar nicht gleich mit dem ganzen Genom des Menschen hantieren. Es geht auch diverse Nummern kleiner. George Church, einer der berühmtesten lebenden Molekularbiologen, schätzt zum Beispiel, dass man in einem einzelnen Bakterium ungefähr vier Megabyte zusätzliche Daten unterbringen kann. Das entspräche in etwa einem Digitalfoto oder einem MP3-Song.

Church ist nicht irgendwer, er wird selbst als Anwärter auf den Nobelpreis gehandelt. Er und sein Kollege Seth Shipman haben das Prinzip schon im Sommer 2017 am lebenden Objekt vorgeführt: Sie versteckten einen der ersten Filme der Menschheitsgeschichte, Aufnahmen eines galoppierenden Pferdes, im Erbgut einer Population von E.coli-Bakterien.[52] Aus den bereits erläuterten

Grundprinzipien der Digitalisierung, der Informationstheorie und der Genetik wird jetzt vielleicht verständlich, wie das möglich war: Jede Art von Daten lässt sich digitalisieren, und umgekehrt kann man, wenn man weiß, wie man es anstellen muss, digitale Daten in eine Vielzahl anderer Datenformate überführen. Buchstaben auf einem Blatt Druckerpapier, Schallwellen, die aus einem Lautsprecher kommen, Bilder – oder eben DNA-Stränge.

Es ging George Church und Seth Shipman aber nicht darum, zu demonstrieren, dass man Daten in DNA statt auf Festplatten oder Magnetbändern speichern kann, sondern um eine Forschungsmethode: Die beiden wollen mit der Technik irgendwann einmal aufzeichnen, was im Inneren einer Zelle geschieht, während sie sich entwickelt. Ein Organismus, der sein eigenes Werden protokolliert, sodass man dieses Protokoll anschließend wieder auslesen kann. Eine Zelle, die Tagebuch führt, sozusagen.

Es gibt aber durchaus Forscher, die das Speicherpotenzial von DNA auch an sich interessant finden, denn DNA ist sehr robust, wäre also unter Umständen hervorragend zur Langzeitspeicherung von Daten auch unter widrigen Bedingungen geeignet. Das Bakterium *Deinococcus radiodurans* zum Beispiel, das als »strahlungsresistenteste Lebensform« im *Guinness Buch der Rekorde* steht, kann radioaktive Strahlung aushalten, die mehrere Tausend Mal stärker ist als die, die einen Menschen bereits tötet. Es übersteht außerdem extrem hohe Temperaturen, ultraviolette Bestrahlung und sogar Austrocknung. Ein Forschertrio, angeführt von dem Informatiker Pak Chung Wong, entschied sich deshalb schon 2003, versuchsweise Daten in einem *Deinococcus-radiodurans*-Bakterium abzuspeichern – mit Erfolg. In mehreren DNA-Strängen innerhalb des bakteriellen Genoms legten sie jeweils 150 Basenpaare lange Schnipsel des schwer erträglichen Disney-Kinderliedes »It's a small world« ab – ein sehr typisches Beispiel für Forscherhumor. »Mit sorgfältiger Kodierung und Anordnung kann wichtige Information als künstlicher DNA-Strang dauerhaft in einem lebenden Organismus gespeichert werden«, schrieben die Autoren damals.[53]

Mittlerweile wird mit deutlich größeren Datenmengen hantiert. Im März 2017 erschien beispielsweise die Studie eines Teams von Forschern, die für Microsoft und die University of Washington arbeiten. Sie speicherten in einem Bündel künstlicher DNA insgesamt 200 Megabyte Daten ab, darunter die Allgemeine Erklärung der Menschenrechte in mehr als hundert Sprachen, eine gewaltige Datenbank über Nutzpflanzensaatgut – und das Musikvideo zu »This Too Shall Pass« von der kanadischen Indie-Pop-Band OK Go, die für ihre extrem aufwendigen Clips bekannt ist.[54]

Dass ausgerechnet dieses Video als DNA abgespeichert wurde, ist eine Art Insiderwitz für Molekularbiologen: Es zeigt nämlich eine lange, sehr komplizierte Kettenreaktion, eine sogenannte Rube-Goldberg-Maschine. Im Verlauf des Clips kippen Dominosteine und Stühle um und gegeneinander, Spielzeugautos rollen über Schienen, Murmeln, Billard- und Bowlingkugeln kullern durch Labyrinthe, ein Klavier und ein Röhrenfernseher gehen zu Bruch, bunte Flüssigkeiten fließen, Regenschirme fallen von der Decke, und ganz am Ende bekommen alle vier Bandmitglieder eine kräftige Ladung aus einer Farbkanone ins Gesicht. Keine Sorge: Alle tragen Maler-Overalls und Schutzbrillen. Das passt, denn so sehen sie aus wie – sehr bunt bespritzte – Mitarbeiter eines Biotech-Labors.

Das DNA-kodierte Kettenreaktionsvideo ist aber nicht nur deshalb ein Wissenschaftler-Gag. Die Rube-Goldberg-Maschine ist auch ein Verweis auf die sogenannte Polymerase-Kettenreaktion. Ohne dieses Werkzeug wäre die aktuell rasante Entwicklung der Molekularbiologie nicht möglich gewesen. Erfunden hat sie der

Biochemiker Kary Mullis, der dafür 1993 den Chemienobelpreis bekam. Im Kern dient die Polymerase-Kettenreaktion, abgekürzt PCR, dazu, eine exakte Kopie eines genau definierten DNA-Stranges anzufertigen. Ohne PCR gäbe es viele Techniken nicht, die heute jedem Krimiseher als alltäglich bekannt sind: der sogenannte genetische Fingerabdruck zum Beispiel oder Vaterschaftstests. Auch viele andere der immensen Fortschritte, die die Genforschung in den vergangenen Jahrzehnten gemacht hat, wären ohne PCR nicht möglich gewesen. Und auch die Tests, mit denen Forscher weltweit die Ausbreitung des Coronavirus Covid-19 nachverfolgten, würden ohne PCR nicht funktionieren. Man kann das in DNA abgespeicherte OK-Go-Video also auch als Verneigung vor Kary Mullis und seiner menschheitsgeschichtlich höchst bedeutsamen Erfindung interpretieren.

Ebenfalls im Sommer 2017 demonstrierte ein weiteres Team von der University of Washington, diesmal angeführt von einem Informatiker, dass das Ganze auch in der anderen Richtung funktioniert: Die Gruppe um Tadayoshi Kohno benutzte ein bisschen in einem DNA-Strang versteckten Softwarecode, um einen Computer zu hacken.[55] Um genau zu sein: den Computer, der zur Analyse des Erbguts eingesetzt wurde. Die Forscher wendeten dazu alle möglichen Tricks an, unter anderem versahen sie ein gängiges Stück Open-Source-Software zur Sequenzierung von Erbgut gezielt mit einer Sicherheitslücke. Die nutzten sie anschließend mithilfe der manipulierten DNA aus. Aus vermeintlichen Gensequenzen wurde, sobald sie ausgelesen wurden, im Rechner ein Trojaner, ein Software-Virus. Der Text, den die Software aus der Doppelhelix herauslas, verwandelte sich im Computer also in Schadsoftware. So ähnlich, wie wenn Hacker einen Trojaner in einem Word-Dokument oder einer PDF-Datei verstecken. Die Forscher selbst geben zu, dass diese Methode in der Praxis derzeit kaum gangbar wäre, unter anderem eben, weil sie die so ausgenutzte Sicherheitslücke erst einmal selbst in die Software einbauen mussten. Aber darum ging es auch nicht. Eine eindrucksvolle Demonstration war das Ganze trotzdem: DNA-Stränge und Computer können, geeignete Schnittstellen und Übersetzungswerkzeuge vorausgesetzt, miteinander sprechen. Und damit haben sie gerade erst begonnen.

Interessant ist an dem DNA-Hack – neben dem Sci-Fi-Thriller-Moment und dem Irrwitz der Idee – vor allem eins: Er zeigt deutlicher als je zuvor, dass die Grenzen zwischen dem, was wir bislang als digitale Information kannten, und dem, was schon sehr lange Erbinformation genannt wird, fließend werden. Daten können statt in Form von Nullen und Einsen ebenso gut in Form von DNA vorliegen – das nötige Werkzeug vorausgesetzt. Die Grenze zwischen Information, die in Computern gespeichert, modifiziert und verarbeitet wird, und der in Zellen abgelegten Erbinformation wird porös.

Microsoft-Gründer Bill Gates scheint all das übrigens vorausgesehen zu haben. In seinem Buch *Der Weg nach vorn*[56] aus dem Jahr 1995 finden sich auch diese Sätze: »Biologische Information ist die wichtigste Information, die wir entdecken können, weil sie in den nächsten Jahrzehnten die Medizin revolutionieren wird. Menschliche DNA ist wie ein Computerprogramm, aber sie ist sehr viel weiter entwickelt als jede jemals geschaffene Software.« Der Satz trifft zu, aber bei Weitem nicht nur auf menschliche DNA. Schließlich ist die Sprache des Gencodes dieselbe, egal, ob man sich eine Fruchtfliege, einen Fisch oder ein Bakterium ansieht.

Diese wertvolle Information ist mittlerweile immer günstiger zu bekommen. Die ersten vollständig sequenzierten Genome waren die von Bakterien wie E.coli, von Hefe oder von winzigen

Würmern. Mittlerweile aber ist auch der Preis für die Sequenzierung eines einzigen menschlichen Genoms drastisch gefallen, unter anderem auch wieder dank der PCR. Allein in den Jahren zwischen 2000 und 2015 sanken die Kosten für die Sequenzierung eines menschlichen Genoms von hundert Millionen Dollar auf tausend – auch diese Entwicklung verlief vorübergehend wieder einmal exponentiell, in diesem Fall sogar noch schneller als etwa Moore's Gesetz.[57] Ein kommerzieller Anbieter versprach schon 2018, ein komplettes menschliches Genom für den Preis von 700 Dollar zu sequenzieren.

Jetzt treten die gigantischen Fortschritte in diesem Bereich in Wechselwirkung zu den gigantischen Fortschritten im Bereich lernender Software. Eine der Aufgaben, die künstliche neuronale Netze viel besser lösen können als Menschen, ist ja, Muster in gewaltigen Datenmengen oder komplexen Strukturen zu erkennen und vorherzusagen – siehe Go-Spiel. Und weil Genome eben auch nur Datenberge sind, wird das Wissen der Menschheit um den Zusammenhang zwischen Genen und konkreten Ausprägungen bestimmter Charakteristika oder Funktionen in den kommenden Jahren und Jahrzehnten explosionsartig anwachsen. Eine zweite große Stärke lernender Maschinen ist es, unter einer gigantischen Anzahl von Möglichkeiten diejenigen herauszufiltern, die besonders Erfolg versprechend sind, und zwar ohne dabei jede einzelne durchprobieren zu müssen. Genau das, was AlphaGo mit möglichen Go-Zügen und AlphaZero mit Schachzügen machte. Zu solchen Zwecken, die man allgemein als Clustering-, Mustererkennungs- und Optimierungsaufgaben bezeichnen könnte, werden solche Systeme schon jetzt eingesetzt, aber das dürfte erst der Anfang sein.

Einen der ersten Hinweise, wie schnell all das gehen würde, zeigte Deepminds erwähnter Beitrag zum CASP13-Wettbewerb, der die Fachwelt vollkommen überraschte. Das Ergebnis veränderte sogar den Arbeitsmarkt in der Pharmaindustrie.

Zur Erinnerung: In dem Wettbewerb geht es darum, anhand eines gegebenen Stückes DNA vorherzusagen, welche physische Form das Protein haben wird, das auf Basis dieses Codes generiert wird (siehe Exkurs »Was ist DNA?«). CASP steht für Critical Assessment of Structure Prediction. Deepminds Software AlphaFold schlug im CASP13-Wettbewerb 98 Mitbewerber, die meisten Teams von renommierten Universitäten rund um die Welt. Das System sagte 25 von 43 gegebenen Proteinstrukturen korrekt voraus – das zweitplatzierte Team schaffte 3. Außerdem arbeitete AlphaFold für diese Art von Aufgabe atemberaubend schnell. Es wird noch ein bisschen dauern, bis sich dieser Durchbruch in konkreten, anwendbaren Entwicklungen niederschlägt. Aber dass das geschehen wird, ist wohl ausgemacht. Als die Corona-Pandemie Anfang März 2020 auf immer neue Länder übergriff, verkündete Deepmind, dass sein AlphaFold-System jetzt eingesetzt werde, um die Strukturen von Covid-19-Proteinen aufzudecken. Auch die Tatsache, dass in so extrem kurzer Zeit gleich mehrere völlig neuartige Impfstoffe, die auf mRNA basieren, verfügbar waren, hat viel mit maschinellem Lernen zu tun: BioNTech, CureVac und Moderna setzen diese Technologie längst ein. Und die Entwicklung schreitet weiter voran. BioNTech etwa kaufte Anfang 2023 ein britisches KI-Start-up namens InstaDeep für etwa 680 Millionen Euro.

Ein weiteres Beispiel für zukünftige Anwendungsgebiete solcher Methoden wurde bereits Anfang 2019 publiziert, wiederum in *Nature*. Es dreht sich nicht um den Kampf gegen Viren, sondern um den gegen Krebs. Die Studie befasste sich mit einem Protein namens Interleukin-2, das aus 133 Aminosäuren besteht. Im menschlichen Körper produzieren es T-Zellen, also weiße Blutzellen, die der Immunabwehr dienen. Es verspricht – theoretisch – hochinteressante neue Möglichkeiten der Immuntherapie gegen bestimmte Krebsarten. Gegen Nierenzellkarzinome wird es, künstlich hergestellt, schon heute als Medikament eingesetzt. Interleukin-2 hat aber einen großen Nachteil: Es ist, obwohl ein körpereigener Stoff, in größeren Mengen sehr giftig.

In dem *Nature*-Artikel berichten Daniel-Adriano Silva und über 20 Kolleginnen und Kollegen, wie sie eine Designerversion von Interleukin-2 entwickelt haben, die diese unvorteilhaften Eigenschaften offenbar reduziert oder ganz zum Verschwinden bringt.[58] Bei Mäusen ließen sich damit Darm- und Hautkrebs behandeln. Ein künstliches, einem körpereigenen Stoff nachempfundenes Protein, das in einigen Jahren womöglich in der Krebstherapie eingesetzt werden könnte, geschaffen im Labor, und zwar mit einem, so heißt es in der Studie, »rechnerischen Ansatz«. Das heißt: geschaffen mit dem Computer.

Das Designerprotein wurde in einem aufwendigen iterativen Prozess abwechselnd am Rechner und physisch im Labor erzeugt. Am Ende sah es kaum noch so aus wie die Vorlage, hatte aber weniger schädliche Eigenschaften und war zudem noch stabiler als das Original.

Die Software, mit der das Protein-Ausrechnen erledigt wurde, heißt Rosetta, ihr Erfinder ist einer der Autoren des Artikels. David Baker von der University of Washington zählt zu den Pionieren dieser ziemlich neuen Disziplin, die man als computergestützte Biotechnologie bezeichnen könnte, die aber meist Bioinformatik genannt wird: Analyse, Vorhersage, Gestaltung von Proteinstrukturen mithilfe komplexer Software. Oder, anders formuliert: Hier werden Bestandteile und Produkte lebendiger Organismen am Rechner zerlegt, vorhergesagt, gedeutet und konstruiert. Genau das also, worum es auch beim CASP-Wettbewerb geht.

Die Rosetta-Software ist in den vergangenen Jahren auch immer wieder im Kontext von CASP-Wettbewerben eingesetzt worden. Natürlich benutzen Wissenschaftlerinnen und Wissenschaftler neuartige technische Werkzeuge, die ihre Arbeit erleichtern, alles andere wäre ja widersinnig. Es ist deshalb davon auszugehen, dass Technologie wie die, mit der Deepmind die Konkurrenz so dramatisch aus dem Feld schlug, auch bei künftigen derartigen Wettbewerben eine zentrale Rolle spielen wird – so, wie sich Schachweltmeister Magnus Carlsen jetzt von AlphaZero inspirieren lässt. Zu erwarten ist außerdem, dass Entwicklungen wie die des weniger schädlichen Interleukin-2-Proteins künftig maßgeblich auf den Optimierungskünsten lernender Maschinen basieren werden. Aufgaben, die bislang hochspezialisierten Teams von Wissenschaftlerinnen und Wissenschaftlern zufallen, die dabei mit viel Rechenleistung und Spezialsoftware arbeiten, könnte in Zukunft eine andere Art von Spezialsoftware gleich selbst übernehmen.

Ein Beispiel für diesen nächsten Entwicklungsschritt lieferte im Februar 2020 ein Team des MIT-Professors James Collins. Mithilfe eines neuronalen Netzwerks fanden die Forscher ein neues Antibiotikum, das offenbar gegen eine ganze Reihe hochgefährlicher Bakterieninfektionen eingesetzt werden kann – mehrere davon zählen zu den Bakterienstämmen, die bereits Resistenzen gegen diverse andere Antibiotika entwickelt haben.[59] Darunter ist neben dem Bakterium, das Tuberkulose auslöst, auch ein sogenannter multiresistenter Krankenhauskeim namens *Acinetobacter baumannii.* »Diese Arbeit betont die Nützlichkeit von Deep-Learning-Ansätzen, um unser antibiotisches Arsenal zu erweitern, indem wir strukturell neue antibakterielle Moleküle entdecken«, schrieben die Forscher. Ihr Machine-Learning-System hatte zuvor eine Datenbank mit mehr als 107 Millionen Molekülstrukturen nach möglichen Kandidaten durchforstet. 23 von den aussichtsreichsten Molekülen wurden dann im Labor auf ihre Wirksamkeit getestet. Neben dem bereits in Mäuseexperimenten als wirksam nachgewiesenen Stoff fanden die Forscher dabei acht neue erstmals als antibakteriell wirksam erkannte Moleküle, also weitere Kandidaten für neue Antibiotika.

Lernende Maschinen stellen heute also nicht nur Arbeitsplätze und Arbeitsplatzbeschreibungen in niedriger qualifizierten oder schon auf den ersten Blick leicht automatisierbaren Bereichen infrage. Auch promovierte Chemiker oder Bioinformatikerinnen müssen sich auf neue Konkurrenz oder doch wenigstens neue künstliche Kollegen einstellen.

Der Sieg von Deepmind stürzte folgerichtig so manchen Star der internationalen Bioinformatik in eine Sinnkrise. Der in Harvard forschende Genetiker Mohammed Al-Quraishi berichtete kurze Zeit später in einem lesenswerten Blogeintrag von den Nachbeben des CAPS13-Wettbewerbs:[60] Zunächst hätten viele Kollegen befürchtet, Deepmind habe die Fachleute mit einem genialen neuen Ansatz abgehängt: »In vieler Hinsicht gab es ein verbreitetes Gefühl von Existenzangst unter den meisten akademischen Forschern bei CASP13, mich selbst eingeschlossen.« War man etwa, mit all dem über Jahre mühsam angehäuften Fach- und Handlungswissen, gerade überflüssig geworden? Dann habe sich Erleichterung eingestellt: Die Methode und das Werkzeug seien zwar neu, jedoch nicht der grundlegende Ansatz. Dann habe man begonnen, den Erfolg kleinzureden und das glänzende Ergebnis auf die eingesetzten Ressourcen zurückzuführen.

Das erinnert an die oben beschriebenen Reaktionen von professionellen Go-Spielern auf die ersten Erfolge von Deepminds AlphaGo gegen den europäischen Meister und an Kathrin Passigs Phase der Technologiekritik »Gut, aber nicht gut genug«: Na ja, so toll war das jetzt auch wieder nicht. Alles bloß Rechenleistung. Richtige Profis aus Fleisch und Blut sind trotzdem besser. Was im Go danach geschah, ist ja bekannt.

Das Deepmind-Team ist nicht die einzige Forschergruppe, die Methoden des maschinellen Lernens auf solche Aufgaben anwendet. Zweifellos hat die Google-Tochter deutlich mehr Geld und Rechenleistung zur Verfügung als universitäre Forscher. Aber auch anderswo wird maschinelles Lernen eingesetzt, und zwar von Leuten, die ihr Handwerk verstehen. Viele Forscher haben längst begonnen, die neuen lernenden Systeme nicht als Konkurrenz, sondern als sehr mächtiges Werkzeug zu begreifen.

Ein prominentes Beispiel ist die Nobelpreisträgerin Frances Arnold. Diese Auszeichnung (und viele, viele andere Wissenschaftspreise) bekam sie für die Entwicklung eines Verfahrens namens Directed Evolution. Dabei geht es darum, Zellen herzustellen, die bestimmte Aufgaben auf Kommando erfüllen. In der Regel sind das Zellen, die bestimmte Wunschsubstanzen produzieren. Das modifizierte Interleukin-2 wäre ein Beispiel für so eine Wunschsubstanz. Das Grundprinzip an sich ist uralt, auch wenn die Menschheit bis vor weniger als 200 Jahren gar nicht wusste, dass sie die ganze Zeit schon Bakterien für sich arbeiten ließ: Bakterien und ihre Produkte helfen bekanntlich bei der Herstellung von Brot, Bier, Joghurt, Käse, fermentiertem Fisch oder eingelegtem Gemüse.

Auch im Labor erzeugte Zellen, die im Grunde wie Miniaturfabriken für bestimmte Produkte funktionieren, sind zum Teil schon seit Jahrzehnten im Einsatz. Neuere Varianten produzieren

Zusatzstoffe für Reinigungsmittel, Insulin oder andere Bestandteile von Medikamenten.

Jetzt aber werden neue Zellvarianten hergestellt, die auch Produkte auswerfen sollen, die die Natur bisher gar nicht im Angebot hatte. Modifizierte Versionen evolutionär entwickelter Proteine wie das modifizierte Interleukin-2 – und zudem wirklich gänzlich neue Substanzen mit wundersamen Eigenschaften.

*Directed Evolution* ist ein Forschungsprogramm, eine Abfolge von Methoden, die am Ende dazu dienen, schneller solche Zellen zu produzieren, die das Gewünschte tun. Zu diesem Zweck werden, daher der Name, Prozesse nachgeahmt, die auch der natürlichen Evolution zugrunde liegen: Mutation und Selektion. Konkret werden im Labor durch absichtlich herbeigeführte Mutationen sogenannte Bibliotheken von Zellen hergestellt, von denen man hofft, dass sie näher am gewünschten Endergebnis sind als das Ausgangsmaterial. Anschließend werden die Zellvarianten auf ihre tatsächliche Funktion hin geprüft – ähneln die von der Zelle produzierten Proteine dem, was wir erreichen wollen? Varianten, welche diesen Anforderungen nicht entsprechen, werden verworfen, die vielversprechendsten Kandidaten dagegen einer erneuten Runde von Mutationen unterzogen. Und so weiter. Auch hier spielt die Polymerase-Kettenreaktion (PCR) übrigens wieder eine zentrale Rolle.

Francis Arnold und ihre Kollegen haben mit dieser Methode schon Erstaunliches vollbracht. Zum Beispiel gelang es ihnen, Zellen herzustellen, die Kohlenstoff, das Grundelement allen Lebens, mit Silizium verbinden können. Solche Bindungen kommen in der Natur bislang nicht vor. Dazu wurde das Genom eines Bakteriums namens *Rhodothermus marinus* modifiziert, das sich vor allem in heißen und salzigen Umgebungen wohlfühlt, meist findet man es in Thermalquellen. Arnold und ihre Kollegen veränderten das Erbgut des Bakteriums mit der Directed-Evolution-Methode so lange, bis es eine veränderte Variante eines bestimmten, 104 Aminosäuren umfassenden Proteins namens Cytochrom c produzierte, das die gewünschte Eigenschaft hatte. Erstmals ließ sich so durch einen rein biologischen Prozess das Material, aus dem Menschen gemacht sind, mit dem Material, aus dem Computerchips (und Sand) gemacht sind, verbinden. Die Arbeit, die als absolut bahnbrechend gilt, erschien 2016 in *Science.*[61]

»Wir haben erstmals gezeigt, dass lebendige Organismen ihre eigene Maschinerie dazu benutzen können, Kohlenstoff und Silizium dazu zu bringen, sich zu verbinden«, erklärte die Erstautorin der Studie, Jennifer Kan, später der *New York Times*. Man habe das Protein »gar nicht allzu sehr nerven müssen«, um das zu erreichen. Arnold selbst ergänzte: »Wir entdecken im Labor, dass die Natur Chemie beherrscht, von der wir nicht zu träumen gewagt hätten. Wir fügen der Chemie der biologischen Welt weite Teile des Periodensystems der Elemente hinzu.«

Drei Jahre nach der Kohlenstoff-Silizium-Studie veröffentlichten Arnold und ihre Kollegen mehrere Artikel, in denen diskutiert wurde, dass die Methode, für die Arnold immerhin den Nobelpreis bekam, einfach nicht gut genug ist: »Welche Technik man auch zur Diversifikation der getesteten Zellen verwendet, Directed Evolution kostet immer viel Energie, Zeit und Material, außerdem braucht man unter Umständen viele Generationen, um nennenswert verbesserte Leistung zu erzielen.« Der zitierte Artikel,[62] einer von mehreren, die die Gruppe mittlerweile zu diesem Thema veröffentlicht hat, präsentiert aber auch eine Lösung: maschinelles Lernen. Methoden maschinellen Lernens hätten eine Menge Vorteile, zum Beispiel, dass sie auch die Information aus den Zellvarianten verwenden könnten, die früher einfach ausgesondert wurden. Viele der Sätze aus dem Artikel könnten fast aus einem Bericht über die Funktionsweise von AlphaGo stammen: »Der Raum der möglichen Proteinsequenzen ist zu groß, um auf natürliche Weise vollständig abgesucht zu werden, sowohl im Labor als auch im Computer.« Und weiter: »Auf maschinellem Lernen basierende Modelle von Proteinfunktionen können selbst dann Vorhersagen erlauben, wenn die zugrunde liegenden Mechanismen noch nicht gut verstanden sind.«

Das klingt doch sehr nach: »AlphaGo hat Züge gemacht, die ein Mensch nie machen würde.«

In einem anderen Artikel, der im April 2019 in den *Proceedings of the National Academy of Sciences* (PNAS) erschien, demonstrierte Arnolds Team, dass die neuen Werkzeuge tatsächlich besser funktionieren.[63] Neben den experimentellen Varianten *in vivo*, also in der lebenden Zelle, und *in vitro*, also im Reagenzglas, gibt es jetzt eine weitere Art der molekularbiologischen Forschung: »Indem es den Durchsatz durch *in-silico*-Modellierung gewaltig vergrößert, steigert maschinelles Lernen die Qualität und Vielfalt der Lösungssequenzen für ein proteintechnisches Problem.« *In silico* heißt: im Computer.

Verglichen mit der Revolution, die sich da bislang weitgehend unbemerkt vollzieht, sind Lautsprecher mit Spracherkennung und selbst fahrende Autos fast Spielereien: Die womöglich drastischsten Veränderungen wird KI bald im Bereich Biotechnologie herbeiführen. Das ist übrigens schon jetzt ein Milliardenmarkt: Allein in den USA erzielten Unternehmen mit Biotechnologie bereits im Jahr 2017 Umsätze in Höhe von fast 400 Milliarden US-Dollar, was fast zwei Prozent des Bruttoinlandsprodukts der USA entspricht.[64] Die Umsätze verteilen sich auf landwirtschaftliche und pharmazeutische Anwendungen sowie »industrielle Biotechnologie«, und das war mit 147 Milliarden Dollar Umsatz der größte Posten. Damit sind zum Beispiel Bakterien gemeint, die Duftstoffe oder Lebensmittelzusätze, Biokraftstoffe oder Rohmaterialien für die Kunststoffherstellung produzieren.

Wie gesagt: DNA und auch Proteinstrukturen sind Daten. Die hier zu lösenden Probleme sind extrem komplex, es geht um multikausale, verwirrende Zusammenhänge, um Strukturen und Muster. Lauter Dinge also, mit denen die KI von heute und erst recht die von morgen gut umgehen kann. Lernende Systeme werden nicht gebaut und sind dann fertig – wenn man sie weitertrainiert und weiter an ihnen schraubt, werden sie auch weiterhin besser. Und das funktioniert nicht nur in einer wissenschaftlichen Disziplin – sondern, so sieht das im Moment jedenfalls aus, in sehr vielen.

Im Februar 2020 erschien zum Beispiel ein Fachartikel zu einer für die Bekämpfung des Klimawandels zentralen Technologie:[65] aufladbare Akkumulatoren. Die Gruppe, die sich mit Batterie-Ladezyklen beschäftigte, nutzte maschinelles Lernen, um möglichst schnell zu einem optimalen Ergebnis zu kommen. Der Ansatz illustriere, so die Forscher, »was die Kraft datengetriebener Methoden zur Beschleunigung wissenschaftlicher Erkenntnis« beitragen könne, und zwar insbesondere in »multidimensionalen Parameter-Räumen«.

Mit solchen multidimensionalen Räumen hat es die moderne Wissenschaft ständig zu tun. Es gibt mittlerweile in vielen Bereichen eine Vielzahl von Daten und Erkenntnissen, die gewaltige Suchräume aufspannen, in denen irgendwo nützliche Lösungen für Menschheitsprobleme versteckt sind – sie sind nur eben sehr schwer zu finden.

Die Zusammenhänge zwischen Genen und Proteinsynthese sind ein gutes Beispiel: Es gibt in der menschlichen DNA wie beschrieben drei Milliarden Basen und etwa 25 000 Gene und im menschlichen Organismus Schätzungen zufolge zwischen 80 000 und 400 000 Proteine. Die Zusammenhänge zwischen beiden zu verstehen, das sogenannte Proteom (in Analogie zum Genom) zu vermessen, ist die Herkulesaufgabe der molekularbiologischen Medizin von morgen.[66] Lernende Maschinen helfen jetzt dabei, die richtigen Pfade durch den Dschungel zu finden.

Ähnliches passiert in zahlreichen Disziplinen: In einem Überblickstext über das »explosive« Potenzial von maschinellem Lernen in der Materialforschung von 2019 heißt es, weil experimentelle Forschung so aufwendig und teuer sei, »wurden Entdeckungen hauptsächlich durch menschliche Intuition oder einfach glückliche Zufälle möglich.« Jetzt aber stehe »eine zweite rechnergestützte (*computational*) Revolution« bevor.[67]

Diese Revolution verläuft quer durch alle Disziplinen. Mit maschinellem Lernen werden jetzt die Zusammenhänge zwischen beim Schweißen entstehenden Dämpfen und Krebs untersucht,[68] Kristallstrukturen entschlüsselt,[69] Medikamentenwirkungen vorhergesagt,[70] künstliche, flugfähige Vögel trainiert,[71] geologische Fragestellungen untersucht[72] und, auf dem Umweg über DNA-Modifikationen in Bakterien, eben auch neue Proteine hergestellt.

In all diesen und vielen anderen Disziplinen vollzieht sich derzeit eine enorme Beschleunigung, die vor allem darauf basiert, dass lernende Maschinen den Menschen beim Suchen helfen – auch wenn keiner so richtig versteht, wie sie das eigentlich machen. »Paradoxerweise wissen wir immer noch nicht genau, warum es so gut funktioniert«, schrieb der Autor Mark Buchanan Ende 2019 in *Nature Physics*.[73] Das macht sogar Leuten Angst, die selbst Machine-Learning-Modelle entwickeln. Im Frühjahr 2018 sagte Ali Rahimi, der bei Google an KI-Technologie arbeitet, auf einer Konferenz: »Es gibt in unserem Feld echte Seelenqualen, viele von uns haben das Gefühl, mit Technologie von Außerirdischen zu arbeiten.«

Weite Teile der Naturwissenschaften sind von einem Machine-Learning-Fieber erfasst worden, das, im Konzert mit exponentiell zunehmender Rechenleistung und der ständig wachsenden Verfügbarkeit von Forschungsdaten aller Art, zu einer großen Beschleunigung in der Wissenschaft selbst führt. Und an vielen Stellen geht es mittlerweile um die ganz großen Fragen. Doch die zahlreichen Disziplinen, in denen diese Revolution gerade stattfindet, sind zu einem guten Teil selbst noch nicht so richtig darauf vorbereitet.

Der Systembiologe Al-Quraishi schrieb nach Deepminds CASP13-Erfolg: »Wettbewerbsfähig bezahlte Forschungsingenieure mit Expertise im Bereich Software und Informatik fehlen in akademischen Laboren fast vollständig, trotz der zentralen Rolle, die sie in industriellen Forschungslaboren spielen.« Die Profis für maschinelles Lernen, die man für die Biotechnologie der Zukunft braucht, sind auf dem Arbeitsmarkt derzeit extrem rar. Das liegt daran, dass es nicht sehr viele von ihnen gibt – und daran, dass diese Fachleute plötzlich in den unterschiedlichsten Branchen gesucht werden, von der Kraftfahrzeugbranche bis eben zur Pharma- und Biotech-Industrie. Die *New York Times* berichtete schon 2017, dass KI-Fachleute in den USA damals mit Einstiegsgehältern zwischen 300 000 und 500 000 Dollar rechnen konnten.[74]

Das spüren auch die Hochschulen, und zwar schon länger: Warum die Mühen der akademischen Welt, mit Lehrverpflichtung, eingeschränkten Ressourcen und mühsam zusammengekratzten Daten zum Trainieren der eigenen Software in Kauf nehmen, wenn man für ein Vielfaches des Doktorandengehalts direkt bei einem der Großen einsteigen kann? Bei denen, die auf den Datenbergen sitzen? Entsprechende Berichte aus den Informatikfakultäten von Hochschulen[75] gibt es bereits aus mehreren europäischen Ländern,[76] und auch an deutschen Hochschulen kann man Geschichten von Studierenden hören, die direkt nach ihrem Masterabschluss abgeworben werden, obwohl man sie gerne dabehalten hätte.

Gleichzeitig wächst an den Hochschulen selbst der Bedarf nach interdisziplinärer Zusammenarbeit mit denen, die Maschinen das Lernen beibringen können: Ein befreundeter Informatiker von einer namhaften europäischen Universität, der selbst im Bereich maschinelles Lernen arbeitet, berichtete mir im Privatgespräch kürzlich von einem völlig neuen Interesse vieler Kolleginnen und Kollegen: »Mittlerweile melden sich auch schon Juristen, Sozialwissenschaftler und sogar Archäologen bei uns«, seufzte der Kollege, »alle wollen sie jetzt auch künstliche Intelligenz.«

Bislang aber hat die Verschmelzung von lernender Software und beliebigen wissenschaftlichen Disziplinen noch nicht überall stattgefunden. Und so kann es eben passieren, dass eine kleine Truppe von talentierten Außenseitern plötzlich die Führung in einer jahrzehntealten Forschungstradition übernimmt, wie Deepmind beim CASP13-Wettbewerb. Nicht nur die akademische Szene wurde davon überrascht, sondern offenbar auch die großen Pharmakonzerne – auch die scheinen, obwohl sie doch das nötige Geld hätten, in Sachen maschinelles Lernen als Forschungswerkzeug lange weitgehend geschlafen zu haben.

Doch das ändert sich gerade. Pfizer, Merck, Novartis und Co. schreiben mittlerweile viele hochdotierte Jobs für KI-Fachleute aus. Die Firmen suchen nach Besetzungen für Stellen wie »Computational Geniticist« oder »Proteomics Data Analyst«. Der Pharmakonzern GlaxoSmithKline investierte Ende 2019 sogar in einen gesponsorten Artikel auf der Webseite von *Science*, um Kandidaten anzulocken. Der Titel: »Auf der Suche nach KI- und Machine-Learning-Experten für datengetriebene Medikamentenentdeckung und -entwicklung.«

Aber Deepmind und andere KI-Start-ups werden nicht aufhören, an diesem prestigeträchtigen – und potenziell extrem lukrativen – Thema weiterzuarbeiten.

Unternehmen und Universitäten haben längst begonnen, von oder wenigstens mit lernenden Maschinen entwickelte Designermoleküle herzustellen. Als Nächstes werden Maschinen Vorschläge für gentherapeutische Eingriffe machen.

Wissenschaftler müssen sich auf eine neue Arbeitsweise einstellen, die man bislang allenfalls aus der Medikamentenforschung kannte: Man findet erst heraus, dass etwas funktioniert – und versucht sich dann anschließend zu erklären, woran das liegt. Das dürfte allerdings, gerade wenn es um Fortschritte geht, die Leben retten, Plastikmüll oder den Klimawandel bekämpfen helfen können, vielen ziemlich egal sein.

Den nächsten Schritt auf diesem Weg bestreiten Firmen, die nicht nur die Suche in den gigantischen Datenräumen genetischer Information den Maschinen überlassen, sondern auch die Planung und Durchführung experimenteller Studien. Schon jetzt gibt es Firmen, in deren Laboren Roboter nicht nur pipettieren, sondern auch Maschinen experimentelle Anordnungen gestalten. Biotechnologische Forschung findet oft in einem Standardformat statt, in Anordnungen von je 96 sogenannten Microwells.[77] Man muss sich das wie Tabletts vorstellen, die jeweils 96 Vertiefungen aufweisen, die als eine Art Miniatur-Petrischalen fungieren; in jeder davon kann ein anderer künstlicher Organismus getestet werden. Computer können für diese Anordnungen perfekt geeignete experimentelle

Protokolle entwickeln, auf Basis der mit maschinellem Lernen generierten Hypothesen über mutmaßliche Eigenschaften bestimmter DNA-Stränge. Roboter übernehmen dann das Pipettieren, das Messen, das Aussortieren, die Pflege. In naher Zukunft werden Maschinen völlig selbstständig lebende Organismen züchten, die einem vorher exakt bestimmten Zweck dienen sollen – und mancherorts passiert das bereits jetzt. Der *Economist* zitierte 2019 den Vertreter eines Bostoner Unternehmens namens Ginkgo (»Wir gestalten maßgeschneiderte Organismen für Kunden in einer Vielzahl von Märkten«), der begeistert über die Robo-Labore seiner Firma sprach. Anfangs sei die automatisierte Produktion viel langsamer gewesen als die durch gut ausgebildete Wissenschaftler. Jetzt aber seien sie zehnmal so produktiv, und der Vorsprung wachse weiter.[78] Das Unternehmen Synthace vertreibt eine Softwarelösung namens Antha, der Forscher gewissermaßen nur noch mitteilen müssen, welches Ergebnis sie anstreben. Die Maschinen optimieren das Versuchsdesign, um zu diesem Ergebnis zu gelangen, anschließend selbsttätig und bedienen auch die automatisierten Laborgeräte.

Das neue, von Maschinen erarbeitete Wissen wird nützlich sein, um die genetischen Komponenten von Krankheiten wie Krebs oder Alzheimer zu verstehen und auch dafür, passgenaue Therapien zu entwickeln. Es wird neue Werkstoffe und Medikamente ermöglichen, hergestellt mit lebenden Maschinen, die auf Designer-DNA basieren. Mit jedem Erkenntnisgewinn aber wird auch die Versuchung wachsen, all die Daten nicht nur zu lesen, sondern sich auch mal am Schreiben zu versuchen. Und zwar nicht nur in Bakterien.

Als die Genetikerin Jennifer Doudna, eine der Entdeckerinnen der CRISPR/Cas9-Methode, mit der sich seit 2012 Gensequenzen gezielt editieren lassen, das Buch *Eingriff in die Evolution*[79] über ihre Entdeckung schrieb, war Deepmind noch nicht auf der internationalen Biotech-Bühne aufgetaucht und die Machine-Learning-Revolution in den Biowissenschaften noch in einem vergleichsweise frühen Stadium. Auch im Buch aber geht es schon um »Computer-Algorithmen, die das drei Milliarden Buchstaben lange menschliche Genom auf Stellen hin absuchen, die denen ähneln, die der Wissenschaftler editieren will«. Schon damals schrieben Doudna und ihr Co-Autor Samuel Sternberg auch: »Das Feld der auf dem Editieren von Genen basierenden Therapien wächst in atemberaubendem Tempo, sowohl im akademischen wie im kommerziellen Bereich.«

### Exkurs: Was ist CRISPR/Cas9?

Das Akronym CRISPR steht für »Clustered Regularly Interspaced Short Palindromic Repeats«. »Cas9« steht für »CRISPR-assoziiertes« Protein Nummer neun. Gemeinsam sind diese beiden Elemente das mächtigste Werkzeug zum Eingriff in Gensequenzen, das die Menschheit bislang entwickelt hat. Ursprünglich waren diese beiden Elemente eine Verteidigungstechnologie: Manche Bakterien benutzen sie, um das Erbgut von Viren zu attackieren und zu zerstören, die in sie eindringen. In den Händen menschlicher Wissenschaftlerinnen und Wissenschaftler wird CRISPR/Cas9 zu einem Werkzeug, um DNA-Stränge in lebenden Organismen zu verändern. Man kann damit genetische Buchstabensequenzen hinzufügen oder entfernen. Auch vor CRISPR/Cas9 gab es schon Methoden, um das zu erreichen, aber sie waren langsamer, teurer und vor allem mit wesentlich mehr Fehlern behaftet. Mit CRISPR kann man eine ganz bestimmte Sequenz im DNA-Strang eines Organismus gezielt suchen und finden. Die CRISPR-RNA heftet sich dann an dem vorher ausgesuchten Ort in der Gensequenz an, das Cas9-Enzym, das sie dabeihat, durchschneidet den DNA-Strang an dieser Stelle. Deshalb wird CRISPR auch »Gen-Schere« genannt. Es lässt sich in allen lebenden Zellen einsetzen, egal ob menschlich, tierisch oder pflanzlich. Nach dem Schnitt repariert die Zelle den DNA-Strang selbst. Dabei passieren aber in der Regel kleine Fehler, was zum Beispiel dazu führen kann, dass das entsprechende Gen anschließend deaktiviert ist, ein unter Umständen durchaus wünschenswertes Ziel. Man kann so Gene gezielt abschalten. Stellt man der Zelle aber ein Stück geeignete DNA zur Verfügung, um das entstandene Loch zu stopfen, wird im Idealfall tatsächlich dieser Flicken eingebaut. Auf diese Weise kann man mit CRISPR/Cas9 auch gezielt neue Gensequenzen ins Erbgut implantieren. Das Verfahren funktioniert in seiner derzeitigen Form allerdings nicht fehlerfrei. Unter Umständen macht Cas9 beispielsweise Schnitte an den falschen Positionen, was eine ganze Reihe unerwünschter Folgen haben kann. Ein weiteres Problem ist, dass das Cas9-Enzym möglicherweise Immunreaktionen auslöst, was den Einsatz des Werkzeugs für gentherapeutische Zwecke beim Menschen problematisch macht. Parallel werden allerdings ständig weitere Werkzeuge entwickelt, die den Einsatz der Methode sicherer machen könnten: zum Beispiel sogenannte Anti-CRISPR, bestimmte Proteine, die die Genschere stoppen oder ihre Wirkung gezielt auf bestimmte Gewebetypen beschränken könnten.[80] Und parallel wird ein weiteres Verfahren entwickelt, mit dem einzelne Codone (siehe Exkurs »Was ist DNA?«) gezielt repariert werden können, indem die sogenannte Boten-RNA (mRNA) manipuliert wird.[81] Der Werkzeugkasten zur Bearbeitung von Gensequenzen in lebenden Zellen wächst also ständig weiter.

Schon jetzt beschleunigt CRISPR die Forschung in vielen Bereichen enorm, denn plötzlich werden gezielte Mutationen möglich, während man früher mit rabiaten Methoden wie Säurebädern oder radioaktiver Bestrahlung zufällige Mutationen in Zellen, etwa von Nutzpflanzen, herbeiführte, um so vielleicht zufällig auf nützliche neue Varianten zu stoßen. Trotzdem hat der Europäische Gerichtshof CRISPR-modifizierte Nutzpflanzen in einem vielkritisierten Urteil aus dem Sommer 2018 auf eine Stufe mit Frankenstein-Züchtungen etwa aus Mais und Bakterium gestellt. Dabei erzeugt die die Genschere CRISPR, wenn keine zusätzliche DNA eingefügt wird, sondern nur die Selbstheilungskräfte der DNA wirken, Pflanzen, die von durch natürliche Mutation oder Züchtung entstandenen nicht zu unterscheiden sind. Sie ist nur schneller und präziser. Mithilfe von Giften oder radioaktiver Bestrahlung erzeugte Mutationen dagegen blieben von dem Urteil unberührt, sie sind in Europa weiterhin erlaubt.

Vor allem in Europa gelten restriktive Regelungen, was das Experimentieren mit menschlichem Erbgut angeht. Anderswo aber hat man weniger Skrupel. In China werden gewaltige Summen in Sequenzierungstechnologie investiert – und auch in sehr zielorientierte Forschung. Seit 2012 analysiert dort beispielsweise ein Unternehmen die DNA von besonders intelligenten Menschen. Es ist nicht das einzige derartige Projekt. Natürlich geht es im Endeffekt darum herauszufinden, welche Gene für besonders hohe Intelligenz oder Spezialbegabungen verantwortlich sein könnten. Von diesem Punkt bis zur aktiven Züchtung besonders intelligenter Embryos ist es nur noch ein vergleichsweise kleiner Schritt.

Einer der an dem chinesischen Projekt beteiligten Wissenschaftler schrieb schon 2015 in einem populärwissenschaftlichen Beitrag, kognitive Fähigkeiten würden »von Tausenden von genetischen Loci beeinflusst, jeder mit einem kleinen Effekt«. Wenn aber alle gleichzeitig verbessert werden könnten, könne es möglich sein, »eine Verbesserung von etwa hundert Standardabweichungen zu erreichen, was einem IQ von über 1 000 entspräche«.

Dass es in China Forscher gibt, die keine Skrupel haben, neueste gentechnische Methoden auch an Menschen auszuprobieren, demonstrierte der chinesische Wissenschaftler He Jiankui im Jahr 2018: Er implantierte zwei Frauen Embryos, die er mit CRISPR/Cas9 genetisch verändert hatte. Konkret ging es darum, die Embryos gegen HIV-Infektionen resistent zu machen. Als der Eingriff publik wurde, gab es weltweite Proteste, auch von Wissenschaftlern. Die Entdecker der Methode selbst sprechen sich derzeit vehement dagegen aus, die CRISPR-Methode auf lebende Menschen anzuwenden. Nicht zuletzt deshalb, weil gefährliche, potenziell katastrophale Mutationen dabei nicht ausgeschlossen werden können.

Die chinesische Obrigkeit reagierte zügig und hart und für viele überraschend öffentlich: He Jiankui wurde Anfang 2020 zu drei Jahren Haft und einer Strafe von umgerechnet über 400 000 Euro verurteilt.[82] Zwei seiner Mitarbeiter wurden ebenfalls bestraft, allerdings milder. Gegen alle drei wurde ein lebenslanges Verbot verhängt, jemals wieder im Bereich menschlicher Fortpflanzungsmedizin zu arbeiten. Derzeit scheint die Haltung der chinesischen Regierung hinsichtlich genmanipulierter menschlicher Embryos also sehr klar. Online-Diskussionen in den sozialen Medien über den Fall wurden in China allerdings offenbar massiv zensiert.[83]

Kurz nach dem Aufschrei über die Embryo-Genexperimente in China betrat in Russland ein weiterer Provokateur die Bühne: Denis Rebrikov, Chefgenetiker einer Klinik für künstliche Befruchtungen, kündigte an, er werde mit Hilfe von CRISPR Embryos von ursprünglich erblicher Taubheit befreien. Er gelobte allerdings, damit zu warten, bis er die offizielle Genehmigung bekomme.[84]

In der Science-Fiction der vergangenen Jahrzehnte machen Computer menschliche Körper oder Gehirne oft auf sehr direktem Weg besser: Chips mit Fremdsprachen- oder Kampfsportkenntnissen, die in irgendwelche Schächte hinter dem Ohr gesteckt werden. Im Moment erscheint ein anderer Weg weit wahrscheinlicher als solche Hardware-Interfaces – wenn auch nicht minder beunruhigend. DNA ist Code, und Code kann zu DNA werden.

Und irgendwann kommt dann womöglich, aus einem geheimen, vielleicht illegalen Labor irgendwo auf dem Planeten, die erste menschliche Designer-DNA, gestaltet von einer Maschine.

# 7 EIN GEHIRN, ZWEI SYSTEME

»Im Gegensatz zu den Regeln von Wissenschaftstheoretikern, die empfehlen, Hypothesen dadurch zu überprüfen, dass man sie zu widerlegen versucht, suchen Menschen (und recht häufig auch Wissenschaftler) eher nach Daten, die mit ihren gegenwärtigen Überzeugungen vereinbar sind. Die Bestätigungstendenz von System 1 begünstigt die unkritische Annahme von Vorschlägen und überzeichnet die Wahrscheinlichkeit extremer und unwahrscheinlicher Ereignisse.«

*Daniel Kahneman,* Schnelles Denken, langsames Denken *(2012)*

»Wenn wir uns Stereotypen bedienen, nehmen wir Geschlecht, Alter und Hautfarbe unseres Gegenübers wahr, und unser Geist reagiert mit Botschaften wie feindselig, dumm, langsam, schwach. Diese Eigenschaften sind nicht da draußen in der Umwelt. Sie spiegeln nicht die Realität wider.«

*Der Sozialpsychologe John Bargh (1998)*

Sigmund Freud hat, was viele bis heute überrascht, unter wissenschaftlich arbeitenden Psychologen einen schlechten Ruf. Das liegt vor allem daran, dass man Freuds Arbeitsweise aus heutiger Sicht nicht wissenschaftlich nennen könnte: Er hatte zwar eine Theorie, stellte aber keine überprüfbaren Hypothesen auf, die sich aus dieser Theorie hätten ableiten lassen. Und er führte schon gar keine kontrollierten Experimente durch, die seine Annahmen hätten widerlegen können. Freuds Vorstellungen davon, wie der menschliche Geist funktioniert, basierten ausschließlich auf Nachdenken und auf der Analyse – man könnte auch sagen: der Deutung – von

Patientengeschichten, auf Einzelfallbeschreibungen also. Dabei verwendete er mutmaßlich vor allem das, was zu seinen Ideen passte, das nennt man *confirmation bias*, zu Deutsch Bestätigungsfehler oder Bestätigungstendenz. Der Begriff stammt allerdings von Psychologen, nicht von Psychoanalytikern.

Dazu kommt, dass mittlerweile der begründete Verdacht besteht, dass Freud manche dieser Patientengeschichten mindestens ausgeschmückt, womöglich sogar frei erfunden hat. Er selbst hat einmal gesagt, sie seien »wie Novellen zu lesen« und »entbehrten des ernsten Gepräges der Wissenschaftlichkeit«. Über sich selbst sagte er einmal: »Ich bin gar kein Mann der Wissenschaft, kein Beobachter, kein Experimentator, kein Denker. Ich bin ein Conquistadorentalent, ein Abenteurer mit der Neugierde, der Kühnheit und der Zähigkeit eines solchen.«[85]

Studiert man an einer deutschen Universität Psychologie, die mit Psychoanalyse eben gar nichts zu tun hat, bekommt man öfter abfällige Bemerkungen über Freud hören, und zwar von den Lehrenden. Das hat zweifellos unter anderem damit zu tun, dass man als Psychologe ständig mit Psychoanalytikern verwechselt wird und das auf die Dauer wirklich lästig ist. Aber nicht nur. Einer meiner Professoren an der Universität Würzburg, zuständig für das Fach Differenzielle Psychologie, also Fragen von Persönlichkeit, Intelligenz und so weiter, pflegte zu sagen, Freud sei Goethepreisträger gewesen, und das habe schon seine Richtigkeit: Schließlich sei der Goethepreis ein Literatur- und kein Wissenschaftspreis.

Tatsächlich kann man die Psychoanalyse, wenn man sie schon den Wissenschaften zuordnen möchte, eher als eine geistes- denn eine naturwissenschaftliche Denkrichtung betrachten. Ja, die Dichotomie zwischen wissenschaftlicher Psychologie und Psychoanalyse passt gut ins Raster der »Zwei Kulturen«: Der kühle, empirisch begründete, die eigenen Theorien mit steter Skepsis betrachtende Blick der empirischen Psychologie steht im ständigen Widerspruch zum sich der wissenschaftlichen Überprüfbarkeit widersetzenden, aber schön erzählerischen, geheimnisvollen und immer ein bisschen wohligen Grusel beinhaltenden Ansatz der Psychoanalyse. Diese parallel, aber eben weitgehend voneinander getrennt in die Entwicklung menschlicher Erkenntnis hineinwirkenden Denkschulen sind bisweilen schwer zu unterscheiden und werden bis heute oft verwechselt oder gar gleichgesetzt.

Die Psychoanalyse ist ein System zur Ausarbeitung von Geschichten über die eigene Biografie, die Patienten sich mithilfe ihrer Therapeutin oder ihres Therapeuten selbst erzählen. Das passt gut zu der Art, wie wir Menschen Informationen verarbeiten, denn wir denken ganz maßgeblich in Geschichten. Wir erklären uns die Welt in Form von Erzählungen über sie, uns selbst und alle anderen. Und wir suchen besonders gern nach Ursachen, die in den handelnden Personen selbst begründet liegen. In der Sozialpsychologie, also auf der anderen Seite des Grabens, nennt man dieses – empirisch nachweisbare – Phänomen »fundamentaler Attributionsfehler« oder »Korrespondenzverzerrung«: Es scheint oft einfacher, ein Ereignis auf eine handelnde Person, ihre Absichten und Eigenschaften zurückzuführen, als auf äußere Faktoren und Bedingungen. Sehr oft aber sind die Umweltbedingungen und komplexe Wechselwirkungen einer Vielzahl von Kausalfaktoren mindestens ebenso wichtig, wenn nicht wichtiger als die Handlungen Einzelner. Der auf globales Format aufgeblasene fundamentale Attributionsfehler ist die Verschwörungstheorie: Läuft etwas schief, muss es schurkenhafte Strippenzieher im Hintergrund geben. Handelnde Personen sind leichter zu verstehen als komplexe Interaktionen in dynamischen Systemen.

In den Selbstdeutungsgeschichten der Psychoanalyse geht es, wenn man sich an den klassischen Freud'schen Kategorien orientiert, außerordentlich oft um Fortpflanzungs- und Ausscheidungsorgane, um Sex, um sexuelle Bedürfnisse und Sehnsüchte, die sich häufig auf Mitglieder der eigenen Familie beziehen. Erstaunlicherweise scheinen manche Erkenntnisse einiger Betreiber von Online-Pornografie-Portalen diesen Ansatz zu stützen, aber dazu später mehr.

Die moderne Psychologie verdankt Freud so gut wie nichts. Fragt man Psychologen, nicht Mediziner oder Literaturwissenschaftler, nach den wichtigsten Vätern der »Wissenschaft vom Erleben und Verhalten des Menschen« (so ist das Fach Psychologie definiert), wird man andere Namen zu hören bekommen. Edward L. Thorndike zum Beispiel. Sein »Law of Effect« ist die Basis aller modernen Lerntheorien und auch der wirksamsten Therapiemethoden, die die Psychologie bislang hervorgebracht hat (die Psychoanalyse zählt nicht dazu). Oder Wilhelm Wundt – der Erste, der in Deutschland ein psychologisches Forschungslabor an einer Universität einrichtete. Oder Hermann Ebbinghaus, der im 19. Jahrhundert in mühevollen Selbstversuchen die sogenannte Vergessenskurve ermittelte – und damit den Grundstein für alles legte, was bis heute über das menschliche Gedächtnis herausgefunden wurde.

Die Psychoanalyse schert sich nicht um empirische Überprüfbarkeit, sondern beschränkt sich auf Deutungen, auf Hermeneutik also. Folgerichtig beziehen sich viele von jenen, die als große Denker des 20. Jahrhunderts gelten, auf die Freud'sche Gedankenwelt, während sie empirisch-psychologische oder gar neurophysiologische Erkenntnisse ignorieren. Dazu gehören zum Beispiel Jacques Lacan, Roland Barthes und viele derer, die sich auf sie beziehen oder an ihnen reiben: Louis Althusser, Jacques Derrida oder Michel Foucault etwa. Auch Adornos Konzept von der »Autoritären Persönlichkeit« ist psychoanalytisch begründet. Weder Strukturalismus noch Poststrukturalismus sind ohne Freud und seinen Einfluss denkbar. Und auch diese Denkschulen haben weiterhin ein gespaltenes Verhältnis zur Empirie. Es lohnt, sich diese Entwicklungslinien hin und wieder vor Augen zu führen, wenn man die seltsam angespannte Beziehung der heutigen Geistes- und Kulturwissenschaften zu statistischen, quantitativen Methoden, zu Zahlen, Messungen und Berechnungen verstehen will: Ein Teil des Fundaments diverser geistes- und sozialwissenschaftlicher Traditionen ist das Werk des Geschichtenerzählers mit der Faszination für kindliche Ausscheidungsvorgänge und erotische Gefühle für die eigenen Eltern.

Diese tiefe, traditionsreiche Konfliktlinie wird allerdings selten klar benannt. Ich habe unter meinen Studierenden manchmal Bachelor-Absolventinnen und -Absolventen geistes- und sozialwissenschaftlicher Fächer, die immer ganz aufgeregt reagieren, wenn ich erkläre, dass das kontrollierte Experiment, die isolierende Variation die einzige Methode ist, mit der sich Kausalzusammenhänge verlässlich testen lassen. Manche von ihnen scheinen in ihrem Studium tatsächlich gelernt zu haben, dass sich echte Wahrheit nur mit qualitativen, aus langen Gesprächen stammenden Daten, ausgiebigem Literaturstudium und tiefem Nachdenken entdecken lässt. Die schlichte Erkenntnis, dass es auch noch eine völlig andere Sicht der Dinge gibt und dass diese andere Sicht der Dinge die Basis für jedes Flugzeug oder Auto, das sie je bestiegen haben, jedes Medikament, das sie je genommen haben (außer Homöopathischen), und auch für die Smartphones in ihren Taschen ist, scheint manchen im Laufe ihres Studiums regelrecht abtrainiert worden zu sein. Die Zwei Kulturen haben überproportional viel mit der Frage zu tun, was man vom Werk Sigmund Freuds hält, auch wenn das selten thematisiert wird.

Der Konflikt verbirgt sich auch in wütenden Streitschriften zur Relevanz der Geisteswissenschaften, in erhitzten Debatten darüber, inwieweit die Welt, wie wir sie wahrnehmen, »sozial konstruiert« sei, und selbstverständlich auch in sehr handfesten Streitigkeiten über Etatzuteilungen, Budgets, Lehrstühle und Curricula. Es wäre an der Zeit, ihn offenzulegen oder ihn gar, auch wenn das vielleicht naiv und allzu idealistisch gedacht ist: zu überwinden. Es ist ja nicht so, dass die Geistes- und Sozialwissenschaften zum Nachdenken über die Welt in Zeiten exponentieller Veränderung nichts beizutragen hätten, im Gegenteil. Die exponentiellen technologischen Entwicklungen der Gegenwart und Zukunft kritisch zu begleiten, dafür zu sorgen, dass ethische Grundprinzipien und -konzepte nicht vor lauter Beschleunigung unter die Räder kommen, auf die Interaktion von Sprache, Wirklichkeitsrepräsentation und potenziellen Kollateralschäden durch maschinelles Lernen aus der Vergangenheit hinzuweisen ist gerade jetzt wichtiger denn je. Das funktioniert aber nur, wenn diese kritische Begleitung auf einem soliden Grundverständnis der technologischen Entwicklungen fußt, nicht nur auf angewiderter Ablehnung von Technologie und quantitativen Methoden.

Aber zurück zu Freud. Wie auch immer man zu seinem Werk und dessen Relevanz für die moderne Wissenschaft steht, eines bestreiten auch seine Kritiker nicht: Ein zentrales, fächerübergreifend relevantes Verdienst Freuds ist es, das Prinzip zweier miteinander konkurrierender und kooperierender Systeme im menschlichen Geist einer breiten Öffentlichkeit zugänglich gemacht zu haben, ein (eher) unbewusstes und ein (eher) bewusstes. Bei Freud sind es das Es und das Ich, und zusätzlich noch das Über-Ich. Unten animalische Triebe, darüber eine rationale Kontrollinstanz und von irgendwo ganz oben aus wirkende Regeln, die der Mensch in seiner Kindheit erworben hat.

Viel von dem, was er damals dachte, behauptete und niederschrieb, ist aus der Perspektive der modernen Psychologie ziemlicher Unsinn. Aber das Konzept eines eher unbewusst und automatisch arbeitenden Systems im menschlichen Geist und eines zweiten, das langsamer, abwägend und von bewusster Kontrolle gekennzeichnet ist, hat sich auch auf der anderen Seite des Grabens flächendeckend durchgesetzt. Allerdings ist es auch ein Mythos, dass Freud das Unbewusste »erfunden« habe – er hat es nur besonders gut vermarktet, Sex verkauft sich ja bekanntlich gut. Dass wir vieles tun können, ohne dass dazu bewusste Kontrolle nötig wäre, war für die Pioniere des Fachs eine Selbstverständlichkeit.

Man spricht in der empirischen Psychologie aber nicht von »Es« und »Ich«, sondern von Zwei-Prozess-Modellen. Es geht also nicht um zwei konkurrierende Aspekte der menschlichen Persönlichkeit, sondern um zwei unterschiedliche Arten oder Routen der Informationsverarbeitung. Die verstehen wir mittlerweile sehr gut. Die Ursprünge dieser Modelle liegen im 19. Jahrhundert, aber nicht im Werk Sigmund Freuds.

Das Konzept des Unbewussten in der modernen Psychologie und Neuropsychologie entspricht in etwa dem, was der Psychologe William James in seinem zweibändigen Mammutwerk *The Principles of Psychology,* erschienen 1890,[86] unter anderem als *habit* beschrieb: »Geistig abwesende Personen gehen zuweilen auf ihr Zimmer, um sich zum Abendessen umzuziehen, legen dann aber ein Kleidungsstück nach dem anderen ab und gehen schließlich zu Bett, nur weil das die gewohnheitsmäßige Folge der ersten

Bewegungen ist.« Automatisierte Verknüpfungen zwischen Handlungen oder Reizen und Handlungen, »Assoziationen«, waren ein Grundprinzip von James' Menschenbild.

William James ist heute zwar nicht berühmt wie Freud, aber in vieler Hinsicht mindestens ebenso einflussreich. In *The Principles of Psychology* beschreibt er eine fiktive Szene, um das zu illustrieren, was er *associative reasoning* nannte und was man heute System-1-Verarbeitung nennen würde: »Wenn ich eine Straße überquere und hinter mir einen plötzlichen Schrei höre, muss ich nicht abwarten, um zu folgern, dass mich vermutlich gleich eine Droschke überfahren wird: Ein solcher Schrei ist unter diesen Bedingungen so eng mit seinem Zweck verknüpft, dass die Idee, die er hervorruft, nicht das Niveau eines *recepts* übersteigt; und dass die notwendigen Bewegungen, die diese Idee hervorruft, ohne jegliche intelligente Reflexion ausgeführt werden.« Mit *»recept«* meinte James so etwas wie mentale Objekte, die eher unbewusst erworben als bewusst definiert wurden, angesiedelt eine Hierarchiestufe unter Konzepten. Der Warnruf ist so ein *»recept«*: Man muss nicht darüber nachdenken, um darauf zu reagieren.

James betonte, dass die blitzartigen Ausweichreaktionen im beschriebenen Beispiel »weder Reflexhandlungen noch Instinkthandlungen sind«, sondern eben etwas zwischen diesen und bewussten Handlungen. Mit anderen Worten: Schon William James war überzeugt, dass es neben angeborenen Instinkten und Reflexen gewissermaßen unbewusst und gleichzeitig besonders schnell ablaufende, aber trotzdem erlernte, nicht angeborene kognitive Prozesse gibt. Die hatten allerdings wenig gemein mit Freuds Idee vom in der Tiefe dräuenden Es.

Tatsächlich aber lassen sich große Teile des menschlichen Verhaltens mit ziemlich schlichten Modellen erklären, die auf solchen assoziativen Verknüpfungen basieren. Zum Beispiel reagieren wir, genau wie alle anderen Tiere, auf Belohnung und, wenn auch weniger gut, auf Bestrafung. Und zwar so verlässlich, dass wir unter bestimmten Bedingungen ständig falsche Entscheidungen treffen, obwohl wir es eigentlich besser wüssten. Diese Erkenntnis ist mit dem Niedergang des Behaviorismus in der Psychologie etwas in den Hintergrund gerückt. Das ändert aber nichts daran, dass sich sehr viel menschliches Verhalten auf Basis sehr einfacher Modelle erklären lässt. In Verruf geraten sind diese Modelle unter anderem deshalb, weil sie auf Tierexperimenten gründen. Gleichzeitig sind sie bis heute die Basis einiger der wirksamsten Therapiemethoden.

Spielsüchtige zum Beispiel wissen genau, dass die Bank oder der Automat am Ende immer gewinnt. Trotzdem werfen sie Münze um Münze ein. Warum? Weil sie eben ab und an doch mal gewinnen. In der Verhaltenspsychologie, deren Grundprinzipien Versuchen mit Ratten, Mäusen und Tauben entstammen, nennt man das intermittierende Verstärkung: Wenn das Versuchstier nicht weiß, wann die nächste Belohnung kommt, drückt es besonders hartnäckig und ausdauernd immer weiter auf den Hebel, in der Hoffnung, dass die Skinner-Box doch noch mal eine Futterpille ausspuckt.

### Exkurs: Was ist eine Skinner-Box?

Eine Skinner-Box, benannt nach ihrem Erfinder Burrhus Frederic Skinner, ist ein kleiner Käfig, der mit Signallampen, Lautsprechern, einem oder mehreren Hebeln oder Drucktasten, einem Auswurfschacht für Belohnungen – Futterpillen – und manchmal einem Gitter im Fußboden ausgestattet ist, das sich unter Strom setzen lässt. In so einem Käfig kann eine Ratte oder Taube sehr schnell lernen, dass es sich, immer wenn das grüne Licht angeht, lohnt, den Hebel zu drücken: Dann gibt es zur Belohnung mit einer gewissen Wahrscheinlichkeit eine Futterpille. Oder, wenn das rote Licht angeht, den Hebel zu drücken, weil andernfalls das Gitter im Boden gleich unter Strom gesetzt wird. Umgekehrt werden durch eigenes Verhalten ausgelöste unangenehme Reize, Bestrafungen also, am schnellsten und nachhaltigsten erlernt, wenn sie unmittelbar und verlässlich auf das Verhalten folgen: Eine Ratte, die den Hebel drückt und unmittelbar daraufhin einen Stromschlag bekommt, wird das so schnell nicht wieder tun. In Skinner-Boxen werden also Assoziationen zwischen äußerlichen Reizen – Licht, Ton –, verschiedenen Verhaltensweisen – dem Drücken von Hebeln oder Tasten – und entsprechenden Konsequenzen – Futterpille, Elektroschock – gebildet. Gründlich untersucht wurde mit solchen Anordnungen zum Beispiel, mit welcher Art von »Verstärkungsplan« ein bestimmtes Verhalten besonders schnell oder aber besonders »löschungsresistent« erlernt wird. Löschungsresistent heißt: Das Verhalten wird lange Zeit weiterhin ausgeübt, obwohl es keine Belohnungen mehr dafür gibt. Das erreicht man mit »intermittierender Verstärkung«: Je unvorhersehbarer es ist, ob der Hebeldruck eine Belohnung auslösen wird, desto länger drückt das Versuchstier weiter auf den Hebel. Ist die Belohnung noch mächtiger als eine Futterpille – etwa ein durch eine implantierte Elektrode ausgelöster leichter Stromstoß direkt ins Belohnungszentrum des Rattenhirns –, zeigt sich etwas, das wir bei Menschen selbstzerstörerische Sucht nennen würden: Die Ratte drückt so lange auf den Hebel, Belohnungsreiz um Belohnungsreiz, bis sie verhungert.

Der Begriff »Strafe« ist in der modernen Pädagogik zu Recht verpönt, aber auch diese moderne Pädagogik kommt nicht ohne Konsequenzen aus, die man Kindern ankündigt und die auch verlässlich eintreten. Diese bisweilen unangenehmen, »aversiven« Konsequenzen sind heute glücklicherweise in ein Grundgerüst aus unbedingter Wertschätzung und Wohlwollen eingehängt.

So unangenehm die Vorstellung auch ist: In mancher Hinsicht sind wir Menschen, was unser Verhalten angeht, genauso schlicht wie Ratten. Natürlich nicht in jeder: Menschen sind soziale, altruistische, auch jenseits assoziativer Prozesse lernfähige, zu Verständnis, Abstraktion und Empathie fähige Wesen. Das heißt aber nicht, dass die alten Mechanismen nicht noch da wären. Und sie werden von einigen der erfolgreichsten Unternehmen auch heute wieder sehr effektiv ausgenutzt.

Dummerweise sind gerade die Belohnungen, die leicht zu bekommen und zu konsumieren sind, auch die mit den übelsten Nebenwirkungen. Alkohol zum Beispiel. Zucker. Nikotin. Solche Belohnungen sind verantwortlich für viele vorzeitige Todesfälle und einen beträchtlichen Anteil aller Kosten, die dem Gesundheitssystem heute entstehen.

All das hat wenig mit dem Intellekt zu tun: Einige der intelligentesten Menschen der Geschichte waren abhängig von solchen Belohnungsreizen. Freud war bekanntlich dem Kokain zugeneigt, Fjodor M. Dostojewski war spielsüchtig, und der geniale Quantenphysiker Hugh Everett, dem wir die »Viele-Welten-Hypothese« verdanken, trank, rauchte und aß so viel, dass er mit Anfang fünfzig einem Herzinfarkt erlag. Die Ratte in uns setzt sich, wenn es unglücklich läuft, auch gegen den stärksten Intellekt durch.

Die ultimative Belohnung ist in unserer kapitalistischen Gegenwart natürlich Geld, weil man sie gegen fast jede andere Belohnung eintauschen kann, außer der besten, wichtigsten und nachhaltigsten: wahre Liebe.

Diese sehr alten, aber bis heute ungebrochen mächtigen Lernmechanismen haben ihren evolutionären Sinn: Lebewesen, die nicht lernen konnten, was in ihrer Umwelt ihnen nützt und was schadet, hatten einen klaren Nachteil, was das Überleben und damit auch die Weiterreichung ihrer Gene anging. Bestimmte, besonders überlebenswichtige Assoziationen werden deshalb besonders schnell gebildet, auch beim Menschen: Wenn wir zum Beispiel etwas essen und uns anschließend unmittelbar schlecht wird, erlernen wir aufgrund dieser einen Erfahrung meist eine lebenslange Aversion gegen das entsprechende Nahrungsmittel. Auch dann, wenn in Wirklichkeit gar kein Kausalzusammenhang zwischen Essen und Übelkeit besteht. Es gibt Menschen, die Lachs, Käse oder andere Nahrungsmittel verabscheuen, weil ihnen direkt nach einer Lachs- oder Käsemahlzeit aus völlig anderen Gründen schlecht geworden ist – sei es eine Autofahrt auf kurviger Straße oder ein Magen-Darm-Infekt. Man nennt das in der Psychologie *One Shot Learning*. Steinzeitmenschen, die den Pilz, von dem ihnen übel geworden war, später trotzdem noch einmal probierten, gehörten eben eher nicht zu denen, die ihre Gene noch weitergeben konnten. Aus demselben Grund gibt es heute auch im eigentlich in dieser Hinsicht ungefährlichen Mitteleuropa viele Menschen, die große Angst vor Spinnen, Schlangen oder Ratten haben, aber kaum Kuh- oder Vogelphobiker: Für bestimmte Phobien besteht eine sogenannte *preparedness*, die darauf basiert, dass Angst vor Spinnen, Schlangen oder Ratten aufgrund ihrer Giftigkeit oder der Wahrscheinlichkeit, dass sie tödliche Krankheitserreger mit sich trugen, im Lauf der Geschichte des Homo sapiens durchaus evolutionär nützlich war.

Assoziative, automatisierte Verknüpfungen zwischen Reizen und Verhaltensweisen, oder zwischen Handlungen und darauffolgenden Handlungen, sind auch eine Basis für die in der modernen Psychologie und Neurowissenschaft gängigen Zwei-Prozess-Modelle – zumindest für deren eine Hälfte. Das mittlerweile berühmteste darunter stammt von dem Wirtschaftsnobelpreisträger Daniel Kahneman, einem Psychologen. Kahneman und sein Kollege Amos Tversky waren eines der harmonischsten, einfluss- und erfolgreichsten Duos, die die Wissenschaftsgeschichte bislang hervorgebracht hat. Und sie hatten keine Angst, dahin zu gehen, wo es wehtut.

Schon die erste Arbeit, die die beiden gemeinsam veröffentlichten, war eine Unverschämtheit den eigenen Kollegen gegenüber. Bei zwei hochkarätigen Konferenzen von wissenschaftlich arbeitenden Psychologen hatten die beiden im Jahr 1969 insgesamt 84 ihrer Kollegen Fragebogen mit Beispielen für statistische Aussagen zu den Ergebnissen psychologischer Studien vorgelegt. Die Fragen, die zu beantworten waren, bezogen sich auf Grundsätzliches: Ist dieses Ergebnis wirklich signifikant? Welche statistischen Werte müsste eine Wiederholung dieses Experiments ergeben, um das vorangegangene Ergebnis zu entkräften? Wie würden die Signifikanzwerte für dieses Experiment aussehen, wenn man es mit der halben Anzahl an Versuchspersonen wiederholen würde?

Tversky und Kahneman ertappten ihre Kollegen – darunter »zwei Autoren von Statistik-Lehrbüchern«, wie Kahneman später notierte – dabei, wie sie bei der Beantwortung solcher Fragen, die doch den Kern ihres Fachgebiets betrafen, einen groben Fehler nach dem anderen machten. »Offenbar reichen Vertrautheit mit formaler Logik und mit Wahrscheinlichkeitstheorie nicht aus, um fehlerhafte Intuitionen auszulöschen«, schrieben die Autoren süffisant. Mit »Intuitionen« sind hier auf einem vagen Gefühl basierende Schlussfolgerungen gemeint, die nicht der rigorosen Kontrolle durch ein mathematisch fundiertes Denken unterzogen worden sind. Man könnte auch sagen: Kahneman und Tversky warfen ihren Kollegen vor, sich allzu sehr auf *associative reasoning* in James' Sinn zu verlassen, statt sich an ihre eigenen Regelwerke zu halten. Die Nestbeschmutzerarbeit erschien trotz allem im renommierten *Psychological Bulletin.*[87]

Das ist es übrigens, was rigorose empirische Wissenschaft von anderen Formen der Auseinandersetzung mit der Realität unterscheidet: Sie schreckt nicht vor Autoritäten zurück, sie fragt nicht nach Personen, sondern nach Fakten. Und sie ist stets bemüht nachzuweisen, dass alles, was ihre Vertreter bislang für richtig hielten, falsch ist.

Empirische Wissenschaft ist, wohlverstanden, in Verfahren, Arbeitsweisen, Methoden und Prozeduren gegossener Zweifel am aktuellen Erkenntnisstand. Ein ausgefeiltes System zur Abwehr des *confirmation bias*, entwickelt und verfeinert, bevor dieses psychologische Konzept überhaupt einen Namen bekam. Ein strenges System, konstruiert, auch all den kognitiven Kurzschlüssen und Verzerrungen zu widerstehen, die Tversky und Kahneman in den folgenden Jahrzehnten im Detail untersuchten. Anders formuliert: Die Menschheit hat schon Methoden erfunden, ihre eigenen Unzulänglichkeiten im Forschungsprozess zu überwinden, bevor diese Unzulänglichkeiten so richtig erforscht und klar benannt waren. Folgerichtig nehmen Forschungsmethoden und Statistik in den Curricula für angehende Psychologen mehr Raum ein als in fast allen anderen empirischen Wissenschaften: Forschungsmethodik ist institutionalisiertes Misstrauen, und das liegt in dem Fach, das sich mit den kognitiven Verzerrungen des Menschen selbst befasst, nun einmal besonders nahe. Aber bis heute werden diese Methoden nicht immer stringent eingesetzt – auch in der Psychologie bei Weitem nicht immer.

Freunde hatten sich Tversky und Kahneman mit ihrer Aktion vermutlich nicht gemacht, aber die Kooperation brachte etwas anderes hervor: Die beiden Psychologen entwickelten als Reaktion auf ihre zwar in heiterem Ton vorgetragenen, aber für sie selbst durchaus erschreckenden Erkenntnisse ein Forschungsprogramm, das sie jahrzehntelang beschäftigen sollte. Darin nahmen sich die beiden mit chirurgischer Präzision all die großen und kleinen Denk- und Schlussfolgerungsfehler vor, die wir Menschen ständig machen – nicht nur forschende Psychologen. Es ist bezeichnend, dass Kahneman für seine Arbeiten 2002 den sogenannten Wirtschafts-Nobelpreis bekam (einen Nobelpreis für Psychologie gibt es bis heute nicht): Insbesondere in den Modellen von Wirtschaftswissenschaftlern hatte man viele Jahrzehnte lang immer mit modellierten menschlichen Marktteilnehmern operiert, die sich im Kern absolut rational verhielten. Tversky und Kahneman – und im Laufe der Jahre auch diverse ihrer Kollegen – zeigten ein ums andere Mal, dass diese Vorstellung vom Menschen als rational handelndem und räsonierendem Geschöpf nicht haltbar ist.

### Exkurs: Kognitive Verzerrungen

Der englischsprachige Wikipedia-Eintrag zum Stichwort »Liste kognitiver Verzerrungen« umfasste Anfang 2020 knapp 200 Einträge, unterteilt in »Verzerrungen bei Entscheidungen, Annahmen und Verhalten«, »soziale Verzerrungen« und »Gedächtnisverzerrungen und -fehler«. Manche Punkte in dieser Liste überlappen einander, andere sind unscharf definiert oder eher behauptet als empirisch validiert. Dass es aber eine Vielzahl von systematischen Fehlern gibt, die wir Menschen bei bestimmten Aufgaben und in bestimmten Situationen machen, ist sehr gut belegt. Wir sind bei Weitem nicht so rational, wie wir gerne glauben würden. Hier ein paar ausgewählte Beispiele:

Die **Verfügbarkeitsheuristik** lässt sich in Kurzform so beschreiben: Wenn wir uns etwas leicht in Erinnerung rufen können, dann halten wir es auch für wahrscheinlicher. Deshalb glauben Menschen nach spektakulären Flugzeugabstürzen vorübergehend, dass Fliegen viel gefährlicher ist, als das tatsächlich der Fall ist. Die Verfügbarkeitsheuristik steht im gesellschaftlichen Alltag im engen Zusammenhang mit Medienberichterstattung: Wenn über bestimmte Ereignisse oft berichtet wird, erscheinen sie den meisten Menschen auch wahrscheinlicher, häufiger. Das dürfte übrigens auch der Grund sein, warum Rechtsradikale solchen Wert darauf legen, dass über von Einwanderern begangene Straftaten möglichst oft und ausführlich berichtet wird: Damit soll bei möglichst vielen Menschen ein Bedrohungsgefühl erzeugt werden, das auf der Verfügbarkeitsheuristik basiert. Wie bei vielen Heuristiken wird hier eine schwer oder gar nicht verfügbare Information (die Wahrscheinlichkeit bestimmter Ereignisse) ersetzt durch eine Abkürzung: die Einfachheit, mit der ein entsprechendes Ereignis aus dem Gedächtnis abgerufen werden kann. Wenn viel über Straftaten durch Einwanderer berichtet wird, erscheint die rassistische These, dass Einwanderer krimineller sind, plötzlich plausibler.

Die **Repräsentativitätsheuristik** führt dazu, dass Menschen beispielsweise eine Person einer bestimmten Kategorie zuordnen, weil sie der Meinung sind, dass die Merkmale dieser Person besonders gut zu dieser Kategorie passen – ohne dabei zu berücksichtigen, wie groß oder klein die betreffende Kategorie ist. Ein Beispiel aus der Forschung von Tversky und Kahneman: Forderten sie ihre Versuchspersonen auf zu entscheiden, welches Fach ein junger Mann wohl studiert, der als verschlossen, etwas verschroben, sehr gründlich, wenig einfühlsam und kontaktscheu beschrieben wurde, tippten die meisten Versuchspersonen auf Informatik oder Ingenieurwissenschaften. Dabei ignorierten sie, dass diese beiden Fächer vergleichsweise niedrige Studierendenzahlen aufweisen. Dieses Ignorieren der realen Häufigkeiten bestimmter Gegebenheiten hat einen eigenen Namen: ***base rate neglect***. Die aufgrund der großen Studierendenzahl wahrscheinlichste Fachrichtung »Geisteswissenschaften und Pädagogik« landete in der Studie von Tversky und Kahneman stets weit hinten. Die Repräsentativitätsheuristik weist also eine gewisse konzeptionelle Nähe zu Stereotypen auf: Hier wird ein stereotypes Urteil über eine Person eingesetzt, um eine nicht verfügbare Information – die Wahrscheinlichkeit, dass die Person ein bestimmtes Fach studiert – zu erraten. Die zugrunde liegenden relativen Häufigkeiten werden ignoriert.

Eine ganze Reihe von kognitiven Verzerrungen hängt mit dem Konzept der **kognitiven Dissonanz** zusammen: Wenn wir zwei widersprüchliche Überzeugungen gleichzeitig hegen oder aber Überzeugungen oder Vorstellungen, die zu unserem eigenen Verhalten im Widerspruch stehen, erzeugt das dem Sozialpsychologen Leon Festinger zufolge einen unangenehmen Spannungszustand, die kognitive Dissonanz. Um diesen Spannungszustand zu beenden oder zu reduzieren, werden unbewusst Strategien angewendet: konsonante Information wird aufgewertet, dissonante Information wird abgewertet. Ein typisches Beispiel: Die meisten Raucher können von einem anderen Raucher berichten, der sehr alt geworden ist. Die unangenehmen, aber zweifellos bekannten Fakten über die gesundheitsschädlichen Effekte des Rauchens werden ab-, die beruhigende Anekdote aufgewertet. Dieses Konzept ist eng verwandt mit dem auf Deutsch Bestätigungsfehler oder Bestätigungsverzerrung genannten ***confirmation bias:*** der Tendenz, Informationen zu suchen, höher zu bewerten, leichter zu erinnern und zu bevorzugen, die mit den eigenen Einstellungen oder Überzeugungen übereinstimmen.

Die Tendenz, uns bei bestimmten Einschätzungen oder Bewertungen vom Kontext übermäßig beeinflussen zu lassen, nennt man **Ankereffekt**. Ein Alltagsbeispiel sind Schlussverkaufspreise: Wenn der durchgestrichene »ursprüngliche« Preis sehr viel höher ist als der reduzierte, erscheint ein Produkt dem Kunden häufig besonders preiswert – auch wenn auch der reduzierte Preis in Wahrheit noch viel zu hoch ist. Ein anderes simples Beispiel nennt Daniel Kahneman in seinem Buch *Schnelles Denken, langsames Denken:* »Wenn man Sie fragt, ob Gandhi über 114 Jahre alt war, als er starb, werden Sie sein Alter bei seinem Tod viel höher schätzen, als Sie es tun würden, wenn die Ankerfrage auf einen Tod mit 35 Jahren verweisen würde.«

In einer ganzen Reihe unterschiedlicher Formen tritt der ***negativity bias***, zu Deutsch Negativitätsdominanz genannt, auf.[88] Zum Beispiel reagieren wir auf Bilder, die eine Bedrohung nahelegen, etwa ängstlich aufgerissene Augen, neurophysiologisch schneller als auf solche, die Entspannung auszudrücken scheinen.

Allgemeiner formuliert: Schlechte Nachrichten haben bei uns in der Regel Vorfahrt. Das hat wiederum evolutionäre Gründe: Wer sich vor dem Schatten im hohen Gras nicht fürchtet und nicht sehr schnell davonläuft, der hat geringere Chancen, seine Gene weiterzugeben. Heute steht uns diese Bevorzugung schlechter Nachrichten aber oft im Weg: Sie lässt uns die Welt oft in düstereren Farben wahrnehmen, als das angemessen wäre. Und sie sorgt auch dafür, dass wir sehr viel eher bereit sind, Aufwand zu treiben, um einen drohenden Verlust zu vermeiden, als um einen möglichen Gewinn einzustreichen. Von Paul Rozin, von dem der meistzitierte Fachartikel zum *negativity bias* stammt, kommt dieses plakative Beispiel für die Negativitätsdominanz: Eine einzelne Küchenschabe kann den Anblick einer ganzen Schüssel voll Kirschen ruinieren, während eine einzelne Kirsche in einer Schüssel voller Schaben keinerlei Unterschied macht.

Kahneman hat die Essenz der zahlreichen gemeinsamen Arbeiten nach dem Tod seines Freundes und Kollegen Amos Tversky im auch für ein Laienpublikum gedachten, zu Beginn dieses Kapitels zitierten Buch *Schnelles Denken, langsames Denken*[89] meisterhaft und sehr lesbar zusammengefasst. Er formuliert darin keine revolutionären Gedanken – Zwei-Prozess-Modelle sind in der Psychologie schon seit den 1970er-Jahren wieder populär. Sie werden in der Sozialpsychologie ebenso eingesetzt wie in der Sportpsychologie, in der Entwicklungspsychologie ebenso wie in der Gedächtnisforschung. Immer geht es um die Annahme eines schnellen, ganz oder weitgehend automatischen Prozesses und eines langsameren, kontrollierten. Kahnemans Version hat aber den Charme, dass sie so allgemein und so umfassend ist, dass man sie als grundlegende Theorie darüber lesen kann, wie menschliche Informationsverarbeitung im Allgemeinen funktioniert.

Er unterteilt den kognitiven Apparat des Menschen in zwei Systeme, wobei er betont, dass damit keine konkreten Hirnstrukturen gemeint sind, sondern unterschiedliche Verarbeitungsmodi, die in unterschiedlichsten Bereichen zum Tragen kommen: System 1 funktioniert automatisch und schnell, seine Aktivitäten verlaufen weitgehend mühelos und ohne willentliche Steuerung. So wie wenn William James der herannahenden Droschke aus dem Weg springt, sobald er den Warnruf hört.

Auch scheinbar »höhere« geistige Tätigkeiten können von System 1 übernommen werden, wenn sie zuvor ausreichend automatisiert worden sind: Wenn Sie zum Beispiel die Frage: »Wie viel ist zwei mal zwei?« lesen, müssen Sie nicht nachdenken, um auf die Antwort zu kommen – sie ist einfach da, ohne Ihr Zutun, ohne Anstrengung, blitzschnell. Lautet die Frage aber »Wie viel ist 16 mal 27?«, funktioniert das nicht mehr auf dieselbe Weise. Sie sind zweifellos in der Lage, mit einem bisschen Zeit und Kopfrechnen auch diese Frage zu beantworten, aber dazu muss sich System 2 einmischen: Wenn es ranmuss, ist das mühevoll oder gar anstrengend, der Vorgang ist bewusst, logisches Denken ist involviert, außerdem zuvor gelernte Regeln und Methoden und womöglich auch bestimmte Überzeugungen. System 2 kontrolliert, wenn es zugeschaltet wird, das Denken und Handeln. Aber nur dann. Und wir machen das nicht gerne: In der Psychologie gibt es für dieses Phänomen den hübschen Fachbegriff des »kognitiven Geizkragens«. Wir bemühen System 2 nur widerwillig, denn das ist anstrengend. Wer einmal einem Kind bei der Bearbeitung der Mathematikhausaufgaben zugesehen hat, weiß, wovon hier die Rede ist. Oder wer sich selbst einmal dabei ertappt hat, doch lieber die Wohnung zu putzen, als die Steuererklärung anzufangen, obwohl Ersteres körperlich doch viel anstrengender ist.

System 1 ist zwar kein Intellektueller im engeren Sinne, aber ohne es könnten wir nicht existieren. Dass Sie beim Lesen dieses

Buch festhalten, dass Sie gleichzeitig sprechen und dabei gehen oder stehen können, dass das Lesen dieses Textes Ihnen keinerlei Schwierigkeiten macht, all das verdanken Sie System 1. In der Sportpsychologie ist möglichst viel System-1-Informationsverarbeitung sogar das höchste Ziel: Erst wenn die Bewegungen des Skispringers, der Fechterin oder Stabhochspringerin so automatisiert sind, dass er oder sie nicht mehr darüber nachdenken muss, ist das Trainingsziel erreicht. Das Gleiche gilt für als durchaus anspruchsvoll geltende Tätigkeiten wie die einer Konzertpianistin oder eines Geigers: Automatisierung ist oft unser Freund, wenn es darum geht, etwas wirklich gut zu beherrschen.

Umgekehrt führt Automatisierung, also die Verlagerung von Tätigkeiten hin zu System 1, oft dazu, dass wir sie gar nicht mehr verbalisieren können: Versuchen Sie einmal, einem Kind mit Worten zu erklären, wie es sich die Schuhe zubinden soll, ohne dabei Ihre Hände zu bewegen. System 1 ist weder dumm noch böse. Es dient nur anderen Zwecken als System 2. Problematisch wird es immer dann, wenn System 1 zum Einsatz kommt, obwohl System 2 für die vorliegende Aufgabe besser geeignet wäre.

System 1 hat nämlich einen großen Nachteil: Alle kognitiven Verzerrungen, die im Verlauf der vergangenen 50 Jahre katalogisiert wurden, sind System-1-Prozesse, genauso wie die Assoziationen, die B. F. Skinner in seinen Rattenkäfigen untersuchte, oder die sogenannten bedingten Reflexe, die Iwan Petrowitsch Pawlow in seinen berühmten Hundeexperimenten demonstrierte. Die blitzschnellen Entscheidungsabkürzungen, die durchaus hilfreich waren, wenn es darum ging zu entscheiden, ob dieser Pilz vielleicht giftig oder ob der Schatten da im Gebüsch womöglich ein Säbelzahntiger ist, sind in der komplexen, informationsgesättigten, schwer durchschaubaren Welt von heute oft eher hinderlich als nützlich. In der Psychologie nennt man diese Abkürzungen, die mal nützlich und mal sehr hinderlich sind, »Heuristiken«.

Eine berühmte Illustration dieses Phänomens hat sich der Psychologe Shane Frederick ausgedacht, der lange mit Daniel Kahneman zusammengearbeitet hat. Sie können es an sich selbst ausprobieren. Der Cognitive Reflection Test besteht aus nur drei Fragen.[90] Ich verrate Ihnen gleich zwei davon, aber Sie müssen sich vorher Folgendes vornehmen: Versuchen Sie, die erste Frage möglichst schnell zu beantworten.

Hier ist sie:

> Ein Schläger und ein Ball kosten zusammen 1,10 Euro. Der Schläger kostet einen Euro mehr als der Ball. Wie viel kostet der Ball?

Merken Sie sich bitte die erste Lösung, die Ihnen in den Sinn kommt.

Bevor ich die korrekte Lösung verrate, eine kurze Erklärung, was diese Aufgabe mit System 1 und System 2 zu tun hat. Die Aufgabe – so wie die beiden anderen, aus denen dieser extrem kurze Test besteht – legt eine einfache, scheinbar auf der Hand liegende Lösung nahe: eine System-1-Lösung. Diese System-1-Antwort ist »10 Cent« – und sie ist falsch. Wenn Sie selbst auch auf 10 Cent getippt haben, schieben Sie es auf mich, schließlich habe ich Sie aufgefordert, das Ganze möglichst schnell zu machen. Ich habe Sie also gewissermaßen dazu gedrängt, sich auf Ihre System-1-Kognition zu verlassen.

Wenn man ein bisschen darüber nachdenkt, liegt plötzlich etwas anderes auf der Hand: Wenn der Schläger einen Euro mehr kostet als der Ball, kann der Ball nicht zehn Cent kosten. Sonst würden die beiden zusammen ja 1,20 Euro kosten, nicht 1,10. Die richtige Antwort ist also 5 Cent. Aber die Frage ist eben absichtlich so formuliert, dass sie eine andere, einfache, mühelose, eben eine System-1-Antwort nahelegt. Genau das haben Studien mit dem Test wieder und wieder gezeigt: Stellt man Universitätsstudierenden in einem Bachelor-Kurs diese Frage, antworten nur etwa 30 Prozent korrekt. Mehr noch: Die überwältigende Mehrheit derjenigen, die falsch antworten, gibt die naheliegende, gewissermaßen die System-1-Antwort: 10 Cent.[91]

Die dritte Frage in Fredericks Test ist auf tragische Weise hochaktuell. Sie lautet folgendermaßen:

> Die Seerosen in einem Teich verdoppeln ihre Fläche jeden Tag. Wenn der See nach 48 Tagen komplett mit Seerosen bedeckt ist, wie lange hat es gedauert, bis er zur Hälfte bedeckt war?

In dieser Frage geht es, das haben Sie, da Sie es bis hierher geschafft haben, zweifellos erraten, um unseren Umgang mit exponentiellen Entwicklungen. System-1-Antworten basieren oft auf der Halbierung der 48 Tage, aber das ist natürlich falsch. Die Hälfte der Fläche des Teichs ist erst am 47. Tag bedeckt, die letzte Verdoppelung, die die zweite Hälfte vollständig bedeckt, dauert dann nur einen einzigen Tag. Diese Frage korrekt zu beantworten scheint manchen Menschen leichter zu fallen als die mit Ball und Schläger, aber trotzdem beantwortet sie in zahlreichen Studien mit zusammengenommen über 44 000 Versuchspersonen die Hälfte aller Befragten falsch. Auch hier ist die häufigste Antwort wieder einmal die intuitiv scheinbar richtige, die System-1-Antwort: 24 Tage.

In den Debatten über notwendige Maßnahmen zur Eindämmung der Coronakrise zeigte sich häufig genau diese unsere

Unfähigkeit, mit exponentiellen Entwicklungen umzugehen. Vielen Menschen, darunter auch durchaus gebildete Leute und selbstverständlich auch Politikerinnen und Politikern, fiel es schwer, die möglichen Konsequenzen einer sich exponentiell ausbreitenden Viruserkrankung zu begreifen: dass in so einem Fall zwischen einer scheinbar beherrschbaren Situation mit einigen Tausend Erkrankten und apokalyptischen Zuständen, wie sie in den Krankenhäusern Norditaliens zeitweilig zu beobachten waren, unter Umständen nur wenige Tage liegen, wenn die Verdoppelungsrate hoch genug ist. Die gleiche Blindheit gegenüber Exponentialfunktionen steht uns, gerade was politische Entscheidungen angeht, auch im Bereich Klimawandel und Umweltzerstörung im Weg, denn auch dort sind gleich mehrere exponentielle Entwicklungen im Gang.

Die Quintessenz der Forschung von Tversky, Kahneman, Frederick und vielen anderen ist diese: Wir Menschen sind bei Weitem nicht so rational, wir urteilen bei Weitem nicht so abgeklärt und durchdacht, wie wir selbst gerne glauben möchten. Deshalb haben wir kontrollierte Experimente, Doppelblindstudien, Inferenzstatistik und viele andere Methoden der Selbstdisziplinierung ja erfunden: Man kann uns nicht trauen, nicht einmal jeder Einzelne sich selbst. In den politischen Prozess aber ist diese Erkenntnis noch nicht überall eingeflossen. Dort setzt sich allzu oft der Bestätigungsfehler oder eine andere kognitive Heuristik durch. Politikerinnen und Politiker streben selten danach, ihre eigenen Positionen empirisch zu falsifizieren. Und sie haben oft auch kein Interesse daran, ihren Wählerinnen und Wählern deren Denkfehler vor Augen zu halten.

Solche gedanklichen Abkürzungen, denen man sich nur schwer entziehen kann, sind übrigens auch der Kern des Stereotyps, wie die Sozialpsychologie das Vorurteil nennt: Man kann sich kaum dagegen wehren. Stereotypen sind automatisch aktivierte Prozesse – System-1-Prozesse. Wir alle tragen eine ganze Enzyklopädie von im Laufe unseres Lebens erlernten Vorurteilen mit uns herum, die sich wie ein Springteufel ohne unser Zutun einmischen, sobald sich die Gelegenheit bietet. Die Fachliteratur ist, was dieses Themenfeld angeht, ziemlich düster: Es gibt namhafte Forscher, die seit Jahrzehnten auf diesem Gebiet arbeiten und der Meinung sind, dass Stereotype nicht nur automatisch und unbewusst aktiviert werden, sondern dass daran auch wenig zu ändern ist.

Ein Beispiel aus meinem persönlichen Alltag: In der S-Bahn, mit der ich oft in die Hamburger Innenstadt fahre, sitzen manchmal Leute in auffälliger Aufmachung. Sie haben sehr kurze oder gar keine Haare auf dem Kopf, manche sind am Hals tätowiert, sie tragen Springerstiefel und Bomberjacken. Wenn ich mit ihnen in einem Waggon alleine bin, fühle ich mich immer ein bisschen unwohl.

Vor einiger Zeit saß ich in einem weitgehend leeren S-Bahn-Zug mit einer Fünfergruppe so zurechtgemachter Menschen, als jemand zustieg, der in meinen Augen – Stereotyp! – aussah, als stammten seine Vorfahren aus Nordafrika, dem Nahen Osten oder Südasien. Womöglich wohnte er in einer Flüchtlingsunterkunft, die in dieser Gegend liegt, vielleicht war er auch gebürtiger Hamburger, wer weiß? Ich empfand die Situation jedenfalls als potenziell gefährlich. Überflüssigerweise, wie sich zeigte, denn die Skinheads unterhielten sich friedlich weiter und würdigten den Zugestiegenen keines Blickes.

Tatsächlich haben die S-Bahn-Skinheads noch nie etwas getan, das meine Vorurteile ihnen gegenüber rechtfertigen würde. Vielleicht sind sie gar keine Neonazis, sondern antirassistisch eingestellte Sharp-Skins, die Ska und Reggae lieben, wer weiß? Trotzdem machen sie mir Angst. Ich kann nichts dagegen tun.

Experimente zeigen, dass Vorurteile manchmal sogar stärker wirken, je mehr man sie auszublenden versucht. In einer klassischen Studie des schottischen Sozialpsychologen Neil Macrae und seiner Kollegen[92] bekamen die Versuchspersonen ein Bild von einem Skinhead gezeigt und sollten anschließend einen kurzen Text über den mutmaßlichen Alltag des Mannes schreiben. Die Hälfte der Versuchspersonen bekam den Auftrag, dabei bitte stereotype Gedanken über Skinheads zu vermeiden.

Diese Gruppe, die Stereotyp-Unterdrücker, demonstrierte anschließend unter diversen Bedingungen besonders ausgeprägte Skinhead-Vorurteile. Zum Beispiel setzten sie sich in einem Warteraum möglichst weit weg von einem Stuhl, auf dem angeblich eben noch der bewusste Skinhead gesessen hatte. Wer seine Vorurteile zu unterdrücken versucht hatte, lebte sie anschließend unbewusst umso stärker aus. Sozialpsychologen nennen das den Bumerang-Effekt. Es ist nicht leicht, System 1 ins Lenkrad zu greifen, selbst oder sogar gerade dann, wenn man sich anstrengt.

Bei alledem sind Stereotype nichts grundsätzlich Schlechtes. Wir brauchen sie sogar, schließlich helfen sie uns, mit unserer unglaublich komplexen Umwelt zurechtzukommen. Vorurteile sind Heuristiken, gedankliche Abkürzungen, Faustregeln, die uns das Denken abnehmen. Genau wie all die anderen kognitiven Heuristiken hatten auch sie vermutlich irgendwann einmal einen evolutionären Zweck: Angst vor Fremden zu haben, die nicht zum eigenen Stamm gehören, war in der Geschichte der Menschheit zum Beispiel viele zehntausend Jahre lang eine sehr adaptive Grundeinstellung. Noch heute gibt es Gegenden auf der Welt, etwa im Dschungel von Papua-Neuguinea, wo unerwartete Begegnungen zwischen Fremden in vielen Fällen für einige der Beteiligten tödlich enden. »Mitglieder sehr kleiner Gesellschaften treffen selten oder nie auf Fremde«, schreibt Jared Diamond in seinem Buch *Vermächtnis*[93] über die noch verbliebenen Naturvölker rund um den Globus, »weil es selbstmörderisch ist, in eine unbekannte Gegend zu ziehen, zu deren Bewohnern man weder verwandtschaftliche noch sonstige Beziehungen hat.« Und das sei in solchen Gesellschaften auch durchaus sinnvoll: »Es ist sehr wahrscheinlich, dass der Fremde nur auskundschaftet, wie seine Leute die eigene Gruppe überfallen oder töten können.« Eine zweite mögliche evolutionäre Erklärung hat mit Krankheitserregern zu tun: Es konnte gut sein, dass der andere Stamm, die andere Sippe, der man da begegnete, mit einem Keim infiziert war, gegen den die eigenen Leute noch keine Immunität entwickelt hatten. Es war also auch epidemiologisch sinnvoll, Fremden lieber aus dem Weg zu gehen.

Die meisten von uns müssen sich vor Fremden nicht mehr fürchten, das ist eine gewaltige zivilisatorische Errungenschaft, was gelegentlich in Vergessenheit gerät. Im Gegenteil, wir interagieren täglich friedlich und oft sogar freundlich mit lauter Wildfremden, im Bus, im Supermarkt, in der Buchhandlung. Doch auch heute können Stereotype noch nützlich sein, um in bestimmten Situationen schnell eine Entscheidung treffen zu können. Nehmen wir an, Sie stehen mit Ihrem Baby auf dem Arm an einer Bushaltestelle, als Ihnen Ihr Schlüssel herunterfällt und unter einen Busch rutscht. Außer Ihnen stehen an der Haltestelle ein kräftiger, überall tätowierter Bodybuilder mit kurz geschorenem blondiertem Haar und eine Frau Mitte fünfzig mit ergrauter Kurzhaarfrisur und beiger Allwetterjacke. Wen würden Sie bitten, das Baby kurz zu halten?

Vorurteile helfen dabei, das soziale Miteinander zu vereinfachen und Denkenergie zu sparen. Auch da spielt der »kognitive

Geizkragen« wieder eine zentrale Rolle. Das Gehirn will sich Arbeit sparen. Solange es Menschen gibt, werden sie solche Abkürzungen nutzen.

Aber die verleiten uns eben auch oft zu falschen Schlüssen. Schädlich werden Stereotype, wenn sie dazu führen, dass bestimmte Menschen oder ganze Gruppen benachteiligt und schlechter behandelt werden. In solchen Fällen schaden Stereotype nicht nur den Betroffenen. Sie verhindern auch eine wünschenswerte gesellschaftliche Entwicklung. Eine Welt, in der Menschen ohne Ansehen von Hautfarbe, Geschlecht, Alter, sexueller Orientierung sein und werden können, was sie wollen, die nötigen Begabungen vorausgesetzt. Das ist eine bessere Welt. Darüber war übrigens schon im Jahr 1948 eine Art globaler Konsens möglich: Damals, am 10. Dezember, um genau zu sein, wurde in Paris die Allgemeine Erklärung der Menschenrechte verabschiedet.

48 Staaten stimmten zu, acht enthielten sich. Sechs davon existieren nicht mehr, Staaten des ehemaligen Ostblocks. Der siebte war der Apartheidstaat Südafrika. Das achte Land, das nicht mitmachte, wegen des Passus zur Religionsfreiheit, war Saudi-Arabien – aus heutiger Sicht sehr aufschlussreich.

Es gibt aber gesellschaftliche Gruppierungen, die dieses Grundkonzept der Diskriminierungsfreiheit bis heute nicht akzeptieren wollen. Sogenannte Antifeministen zum Beispiel. Leute, die behaupten, Frauen könnten eben einfach keine Mathematik. (Wie viele Männer kennen Sie, die miserabel in Mathematik sind?) Leute, für die Ärzte männlich und Pflegekräfte weiblich zu sein haben. Leute, die an den Unsinn von der »Überlegenheit der weißen Rasse« glauben (wollen). Und so weiter.

Die Konflikte zwischen solchen Gruppierungen und dem Rest der Menschheit bilden den Kern vieler der politischen Verwerfungen der Gegenwart. Am Ende geht es immer um den Wunsch, die eigenen Stereotype zur allgemeingültigen, ewigen Wahrheit zu erklären. Was dem Wesen des Stereotyps an sich widerspricht: Es handelt sich ja um auf einer relativ dünnen Datenbasis zusammengestricktes Raten, mehr nicht. Eine Heuristik, eine Abkürzung eben. Deshalb ändern sich mit der Welt auch die Stereotype, nur oft etwas langsamer.

Eine Welt, in der Stereotype ewige Wahrheiten sind, wäre vollkommen statisch. In so einer Welt leben wir aber nicht. Permanente Veränderung ist das Wesen allen Seins. Zu unserem Glück, denn sonst gäbe es uns Menschen gar nicht. Wer Stereotype dauerhaft fortschreiben möchte, will bestehende Machtverhältnisse zementieren und gleichzeitig diese fundamentale Wahrheit – den ewigen, ständigen Wandel – leugnen. Und doch gibt es ganze Parteien und politische Bewegungen, deren Kernidee die ewige Fortschreibung ihrer eigenen Stereotype von heute (oder von vorgestern) ist.

Aber wie lässt sich dieses Dilemma auflösen? Keine Sorge, es gibt Hoffnung.

Unter bestimmten Bedingungen sind Menschen – so die Fachliteratur – zumindest besser in der Lage, die eigenen Stereotype hintanzustellen und sich die jeweilige Person erst einmal genauer anzusehen.[94] System 2 kann System 1 jederzeit das Ruder aus der Hand nehmen, und es gibt Bedingungen, unter denen das besonders gut funktioniert: Man muss dazu motiviert sein, Zeit und die nötigen kognitiven Ressourcen zur Verfügung haben – also nicht gestresst sein – und sich vor allem des eigenen Vorurteils erst einmal bewusst sein. Ein vermutlich noch stärkerer Schutz gegen die automatische Aktivierung von Stereotypen sind die langfristigen Ziele der jeweiligen Person, die »Überzeugungen« aus Kahnemans

Liste von System-2-Eigenschaften: Wenn jemand den tief verwurzelten Wunsch in sich trägt, kein Rassist oder Sexist zu sein, dann kann das die Aktivierung von Vorurteilen bremsen oder zumindest deren Wirkung verändern.

Das kann, wenn diese Art von Einstellung ausreichend tief verwurzelt ist, sogar bei sehr schnellen Reaktionen funktionieren, die man eigentlich System 1 zuordnen würde. Das hat etwa der US-amerikanische Sozialpsychologe Gordon Moskowitz vielfach gezeigt.[95] Ein Beispiel: Versuchspersonen bekommen Bilder von Schwarzen und Weißen gezeigt und sollen unmittelbar anschließend möglichst schnell Wörter vorlesen, die entweder neutral sind oder typischen Vorurteilen entsprechen. Menschen, in denen das Ziel, sich nicht rassistisch zu verhalten, besonders tief verwurzelt ist, brauchten in einem solchen Experiment für rassistisch konnotierte Wörter genauso lang oder sogar länger als für andere, neutrale Begriffe: System 2 griff offenbar gewissermaßen bremsend ein. Versuchspersonen ohne das explizite Ziel, sich nicht rassistisch zu verhalten, lesen stereotype Begriffe schneller vor, wenn sie vorher das Bild eines Schwarzen, oder, in einem anderen Experiment, das Bild einer Frau gesehen haben. Das Bild aktiviert das Stereotyp, und dies führt wiederum dazu, dass entsprechende Wörter schneller verarbeitet und damit schneller vorgelesen werden können. Die Versuchspersonen sind gewissermaßen schon darauf vorbereitet. In der Psychologie nennt man solche Effekte *priming*.

Was folgt daraus? Eine Gesellschaft völlig ohne jegliche Vorurteile gegenüber bestimmten Bevölkerungsgruppen – dabei geht es beileibe nicht nur um die Hautfarbe – ist wohl unmöglich, dazu sind diese mentalen Abkürzungen zu tief in uns verwurzelt. Man kann Menschen aber das Ziel vermitteln, eben keine Rassisten oder Sexisten zu sein, in der Schule, in Fortbildungen oder auf anderen Wegen. Das kann helfen, den kognitiven Geizkragen im Zaum zu halten, der uns eben allzu oft in die Irre führt. Es ist mental anstrengend, kein Rassist zu sein. Aber es wird einfacher, wenn die ganze Gesellschaft dabei mithilft. Und eine Gesellschaft als ganze kann bestimmte Vorurteile auch nach und nach verlernen.

All der Hass, der unsere Gesellschaften im Moment zu zerfressen scheint, hat natürlich mit automatisch aktivierten Stereotypen zu tun, mit evolutionär sehr alten Ängsten vor dem Fremden, aber auch mit einem Mechanismus, der wieder mit dem Lernen durch Belohnung zu tun hat, die wir aus den Rattenexperimenten kennen. Die Sozialpsychologie kennt nämlich eine sehr einfache Methode, mit der sich nahezu jeder Mensch in nahezu jeder Situation gleich ein bisschen besser fühlen kann. Diese Methode heißt abwärtsgerichteter sozialer Vergleich.

Es wirkt auf Menschen belohnend, auf andere herabzublicken. Das ist kein schöner Wesenszug, aber in bestimmten, klar umgrenzten Bereichen ein durchaus zielführender: In meine Strohhütte regnet es nicht hinein, in deine schon. Auf meinem Feld wächst mehr Weizen, meine Kühe sind fetter als deine – das waren viele Jahrtausende lang durchaus sinnvolle Kriterien für Erfolg. Und sinnvolle Motivatoren für die Unterlegenen, doch endlich mal das Dach zu flicken oder vielleicht vor der Aussaat doch auch mal das Feld zu pflügen. Der Kapitalismus von heute funktioniert auch deshalb so gut, weil der abwärtsgerichtete soziale Vergleich – mein Erfolg, dein Misserfolg – ein so effektiver Motivator ist.

Für das gesellschaftliche Zusammenleben ist der Mechanismus des sozialen Vergleichs nicht primär in Bezug auf Individuen interessant, sondern vor allem mit Blick auf gesellschaftliche Gruppen. Das gilt insbesondere in diesen Zeiten globaler Mobilität. Es ist verblüffend einfach, Menschen das Gefühl zu geben, sie gehörten zu einer bestimmten Gruppe, was sich wiederum erstaunlich schnell auf sehr konkretes Verhalten auswirkt.

Sozialpsychologische Untersuchungen haben ergeben: Es ist bemerkenswert einfach, Menschen dazu zu bringen, sich einer bestimmen Gruppierung zugehörig zu fühlen, der sogenannten *Ingroup*. Und das hat oft direkte Konsequenzen für ihr Verhalten gegenüber anderen, der *Outgroup*. Man denke an: Radfahrer und Autofahrer. Skifahrer und Snowboarder. Raucher und Nichtraucher. Jogger und Walker. Apple-Fans und Windows-Freunde. Konsolen- und PC-Spieler. Schon solche ziemlich willkürlich wirkenden Zugehörigkeiten können, das hat in der einen oder anderen Ausprägung vermutlich jeder schon erlebt, zu äußerst emotionalen Auseinandersetzungen führen. Ist die Gruppe schärfer definiert, stärker abgegrenzt, und sind die Rahmenbedingungen andere, können brutale und blutige Konflikte entstehen: Schiiten und Sunniten. Hutu und Tutsi. Türken und Armenier. Und so weiter.

Unglücklicherweise brauchen wir auch fürs soziale Abwärtsvergleichen gar keine realen, handfesten Begründungen. Es kann schon reichen, jemand anderen einfach nur um des eigenen Wohlbefindens willen abzuwerten, zum Beispiel jemanden, den man als Mitglied einer *Outgroup* ansieht. Auf dieser Form des abwärtsgerichteten sozialen Vergleichs – ich erhebe mich über dich, weil du einer aus meiner Sicht niederen Gruppe angehörst – basieren ganze Staatsgebilde und politische Systeme. Der politisch-ideologische Kulminationspunkt des abwärtsgerichteten sozialen Vergleichs ist der Faschismus: Ganze Völker erklären sich selbst für wertvoller, andere für minderwertig.

Die gute Nachricht aber ist: Wir wissen mittlerweile um solche Effekte. Zumindest theoretisch. Und wir wissen noch etwas anderes: wie leicht wir zu manipulieren sind. Auch das ist, menschheitsgeschichtlich betrachtet, eine erstaunlich frische Erkenntnis. Einzelne Menschen sind, leider, sehr oft kurzsichtig, selbstsüchtig und rücksichtslos. Das hat nicht zuletzt mit all den kognitiven Einschränkungen zu tun, denen wir allesamt unterliegen. Wir sind aber, und das macht Hoffnung, in der Lage, über uns selbst hinauszuwachsen, sowohl individuell als auch – und das ist in der aktuellen globalen Situation noch viel wichtiger – gemeinsam.

Anders formuliert: Wir können auch anders. Im Gegensatz zu Tieren sind Menschen in der Lage, sich simplen Belohnungsschemata zu verweigern, motiviert durch ein höheres Gut. Alkoholiker werden trocken, weil sie ihre Familie behalten wollen, Spielsüchtige hören auf zu zocken, weil ihnen ihr Haus wichtig ist. Ganze Staaten wenden sich von ihrer rassistischen Ideologie ab, weil man sie, dem Belohnungsprinzip zum Trotz, als falsch erkannt hat. Und Nationen beginnen, ihre Energieversorgung umzustellen, weil die Wählerschaft verstanden hat, dass noch mehr $CO_2$ in der Atmosphäre die Menschheit in immer noch größere Schwierigkeiten bringen wird. Tatsächlich gibt es viele Beispiele dafür, dass sich Gesellschaften von der schnellen Dosis Hass oder ihrer eigenen Kurzsichtigkeit verabschiedet haben, weil sie gemeinsam das höhere Gut im Blick hatten, manchmal sogar ohne Krieg. Der Erfolg der amerikanischen Bürgerrechtsbewegung ist ein Beispiel, das Ende der Apartheid ein anderes, das Wahlrecht für Frauen, die zunehmende Gleichstellung Homosexueller.

Die großen Entscheidungen, mit denen sich die Menschheit oder zumindest einige Nationen auf dem Weg der Aufklärung und der Menschenrechte fortbewegt haben, sind in aller Regel kollektive, das heißt im Idealfall: auf demokratischen Wegen herbeigeführte. Ich wage sogar zu behaupten, dass noch kein grundlegendes Menschheitsproblem auf der Basis individueller Tugendhaftigkeit gelöst worden ist. Menschen wissen leider sehr oft einfach nicht, was gut für sie ist. Selbst dazu, sich im Auto anzuschnallen, musste man sie mit einem Gesetz zwingen, gegen heftigen Widerstand. Auch das hat wieder viel mit kognitiven Verzerrungen zu tun, mit der Abwertung dissonanter Information, der Macht von System-1-Gewohnheiten, der eingeschränkten menschlichen Bereitschaft, statistische Zusammenhänge höher zu bewerten als das eigene Erleben. Der damalige VW-Chef Kurt Lotz begründete 1970 die Tatsache, dass sein Unternehmen so ungern Gurte in die Autos einbaute, so: »Sicherheit verkauft sich schlecht.«

1971 gab es in Westdeutschland – mit einem Drittel der Autos von heute und deutlich weniger Menschen – über 21 000 Verkehrstote. Also etwa siebenmal so viele wie 2019.

Wie groß, glauben Sie, wäre das Ozonloch, wenn man es damals in den 1980ern dem Konsumenten überlassen hätte, sich aus ethischen Erwägungen für Kühlschränke und Haarspray ohne Fluorchlorkohlenwasserstoffe (FCKW) zu entscheiden? Wie sähen die deutschen Wälder aus, wenn Katalysatoren und unverbleites Benzin private Lifestyle-Entscheidungen gewesen wären? Halten Sie es für wahrscheinlich, dass die Sklaverei weltweit geächtet wurde, weil eines Tages alle Sklavenhalter nacheinander mit entschlossen gerecktem Kinn erklärten, jetzt sei aber Schluss mit dieser Unmenschlichkeit?

Keine Sklaven, keine Prügelstrafe, kein verbleites Benzin, kein FCKW mehr, keine Vorschriften mehr darüber, wer mit wem schlafen darf: lauter von demokratisch gewählten Parlamenten getroffene Entscheidungen. Gesellschaftlicher Fortschritt ist ein kollektiver, kein individueller Prozess. Ein gemeinsames Sich-Überwinden. Es gibt da durchaus eine gewisse Vergleichbarkeit zum selbst auferlegten Regelwerk der empirischen Wissenschaft mit dem Ziel, die kognitiven Verzerrungen einzelner Wissenschaftler im Prozess irrelevant zu machen. Gemeinsame Regelsysteme sind die Methode, mit der die Menschheit sich ihren eigenen Unzulänglichkeiten ein ums andere Mal entgegenstellt.

Verantwortung kann über Selbstsucht, Ethik über Belohnungssucht, Vernunft über destruktive Impulse siegen. All das ist in den vergangenen Jahrzehnten wieder und wieder geschehen.

Der kühle Blick der empirischen Psychologie ist oft unangenehm. Er führt uns vor Augen, dass wir bei Weitem nicht so rational sind, wie wir glauben, er zeigt uns, wie leicht manipulierbar wir sind, und wie schwer es ist, sich unseren evolutionär entwickelten Belohnungssystemen und Vorurteilen zu widersetzen. Gleichzeitig ist dieser kühle Blick die größte Selbstermächtigung, die der Menschheit in ihrer bisherigen Geschichte gelungen ist, ein Wunder der wissenschaftlich fundierten Selbstreflexion: Noch nie in ihrer Geschichte wusste die Menschheit so viel wie heute darüber, wie Menschen wirklich ticken.

Daraus lässt sich einiges machen – aber gleichzeitig und nicht weniger einfach lassen sich diese Erkenntnisse, Profitstreben und Skrupellosigkeit vorausgesetzt, sehr effektiv missbrauchen. Auch das geschieht gerade in großem Stil. Und dabei spielen lernende Maschinen wieder einmal eine zentrale Rolle.

# 8 WAS LERNENDE MASCHINEN SCHON JETZT MIT UNS MACHEN

»Wie oft haben Sie sich mit dem Plan hingesetzt, nur eben eine E-Mail zu schreiben oder online etwas zu bestellen, um sich dann, Stunden später, erstaunt zu fragen, was gerade passiert ist?«

*Tim Wu,* The Attention Merchants *(2016, eigene Übersetzung)*

Das Buch, das alles verändert hat, beginnt mit diesem Satz: »Als ich zehn Jahre alt war, studierte ich Propaganda.« Geschrieben hat es der US-Wissenschaftler B. J. Fogg, der seit vielen Jahren in Stanford lebt. Auch Propagandisten profitieren heute enorm von dem, was Fogg damals niederschrieb. Obwohl er das eigentlich gar nicht wollte.

Der Psychologe hat eine wissenschaftliche Disziplin erfunden, mit deren Hilfe seit einigen Jahren die Welt umgekrempelt wird. Viele seiner Schüler sind mithilfe von Foggs Modellen und Methoden reich geworden. Zum Beispiel Mike Krieger, einer der Gründer von Instagram. Fogg selbst findet diese Entwicklung beunruhigend: »Wenn ich mir manche meiner ehemaligen Studenten ansehe, frage ich mich, ob sie wirklich die Welt verbessern oder nur Geld verdienen wollen«, hat er einmal gesagt.[96]

Die Disziplin, die Fogg Mitte der 1990er erfand, hat er selbst Captology getauft, ein Kunstwort aus der Abkürzung für Computer Aided Persuasive Technology, Überredungstechnik also. Computer seien in mehrfacher Hinsicht viel besser geeignet, Menschen zu etwas zu überreden, als andere Menschen, schrieb Fogg 2003 in seinem Buch *Persuasive Technology,*[97] das heute als eine Art offizielles Gründungsdokument dieser neuen Disziplin gelten kann: der Kunst, Menschen mit digitaler Technik dazu zu bringen, sich auf eine bestimmte Weise zu verhalten, bestimmte Dinge häufiger zu tun, andere seltener. Die Erkenntnisse, die Fogg damals niederschrieb, und die seiner Schüler und Nachahmer sind einer der Grundpfeiler, auf denen der gewaltige Börsenwert der teuersten Unternehmen der Welt basiert: Amazon, Google, Apple und Facebook. Und auch die chinesischen Netzgiganten Tencent, Baidu und Alibaba verdanken diesem Grundpfeiler einiges.

Foggs Ziele waren und sind durchaus lauter: Er wollte Menschen dabei helfen, sich gesünder zu ernähren oder mehr Sport zu treiben. Computer, schrieb Fogg damals, seien hartnäckiger als Menschen, sie böten Anonymität, könnten mit riesigen Datenmengen umgehen, auf diversen Kanälen parallel Einfluss ausüben, leicht skalieren, also rasantes Wachstum ermöglichen, und »dorthin gehen, wo Menschen nicht hingehen können oder nicht willkommen sind«. Das war vier Jahre vor dem ersten iPhone. Also vier Jahre, bevor das Zeitalter begann, in dem fast jeder Bewohner der industrialisierten Welt, spätestens ab dem Teenager-Alter, fast immer einen Computer dabeihat. Auch im Schlafzimmer, auch auf der Toilette.

Captology ist im Kern die Anwendung hundert Jahre alter lerntheoretischer Prinzipien auf die Welt der digitalen Benutzeroberflächen. Die im vorangegangenen Kapitel skizzierten Erkenntnisse aus der Verhaltenspsychologie, die wir Versuchen mit Ratten oder Tauben verdanken, werden benutzt, um dafür zu sorgen, dass Menschen mit höherer Wahrscheinlichkeit und häufiger das tun, was Soft- und Hardware ihnen sagen.

Klicken zum Beispiel. Liken. Teilen. Kaufen. Noch eine Runde spielen, eine nur. Noch eine Folge ansehen. Noch schnell das eigene Geburtsdatum, den Wohnort, Vorlieben preisgeben. Reiz, Verhalten, Belohnung, immer wieder. In den vergangenen Jahren sind vergleichbare Methoden meist unter dem fröhlich klingenden Schlagwort »Gamification« verhandelt worden. »Persuasive Technologies« trifft es aber weit besser.

Nir Eyal ist einer von Foggs Schülern und der Autor eines Buches mit dem Titel *Hooked,*[98] das Entwicklern erklärt, wie man Produkte baut, von denen man nicht mehr loskommt. Der Untertitel lautet im Original *How to build habit-forming products*, und um die Tragweite dieser Formulierung zu verstehen, muss man wissen, dass *habit* im Englischen auch »Sucht« bedeuten kann. Von einem Heroinabhängigen sagt man zum Beispiel: »*He has a heroin habit.*« Der deutsche Titel von Eyals Buch hält sich mit solchen Mehrdeutigkeiten gar nicht erst auf. Er lautet einfach: *Wie Sie Produkte erschaffen, die süchtig machen*. Das Buch strotzt vor Verweisen auf klassische behavioristische Studien von B. F. Skinner und Co.

Eyal hat klassische Lerntheorien und neuere sozialpsychologische Erkenntnisse genau verstanden und in zielgerichtete Handlungsanweisungen für Produktentwickler verwandelt: »Wie die jüngere Geschichte des World Wide Web zeigt, hängt die Wahrscheinlichkeit, mit der eine bestimmte Handlung auftritt, von der Leichtigkeit oder Schwierigkeit ab, diese Handlung auszuführen. Um ein Produkt erfolgreich zu vereinfachen, müssen wir Hindernisse aus dem Weg räumen, die dem Nutzer im Weg stehen.« Das klingt ganz harmlos und gar nicht so sinister wie das mit dem »süchtig machen«.

Eines der Kernprinzipien von Nir Eyals Buch über Design, das süchtig macht, ist dieses: »Damit eine Handlung eingeleitet werden kann, muss Tun einfacher sein als Denken. Je mehr Anstrengung – ob physisch oder geistig – nötig ist, die erwünschte Handlung auszuführen, desto unwahrscheinlicher ist es, dass sie tatsächlich ausgeführt wird.« Es geht immer um *engagement*. Mach was, Nutzer, los. Und jetzt noch was.

Ein schönes Beispiel ist die Autostart-Funktion von Videoplattformen wie Netflix: Wenn man nichts tut, läuft die nächste Serienfolge sofort nach dem Ende der vorangegangenen an. Weiterschauen ist einfacher als Aufhören: »Tun ist einfacher als Denken.« YouTube, die größte Videoplattform der Welt, führte Autoplay im März 2015 ein.[99] YouTubes Mutterfirma Google zufolge verdoppelte sich daraufhin die Zeit, die über 18-Jährige auf YouTube verbrachten.[100] Das ist Captology in Aktion. Heute gehen dem YouTube-Produktmanager Neal Mohan zufolge 70 Prozent der Zeit, die Nutzerinnen und Nutzer der Plattform mit Videos dort verbringen, auf die algorithmisch generierten Empfehlungen zurück.[101] Mit anderen Worten: Die unerschöpfliche automatische Häppchenserviermaschine YouTube funktioniert hervorragend. Denn die Maximierung von *watch time* ist YouTubes oberstes Optimierungsziel.[102]

Weitere Beispiele: die »nur noch 20 Prozent, dann ist Ihr Profil vollständig«-Statusbalken, die man von Netzwerkplattformen kennt. Facebooks *reaction*-Emojis. Amazons »Andere Kunden kauften auch …«. Die Benachrichtigungen auf dem Sperrbildschirm des Smartphones, die möglichst jede App gerne platzieren dürfen möchte, die man neu installiert. Der *endless scroll*, also die Tatsache, dass man in einem modernen Inhalte-Feed, egal ob bei Facebook, Twitter, Instagram oder TikTok, nie ans Ende kommt: Nur einmal weiterscrollen noch, vielleicht kommt dann ja etwas, das belohnend wirkt. Etwas Lustiges, Niedliches, Erregendes, Aufregendes, Interessantes. Einmal drücken noch, vielleicht gibt es diesmal eine Futterpille. All das sind keine spontanen Ideen cleverer Designer, sondern Konzepte aus der Verhaltenspsychologie. Nir Eyal fragt seine Leser: »Stellt die Belohnung den Nutzer zufrieden, sorgt aber gleichzeitig dafür, dass er mehr will? (Variable Verstärkung)«.

Der zweite mächtige Hebel in vielen dieser handlungssteuernden Systeme sind die anderen: Die einfachste und für den Plattformbetreiber billigste Belohnung für eine beliebige Nutzerin oder einen Nutzer ist der Like, egal ob er über einen Klick auf ein Herzchen oder einen gereckten Daumen ausgedrückt wird. Soziale Belohnungen, Anerkennung und Zuwendung von Menschen, die uns wichtig sind, aber auch solche von Wildfremden, haben einen hohen Wert, da wir nun einmal soziale Wesen sind. Was Facebook, Twitter und all die anderen, die heute mit sozialen Medien Geld verdienen, getan haben, ist schlicht: die sehr einfach zu verteilenden digitalen Miniaturbelohnungen aus dem eigenen Freundes- und Bekanntenkreis in einen Treibstoff zu verwandeln, der die Interaktion mit ihren Diensten am Laufen hält. Kürzer gesagt: Die Betreiber erfolgreicher Social-Media-Plattformen haben einen Weg gefunden, menschliche Zuwendung monetarisierbar zu machen. Für sich selbst, wohlgemerkt, nicht für die Menschen, die da interagieren.

Noch ein Zitat von Eyal: »Vielleicht haben Sie sich beim Lesen dieses Buches die Frage gestellt, ob das Hook-Modell ein Manipulationsrezept ist. Vielleicht beunruhigt Sie es etwas, dass Sie gerade ein Kochbuch für Gedankenkontrolle zu lesen scheinen. Sollte das so sein, ist es sehr gut.« Eyal hat mittlerweile übrigens die Seiten gewechselt: Er gibt jetzt Ratschläge dafür, wie man sich den Technologien, die auch auf Basis seiner Ratschläge entwickelt und optimiert worden sind, entziehen kann. Sein jüngstes Buch heißt *Die*

*Kunst, sich nicht ablenken zu lassen.*[103] In einem anderen Ratgeber für Produktdesigner mit dem erfrischend ehrlichen Titel *Evil by Design* heißt es: »Wie bei einem guten Zaubertrick sind die besten Beispiele die, bei denen man nicht einmal bemerkt, dass man manipuliert wird, wenn einen niemand darauf hinweist.«[104]

Wenn Sie sich noch einmal die Unterteilung aus Kapitel 7 in Erinnerung rufen, das schnelle, automatische, mühelose, nicht mit kognitiver Anstrengung verbundene, aber eben auch sehr verzerrungsanfällige System 1 und seinen Widerpart, das langsame, methodische, von Überzeugungen geleitete System 2, dürfte klar sein, für welchen Modus der Informationsverarbeitung hier optimiert wird: »Tun muss einfacher sein als Denken.«

Dass das tatsächlich so funktioniert, zeigen übrigens sehr klar Erhebungen zu der Frage, wie viel Menschen, wenn man sie explizit darauf anspricht, über ihren eigenen Smartphone-Gebrauch wissen: »Es gibt keine Korrelation zwischen den Schätzungen von Personen darüber, wie oft sie ihr Smartphone pro Tag benutzen, und ihrer tatsächlichen Smartphone-Nutzung.« Das ergab eine wissenschaftliche Studie in Großbritannien im Jahr 2015.[105]

Ich selbst probiere das mit den Teilnehmern eines Social-Media-Seminars, das ich an meiner Hochschule für Studierende der Bibliothekswissenschaften halte, regelmäßig aus: Ich lasse die ganze Gruppe, in der Regel 24 Männer und Frauen Anfang 20, eine Woche lang Mediennutzungstagebücher führen, was mithilfe entsprechender Apps, die Nutzungszeiten und -häufigkeiten protokollieren, mittlerweile relativ einfach ist. Der Satz, der am häufigsten fällt, wenn die Studierenden dann die Ergebnisse ihrer Selbstbeobachtung präsentieren, ist dieser: »Ein bisschen erschrocken war ich schon.« Oft führt die Bewusstmachung sogar dazu, dass Studierende noch im Seminar feierlich geloben, ihr Verhalten zu ändern und zum Beispiel die Zeit zu beschränken, die sie mit dem Durchscrollen von Social-Media-Apps verbringen.

Dem an der Universität Bonn geborenen »Menthal Balance Project« zufolge entsperren Deutsche ihre Smartphones im Schnitt 88-mal pro Tag. Intensivnutzer noch viel häufiger.

**Exkurs: Wie legt man sich Resilienz gegen digitale Ablenkung zu?**

Versuchen Sie einmal Folgendes: Setzen Sie sich aufrecht hin, die Hände auf den Oberschenkeln. Atmen Sie zwei, drei Mal durch die Nase tief ein und anschließend durch den Mund langsam aus. Beim dritten Ausatmen schließen Sie die Augen. Spüren Sie Ihr Gewicht auf der Sitzfläche, Ihre Füße auf dem Boden, Ihre Hände auf den Oberschenkeln. Achten Sie nun auf nichts anderes als auf Ihren jetzt nicht mehr gezielt gesteuerten Atem: Wie er durch die Nasenlöcher hineinströmt, wie sich der Brustkorb hebt, der Bauch wölbt, wie die Luft anschließend durch die Nasenlöcher hinausströmt. Sobald Sie das spüren, fangen Sie an, die Atemzüge zu zählen. Immer von eins bis zehn, dreimal. Versuchen Sie, auf nichts anderes zu achten als auf das Gefühl des Atmens. Wenn Ihnen ein Gedanke oder ein Gefühl dazwischenkommt, vermerken Sie das kurz – aha, Gedanke, aha, Gefühl – und wenden Ihre Aufmerksamkeit dann wieder dem Atem zu. Wenn Sie dreimal bis zehn gezählt haben, machen Sie die Augen wieder auf. Jetzt kennen Sie die Grundprinzipien der Achtsamkeitsmeditation. Viel mehr gibt es erst mal gar nicht zu lernen. Aber zu üben.

Vermutlich haben Sie während der dreißig Atemzüge eine erstaunliche Erfahrung gemacht: Es fällt uns Menschen sehr schwer, mal ein paar Sekunden lang an nichts anderes zu denken als an unseren Atem. Das hat nichts mit Esoterik oder Buddhismus zu tun. Es ist pure Psychologie.

Dass Sie wirklich 30 Atemzüge lang nur mit Ihrem Atem beschäftigt waren, halte ich für so gut wie ausgeschlossen, wenn Sie keine Erfahrung mit Meditationstechniken haben. Und selbst wenn Sie die haben sollten, ist es unwahrscheinlich. Aber darum geht es auch gar nicht. Es geht darum, dem eigenen Geist bei der

Arbeit zuzusehen und dabei zu erfahren: Gedanken und Gefühle kommen und gehen, und das entzieht sich fast vollständig unserer Kontrolle. Wir lenken uns selbst ab, immerzu, in der Regel, ohne es überhaupt zu merken. Oft mit negativen Folgen: Der Gedanke an den unangenehmen Termin bringt nichts, nur schlechte Laune. In den vergangenen 20 Jahren hat sich aber etwas verändert: Wir sind jetzt permanent umgeben von Technologie, die sich diese Ablenkbarkeit zunutze macht, um unsere Aufmerksamkeit in Geld zu verwandeln. Mindfulness, mit »Achtsamkeit« meiner Ansicht nach nur unzureichend übersetzt, ist das Gegenmodell: Autopilot aus. Mitbekommen, was mit einem vor sich geht.

Wie oft wollten Sie selbst schon einmal nur Ihre E-Mails checken oder die Uhrzeit nachsehen, nur um sich zehn Minuten später erstaunt in der dritten App wiederzufinden? Die meisten von uns haben die Macht des gewohnheitsbildenden User Experience Designs selbst oft genug erfahren.

Im Silicon Valley ist Mindfulness schon seit Jahren hip. Die Leute, die unsere Aufmerksamkeitssauger entwickeln, trainieren selbst fleißig eine Selbstverteidigungstechnik. Es gibt mittlerweile auch eine Flut von wissenschaftlichen Publikationen zu den Effekten von Meditationstechniken. In einer großen Metaanalyse solcher Studien kam 2012 heraus, dass »reine Mindfulness-Meditation« nicht nur auf Achtsamkeit, sondern auch auf Aufmerksamkeit und Angstgefühle positive Auswirkungen hat.[106] Meditation kann sogar Leuten helfen, die an einer echten Aufmerksamkeitsstörung leiden.[107]

Diverse hochkarätig publizierte Studien, die teils neurowissenschaftliche Methoden verwenden, zeigen klare Vorteile in Sachen Aufmerksamkeitssteuerung[108] nicht nur für Versuchspersonen, die schon länger Meditieren üben,[109] sondern auch für solche, die gerade einmal vier 20-minütige Trainingssitzungen absolviert haben.[110] Meditation hilft zudem gegen »ablenkende und grüblerische Gedanken«.[111] Eine Grundausbildung und regelmäßiges Training in dieser simplen Methode – das Ganze ist Sport nicht unähnlich – sind die beste Selbstverteidigung gegen die dauernde digitale Ablenkung. Schon Kinder sollten diese Technik am besten bereits in der Grundschule trainieren, sie lernen ja bekanntlich besonders schnell und nachhaltig. Die Kinder von heute können für ihr Leben im Zeitalter der captologisch optimierten Aufmerksamkeitsfresser ein bisschen effektive Selbstverteidigung gut gebrauchen. Und wir Erwachsenen auch.

Unglücklicherweise dienen manche der Plattformen, die heute nach Captology-Prinzipien optimiert werden, Zwecken, denen »Erst denken, dann handeln« als Prinzip sehr viel besser täte als »Handeln ohne Denken«. Bei Facebook und Twitter zum Beispiel teilen Nutzer nachweislich häufig Artikel zu politischen – und anderen – Themen, ohne sie jemals gelesen zu haben. So können sich sensationalistische, aber falsche Behauptungen schnell und weit verbreiten. Auch das ist empirisch erwiesen: 2018 erschien in *Science* eine Arbeit von Soroush Vosoughi vom MIT in Boston und zwei seiner Kollegen, die zu dem Schluss kam, dass bei Twitter »Falschnachrichten mehr Leute erreichen als die Wahrheit«. Desinformation verbreitete sich nicht nur stärker, sondern auch schneller.

Dass diese Effekte weder randständig noch irrelevant sind, zeigt sich gerade an der enorm verzerrten öffentlichen Debatte in den USA immer wieder. Ein extremes und leider auch extrem wirkmächtiges Beispiel ist die in manchen Kreisen bis heute lebendige Theorie, die US-Demokraten betrieben unter der Führung Hillary Clintons einen Kinderporno-Ring im Hinterzimmer einer Pizzeria in Washington. Ein Verwirrter mit Sturmgewehr stürmte die Pizzeria schließlich, verletzte aber zum Glück niemanden. Er wurde zu vier Jahren Haft verurteilt.[112]

Inzwischen hat sich die Verschwörungstheorie weiterentwickelt und spricht mittlerweile einen noch weit größeren Kreis von Menschen an. Jetzt geht es um einen weltumspannenden Ring von Satanisten und Kinderschändern, dem natürlich weiterhin führende

Demokraten, aber auch der Milliardär und Philantrop George Soros, weite Teile der Geheimdienste, der sogenannte Deep State, Hollywoodstars, viele Staatschefs und alle ehemaligen Präsidenten der USA angehören. Donald Trump ist der Theorie zufolge der Einzige, der diese Verschwörung zerschlagen kann. Eigentlich sollte er das mithilfe des Sonderermittlers Robert Mueller und heimlich vorbereiteten Massenverhaftungen tun, aber das scheint irgendwie nicht geklappt zu haben.

Die Quelle von QAnon ist »Q«, angeblich ein zum inneren Kreis der US-Regierung gehörender geheimnisvoller Murmler im Dunkeln, der immer wieder kryptische Botschaften unters Volk bringt. »Q« macht immer wieder Vorhersagen, die dann nicht eintreffen, siehe Mueller, aber das scheint die Anhänger der Theorie nicht zu beirren. Auch der Mann, der Ende Februar 2020 in Hanau zehn Menschen und dann sich selbst erschoss, scheint, wenn man sich sein letztes Video ansieht, teilweise von QAnon inspiriert worden zu sein. Er sprach darin unter anderem von unterirdischen Einrichtungen, in denen Kinder misshandelt und getötet würden. Einige Monate später raunte der Popsänger Xavier Naidoo unter Tränen ähnliche Behauptungen in eine Kamera und stellte den Clip anschließend auf YouTube.[113] Kurze Zeit später tauchten bei sogenannten Hygienedemos gegen die Abstandsregeln zur Eindämmung der Corona-Pandemie Demonstranten mit Q-Symbolen auf.[114] Die bizarre Pro-Trump-Verschwörungstheorie hat es längst nach Deutschland geschafft, auch wenn der größte Teil ihrer Anhänger weiterhin in den USA angesiedelt sein dürfte. Was auch mit einer gewissermaßen symbiotischen Beziehung zwischen Trump und seinen radikalsten Anhängern zu tun haben dürfte.

Bei jeder Wahlkampfveranstaltung von Donald Trump waren begeisterte Fans mit Q-T-Shirts dabei, und der Präsident revanchierte sich: Kurz nach Weihnachten 2019 nutzte er seinen Twitter-Account, um Nachrichten von klar erkennbaren QAnon-Anhängern an seine damals 68 Millionen Follower zu verteilen. Allein am 27. Dezember 2019 verschaffte Trump so 20 unterschiedlichen QAnon-Fan-Accounts gigantische Reichweite.[115] Das FBI stuft QAnon unterdessen als potenzielle terroristische Bedrohung ein.[116]

Sehr populär war in den sozialen Medien auch die falsche, aber etwa bei Facebook eben enorm reichweitenstarke Meldung, Papst Franziskus habe vor der US-Wahl 2016 den Kandidaten Donald Trump empfohlen. Um es noch einmal mit Daniel Kahneman zu sagen: »Die Bestätigungstendenz von System 1 begünstigt die unkritische Annahme von Vorschlägen und überzeichnet die Wahrscheinlichkeit extremer und unwahrscheinlicher Ereignisse.«

In dem Moment, in dem Menschen in Systemen, die für System-1-Kognition optimiert sind, selbst Nachrichten weiterverbreiten oder durch ihr Engagement den Eindruck erzeugen können, eine Information sei interessant, wichtig, relevant, wird es problematisch. Die Maschinen beobachten Menschen, die sich gedankenlos verhalten, und benutzen diese Beobachtungen, um Empfehlungen für andere Menschen zu erzeugen. So helfen die lernenden Sortiersysteme selbst mit, Propaganda, Desinformation und irreführenden Behauptungen ein größeres Publikum zu verschaffen. Wie Zeitungsredakteure eines finsteren Revolverblattes, die rein gar nicht an Wahrheit, Qualität oder Objektivität, sondern ausschließlich an der Auflage interessiert sind. Diese skrupellosen Desinformationsverteiler treffen dann wiederum auf ein Publikum, dessen Realitätskonstruktion von kognitiven Verzerrungen beeinflusst wird: Wenn man etwas nur oft genug hört, wird es eher für wahr gehalten. Und wenn etwas negativ, aufwühlend, Furcht einflößend ist, bleibt es eher hängen.

## Exkurs: Was ist Relevanz?

Bis in die ersten Jahre des 21. Jahrhunderts hinein, als sich zuerst das World Wide Web und dann das mobile Web unaufhaltsam verbreiteten, entschieden über die Frage, welche Nachrichten als wichtig zu gelten haben, meist Journalisten. In Redaktionen wurden und werden Meldungen gewichtet und sortiert: Was kommt in der *Tagesschau* als Erstes, was kommt auf die Titelseite der Zeitung, was auf der News-Website ganz nach oben? Die Kriterien, nach denen diese Nachrichtenauswahl stattfindet, werden schon seit etwa hundert Jahren wissenschaftlich untersucht. Diese Tradition begann mit dem US-Autor Walter Lippman, der 1922 die erste Liste mit sogenannten Nachrichtenfaktoren aufstellte, also Faktoren, von denen er annahm, dass Redakteure sie bei der Auswahl und Bewertung von Nachrichten berücksichtigen. Mittlerweile gibt es eine Vielzahl unterschiedlicher Listen von solchen Nachrichtenfaktoren. Eine der bis heute gebräuchlichsten stammt von den norwegischen Friedensforschern Johan Galtung und Mari Holmboe Ruge, veröffentlicht im Jahr 1965. Sie unterschieden drei unterschiedliche Gruppen von Nachrichtenfaktoren, die sie »Tragweite« (*impact*), »Pragmatismus« und »Publikumsinteresse« (*audience identification*) nannten. Zur »Tragweite«-Gruppe rechneten sie die Faktoren Schwelle, Frequenz, Negativität, Unerwartetheit und Eindeutigkeit. Die Kategorie »Pragmatismus« umfasst in ihrem Modell die Faktoren Gleichklang, Kontinuität und Zusammensetzung – sie beziehen sich eher auf die Motivationslage von Redakteurinnen und Redakteuren: Passt das zu unserer bisherigen Berichterstattung? Haben wir über dieses Thema schon zuvor berichtet? Passt es in die Mischung unseres aktuellen Produkts? Als Faktoren in der Gruppe »Publikumsinteresse« benannten Galtung und Ruge Personalisierung, Bedeutsamkeit und das Vorhandensein von »Elitenationen« oder »Elitepersonen« im Kontext der Nachricht. Grob zusammengefasst betreffen diese Faktoren also einerseits die Arbeitsabläufe und die Berufspraxis von Journalistinnen und andererseits die tatsächliche oder vermutete gesellschaftliche Tragweite der jeweiligen Nachricht. Letztere reflektiert zum Beispiel in Aspekten wie der Anzahl der Betroffenen (»Schwelle«), der physischen oder psychologischen Nähe des jeweiligen Ereignisses zum Publikum (»Bedeutsamkeit«) oder der Prominenz der Beteiligten (»Elitepersonen«).

Um ein Beispiel zu geben: Entgleist ein Zug in Bangladesch, überschreitet das in Deutschland vermutlich nicht einmal die Nachrichtenschwelle. Gibt es bei dem Zugunglück viele Tote, wird das Unglück dadurch womöglich auch bei uns zur Nachricht (»Schwelle«). Definitiv ist das der Fall, wenn unter den Opfern Deutsche (»Bedeutsamkeit«) oder gar Prominente (»Elitepersonen«) sind.

Natürlich gewichten unterschiedliche Redaktionen diese Nachrichtenfaktoren sehr unterschiedlich: Eine Boulevardzeitung setzt andere Schwerpunkte als ein Wirtschaftsblatt. Ein Nachrichtenfaktor, der in den zahlreichen derartigen Listen in der Regel gar nicht auftaucht, weil er selbstverständlich erscheint, ist die Faktizität: Dass Journalisten den Anspruch haben, nur über Dinge zu berichten, die tatsächlich Realität sind, wird als unverzichtbarer Bestandteil ihrer Berufsethik betrachtet.

Auch Google, Facebook oder YouTube treffen permanent Relevanzentscheidungen, die sich zum Beispiel in der Gruppierung von Inhalten im Newsfeed oder auf automatisch generierten Seiten mit Suchergebnissen niederschlagen.[117] Welche Kriterien dabei genau berücksichtigt und wie sie gewichtet werden, halten die Unternehmen in der Regel geheim. Bekannt ist aber, dass Facebook für möglichst hohes *Engagement* optimiert: Engagement ist ein Verbundmaß aus der Anzahl der Likes, der Shares, also Weiterreichungen, und der Kommentare, die ein bestimmter Inhalt auf sich vereinen kann. Bei YouTube wird seit spätestens 2012 erklärtermaßen primär für *watch time* optimiert. Das Ziel besteht also darin, den Nutzer möglichst lange im eigenen Angebot zu halten. Bei Google sind die Optimierungs- und damit die Relevanzsignale komplexer und schwerer greifbar. Zu den Kriterien, die zur Relevanzbeurteilung eines Suchtreffers herangezogen werden, gehört die Anzahl anderer Websites, die die jeweilige Seite im Kontext dieses Begriffes verlinken, und eine Vielzahl von Maßen, die das Nutzerverhalten betreffen. Darunter ist zum Beispiel die Häufigkeit, mit der andere Nutzer auf einen bestimmten Link geklickt haben, oder die sogenannte *bounce rate*, also die

Frage, ob eine Nutzerin nach einem Klick auf einen Ergebnislistenlink sofort zurückkehrt. Dies gilt als Signal, dass sie nicht gefunden hat, was sie sucht. Ein weiteres wichtiges Signal ist die *dwell time*, also die Zeit, die die Nutzerin wegbleibt, nachdem sie auf einen Link geklickt hat. Kehrt sie nicht zur Ergebnisliste zurück, gilt das als Signal, dass sie gefunden hat, was sie suchte.
Die Relevanzsignale, anhand derer die automatisierten Entscheidungssysteme der großen Internetplattformen Inhalte kuratieren, sind also völlig andere als die, nach denen Redaktionen Relevanzbeurteilungen vornehmen. Auch ihre Optimierungsziele sind andere: Meist geht es primär darum, die Nutzer möglichst lange bei der Stange zu halten oder sie zu möglichst häufiger Wiederkehr zu bewegen.

Ein konkretes Beispiel für die Problematik, die auch hierzulande aus diesen Systemen entsteht, stammt aus meinem Alltag als Vater von drei Kindern. Algorithmen spielen dabei auf den ersten Blick gar keine Rolle.

Die »EILMELDUNG« kam über den WhatsApp-Elternverteiler der Schulklasse einer unserer Töchter: Als Süßigkeiten getarnte Drogen werden auf Schulhöfen an arglose Kinder verteilt! Die Nachricht besteht aus dem Foto einer Handfläche voll harmlos aussehendem Zuckerzeug und einem offenbar maschinenübersetzten Text. Darin wird erklärt, die gemeine Kinderdroge trage den merkwürdigen Spitznamen »Erdbeere schnell«.

Viele Eltern schulpflichtiger Kinder kennen das. Irgendjemand findet irgendwo – meist bei Facebook – eine Warnung vor einer neu entdeckten Gefahr und verbreitet sie dann sofort und ungeprüft, zweifellos in bester Absicht. Der Algorithmus spült die Desinformation nach oben, und private Nutzer übernehmen dann die Weiterverbreitung auf anderen, nicht algorithmisch kuratierten Kanälen. Das Verteilen von Informationen ist ja, dank WhatsApp-Gruppen etwa, sehr viel einfacher und weniger aufwändig als früher. »Tun muss einfacher sein als Denken.« Die konkreten Schreckensmeldungen variieren, haben aber eins gemeinsam: Es ist immer Gefahr im Verzug. Mal sind es vergiftete Briefe, mal CDs mit Koranversen, die – überzogen mit einer todbringenden Substanz – angeblich in Briefkästen geworfen werden. Und immer ist es Unsinn. Geeignet, ein subjektives Gefühl verborgener Bedrohungen am Leben zu erhalten, die überall lauern. Häufig wird auch Desinformation verbreitet, die ein allgemeines Gefühl der Unsicherheit aufgreift und verstärkt. Das war etwa im Zuge der Coronakrise häufig zu beobachten. Die Einlassungen eines pensionierten Lungenarztes, der behauptete, das Virus sei auch nicht gefährlicher als eine herkömmliche Grippe, während in Italien bereits Tausende daran gestorben waren, verbreitete sich in den sozialen Medien rasant – auch dieses Stück Desinformation erreichte meine Familie aber zuerst via WhatsApp.

In diesem Fall und auch in dem von »Erdbeere schnell« haben wir die Verbreiter der Desinformation höflich gebeten, doch in Zukunft erst einmal eine Suchmaschine zu bemühen, bevor sie so etwas weiterverbreiten. Zu »Erdbeere schnell« zum Beispiel hätte man damit als Top-Treffer einen Artikel gefunden, in dem die auf Hoax-Entlarvung spezialisierte Seite »Mimikama« die Meldung über die bösen Süßigkeiten als Fake enttarnt.[118] Der hatte seinen Ursprung offenbar 2007 in den USA und ist auf dem Weg über Brasilien zu uns gekommen. Globalisierte Desinformation, nach oben gespült von Systemen, die aufregende – aber nicht notwendigerweise wahre – Inhalte bevorzugen, am Leben erhalten von in bester Absicht handelnden Freiwilligen.

Selbstverständlich haben Menschen schon immer auch Unsinn weitererzählt, das beängstigende Gerücht an sich ist nichts Neues. In einem Zeitalter aber, in dem jeder ein Gerät zur potenziell globalen Verbreitung beliebiger Inhalte in der Tasche hat, erreichen derartige Gruselgeschichten ein ungleich größeres Publikum. Der Kettenbrief skaliert jetzt digital und global.

Medienwissenschaftler und -ethiker wie Bernhard Pörksen,[119] Alexander Filipovic und John Hartley fordern auch angesichts dieser Entwicklung schon länger eine »redaktionelle« oder gar »postredaktionelle« Gesellschaft. Eine, in der Menschen Fakten prüfen, bevor sie sie weitergeben. So wie Journalisten es tun, wenn sie ihren Job ernst nehmen. Ich finde diese Idee prinzipiell richtig – zumal das Entlarven häufig nicht allzu schwer ist. Man muss niemanden anrufen und keine Experten befragen, um herauszufinden, dass »Erdbeere schnell« eine Erfindung ist, denn das haben andere schon erledigt. Es ist wichtig, dass alle mehr darüber lernen, wie digitale Medien funktionieren und wie ordentliche Journalisten arbeiten.

Aber auch die Arbeit ordentlicher Journalisten steht in einer teils unheilvollen Wechselwirkung mit den kognitiven Heuristiken, den gedanklichen Abkürzungen, um die es in Kapitel 7 ging. Deutschland gehört beispielsweise zu den sichersten Ländern der Welt, die Wahrscheinlichkeit, einem Gewaltverbrechen oder Terroranschlag zum Opfer zu fallen, ist verschwindend gering – und trotzdem gaben bei der repräsentativen Umfrage einer großen Versicherung im Jahr 2018 71 Prozent der Befragten an, sie hätten große Angst vor »Terrorismus«. Auf Platz zwei und drei landeten »politischer Extremismus« und »Spannungen durch Zuzug von Ausländern«. Angst vor schweren Krankheiten schafft es nicht einmal in die Top Ten, dabei sterben pro Jahr etwa 580 000 Menschen allein an Herz-Kreislauf-Krankheiten oder Krebs. Ermordet wurden in Deutschland im Jahr 2017 405 Menschen.

Ich fürchte deshalb, dass eine »redaktionelle Gesellschaft« allein nicht reichen wird. Wenn alle anfangen, sich beim Informationenverteilen so zu verhalten, wie viele Redaktionen es tun, wird die offenbar so verbreitete Angst womöglich weiter zunehmen, denn Redaktionen berichten häufiger über Negatives, Bedrohliches, über Missstände. Das liegt in der Natur der Sache, weil der Journalismus eine Kontroll- und Korrekturfunktion hat, also eher auf Missstände schaut. Das soll er auch. Mancherorts aber hat sich der Blick aufs Angstauslösende quasi zum Selbstzweck weiterentwickelt. Redaktionen und private Panikverbreiter arbeiten dabei versehentlich oder gar absichtlich denen zu, deren politisches Geschäftsmodell auf dem Angstmachen basiert. Und die algorithmischen Sortiersysteme, blind für Bedeutung und echte Relevanz, helfen dabei tatkräftig mit. So gehen Angstpropaganda, eigentlich aus ganz anderen Gründen für gedankenlose Interaktion optimiertes User Interface Design und kognitive Verzerrungen, wie die Negativitätsdominanz und die Verfügbarkeitsheuristik, eine unheilige Allianz ein. Unterdessen wird jede Menge Geld verdient. Einmal mehr brechen die unvorhergesehenen Auswirkungen der Kombination von Marktlogik und exponentiell in den Alltag hineinwachsender Technologie über unsere ziemlich unvorbereitete Gesellschaft herein. Und hier begegnet uns wieder Claude Shannons enge Definition von Information: Bedeutung spielt für die Maschinen keine Rolle, Qualität oder gar Korrektheit auch nicht (siehe Exkurs »Was ist Information?« in Kapitel 5). Desinformation und Information sind für die Sortieralgorithmen von Google oder Facebook zunächst einmal ein und dasselbe.

Im Zusammenhang mit den großen Tech-Konzernen ist ja häufig von all den Daten die Rede, die sie über uns sammeln, und in der Tat sind auch die extrem wertvoll. Monetarisiert werden diese Daten im Moment aber überwiegend auf eine recht herkömmliche Art: Die riesige Gesamtmenge Aufmerksamkeit, die wir alle täglich in YouTube, Facebook, Instagram, Twitter, Google und all die anderen Plattformen investieren, captologisch effektiv maximiert, wird in für Werbetreibende mundgerechte, attraktive Häppchen verpackt. Sie möchten gern für dreißig Sekunden die Aufmerksamkeit von an Katzen und Gartenarbeit interessierten Hessinnen Mitte 30 erwerben? Bitte hier entlang.

So richtig messen kann man Aufmerksamkeit bislang nicht, jedenfalls nicht flächendeckend, wir haben ja (noch) nicht alle Eye-Tracking-Brillen auf. Deshalb werden zur Ermittlung der Preise pro Aufmerksamkeitshäppchen Näherungen verwendet. Die einfachste ist Zeit: Immer schon kostete ein längerer Werbeplatz im Fernsehen mehr als ein kürzerer. Auf dieses simple Maß optimiert man beispielsweise bei YouTube auch heute noch. Heute wird die *watch time* aber eben mit maschinellem Lernen optimiert, mit teils sehr gruseligen Folgen.

Um verständlich zu machen, mit was für einem Phänomen wir es hier zu tun haben, ein kleiner autobiografischer Exkurs. Der Vater meines besten Grundschulfreunds war Pächter einer Autobahnraststätte. Einmal durften wir gemeinsam einen Tag dort verbringen und sogar unbeaufsichtigt ins Lager, ein Paradies für Neunjährige: deckenhohe Stahlregale voller Schokoriegel, Gummibärchen, Lollis, Marshmallows, Kaugummi, Limonadendosen und so weiter. Danach war uns schlecht.

Grundschulkinder unbeaufsichtigt in einem Raum voller Süßigkeiten zu lassen ist keine gute Idee. Man überlässt ihnen auch nicht die alleinige Entscheidung darüber, wie sie sich ernähren wollen, denn bis sich die Erkenntnis einstellt, dass ab und zu mal etwas »Gesundes« dabei sein sollte, wäre es womöglich schon zu spät.

Nun ernährt sich die Menschheit schon, solange es sie gibt, wir haben also eine gewisse Übung darin (und selbst das hat eine

Epidemie der Fettleibigkeit nicht verhindern können). Mit Medien, insbesondere audiovisuellen, ist das anders: Das Fernsehen als Massenmedium gibt es seit den 1950ern, Facebook seit 2004, YouTube seit 2005. Entsprechend mangelhaft ausgeprägt ist unsere Fähigkeit zum vernünftigen Umgang mit diesen neuen, von Fachleuten für Verhaltensmanipulation optimierten Belohnungsquellen.

Der Gedanke ist nicht neu, ganz im Gegenteil: Jedes Mal, wenn sich ein neues Medium durchsetzt, löst sich eine Lawine aus moralischer Entrüstung, Panik und apokalyptischen Warnungen. Sogar vor der hirnzersetzenden Wirkung des Romans wurde einst ängstlich gewarnt: »Die Lesesucht ist ein thörigter, schädlicher Mißbrauch einer sonst guten Sache, ein wirklich großes Übel, das so ansteckend ist, wie das gelbe Fieber in Philadelphia; sie ist die Quelle des sittlichen Verderbens für Kinder und Kindes Kinder«, schrieb der deutsche Theologe und Historiker Johann Gottfried Hoche im Jahr 1794. In den Siebzigern des 20. Jahrhunderts sprach man in gewissen Kreisen ängstlich über die Gefahren der »Fernsehsucht«, und 2018 hat die Weltgesundheitsorganisation entschieden, eine »Gaming Disorder« als psychische Störung im Zusammenhang mit Computerspielen als diagnostische Kategorie einzuführen.

Unsere Gesellschaften sind nicht schnell genug dabei, in Analogie zu gesunder Ernährung flächendeckend gesunden Mediengebrauch zu etablieren. Also pathologisieren wir die Ausreißer, die es übertreiben: romansüchtig, fernsehsüchtig, videospielsüchtig, internetsüchtig. Das greift immer zu kurz. Zur Illustration noch eine Anekdote: Bei einem Klassentreffen vor einigen Jahren hat mir eine Frau, in die ich vor mehr als dreißig Jahren, in unserer Teenagerzeit, verliebt war, ein großartiges Geschenk gemacht. Es war ein Briefumschlag voller kleiner Zettel. Mal kariert, mal liniert, dazwischen auch einige Kaugummipapiere, beschriftet mit Füller oder Bleistift.

Darauf stehen spektakuläre Dialoge wie dieser: »Bist Du krank?« – »Warum?« – »Schon wieder! Du schreibst auf dem gleichen Zettel zurück, und das unaufgefordert!« – »Ich weiß, aber ich habe keinen anderen Zettel« – »Pass auf, ich schenk Dir was, Du kannst diesen Zettel hier behalten.« Auf manchen steht auch nur »Schluchz!«. Es sind Hunderte.

Diese historischen Dokumente waren damals, in den Achtzigern, das, was man heute soziale Medien nennen würde. Genauer gesagt: Es handelte sich um handschriftliches Instant Messaging. Transportiert wurden die Nachrichten damals noch nicht über Mobilfunkmasten, sondern von Hand zu Hand, unter dem Tisch, damit der Lehrer nichts merkte.

Sogar Gruppenchats hatten wir damals schon, dabei ging der Zettel dann eben zwischen drei oder vier Leuten hin und her. Mit einem wichtigen Unterschied: Die schriftlichen Dialoge endeten immer mit Schulschluss. Nachmittags gab es niemanden, der unsere Zettel hätte weiterreichen können. Also wurde telefoniert, stundenlang. Es gab deshalb oft Ärger mit den Eltern, man hatte ja damals nur ein einziges Telefon und keine Flatrate.

Der intensive Austausch mit Freunden oder, wie in meinem Fall, erfolglos Angebeteten gehört zu den normalen Grundbedürfnissen eines Teenagers wie das nach Eiscreme. Im Frühjahr 2018 hat etwa die Krankenkasse DAK eine Studie vorgestellt,[120] durchgeführt gemeinsam mit dem Deutschen Zentrum für Suchtfragen des Kindes- und Jugendalters (DZSKJ). Die Studie taugt gut als Beispiel für die konzeptionelle Unschärfe, mit der heute über die Folgen digitaler Technologie debattiert wird.

Sie trug den Titel »WhatsApp, Instagram und Co. – so süchtig macht Social Media«. Das Kernergebnis: »2,6 Prozent der 12- bis 17-Jährigen in Deutschland« pflegten »einen problematischen Gebrauch sozialer Medien«. 3,4 Prozent der Mädchen und 1,9 Prozent der Jungen. Zwei Zeilen später stand dann statt »problematischer Gebrauch« wieder »Suchtrisiko«.

Die Debatte über die Frage, ob der Umgang mit digitalen Medien manchmal suchtartig sein kann, läuft seit vielen Jahren. Manchmal geht es um Spezifisches wie Videospiele, manchmal ist pauschal von »Internetsucht« die Rede. Den Begriff *addiction*, also »Sucht«, verwendet die WHO dagegen schon seit den 1960ern nicht mehr, nur noch *dependence*, Abhängigkeit.

»Internetsucht« gibt es als diagnostische Kategorie bis heute nicht, zum Glück: Das wäre nämlich in etwa so trennscharf wie »Bildschirmsucht«, »Papiersucht« oder eben »Lesesucht«. Auch »Social-Media-Sucht« ist keine anerkannte klinische Kategorie. Das wurde auch in der DAK-Studie nicht verschwiegen, aber einmal mehr ohne Konsequenzen: »Ob die unkontrollierte und exzessive Anwendung sozialer Netzwerke tatsächlich als sogenannte Verhaltenssucht aufgefasst werden kann, ist Gegenstand derzeitiger wissenschaftlicher Erörterungen. Eine einheitliche Lehrmeinung gibt es derzeit nicht.« Trotzdem lautet der Untertitel der Studie: »So süchtig macht Social Media«.

Es gibt einen fundamentalen Unterschied zwischen WhatsApp und, sagen wir, »World of Warcraft«: Computerspiele sind oft ausgeklügelte Skinner-Boxen für Menschen und so gebaut, dass sie zum Weitermachen verführen. Sie haben eingebaute Belohnungssysteme – Punkte, Level, bessere Ausrüstung und so weiter.

Wie bereits ausgeführt, nutzen Social Networks wie Facebook ähnliche Tricks, nur dass hier Inhalte und die Zuwendung anderer

Nutzer als Belohnungsreize fungieren. Facebook aber nutzen nur zwei Prozent der von der DAK befragten Jugendlichen besonders häufig, zwei Drittel dagegen nutzen WhatsApp. Bei solchen Messengern kommen die Belohnungen im Regelfall direkt aus dem eigenen Freundeskreis: Aufmerksamkeit, Beachtung, Feedback, Kontakt. Bei WhatsApp gibt es auch keine in die Benutzeroberfläche integrierten Likes (aber natürlich Emojis). Wenn diese Jugendlichen nach irgendetwas süchtig sind, dann danach, mit ihren Freunden zu reden.

Eine der Fragen in der zitierten Studie war: »Hast du dich im vergangenen Jahr oft unglücklich gefühlt, wenn du keine sozialen Medien nutzen konntest?« Gegenfrage: Wie viel Prozent der 12- bis 17-Jährigen sind zu einem gegebenen Zeitpunkt wohl gerade verliebt? Wie viele haben das Gefühl, sich gerade unbedingt mit ihrer besten Freundin, ihrem besten Freund austauschen zu müssen?

In Analogie zur »Diagnose« Social-Media-Sucht wären meine Klassenkameradinnen und ich damals in den Achtzigern samt und sonders zettelsüchtig gewesen. Ich wage zu behaupten, dass Zettelchen mit unbeholfenen Flirtversuchen heute für keinen meiner damaligen Mitschüler noch eine zentrale Rolle spielen. Alkoholiker oder heroinabhängig bleibt man, wenn man einmal süchtig war, ein Leben lang, auch wenn einem irgendwann Enthaltsamkeit gelingt. Das Bedürfnis nach Kommunikation mit der Peergroup dagegen wandelt sich im Laufe eines normalen Lebens genauso wie diese Peergroup selbst.

Tatsächlich enthielt die Studie durchaus beunruhigende Zahlen. Zum Beispiel, dass acht Prozent der befragten 12- bis 17-Jährigen angaben, Kontakte zu ihren Freunden ausschließlich über soziale Medien zu pflegen. Das klingt nach tragischen Existenzen – und nach einem sozialen Umfeld, das offenbar nicht den nötigen Aufwand betreibt, um Kindern und Jugendlichen echte Begegnungen zu ermöglichen. Andere Studien haben immer wieder gezeigt, dass Jugendliche direkten Kontakt im Zweifel bevorzugen. Ihnen mit dem Stigma »Sucht« eine Mitschuld zu geben, weil sie ihre Freunde nicht persönlich treffen können, erscheint wenig zielführend.

Dazu kommt dieses Ergebnis: »Jeder dritte Betroffene mit einem problematischen Gebrauch sozialer Medien wies eine depressive Symptomatik auf.« Dass Jugendliche an Depressionen leiden können, ist keine neue Erkenntnis. In solchen Fällen aber sollte man vielleicht doch lieber die Depression behandeln als das Symptom »exzessiver Handygebrauch«.

Kein Zweifel: Wir sind als Gesellschaft mit dem Tempo, in dem digitale Medien unser Zusammenleben verändern, überfordert. Deshalb braucht es klare Regeln, eine sinnvolle Etikette für den Umgang damit. Kinder, die gern mit ihren Freunden reden möchten, als »Süchtige« abzuqualifizieren bringt uns aber nicht weiter.

Doch auch wenn »Sucht« die falsche Kategorie ist: Digitale Überredungstechnik sorgt dafür, dass immer mehr Menschen immer mehr Zeit in die Interaktion mit kleinen tragbaren Bildschirmen investieren. Es ist zunehmend fraglich, ob diese Zeit wirklich immer sinnvoll investiert ist. Vor allem aber hat es gesellschaftliche Nebenwirkungen, wenn im Alltag ständig präsente Systeme mit Verhaltenspsychologie und Machine Learning für maximale Aufmerksamkeitsbindung optimiert werden. Das Problem der Plattformen liegt nicht zuletzt in dieser Zielsetzung: Die Maße, die Facebook oder Google als Annäherungen an ihr eigentliches Ziel (Geld verdienen) verwenden, sind oft nicht kompatibel mit den Zielen einer aufgeklärten Gesellschaft. Die lernenden Optimierungsmaschinen optimieren nicht für Wahrhaftigkeit, Bildung, gesellschaftlichen Zusammenhalt, Qualität, Schönheit oder gar Glück. »Sucht« ist die falsche Kategorie. »Manipulation« ist die richtige. B.J. Fogg wollte mit seiner Captology Menschen in die Lage versetzen, ihr eigenes Verhalten zu verändern, zielgerichtet und absichtsvoll. In der Welt der captologisch optimierten lernenden Maschinen aber bleiben die Verhaltensmodifikationen für die Betroffenen oft beinahe unbemerkt, jedenfalls ist den wenigsten Smartphone-Besitzern bewusst, dass sie permanent Manipulationsversuchen ausgesetzt sind. Und die Ziele legen nicht etwa die Nutzerinnen und Nutzer fest – gesündere Ernährung, mehr Sport, mehr Achtsamkeit. Die gut verborgenen Optimierungsziele stammen von den Plattformbetreibern und beziehen sich vor allem auf maximale Monetarisierbarkeit.

Einfach ist das alles nicht: Die belohnenden Wirkungen von Kommunikation und Medieninhalten sind nicht so leicht vorherzusagen wie die von Lebensmitteln. Zucker funktioniert immer, Eltern wissen das. Aber welches Video, welcher Film, welche Art Foto sorgt dafür, dass wir immer mehr wollen? Dass ein möglichst breites Publikum angesprochen und dessen Aufmerksamkeit dann zu Geld gemacht werden kann?

Spätestens seit den 1930ern wird die Frage, wie man den Zuschauer oder Zuhörer möglichst lang bei der Stange hält, mit wissenschaftlichen Methoden beackert, wie Tim Wu es in seinem zu Beginn dieses Kapitels zitierten, lesenswerten Buch über die Geschichte der Werbebranche erläutert. Darin kann man auch nachlesen, dass es schon in der Frühzeit der Quotenmessung Bedenken gegenüber den Auswirkungen dieser Quantifizierung von Aufmerksamkeitszeit gab: Wu zufolge bereute ein gewisser Professor Elder, der Erfinder des »Audimeters«, des ersten Prototyps eines Quotenmessgeräts, dessen Effekt schließlich: »Der

Rundfunk, sagte Elder, ›leidet sehr unter dem Missbrauch der Einschaltquoten, und deshalb bin ich nicht allzu glücklich über die Rolle, die ich bei ihrer Einführung gespielt habe.‹«

Der Audimeter ist heute eine Kuriosität, und das gleiche trifft auch schon beinahe auf die berühmten Nielsen-Boxen zu, mit denen die möglichst repräsentativ ausgewählten sogenannten Nielsen-Familien viele Jahrzehnte lang ihre Fernseh- und später zum Teil auch ihre Internetnutzung im Auftrag des Marktforschungsunternehmens protokolliert haben.

Online wird heute nicht mehr anhand einer kleinen Stichprobe extrapoliert, was alle anderen wohl gesehen oder gehört haben. Online wird jeder von uns beim Medienkonsum beobachtet, permanent, detailliert, individuell. Und auf Basis dieser Mediennutzungsbeobachtung, kombiniert mit immer ausgefeilteren Methoden des maschinellen Lernens, werden auch die Angebote zusammengestellt, die alle Nutzer, möglichst lang im eigenen Angebot halten sollen. Netflix beispielsweise passt sogar die Vorschaubilder für Filme und Fernsehserien an: Gehört dieser Nutzer eher zu denen, die auf Frauenporträts ansprechen? Oder auf Bilder von bewaffneten Männern? Auf Comic-Optik? Oder auf schöne Landschaften? So wird ein und derselbe Film, Machine Learning sei Dank, auf den Bildschirmen unterschiedlicher Abonnenten unter Umständen unterschiedlich beworben. Netflix selbst nennt das Artwork Personalization.[121] Die Vorschaubilder werden kontinuierlich weiter optimiert – natürlich auch wieder mit maschinellem Lernen. Was klickt, gewinnt.

Plattformen wie Netflix, YouTube oder Facebook sind wie skrupellose Kinderfräulein, die uns ein Gummibärchen nach dem anderen reichen, ein mundgerechtes Häppchen nach dem anderen servieren. Ihr Ziel ist nicht, dass wir gesünder, fitter, kräftiger oder klüger, besser informiert werden – sondern dass wir nicht aufhören zu essen. Und darin werden sie immer besser. Netflix-Chef Reed Hastings hat, als er einmal gefragt wurde, wer der Hauptkonkurrent seines Unternehmens sei, geantwortet: »Wir konkurrieren vor allem mit dem Schlaf. Und wir gewinnen!«[122] Bei Netflix entsteht dadurch allenfalls ein Problem für die Ausgeschlafenheit und damit mittelbar vielleicht auch die Gesundheit seiner Kunden. Bei YouTube, das keine Hoheit über die von seinem Algorithmus unter die Leute gebrachten Inhalte hat, ist das anders. Bei Netflix entscheiden Unterhaltungsprofis über die Inhalte, die die Maschine am Ende verteilt. Bei YouTube kann jeder Quelle sein, ob Kind, Gamer, Verschwörungstheoretiker, Schminkexpertin, Skater, Wissenschaftlerin oder Islamist. Deshalb verschafft die Plattform ganz aus Versehen Inhalten Reichweite, die vermutlich auch den Leuten, die für YouTube arbeiten, überhaupt nicht gefallen.

An dieser Stelle wird es für manche Leserinnen und Leser, die selbst keine ständigen YouTube-Nutzer sind, vermutlich schwierig, sich vorzustellen, wie sich das genau anfühlt. Menschen, die YouTube als Unterhaltungskanal verwenden, hangeln sich dort von einem Video zum nächsten weiter, manchmal stundenlang. Dabei unterstützt sie der Empfehlungsalgorithmus, der immer neue Videos zum Ansehen vorschlägt, kombiniert mit dem oben erwähnten Autoplay-Feature, das, wenn man es nicht abschaltet, dafür sorgt, dass das nächste Video immer automatisch losläuft. Und das funktioniert, aus YouTubes Perspektive, extrem gut, denn das Ziel der Entwickler ist es eben, wie jemand aus dem Team schon 2012 erklärte, *watch time* zu maximieren, also die gesamte Sehdauer über möglichst viele aufeinanderfolgende Videos hinweg. Maschinelles Lernen hat bei Google und seiner Tochter YouTube schon immer eine große Rolle gespielt, und seit 2016 ist bekannt, dass YouTube für seine Videoempfehlungen mittlerweile ein System nutzt, das auf neuronalen Netzwerken, auf Deep Learning basiert[123] (siehe Exkurs »Wie funktionieren neuronale Netze?« in Kapitel 2).

Ein ehemaliger YouTube-Entwickler, ein Franzose namens Guillaume Chaslot, kritisierte Anfang 2018 im britischen *Guardian,*[124] genau das: YouTubes Empfehlungssystem optimiere das Angebot für maximale Sehdauer, »nicht für das, was wahr, ausgewogen oder gut für die Demokratie ist«.

Chaslot hatte, um die Auswirkungen zu illustrieren, kurz vorher ein Programm geschrieben. Er testete damit, wo die Empfehlerei hinführt. Eine Art YouTube-Seh-Roboter, der sich von diversen Ausgangssuchbegriffen durch das Angebot hangelte. Dabei landete er verlässlich bei immer extremeren, immer abseitigeren Inhalten. Oft waren es Videos mit Verschwörungstheorien, und zwar besonders häufig solche, die Donald Trump gut und Hillary Clinton schlecht aussehen ließen. Das hat vermutlich nicht damit zu tun, dass man bei YouTube Trump zum Präsidenten machen wollte – sondern damit, dass besonders emotionalisierende, aufregende, extreme Inhalte bei YouTube eben besonders gut laufen.

Mein ehemaliger Kollege Konrad Lischka und ich hatten schon 2017 in einem Arbeitspapier zum Thema Algorithmen und Öffentlichkeit theoretisch genau das postuliert,[125] was Chaslot da nun praktisch gezeigt hatte: Die Wechselwirkung algorithmisch optimierter »Iss weiter!«-Plattformen mit unseren ungesunden Medienvorlieben bringt im Zweifel unsere schlimmsten Abgründe zum Vorschein. Bei YouTube laufen Videos über Selbstmordattentäter gut,[126] Horrorversionen von Kinder-Cartoons,[127] Verschwörungstheorien.[128] All das, was man Facebook seit der US-Wahl 2016 vorgeworfen hat, trifft auf YouTube mindestens ebenso zu – was daran liegt, dass beide Plattformen von Algorithmen sortiert werden, die auf *engagement* und *watch time* hin optimieren. Und dabei werden verhaltenspsychologische Methoden eingesetzt, die Interaktion ohne Denken möglichst einfach machen sollen.

Natürlich gibt es schon lange Medien, denen es primär um Reichweite geht – eine der ersten Billigzeitungen der USA im 19. Jahrhundert machte Auflage mit erfundenen Geschichten über sexbesessene Wesen, die angeblich den Mond bevölkerten. Damals aber mussten Verleger noch raten, welches Gift dem Publikum besonders gut schmecken würde. Heute macht man das empirisch, mit globalen Maschinen. Diese Maschinen suchen aus einem ständig wachsenden, kostenlosen Fundus an Schrott und Horror die messbar quotenträchtigsten Häppchen heraus und servieren sie automatisch. Noch eins und noch eins. Pro Minute wurden im Jahr 2019 bei YouTube 500 Stunden Videomaterial hochgeladen. Es wäre gar nicht möglich, diese unfassbare Menge anders als maschinell zu kuratieren. Doch die Kuratierungssysteme haben eben andere Ziele als etwa Journalisten oder Kulturschaffende.

Über ein besonders beunruhigendes Beispiel stolperten 2019 zwei Wissenschaftler, die sich eigentlich für politische Inhalte aus Brasilien auf YouTube interessiert hatten. Sie stießen auf ein Netzwerk aus »sexuell suggestiven Kanälen«.[129] Bei näherer Betrachtung stellte sich heraus, dass diverse Videos auf diesen Kanälen »minderjährige Frauen« oder erwachsene Frauen zeigten, die in Kinderkleidung posierten. Folgten sie den automatisch generierten Empfehlungen zu diesen Videos, wurden sie zu anderen Kanälen geführt, und zwar solchen »mit Videos von kleinen Kindern«, manche in Badekleidung, manche bei gymnastischen Übungen. »Das verbindende Thema war, dass die Kinder sehr wenig anhatten.« Der *New York Times* zufolge, mit der die Wissenschaftler eine

Kooperation eingegangen waren, nachdem sie diese bestürzende Entdeckung gemacht hatten, wurden manche dieser Kindervideos binnen Tagen Hunderttausende Male angesehen. Und zwar von Nutzern, die offenbar durch »eine Abfolge von Empfehlungen« dort gelandet waren.[130] Die Zeitung zitierte eine entsetzte Mutter, deren elfjährige Tochter mit einer Freundin ein Video vom gemeinsamen Spiel in einem Gartenplanschbecken aufgenommen und auf YouTube gestellt hatte, mit den Worten: »Ich habe die Anzahl der Views gesehen und Angst bekommen.« Das Planschbecken-Video aus einem Vorort von Rio de Janeiro war innerhalb von wenigen Tagen über 400 000 Mal abgerufen worden.

Die Forscher selbst publizierten ihre Erkenntnisse übrigens nicht in einem Peer-Review-Fachjournal, sondern lieber schnell in einem Zeitungsartikel und in einem online verfügbaren Arbeitspapier, mit einer konkreten Begründung: »Die Kinder in den Videos und die Familien, die manche dieser Videos hochgeladen haben, konnten unmöglich ein Jahr lang warten, bis YouTube seinen Algorithmus verändert.«

Mein Kollege Mike Preuss und ich haben für diese Art von Effekt in einer 2020 publizierten Arbeit den Begriff des »kontextabhängig unangemessenen Inhalts« eingeführt. Bitterböse Satireversionen von Kleinkindercartoons oder Clips von Kindern, die im Garten planschen sind nicht per se problematisch – sie werden es erst dann, wenn sie im Rahmen einer algorithmisch kuratierten *viewing session* bei YouTube Kleinkindern vorgeschlagen werden oder aber Pädophilen.[131] Mike Preuss ist ein auf maschinelles Lernen spezialisierter Informatikprofessor, und er hat für die Arbeit eine stark vereinfachte Version von YouTubes Vorschlagssystem simuliert, um zu überprüfen, wie es sich unter bestimmten Bedingungen verhält. Das Ergebnis war ernüchternd: Weil ein

Vorschlagsalgorithmus, der in einem multidimensionalen Raum nach ähnlichen Videos sucht, zwangsläufig gelegentlich Fehler macht, sind kontextabhängig unangemessene Vorschläge unvermeidlich. Besonders kräftig schlägt das durch, wenn Nutzer die Autoplay-Vorschläge des Algorithmus stets akzeptieren und weiter dranbleiben: Dann summieren sich die Klassifikationsfehler.

Die Konsequenz für ein lernendes System mit Abermillionen von Nutzern ist diese: Schaut der Nutzer trotz der eigentlich unangemessenen Vorschläge weiter, merkt sich das System das – und erzeugt einen Trichter, durch den auch andere, als ähnlich eingestufte Nutzerinnen und Nutzer dann zu ähnlichen Videos geführt werden. Solche von Kindern in Badekleidung zum Beispiel.

Die Sprecher der betreffenden Unternehmen reagieren auf entsprechende Diagnosen verlässlich mit den gleichen Antworten: »Oh, das ist ja unglücklich, das wussten wir nicht« – »Wir waren's nicht, die Maschine war's« – und »Wir waren's nicht, das Publikum war's«. Auf den Hinweis, dass der Empfehlungsalgorithmus offenbar Trump gegenüber Clinton bevorzugte, antwortete eine YouTube-Sprecherin dem *Guardian*, das reflektiere eben »das Zuschauerinteresse«. Nach der Enthüllung der Empfehlungstrichter für ein augenscheinlich pädophiles Publikum entfernte YouTube zwar einige Videos, erklärte aber, die einfachste Lösung, nämlich Videos mit Kindern darin generell vom Empfehlungsalgorithmus auszunehmen, sei nicht gangbar: Zu viele »Creators« seien auf die Klicks angewiesen, die ihnen der Algorithmus bringe.

»Creators«, im Marketingdeutsch würde man eher sagen »Influencer«, sind für YouTube immens wichtig, denn sie produzieren die Inhalte, die auf der Plattform die größten Reichweiten und damit auch die größten werberelevanten Verweildauern erzielen. Und

Kinder gehören zu den reichweitenstärksten und auch finanziell erfolgreichsten Influencern überhaupt: *Forbes* zufolge[132] verdiente auf YouTube im Jahr 2019 niemand mehr als der damals achtjährige Ryan Kaji. Der packt in seinen Videos vor allem Spielzeuge aus und probiert sie aus. Geschätzter Jahresverdienst: 26 Millionen Dollar. Auf Platz 3 der *Forbes*-Top-Ten landete Anastasia Radzinskaya, genannt Nastya, ein russisches Mädchen, das an zerebraler Kinderlähmung leidet und in ihren Videos vor allem mit ihrem Vater spielt, oft unter Einbeziehung von Produkten für Kinder. Geschätzter Jahresverdienst: 18 Millionen Dollar.

Das Publikum für diese »Creators« steht in großer Zahl bereit: Dem Marktforschungsunternehmen Pew zufolge lassen 81 Prozent aller US-amerikanischen Eltern von Kindern unter elf Jahren ihre Kinder YouTube-Videos ansehen.[133] In Deutschland gibt es für so junge Kinder keine verlässlichen Zahlen, aber laut der sogenannten Jugend-in-den-Medien-Studie (JIM) von 2018 nutzen 90 Prozent der Jugendlichen zwischen 12 und 18 Jahren YouTube mindestens mehrmals die Woche.[134]

### Exkurs: Was sind Influencer?

Vielleicht waren Skater die Ersten dieser Art. Profis, die für das Tragen bestimmter Kleidungsstücke oder die Benutzung bestimmter Boards oder Rollen Geld von den Herstellern bekamen. Sie spielten nicht in Spitzenvereinen, sie nahmen nicht an Weltmeisterschaften oder Olympischen Spielen teil. Sie waren bloß coole Typen, die ihr Ding machten. So wird das bis heute wahrgenommen, auch wenn es natürlich längst gut dotierte, höchst professionell organisierte Wettbewerbe für Profi-Skater gibt. Beim Ihr-Ding-Machen tragen sie weiterhin T-Shirts mit übergroßen Logos und werden dafür bezahlt. Für die Ausübung eines irgendwie subversiven, jedenfalls vom herkömmlichen Leistungssport deutlich abgegrenzten Hobbys.

Die T-Shirts mit den großen Logos kommen dann auf Fotostrecken in Skateboard-Zeitschriften vor und in Videos, in denen die Skater mit oder ohne Sponsorenunterstützung Tricks vorführen und gelegentlich schmerzhaft stürzen. Rollende Kaufanreize für andere, die auch gerne cool sein wollen.

In Wahrheit waren die frühen Profi-Skater so etwas wie die ersten professionellen Konsumenten. Leute, die für ihre Glaubwürdigkeit und ihren Lebensstil bewundert wurden und sich deshalb als Werbeträger für eine bestimmte Zielgruppe hervorragend eigneten. Und Skateboardvideos, insbesondere gesponserte, waren gewissermaßen Prototypen dessen, was heute auf Plattformen wie YouTube oder Instagram Influencer-Marketing heißt. Die Betreiber der großen Plattformen, auf denen diese relativ neue Art des Marketings stattfindet, mögen den Begriff »Influencer« aber nicht. Sie sprechen lieber von »Creators«, das klingt freundlicher.

Influencer sind Leute, die das, was die Skater einst eingeführt haben, auf die Spitze treiben: Die Glaubwürdigkeit professioneller Sportler oder Filmstars wird heute auch Menschen zugestanden, deren Talent darin besteht, auf gut ausgeleuchteten Fotos gut aussehend Markenkleidung zu tragen, sympathisch vor Ort über Strandhotels zu plaudern oder eine bestimmte Limonade zu trinken.

Im Internet findet auch die Konsumgesellschaft zu sich selbst, zumindest in den reichen Industrienationen. Natürlich gab es auch früher schon professionelle Konsumenten, Film- oder Restaurantkritiker zum Beispiel. Aber die werden in der Regel nicht vom Gegenstand ihrer Berichterstattung bezahlt, Influencer schon.

Manche spielen Videospiele vor, andere kochen, manche schminken sich, wieder andere ziehen sich schick an oder unternehmen interessante Reisen. Aber alle konsumieren hauptberuflich für ein Publikum. Bezahlt von Drogeriemärkten, Reiseveranstaltern, mittelständischen Limonadeherstellern oder globalen Videospielkonzernen.

Der Unterschied zwischen dem Profi und dem Amateur besteht in der Reichweite und der Bezahlung. Das elegante oder unterhaltsame Konsumieren an sich reicht jetzt unter Umständen aus, um ein Publikum zu finden und dabei gut zu verdienen. Bislang gültige Vorbedingungen für Prominenz, die wiederum Vorbedingung dafür war, dass man mit seinen echten oder vorgeblichen Konsumentscheidungen Geld verdienen konnte, sind außer Kraft gesetzt – sportliches, gesangliches oder schauspielerisches Talent zum Beispiel.

Es gibt auch keine klare Grenze zwischen Konsument und Profi-Konsument. Der interessierte Laie kann, Social-Media-Reichweite vorausgesetzt, unter Umständen darauf hoffen, eines Tages von einer Agentur angeschrieben zu werden, die freundlich fragt, ob man nicht mal ein Paar Schuhe/einen Kasten Limonade/einen Leihwagen vorbeischicken solle, ganz unverbindlich. In der Hoffnung auf Berichterstattung, Reichweite und Credibility. Der Übergang zum Influencer ist fließend.

Die Nummer eins der deutschen Profi-Instagrammerinnen, die Hamburgerin Leonie Hanne (Stand Februar 2020: 2,1 Millionen Follower), hatte laut einer einschlägigen Datenbank zum Thema schon im Sommer 2017 »einen Mediawert von rund 6 000 US-Dollar pro Post inklusive Markennennung«.[135] Das heißt übersetzt: Wenn Leonie Hanne sich in einem Badeanzug an einem Strand fotografieren lässt und dann den Namen des Badeanzugherstellers als Hashtag unter das Foto setzt – oder setzen lässt – kann sie dafür 6 000 Dollar nehmen. Und 50 000 Likes. Ihr Instagram-Feed sieht aus, als spaziere ein Model von einem Shooting zum nächsten, mal am Strand, mal auf dem Rummelplatz, mal auf einer Brücke mit dem Mann ihrer Träume.

Andere erzielen noch bessere Stundenlöhne. Bestimmte, sehr erfolgreiche »Let's Player« – also Leute, die bei YouTube oder der Videospiel-Streaming-Plattform Twitch Videospiele vorspielen und gleichzeitig kommentieren – können für einen zweistündigen Einsatz bis zu sechsstellige Beträge aufrufen. Der erste YouTube-Videospielvorspieler, der mehr als zehn Millionen Dollar im Jahr umsetzte, und das bereits 2015, war der Schwede Felix Kjellberg, genannt PewDiePie.

Zuerst ist die Grenze zwischen privater und öffentlicher Kommunikation gefallen, dann die zwischen Kunden und Vermarktern. Als sogenannter Mikro-Influencer gilt jemand, der weniger als 100 000 Follower hat. Aber auch mit 20 000 Followern kann man sich schon für Posts bezahlen lassen. Am anderen Ende der aktuell gültigen Skala sind diejenigen zu Hause, die schon Influencer waren, bevor das Wort erfunden wurde. Wenn auf Beyoncés (Februar 2020: 141 Millionen Follower) Instagram-Account ein Foto der Sängerin in einem weißen Designer-Outfit erscheint, gibt es dafür 3,2 Millionen Likes.

Die Trennung zwischen Werbung und dem, was man heute »Content« nennt, existiert nicht mehr. Content ist Werbung ist Content. Konsum ist ein Beruf. Man kann jetzt mit den Models aus der Werbung reden (mit Herzchenaugen-Smileys vorzugsweise), oder sich das zumindest einbilden. Die Models aus der Werbung tun jetzt so, als wären sie nicht Models aus der Werbung, sondern ganz reale Personen. Die rein zufällig in diesem bestimmten Badeanzug nicht nur hervorragend aussehen, sondern vielleicht auch noch ein bisschen was dafür bekommen. Von guten Freunden! Von den Badeanzugherstellern Geld, von ihren Fans Likes.

Es gibt aber nicht nur Gaming-, Mode- und Beauty-Influencer, sondern zum Beispiel auch Pferde-Influencerinnen, die Werbung für Reithelme und (Menschen-)Kosmetik machen, Influencer-Power-Paare, die ihr neugeborenes Baby in die Kamera halten – authentisch glücklich – und, wirklich, Minimalismus-Influencer, die Werbung für Produkte machen, mit denen man ein möglichst produktarmes Leben angenehm gestalten kann.

Das Zauberwort dieser Art des Marketings lautet, und so sehen das auch viele derer, die solche Inhalte konsumieren: Diese Leute sind authentisch. Sie lassen sich nicht von jedem bezahlen. Sondern nur von den Guten. Was natürlich, in der Breite betrachtet, nicht stimmt. Es gibt zum Beispiel Videos von durchaus reichweitenstarken minderjährigen Hochhaussiedlungsbewohnern, in denen die kleine Schwester im Grundschulalter in die Kamera ruft, dass man diese eine Spielkonsole jetzt aber wirklich unbedingt kaufen müsse. Das wirkt dann nicht mehr so richtig spontan und authentisch.

Die digitalen Medienkonsum-Nannys der großen Plattformbetreiber erzeugen also Situationen, in denen sich Kinder freiwillig stundenlang Werbung ansehen – und führen uns gleichzeitig die Abgründe der Menschheit vor Augen.

Ein besonders beunruhigendes und für den Diskurs in Deutschland sehr relevantes Beispiel lieferte die Videoplattform im Herbst 2018, im Anschluss an die Tötung eines Deutsch-Kubaners in Chemnitz und die daran anschließenden Ausschreitungen von Rechtsextremisten in der Stadt. Was YouTube seiner Nutzerschaft zum Thema »Chemnitz« in dieser Zeit vor allem servierte, ermittelte der Social-Media-Experte Ray Serrato.

Serrato ist eigentlich Experte für die Auswirkungen sozialer Medien in Myanmar. Sein Forschungsgebiet zu dieser Zeit war die Frage, ob und wie Facebook in Myanmar dazu beitrug, das tödliche Klima des Hasses auf die Bevölkerungsgruppe Rohingya entstehen zu lassen, das dort zu Pogromen, Massenvergewaltigungen und ethnischen Säuberungen führte. Serrato arbeitete in Berlin für eine Organisation namens Democracy Reporting International, die solche Phänomene beobachtet. Kurze Zeit später wurde er ins Team des UN-Hochkommissariats für Menschenrechte berufen.

Als Rechtsradikale durch die Straßen von Chemnitz marschierten, habe ihn das »ziemlich beunruhigt«, schrieb Serrato damals auf Twitter, als jemand, der »seit sechs Jahren als Ausländer in Deutschland lebt«. Besorgt hätten ihn vor allem Videos, die er bei YouTube zum Thema #Chemnitz gefunden habe.

Er benutzte seinen Zugang zu YouTubes Programmierschnittstelle (API) und tat das, was er sonst mit Hass-Postings in Myanmar getan hatte: Er analysierte, welche Inhalte wie viel Publikum bekamen und welche der Algorithmus empfahl. Die Ergebnisse erschreckten ihn: Von den zehn meistgesehenen Clips zum Thema

Chemnitz stammten sieben von Rechtsradikalen, Verschwörungstheoretikern und dem Kreml-Propagandasender RT Deutsch. Ein achtes war ein Interview mit Beatrix von Storch.

Das zweitmeist gesehene Video, über 450 000 Mal abgerufen, stammte von einem der rechtsextremen Identitären Bewegung nahestehenden Rechtsradikalen, der sich als Rechts-Hip-Hopper versucht. Der Mann gehört zu einer wachsenden Gruppe von Personen, die meisten davon Männer, die man als rechtsradikale oder rechtsextreme Influencer bezeichnen könnte. Sie machen Onlinepropaganda für die AfD, die völkische Ideologie, Nationalismus, Rassismus und den Hass auf »Altparteien«, »Staatsfunk« und »Systempresse«.

Der Rechts-Hip-Hopper erklärte im besagten Video die Tatsache, dass öffentlich heftige Kritik geäußert worden war an Gewalttaten und Leuten, die den Arm zum Hitlergruß reckten, zur Diffamierung. Die bösen Mächte, die Deutschland beherrschten, wollten damit nur »ihr krankes, verschobenes, buntes, vielfältiges, tolerantes Weltbild durchpressen«, schimpfte der Mann in die Kamera seines Smartphones, und zwar »mit aller Gewalt«. Sein Clip enthielt eine nahezu vollständige Sammlung aller Falschbehauptungen, die nicht nur in rechten Kreisen zu diesem Zeitpunkt über das Tötungsdelikt in Chemnitz kursierten: dass es mehrere Opfer gegeben habe, dass das Opfer Dutzende Stichwunden aufgewiesen habe, dass das Opfer versucht habe, eine Frau vor einer Vergewaltigung zu schützen. Lauter Falschinformationen mit sehr hoher YouTube-Reichweite.

Serrato zeigte außerdem am konkreten Beispiel, was der YouTube-Algorithmus jenen empfahl, die sich solche Videos ansahen: noch mehr Verschwörungstheorien, rechte Propaganda, russische Propaganda, Produktionen von amerikanischen *White Supre-*

*macists,* also organisierten Rassisten, Produktionen von deutschen Rechtsextremen.

Serratos zunächst bei Twitter veröffentlichte Blitzstudie[136] zum Thema Chemnitz sorgte für einige Aufregung, sogar die *New York Times* griff die Geschichte auf.[137] Das Echo in den deutschen Medien, vor allem aber der deutschen Bildungslandschaft, wo Social Media zum Großteil und fatalerweise immer noch als Modeerscheinung unter Teenagern zu gelten scheint und nicht als Einflussmaschine von globaler Bedeutung, war meiner Wahrnehmung nach aber erstaunlich verhalten.

Die Algorithmen und die Propagandisten harmonieren augenscheinlich wunderbar miteinander. Das gilt für Propagandisten aus allen Richtungen: Bei YouTube kann man sich zum Beispiel auch Dschihadisten in nahezu beliebiger Zahl ansehen, die live vor der Kamera sterben. Manche filmen sich selbst, führen noch einmal kurz ihre zerstörten Gliedmaßen vor, bevor sie in die Kamera winken und zu Boden sinken. Manchmal sieht man den Fahrer eines Autos, umgeben von Kanistern mit Sprengstoff, und ein paar Minuten später dann die Explosion an einem Checkpoint.

Das Grauen ist für den IS zu einem effektiven Propagandawerkzeug geworden. Die zum Teil aufwendig produzierten Clips des PR-Arms der Terrororganisation, stets samt Logo und islamistisch-frommem Soundtrack, werden serviert wie Unterhaltungsprodukte. Aus Sicht des IS hat das durchaus Methode. Denn in der Zielgruppe, die sich für solche Videos vielleicht nur um des Schockwertes willen interessiert, ist vielleicht doch der eine oder andere Verwirrte, der irgendwann auf die Idee kommt, er könnte seinem Leben doch zumindest mit dem Märtyrertod eine Art Sinn verleihen.

Wie gesagt: 90 Prozent der 12- bis 18-Jährigen und 83 Prozent der 14- bis 29-Jährigen in Deutschland nutzten schon 2018 mindestens wöchentlich »Videoportale wie YouTube«.[138] Bei Facebook sahen in dieser Altersgruppe 47 Prozent mindestens wöchentlich Videos. Was auf diesen Plattformen passiert, was dort ein Publikum erreicht, ist also alles andere als irrelevant.

16-Jährige sehen eher nicht die *Tagesschau*, aber wenn sie etwas interessiert, etwa, was da jetzt eigentlich in Chemnitz los war, tippen sie das Wort eben mal schnell bei YouTube ein. In Windeseile verschwindet man im digital auf maximale Sehdauer optimierten Kaninchenloch, hüpft von Propagandahäppchen zu Propagandahäppchen.

Vielleicht wird anhand dieses Beispiels verständlich, warum ich der Meinung bin, dass der exponentielle Wandel, den gerade unsere Mediennutzung in den vergangenen Jahren durchlaufen hat, vor allem das Bildungssystem vor große Herausforderungen stellt.

Wir leben in einer Zeit, in der hoch motivierte und zum Teil hervorragend finanzierte Propagandisten daran arbeiten, den Grundkonsens unserer liberalen Demokratie zu durchlöchern. Sie versuchen, Hass akzeptabel zu machen, finden Toleranz »krank« und verstehen sich bestens mit den homophoben Kleptokraten im Kreml.

Diese Propagandisten haben in den Produkten aus dem Silicon Valley ein Biotop gefunden, in dem Untergangs- und »Umvolkungs«-Narrative bequem Reichweite erzeugen können, genauso wie die apokalyptische Propaganda militanter Islamisten. In diesen neuen, algorithmisch auf Monetarisierung, nicht auf Wahrhaftigkeit optimierten Ökosystemen bewegen sich Kinder und Jugendliche permanent, oft ohne großes Verständnis für die zugrunde liegenden Mechanismen.

Über die Aktivitäten der Propagandisten wissen sie nicht viel. Aber sie haben durchaus das Gefühl, dass da manchmal irgendetwas komisch ist. Und weil Eltern und Lehrer selbst oft genug überfordert mit diesem neuen Zustand sind, fühlen sich Kinder und Jugendliche dabei oft alleingelassen – völlig zu Recht. Als die Vodafone-Stiftung im Jahr 2018 eine repräsentative Gruppe von Schülerinnen und Schülern über ihre Mediennutzung befragen ließ, stimmten drei Viertel der Befragten diesem Satz »voll und ganz« oder »eher« zu: »Ich fände es gut, wenn wir in der Schule mehr darüber lernen würden, wie man ›Fake News‹ erkennt und wie man damit umgeht.« Den Satz »Was ich über das Internet bzw. Internetnutzung weiß, habe ich gelernt von …?« vervollständigten 89 Prozent mit »durch eigene Erfahrungen«. Die Antwort von »Lehrerinnen und Lehrern« kreuzten nur 18 Prozent an. Anders gesagt: Die Lehrpläne kommen mit der Entwicklung nicht mit. Kinder und Jugendliche bringen sich den Umgang mit der algorithmisch kuratierten, captologisch auf *watch-time*-Maximierung optimierten Medienwelt von heute überwiegend selbst bei.

Die stabilen, gut eingebundenen, gut informierten unter den Jugendlichen können mit all dem vermutlich hervorragend umgehen. Manche aber geraten durch das Zusammenspiel von Propaganda und algorithmischer Sortierung in ein gefährliches Fahrwasser, fangen an, sich für rechtsradikalen Hip-Hop oder gar Holocaustleugnung zu interessieren. Oder für verschwörungstheoretische Weltdeutungen. Oder für radikalen, militanten Islamismus.

Es geht aber nicht nur um Kinder und Jugendliche. Es geht darum, wie und wo unsere Gesellschaft sich mit sich selbst unterhält. Wo genau, um es mit Jürgen Habermas zu sagen,[139] sich die »deliberative Öffentlichkeit« heute konstituiert.

Facebook optimiert für *Engagement,* also Likes, Shares und Kommentare. Je mehr mit einem Inhalt interagiert wird, für desto relevanter hält ihn Facebooks Empfehlungsalgorithmus. Die

Konsequenz: Wie der *Buzzfeed*-Redakteur Karsten Schmehl 2017 zeigte,[140] waren von den zehn *engagement*-stärksten Nachrichten über Angela Merkel in den Jahren 2012 bis 2017 sieben frei erfunden und bedienten ausnahmslos rechte Narrative. Etwa die Behauptung, Merkel wolle »in Afrika für Einwanderung nach Deutschland werben«. Von den übrigen drei waren zwei rechtslastige Meinungstexte, nur ein einziger war eine tatsächliche, korrekt wiedergegebene Nachricht. Im US-Wahlkampf 2016 waren einer Auswertung der US-Version von *Buzzfeed* zufolge die fünf *Engagement*-stärksten Facebook-Nachrichten sämtlich frei erfunden.[141]

Die Maschine, die all die Nutzungsdaten auswertet, kann nicht unterscheiden, ob ein Text eine frei erfundene Lügengeschichte mit politischer Motivation ist oder ein Artikel mit echtem Nachrichtenwert. Sie kann nur sehen, wie häufig die Geschichte gelikt, geklickt, kommentiert, weitergereicht wird. Und das klappt mit Lügengeschichten offenbar besonders gut. Was auch damit zu tun hat, dass der Schöpfer der Lüge sich nicht an dieselben Regeln halten muss wie der Überbringer einer faktischen Nachricht: Er kann seine Lüge beliebig interessant, Wut erregend, verblüffend, eine Reaktion herausfordernd gestalten. Also erzielt die Lüge eine höhere Reichweite als die Wahrheit, weil der Algorithmus sie weiter nach oben sortiert. Und das hat, zumindest sieht es ganz danach aus, Folgen. Radikalisierung, Fragmentierung der Gesellschaft, Auftrieb für Lügner, Propagandisten und Populisten.

Insbesondere Google, Facebook und YouTube sind aufgrund ihrer Reichweite und ihrer Sortier- und Selektionsmechanismen zum Beispiel auch Nährboden und Verstärker für Anti-Impf-Verschwörungstheorien. Weil Inhalte, die Angst und Wut auslösen, dort besonders gut laufen, dafür gibt es mittlerweile überwältigende empirische Evidenz. Emotion »skaliert« in algorithmisch kuratierten sozialen Medien, und negative Emotionen skalieren besonders gut. Propaganda-Influencer unterschiedlichster Couleur haben das längst verstanden.

Wenn man im Februar 2020 unter neutralen Bedingungen, also mit einem anonymen Browser und ohne Google-Log-in »Impfen ist« in ein Google-Suchfenster eintippte, schlug die Autocomplete-Funktion der Suchmaschine als erste mögliche Suchanfrage die Vervollständigung »Impfen ist gefährlich« vor. Als Nächstes kamen »Impfen ist Gift« und »Impfen ist Körperverletzung«. Noch im März 2019 war der erste Treffer zum Vorschlag »Impfen ist Gift« eine Impfgegner-Seite voller Desinformation. Der zweite auch. Und der vierte und der fünfte. Anfang 2020 hatte sich das, in Reaktion auf intensive mediale Berichterstattung über das Thema, etwas verbessert. Aber noch immer fand man auf der ersten Trefferseite diverse Impfgegner-Webseiten voller irreführender Informationen.

In der Leiste mit Video-Ergebnissen erschienen noch 2019 ausschließlich Clips mit extremen Anti-Impf-Verschwörungstheorien, gern religiös unterfüttert. In einem der Clips wurde vor einem Plan zur Ausrottung der gesamten Menschheit gewarnt, von den angeblichen Tätern getarnt als Massenimpfung.

Tippte man im März 2019 bei YouTube selbst »Impfungen« ins Suchfenster, lauteten die ersten Ergänzungsvorschläge »Sinn oder Unsinn«, »schützen nicht vor Krankheiten«, »Angriff mit einer tödlichen Waffe« und »machen krank«. Unter den ersten Treffern waren manchmal auch seriöse Informationen. Immer und grundsätzlich aber waren auch Anti-Impf-Clips dabei, manchmal sogar ausschließlich solche. Und selbst wenn man sich ein korrekt informierendes Video ansah, wurde als Folgevideo, das automatisch losläuft, gerne eins aus der ganz anderen Richtung vorgeschlagen.

Auch in diese Ergebnislisten hat YouTube mittlerweile offenbar aktiv eingegriffen, die Anzahl der Autocomplete-Vorschläge, die zu Impfgegner-Videos führen, hat bis Februar 2020 abgenommen. Aber auch das ist vermutlich vor allem der Berichterstattung in Medien wie dem *Guardian* zu verdanken.

Solche Videos schüren Angst, und das sorgt bei YouTube eben für verlängerte Sehdauer, was der Algorithmus honoriert. Auch wieder aufgrund medialen Drucks kündigte YouTube 2019 an, künftig keine Werbung mehr vor Videos zu schalten, die vor Impfungen warnen – der *Guardian* zum Beispiel hatte eine ganze Artikelserie zum Thema veröffentlicht. Impfkritische Kanäle können dadurch kein Geld mehr auf der Videoplattform verdienen. In der Regel, das spielt in dieser neuen Medienwelt eine wichtige Rolle, bringt ja die reichweitenoptimierte Desinformation nicht nur den Plattformbetreibern Geld ein, sondern auch jenen, die diese Inhalte produzieren und einstellen. YouTube teilt seine Werbeerlöse mit den »Creators«.

Bei Facebook organisieren sich die oft sehr aggressiven überzeugten Impfgegner und machen anderen, die korrekt informieren, das Leben zur Hölle. Es gibt immer wieder gezielte Kampagnen gegen einzelne Mediziner oder andere Fachleute, die sich öffentlich, etwa in TV-Sendungen, für Impfungen aussprechen. Suchte man bei Facebook nach »Impfung«, fand man auch im Februar 2020 praktisch nur Gruppen und Seiten voller Anti-Impf-Desinformation, und zwar weltweit.

Die Menschheit bewegt sich gerade, gegen alle Evidenz und Vernunft, in eine Richtung, die unweigerlich zu mehr Todesopfern und Leid durch Infektionskrankheiten führen wird, denn die Impfraten in vielen Industrieländern gehen tendenziell zurück. Die Masern galten beispielsweise in den USA im Jahr 2000 als ausgerottet.

Allein in der ersten Hälfte des Jahres 2019 gab es wieder mehr als 1200 Fälle, fast dreimal so viel wie im Vorjahr. Auch weil es immer mehr Eltern gibt, die Impfungen für ihre Kinder verweigern.

Die vermeintlich harmlose »Kinderkrankheit« Masern tötete 2017 der Weltgesundheitsorganisation (WHO) zufolge mindestens 110000 Menschen, die meisten davon unter fünf Jahren. Die WHO schätzt, dass Masernimpfungen aufgrund der dramatischen Rückgänge der Erkrankungen allein zwischen 2000 und 2017 über 21 Millionen Todesfälle verhindert haben. 21 Millionen gerettete Leben! Und wir könnten sie ganz ausrotten, die Masern. UNICEF warnte dagegen im Jahr 2019, in 98 Ländern habe es 2018 einen Anstieg der Infektionen gegeben.

Doch die größten Aufmerksamkeitsverteiler des Planeten helfen, dank ihrer miserabel justierten Sortiersysteme, kräftig mit bei der gefährlichen Desinformationskampagne der Impfgegner.

Noch ein Beispiel: Anfang 2017 ergänzte Google, wenn man ins Suchfenster »Ist der Holoc« eintippte, als zweiten Suchvorschlag »Ist der Holocaust eine Lüge?«. Wählte man diesen Suchvorschlag aus, wurde eine Trefferseite präsentiert, unter deren ersten sechs Einträgen vier glasklare Holocaustleugner-Websites landeten. In Großbritannien machte etwa zur gleichen Zeit die Tatsache Schlagzeilen, dass die eingetippte Suchanfrage »are jews« auch den Suchvorschlag »are jews evil« hervorbrachte und die Top Ten der Ergebnisse auf diese Anfrage dann Artikel wie »Die zehn wichtigsten Gründe, warum die Leute Juden hassen« oder »Das Judentum ist satanisch!« enthielten. Ähnliche Befunde ergaben sich bei Wortkombinationen wie »are women« oder »are muslims«. Erst nach einem Zeitungsbericht im britischen *Guardian*[142] wurden viele der seltsamen automatischen Ergänzungen entfernt oder angepasst.

In Deutschland dauerte es viele Monate, bis Google das Problem in den Griff bekam. Immer wieder schoben sich auf den Ergebnisseiten neue Holocaustleugner-Sites nach oben. Heute gibt es zu »Ist der Holoc« bei Google gar keine Suchvorschläge mehr. Bei der Konkurrenz, Microsofts Suchmaschine Bing dagegen, konnte man auch Ende 2019 noch den Vorschlag bekommen, doch mal nach »Ist der Holocaust eine Lüge?« zu suchen, und daraufhin dann reihenweise Holocaustleugner-Sites auf der ersten Trefferseite finden. Holocaustleugnung ist in Deutschland bekanntlich eine Straftat.

Die Familie von Sergey Brin, einem der beiden Gründer von Google, emigrierte in den späten 1970er-Jahren aus der damaligen Sowjetunion. Die Familie ist jüdisch, und das hatte laut Brins Vater zur Folge, dass er selbst im antisemitischen Sowjetregime nicht frei entscheiden konnte, welches Fach er studieren, welchen Beruf er ausüben wollte. Sowjetischer Antisemitismus trieb die Brins also in die USA. Es ist kaum wahrscheinlich, dass Brin und der zweite Google-Gründer, Larry Page, eine Plattform für die möglichst effektive Verbreitung von Holocaustleugnung schaffen *wollten*.

Auch hier haben wir es wieder mit einem Phänomen zu tun, das erst im Zeitalter der lernenden Maschinen möglich wurde: Die Autocomplete-Funktion basiert maßgeblich darauf, welche Suchanfragen Menschen tatsächlich häufig in Googles Suchfenster eingetippt haben, und vermutlich darauf, welche der vorgeschlagenen Varianten dann besonders häufig angeklickt werden. Da ist keine Redaktion am Werk, sondern ein weiterer lernender Roboter, der 24 Stunden am Tag Milliarden von Suchanfragen beobachtet, auswertet, gruppiert, gewichtet. Ein Roboter, der keine Ahnung hat, was Rassismus oder Antisemitismus ist, der keine Bedeutungen erkennt, sondern Signale auswertet und für bestimmte Metriken optimiert. An dieser Stelle lohnt es, sich noch einmal kurz die Ingenieursdefinition des Informationsbegriffs von Shannon und Weaver in Erinnerung zu rufen: »Insbesondere darf Information nicht mit Bedeutung verwechselt werden.«

Der Algorithmus, für den Information eben nur Information ist und keine Bedeutung hat, der zwar Verhaltensdaten auswertet, aber kein Verständnis für menschliches Verhalten hat, führt dann eben einen unbedarften Nutzer, der »are jews« in ein Suchfenster eintippt, mit genau zwei Klicks zu antisemitischen Einlassungen.

Die Crowd trainiert die Algorithmen mit ihrem Verhalten. Leider ist die Crowd, wie sich spätestens jetzt zeigt, allzu oft schon ziemlich dämlich.

Ein Hersteller von Fahrstühlen, deren Automatiktüren immer mal Passagieren mit Wucht die Finger einklemmen, würde sich kaum auf die Position zurückziehen können, dass er doch jeden Aufzug repariert, bei dem das einmal vorgekommen ist. Man würde ihn schleunigst dazu zwingen, seine Türen so zu konstruieren, dass es gar nicht mehr vorkommt. Die Haltung der großen Plattformbetreiber ist derzeit aber genau die: Reagiert wird erst, wenn ein weiterer Kollateralschaden der automatisierten Inhalteausspielung für einen öffentlichen Aufschrei sorgt.

Weder Larry Page noch Sergey Brin, noch Mark Zuckerberg hatten vor, den Schlangenölverkäufern, den Lügnern, Rassisten, Antisemiten, Islamisten und Frauenfeinden der Welt ein ideales Biotop zur Vermehrung ihrer Zahl zu schaffen, davon kann man ausgehen. Aber sie haben Maschinen gebaut, die Gutes tun – und Geld verdienen – sollen und dabei als Kollateralschaden dem Schlechten Vorschub leisten.

So können aufmerksamkeitsstarke, aber miserable Inhalte auf diesen Plattformen gewaltige Reichweiten erzielen. Im schlimmsten

Fall reichen die Folgen bis zu Pogromen und Genozid. So geschehen in Myanmar, so geschehen in Sri Lanka.

Das ist kein rein zufällig entstandener Kollateralschaden, sondern eine Konsequenz der Designentscheidungen und der Optimierungsziele der lernenden Maschinen. Eine demokratische Öffentlichkeit, die sich an Orten konstituiert, wo Denken als Hindernis beim *engagement* betrachtet wird, und wo *watch time*, *engagement* oder Verweildauer die obersten Gestaltungsziele sind, bekommt früher oder später Probleme.

Google und Facebook sind die zwei Unternehmen, die derzeit mit den größten Investitionen, dem größten Aufwand – und bekanntlich großem Erfolg – die Entwicklung künstlicher Intelligenz vorantreiben. So werden Maschinen entstehen, die noch ungleich nützlicher, aber auch weit mächtiger sein werden als die Algorithmen von heute. Wenn die Schattenseiten im selben Tempo mitwachsen, wird es finster.

Es wird Zeit, dass sich diese Unternehmen ihrer Verantwortung stellen – und zwar nicht nur, indem sie zusätzliche Buttons einführen, mit denen wir alle dabei helfen sollen, den Maschinen ihre Fehler auszutreiben.

»Aus meiner Sicht sollte die Evolution von Überredungstechnologie nicht allein dem Zufall oder dem Markt überlassen werden«, schrieb B.J. Fogg 2003. Aber genau das ist passiert, und wir haben es nicht einmal bemerkt. Die Ziele, die mit den neuen Techniken erreicht werden sollen, sind am Ende in der Regel monetär, von Ausnahmen wie Fitnesstrackern oder Ernährungshelfern einmal abgesehen. Für gesellschaftlichen Fortschritt wird eher nicht optimiert.

Die Entwicklung ist aber mit der Optimierung zur Gedankenlosigkeit nicht abgeschlossen. Bei Uber, der Firma, die wie keine andere für die rücksichtslose Ausnutzung digitaler Profitmaximierungsmöglichkeiten steht, ist man schon einen Schritt weiter. Dort wird nicht nur das Konsum- und Kommunikationsverhalten captologisch optimiert, sondern auch der Fleiß der freiberuflichen Fahrer.

Die bekommen ihre Aufträge bekanntlich von einer Smartphone-App, und die wiederum wird zentral so gesteuert, dass immer eine möglichst ideale Zahl verfügbarer Mitfahrgelegenheiten am richtigen Ort ist. Eigentlich haben Uber-Fahrer die Freiheit, ihre eigenen Schichten zu definieren und einfach aufzuhören, wenn sie keine Lust mehr haben, schließlich sind sie keine Angestellten. Wenn die Maschine, von der sie ihre Aufträge bekommen, aber weiß, dass ihre Arbeitskraft eigentlich gerade noch gebraucht würde, dann wird die Überredungstechnologie ausgepackt, wie die *New York Times* berichtete.[143]

Uber-Fahrer in den USA bekommen zum Beispiel, wenn sie sich aus der App ausloggen, also Feierabend machen wollen, unter Umständen Botschaften wie »Sie sind noch 10 Dollar von einem Nettoverdienst von 330 Dollar entfernt – wollen Sie wirklich aufhören?«. Besonders gut funktionieren die Motivationsbotschaften, wenn sie von einer angeblich weiblichen Person kommen. Ubers Fahrer sind überwiegend männlich.

Wenn ein Fahrer von Passagieren gut bewertet wird, kann er virtuelle Trophäen gewinnen, für »exzellente Konversation« oder »exzellenten Service«. Diese Trophäen sind so viel wert wie Highscores in einem Computerspiel: nichts. Gleichzeitig sind sie die digitale Umsetzung einer Therapiemethode, die in Psychiatrien seit den späten 1960er-Jahren angewendet wird, etwa um Psychose-Patienten dazu zu bringen, sich selbst anzuziehen: Token Economies. In der Schule hieß so etwas früher »Fleißkärtchen«.

Man könnte sagen: Auch hier haben wir es wieder mit Verhaltenspsychologie oder auch mit Captology in Aktion zu tun.

Das Softwaresystem, aus dem Uber in Wahrheit besteht, weiß, wer wann wo gebraucht wird, es verteilt Aufgaben, lobt und tadelt, und wenn jemand nicht ausreichend motiviert scheint, stupst es den Betreffenden ein bisschen an, damit er weiterfährt. Es kalkuliert sogar die aktuellen Fahrpreise, in Abhängigkeit von der jeweiligen Nachfrage. Zweimal hat das schon für handfeste Skandale gesorgt, als während noch laufender Terroranschläge in London und in Sydney Ubers sogenanntes *surge pricing* plötzlich viermal so viel für eine Fahrt veranschlagte, weil so viele verzweifelte Menschen versuchten, aus den betroffenen Gegenden zu entkommen. Die Maschine wusste ja nichts von der Nachrichtenlage, nur von der Nachfragesituation, und die schien lukrativ.

Zwischen der Management-Ebene des Unternehmens und denen, die die Arbeit machen, ist eine undurchdringliche Schicht künstliche Intelligenz eingezogen. Wer unterhalb dieser Schicht arbeitet, ist schon lange kein Konsument mehr, aber auch kein Angestellter, kein Angehöriger des Unternehmens.

Er ist ein freiberuflicher Teil der Maschine.

# 9 DIE NEUE DATENWISSENSCHAFT

»Für das menschliche Gehirn macht es kaum einen Unterschied, ob es mit einer Maschine spricht – selbst, wenn diese Maschine über sehr schlechtes Sprachverständnis und schlechte Sprachausgabe verfügt – oder mit einer Person.«

*Clifford Nass und Scott Brave,* Wired for Speech *(2005)*

»Selbst die rechenkundigsten Wissenschaftler haben fürchterlich falsche Vorstellungen davon, wie viele Versuchspersonen man wirklich braucht, um in einer Studie von all den zufälligen Macken und Beulen zu abstrahieren, bevor man etwas für alle Amerikaner, geschweige denn für Homo sapiens an sich verallgemeinern kann.«

*Der Psychologe Steven Pinker im Vorwort zum Buch* Everybody Lies *(2019)*

Um zu verstehen, was gerade mit unserem Alltag passiert und warum diese Entwicklung kaum aufzuhalten sein wird, muss man sich in quasi vordigitale Zeiten zurückbegeben: zum Anrufbeantworter (AB). Als der ab den späten 1980er-Jahren vom Luxusgut zum Alltagsgegenstand avancierte, war das ein Vorbote dessen, was uns jetzt bevorsteht: Wir werden alle ein bisschen mächtiger. Aber auch viel verletzlicher.

Vor dem AB in praktisch jedem Telefon war es einer bestimmten Gruppe von Menschen vorbehalten, Anrufe entgegenzunehmen, ohne selbst anwesend zu sein: Menschen mit Personal. Damals sagte man Sekretärin, heute vielleicht persönlicher Assistent. Eine

Person jedenfalls, die dem Herrn Direktor nach seiner Rückkehr vom Mittagessen einen Zettel hinlegt mit den verpassten Anrufen und womöglich nützlichen Vermerken (»klang wichtig«, »schien wütend«, »war schon wieder angetrunken«).

Der AB erlaubte solche asynchrone Kommunikation – erst mal hören, was die zu sagen haben, dann entscheiden, ob man zurückruft – zum ersten Mal auch Normalsterblichen. Das war durchaus entlastend. Pizzerien finden, Hotels buchen oder gar selbst irgendwo anrufen kann ein AB allerdings nicht.

Die digitalen Assistenten der Zukunft aber werden das können. Ein damals verblüffendes Beispiel präsentierte Google-Chef Sundar Pichai dem Publikum auf einer Google-Konferenz im Frühjahr 2018: einen automatisierten Anruf bei einem Friseursalon. Noch verblüffender war allerdings der gescheiterte Versuch, einen Tisch in einem Restaurant zu reservieren.

Die Stimme des aus Software bestehenden, »Duplex« genannten Google-Assistenten bat in der Demonstration vor Entwicklern und Journalisten und einem weltweiten Publikum im Livestream um einen Tisch am Siebten des Monats. Die Dame am anderen Ende der Leitung, die offenbar in einem lauten Restaurant ans Telefon gegangen war, verstand nicht richtig. Sie überhörte Tag und Datum und wollte stattdessen eine Reservierung für sieben Personen entgegennehmen. Schließlich endete das Gespräch ohne Erfolg. Die Dame am Telefon fand, eine Reservierung sei für den gewünschten Termin gar nicht nötig.

Das Verrückte an dieser Konversation, die man sich online immer noch anhören kann,[144] ist nicht die Tatsache, dass ein Mensch mit einem Computer spricht, ohne es zu merken. Das Verrückte ist, dass man als Zuhörer gar nicht anders kann, als den »Anrufer«, also den Computer, ein bisschen zu bemitleiden. Er wirkt ungleich kompetenter als die Dame im Restaurant, erlebt im Gespräch aber eine Frustration nach der anderen – und bleibt trotzdem ruhig und höflich. Die Tatsache, dass er keine Reservierung bekommt, quittiert er mit einem freundlichen: »Oh, ich verstehe. Danke.«

Als Zeuge des Dialogs ist man emotional auf der Seite des Anrufers. Dabei gibt es ihn gar nicht.

Das eigentliche Wunder ist die automatische, nicht kontrollierbare Reaktion, die Stimmen in unseren Köpfen auslösen. Wenn ein Etwas uns mit einer menschlichen Stimme vorgaukelt, dass in Wahrheit ein Jemand spricht, nehmen wir dieses Etwas auch als Jemand wahr. Selbst dann, wenn wir es besser wissen. Es besser zu wissen, das hielten Clifford Nass und Scott Brave schon 2005 in ihrem eingangs zitierten Buch zum Thema Sprach-Interfaces fest, reicht nicht, »um die historisch angemessene Aktivierung sozialer Beziehungen durch Stimmen zu überwinden«. Warum »historisch angemessen«? Weil man sich in der bisherigen Menschheitsgeschichte darauf verlassen konnte, dass man mit einem Menschen sprach, wenn man eine menschliche Stimme hörte. Doch diese Zeiten sind vorbei.

Nass war, wie der in Kapitel 8 zitierte B. J. Fogg, Professor in Stanford, einer der Pioniere in der Forschung zur Mensch-Maschine-Interaktion. Unter anderem erfand er den Vorläufer des berüchtigten Karl Klammer, des büroklammerförmigen digitalen Assistenten in frühen Versionen von Microsofts Office-Paket. Nass wird die Alltagsauswirkungen seiner Prophezeiungen zum Thema Sprach-Interfaces nicht mehr erleben, er ist 2013 mit 55 Jahren gestorben. Wie mächtig solche Schnittstellen sein würden, wusste er aber schon 2005: Designer würden sich »die automatischen und mächtigen Reaktionen zunutze machen, die alle Stimmen hervorrufen, ob menschlich oder maschinell erzeugt, um Zuneigung, Vertrauen, Effizienz, Lernen und sogar Kaufverhalten zu steigern«, heißt es in *Wired for Speech.*

Zur Illustration ein nicht besonders abwegiges Szenario: Stellen Sie sich vor, jemand baut einen Enkeltrick-Roboter, der Tausende von Rentnerinnen und Rentnern gleichzeitig anrufen kann. Ein paar von ihnen werden auf die Masche hereinfallen, und bei denen holt man sich dann Geld. Die Kosten für all die Fehlversuche sind minimal. Die Logik des Spammers – die Masse macht's – steht plötzlich auch herkömmlichen Trickbetrügern offen. In Zukunft könnten die nigerianischen Prinzen mit dem großen Erbe direkt anrufen, statt erst lange E-Mails zu schreiben.

Die nächsten Schritte der neuen digitalen Scheinrealitäten, die uns bevorstehen, sind nicht erkennbare Kopien echter menschlicher Stimmen. Das Start-up Lyrebird[145] erlaubte es schon 2018, auf Basis von einigen wenigen Aufnahmen eine digitale Kopie der eigenen Stimme zu erzeugen. Auf der Unternehmensseite kann man das kostenlos ausprobieren. Es funktioniert bislang nur für englischsprachige Sätze, aber dort sind die Resultate verblüffend: Mit einer Minimalstichprobe von einer Minute eingelesenem Text erzeugt das System eine etwas monoton intonierende, aber durchaus erkennbare Version der eigenen Stimme. Sie kann anschließend beliebige andere Sätze vortragen.

Probieren Sie das einmal aus, es wird Ihre Vorstellung von der Zukunft von Propaganda und Desinformation verändern. Maschinelles Lernen erzeugt im Moment ein scheinbares Wunder nach dem anderen. Kein Wunder, dass sich dafür auch und gerade Kriminelle schon jetzt brennend interessieren.

Im Sommer 2019 wurde bekannt, dass der Geschäftsführer eines britischen Energieunternehmens mithilfe einer vermutlich per Machine Learning gefälschten Stimme dazu gebracht worden war, 220 000 Euro auf das Konto von Betrügern überweisen zu lassen. Der Manager war der Meinung, er spreche am Telefon mit dem Chef des deutschen Mutterkonzerns seiner Firma. Der wies ihn an, die 220 000 Euro auf das Konto einer ungarischen Firma zu überweisen, angeblich ein Lieferant des Unternehmens. Der britische Geschäftsführer habe »am Telefon den leichten deutschen Akzent und die Sprachmelodie seines Vorgesetzten erkannt«, sagte ein Vertreter der Versicherung des geschädigten Unternehmens dem *Wall Street Journal.*[146] Die 220 000 Euro bekam die Firma von der Versicherung zurück. Der Trick klappte nur ein einziges Mal: Als die Betrüger, ermutigt vom Erfolg, mit derselben gefälschten Stimme noch einen zweiten Versuch unternahmen, war der britische Manager misstrauisch geworden. Die Täter sind bis heute unbekannt.

Auch Videobilder lassen sich mittlerweile mit vergleichsweise geringem Aufwand fälschen, und auch diese Technik wird in den nächsten Monaten und Jahren rapide besser werden. Eine gefälschte Aufzeichnung ist eine Sache – gefälschte Live-Gespräche mit dem scheinbar realen Gesicht des Gegenübers auf dem Bildschirm und dessen scheinbarer Originalstimme werden ungleich mächtiger sein. Spätestens nach dem Corona-bedingten Schub von Videokonferenzen in vielen Gesellschaftsbereichen dürfte klar sein, welche neuen Risiken das mit sich bringt.

Anfang 2017, als in Berlin besorgt über sogenannte Social Bots, also automatisierte Accounts in sozialen Medien und deren Implikationen für politische Propaganda, gesprochen wurde, gab es im Bundestag zwei Anhörungen, an denen ich als Sachverständiger teilnehmen durfte.[147] Ich habe damals unter anderem gesagt, dass wir als Mitglieder dieser Gesellschaft das Recht haben sollten zu wissen, wann wir mit einer Maschine sprechen – nicht wegen Bots bei Twitter, sondern wegen künftiger technologischer Entwicklungen.

Diese Entwicklungen sind mittlerweile längst da, und sie verlaufen einmal mehr schneller, als man es für möglich gehalten hätte. Menschen werden sich bald häufiger maschinellen Lügnern gegenübersehen. Es wird höchste Zeit für Robotergesetze – und eines davon sollte sein, dass eine Maschine verpflichtet ist, sich zu Beginn eines Gesprächs als solche zu erkennen zu geben.

Eine andere, weniger gravierende Gefahr hat schon Karl Klammer sichtbar gemacht. Die nämlich, dass uns all die neuen digitalen Redner unheimlich auf die Nerven gehen werden. Clifford Nass hat über Karl Klammer einmal gesagt, der sei »passiv-aggressiv« gewesen, »im schlimmsten Fall schlicht feindselig«. Und: »Wir wissen, wie wir zu solchen Leuten stehen: Wir hassen sie.«[148]

Offenbar werden die neuen digitalen Assistenten, die in der Regel mit weiblicher Stimme sprechen, nicht mehr als passiv-aggressiv wahrgenommen, im Gegenteil. Jedenfalls feiern sie, dank einer Kombination aus der, um es mit Nass zu sagen, »historisch angemessenen Aktivierung sozialer Beziehungen« und ihrer gewaltigen Nützlichkeit gerade gewaltige Erfolge. Genau wie der Anrufbeantworter haben sie deshalb gute Chancen, zu einem selbstverständlichen Bestandteil unseres Alltags zu werden.

Apple erklärte Anfang 2018, auf 500 Millionen Geräten werde sein Sprachassistent Siri aktiv genutzt.[149] Microsoft zufolge nutzen 2019 150 Millionen Menschen den hauseigenen Sprachassistenten Cortana,[150] allerdings offenbar primär auf Desktop-Rechnern und anderen Computern. Amazon hatte Anfang 2019 nach eigenen Angaben 100 Millionen Geräte mit seinem Sprachassistenten Alexa verkauft.[151] Und Google verkündete Anfang 2020, sein schlicht

Google Assistent genannter Sprachhelfer werde weltweit von 500 Millionen Menschen mindestens einmal im Monat genutzt.[152]

Eine Sekretärin oder ein persönlicher Assistent ist eine mächtige Person. Das weiß jeder, der einmal versucht hat, einen Herrn Generaldirektor ans Telefon zu bekommen. Die Chefsekretärin kontrolliert nicht nur den Zugang zum Chef, sie weiß auch viel über ihn – wann die Frau Gemahlin Geburtstag hat, welche Blumen sie mag, wann er nach Hause geht, ob er schon mal in China war. Je mehr die Sekretärin oder der Sekretär über den Chef oder die Chefin weiß, desto mächtiger ist sie oder er – aber auch desto nützlicher. »Besorgen Sie mal ein Geburtstagsgeschenk für meinen Mann«, sagt man nur zu jemandem, dem man vertraut. Aus genau diesem Grund waren Sekretärinnen schon immer beliebte Ziele für die Romeos unter den Spionen.

Kommt Ihnen der Stoßseufzer »Ich brauche eine Sekretärin!« bekannt vor? Falls ja, und das halte ich für wahrscheinlich, dann liegt das daran, dass unser aller Leben immer schneller, komplexer und mobiler wird. Wir haben heute alle Terminpläne wie der Herr Generaldirektor, nur keine persönlichen Assistenten. Aber ein Smartphone.

Ein digitaler Assistent, der uns wirklich nützt, wird aber noch viel mehr über uns wissen als eine Chefsekretärin über ihren Chef. Er wird unseren ganzen Freundeskreis kennen und unser Tempo beim Spazierengehen. Er wird wissen, mit wem wir häufig telefonieren, welches eine Foto wir uns immer wieder ansehen und wo wir unsere Unterwäsche kaufen. Er wird an unserer Stimmlage erkennen, wie wir gelaunt sind und ob vielleicht gerade eine Erkältung im Anflug ist – mehr dazu gleich.

Ich habe in den Jahren 2013 bis 2015 zu dem Team gehört, das beim *SPIEGEL* Dokumente aus dem Fundus von Edward Snowden auswertete und daraus journalistische Berichterstattung machte. Im Rückblick muss man ehrlicherweise sagen, dass wir damals ziemlich naiv waren, was die Folgen unserer Arbeit anging: Wir glaubten nämlich wirklich, dass die Aufklärung der Welt über die extremen Überwachungsmaßnahmen der sogenannten Five-Eyes-Geheimdienste politische Folgen haben würde. Wie gesagt: Wir waren naiv.

Die Welt ist, Jahre nach Snowdens Überwachungsenthüllungen, nicht in erster Linie sensibilisiert für Überwachung, erbost, bereit zu Verschlüsselung, Protest und Gegenwehr. Post-Snowden heißt in Wirklichkeit: systematisch desensibilisiert. Ist doch sowieso alles egal.

Es liest sowieso schon ein Roboter Ihre privaten E-Mails, die ganze Zeit, zumindest, wenn Sie einen kostenlosen Webmail-Account benutzen. Und wenn Sie Google Maps zur Navigation oder Routenplanung auf dem Smartphone verwenden, dann weiß Google mit hoher Wahrscheinlichkeit auch, wo Sie wohnen und wo Sie arbeiten. Wenn Sie sich mal gruseln wollen, sehen Sie sich über das Google Privacy Dashboard einmal Ihren Suchverlauf oder, noch gruseliger, die *location history* Ihres Smartphones an. Sie werden Dinge über Ihr eigenes Privatleben erfahren, die Sie selbst schon vergessen hatten.

Vor Robotern braucht man sich vielleicht nicht zu fürchten, aber vor Menschen. Es muss sich nur jemand, sei es ein Werbetreibender, ein Geheimdienst oder sonst jemand mit der nötigen Macht, für all die Informationen interessieren, die wir unseren digitalen Assistenten anvertrauen werden. Er wird künftig Millionen ausnehmend gesprächige Chefsekretärinnen vorfinden, die alles, aber auch wirklich alles über ihre Chefs wissen – und keinerlei Skrupel haben, das auch zu ausplaudern.

Daten sammeln die sprechenden Computer von heute und morgen aber auch auf einer anderen, viel elementareren Ebene. Jedes Mal, wenn Alexa sagt »Das habe ich leider nicht verstanden« und ein Nutzer es dann noch einmal mit einer anderen Formulierung versucht, diesmal vielleicht mit Erfolg, wird ein gelabeltes Stück Trainingsdaten generiert. Und die braucht man ja, um lernende Maschinen immer weiter zu trainieren. Jedes Wort, das all die Millionen Nutzer der Assistentendienste zu ihren Helfern sagen, erzeugt weitere Informationen darüber, wie Menschen sprechen, welche Dialektausprägungen es für dasselbe Wort gibt, aber nicht nur das: Schon 2018 erhielt Amazon ein Patent[153] für ein System zur »stimmbasierten Bestimmung physischer und emotionaler Eigenschaften eines Nutzers«.

In einer Grafik in der Patentschrift ist eine prototypische Situation dargestellt, in der das System beispielsweise funktionieren soll. Eine Nutzerin, die hüstelt und schnieft, sagt zum Smart Speaker: »Alexa, ich habe Hunger.« Das Gerät erkennt offenbar, dass die Nutzerin gesundheitlich angeschlagen sein könnte, und fragt: »Hättest du gern ein Rezept für Hühnersuppe?« Als die Nutzerin verneint, fragt das Gerät als Nächstes: »Okay, ich suche etwas anderes für dich. Soll ich dir übrigens Hustensaft mit einstündiger Lieferfrist bestellen?«, worauf die Nutzerin mit einem begeisterten »Das wäre toll, danke fürs Fragen!« reagiert. Die Maschine antwortet: »Kein Problem. Ich maile dir eine Bestellbestätigung. Gute Besserung!«

In diesem Beispiel geht es nicht um Gefühle, aber mit derselben Technologie will Amazon auch Gemütszustände entschlüsseln lernen. Vielleicht schnieft die Dame ja auch, weil sie sich gerade mit ihrem Freund gestritten hat? Tatsächlich ist es sehr wahrscheinlich, dass auch Maschinen eines Tages in der Lage sein werden, mit dem nötigen Training aus menschlichen Sprachproben emotionale Zustände herauszulesen – immerhin können wir Menschen das ja auch, zumindest in einem gewissen Rahmen. Eine Maschine, die Husten und Schnupfen erkennen kann, könnte vermutlich auch eine tränenerstickte Stimme korrekt klassifizieren lernen. Und alle Nutzer der neuen sprachgesteuerten Dienste liefern schon jetzt permanent Daten, mit deren Hilfe die menschenverstehenden Maschinen von morgen trainiert werden sollen.

Tatsächlich arbeiten die meisten von uns schon seit Jahren an diesem Projekt mit, auch wenn wir das gar nicht realisieren. Haben Sie schon einmal, etwa, bevor Sie auf einer Webseite einen neuen Account anlegen oder eine Datei herunterladen durften, ein sogenanntes Captcha bearbeitet, mit dem Vermerk »I am not a robot«? Früher waren das verzerrt gedruckte Wörter, die man erkennen und korrekt in ein entsprechendes Fenster eintippen musste, später dann zwei- oder dreistellige, verzerrt fotografierte Hausnummern. Anfang 2020 waren es oft Zebrastreifen, Fahrräder, Schornsteine, Hügel oder Hydranten, die in einer Matrix von drei mal drei oder vier mal vier Bildern mit einem Klick markiert werden mussten. Offiziell geht es bei diesen für Menschen simplen Aufgaben darum, Menschen von automatisierten Skripten zu trennen. Das soll etwa verhindern, dass jemand automatisiert massenweise Accounts auf einer Social-Media-Plattform anlegt. Computer können diese Aufgaben schlecht bewältigen, das ist die Logik. Wenn jemand also alle Hydranten korrekt identifiziert, handelt es sich wohl um einen echten Menschen, der da vor dem Rechner sitzt, und nicht um einen automatisierten Bot, der massenweise Accounts anlegen soll.

Tatsächlich aber hat dieses von Google ReCaptcha getaufte Programm, das schon seit 2009 läuft, noch einen anderen Zweck:

Hier werden riesige Mengen Internetnutzer als kostenlose Arbeitskräfte eingespannt. Die zu entziffernden verzerrten Wörter dienten der besseren Texterkennung für Googles Buch-Scan-Projekt Google Books. Die verzerrten Hausnummern stammten von Fotos, die Googles Streetview-Autos gemacht hatten, die aber von Maschinen nicht gut erkannt werden konnten, eben weil sie schief oder verzerrt waren. Und all die per Klick markierten Schornsteine, Motorräder und Hydranten erzeugen jetzt gelabelte Datensätze, um damit auf neuronalen Netzen basierende Systeme zur Objekterkennung auf Bildern zu trainieren – denn für Supervised Learning (siehe Exkurs »Wie funktionieren neuronale Netze« in Kapitel 2) braucht man ja solche annotierten Datensätze.

Diese Beispiele zeigen recht gut, wohin die Reise gerade geht: Die lernenden Maschinen von heute und morgen werden mit dem gleichen Rohstoff gefüttert, auf dem auch die klassische empirische Wissenschaft maßgeblich beruht: Daten von Beobachtungen. Mit einem gewaltigen Unterschied: Die Größe der Stichproben hat sich in rasendem Tempo unfassbar vergrößert. Das hat mit all den Alexas, Siris und Cortanas zu tun, aber noch mehr mit der Tatsache, dass wir, den interaktiven Medien sei Dank, ständig selbst Daten in Maschinen eingeben. Oder dass wir, allgegenwärtigen Sensoren etwa in Mobiltelefonen sei Dank, ganz beiläufig und unwissentlich weitere Daten produzieren.

Ein unter Psychologen verbreiteter Witz geht in etwa so: Die meisten Erkenntnisse über die Menschheit sind in Wahrheit nur Erkenntnisse über Studierende der Psychologie im Grundstudium. Tatsächlich basiert ein gewaltiger Anteil aller Studien, in denen Grundlegendes über menschliches Denken, über Wahrnehmung und Verhalten herausgefunden wurde, rein auf studentischen Stichproben. Das trifft auch auf manche der Arbeiten zu, die in Kapitel 7 zitiert werden. Und es liegt daran, dass Studierende entweder im Rahmen des Studiums verpflichtet werden, Versuchspersonenstunden abzuleisten – oder aber mit »Biergeld« zur Teilnahme überredet werden können, wie der zu Beginn dieses Kapitels zitierte Psychologe Steven Pinker das formuliert.

Jetzt aber ändert sich das. Das Ergebnis sind Schlagzeilen wie diese hier: »Mobilfunkdaten scheinen zu bestätigen, dass Politik Thanksgiving ruiniert.« Zu lesen war das im *Boston Globe*[154] und in der *Washington Post.*[155]

Experimentelle sozialpsychologische Studien haben mal 20, mal 60 und mal 100 Versuchspersonen. Die Studie, die dieser Schlagzeile zugrunde liegt, basiert auf einer etwas größeren Stichprobe: Sie umfasst zehn Millionen US-Bürger. Und keiner davon weiß überhaupt, dass er teilgenommen hat.

Die Wirtschaftswissenschaftler Keith Chen und Ryne Rhola zogen ihre Schlüsse aus einer Kombination von Datenquellen und veröffentlichten ihre Ergebnisse nicht nur in Tageszeitungen, sondern später auch in *Science.*[156] Es handelt sich also durchaus um ernst zu nehmende Forschung, nicht um eine Pseudostudie. Chen und Rhola benutzten zum einen Informationen über das Wahlverhalten in bestimmten Bezirken – mehr Stimmen für Donald Trump oder mehr für Hillary Clinton? Entscheidend aber war etwas anderes: Daten aus zehn Millionen Mobiltelefonen. Die kauften sie einfach ein, bei einem Unternehmen namens Safegraph, das eine Tracking-Technik in diversen Smartphone-Apps untergebracht hat. Die sorgt dafür, dass Safegraph immer weiß, wer wann wo war. Unternehmen dieser Art gibt es in den USA, wo die Datenschutzgesetze weit weniger streng sind als in Europa, diverse.

»Wir bekommen Informationen von vertrauenswürdigen Datenpartnern wie etwa Entwicklern von mobilen Anwendungen«, so erklärt Safegraph das in seiner Privacy Policy. Wer also bei der App-Installation die Privatsphäre-Erklärung einfach wegklickt, hat womöglich schon eingewilligt, Teil einer solchen Stichprobe zu werden. Im Vergleich zu Kartenanbietern wie Google oder Apple ist Safegraph in Sachen Ortskenntnis aber immer noch ein kleines Licht. Interessant übrigens: Zu den Beratern von Safegraph gehörte damals, 2017, ein gewisser Karl-Theodor zu Guttenberg.

Solche Handy-Ortsdaten sind zunächst nicht personalisiert, aber die Studie zeigt anschaulich, dass das auch gar nicht erforderlich ist: Chen und Rhola bestimmten die Wohnorte ihrer zehn Millionen unfreiwilligen Versuchsteilnehmer einfach, indem sie nachsahen, wo die Telefone nachts in der Regel waren. So einfach werden aus »anonymisierten« Handydaten Adressdaten.

Dann ermittelten die Forscher, ob der jeweilige Wohnort in einem eher republikanischen oder eher demokratischen Wahlbezirk lag. Die dort Lebenden wurden dann schlicht als »Republikaner« oder »Demokraten« klassifiziert, was natürlich eine grobe Vereinfachung ist. Trotzdem hatte diese extrem simple Klassifikation einen sehr klaren Effekt. Anschließend sahen die Autoren nämlich nach, wo der jeweilige Smartphone-Besitzer zu Thanksgiving hinfuhr und wie lange er dort blieb. Und siehe da: »Republikaner«, die in »demokratischen« Gegenden zu Gast waren, blieben dort im Schnitt 20 bis 30 Minuten kürzer, als Leute, die Verwandte in einem Bezirk mit einer ähnlichen Wählerzusammensetzung wie der ihres eigenen besuchten. Umgekehrt galt das Gleiche: Auch »Demokraten«, die bei ihren in »republikanischen« Gegenden wohnenden Verwandten zu Gast waren, blieben kürzer. Außerdem habe die Zahl der Verwandtenbesuche über die mit dieser groben Näherung bestimmten Parteigrenzen hinweg von 2015 bis 2016 abgenommen, so ein weiteres Ergebnis der Studie.

»Familien mit nicht zusammenpassendem Wahlverhalten« hätten auf diese Weise USA-weit insgesamt »62 Millionen Personenstunden Thanksgiving-Zeit« eingebüßt, so die Folgerung der Forscher. Die Angst vor dem politischen Krach habe wohl dafür gesorgt, dass die Verwandten sich lieber schneller wieder voneinander verabschiedet hätten. Gesellschaftliche Polarisierung, gewissermaßen im Livebetrieb beobachtet, von ganz weit oben. Was sich hier manifestiert, ist eine neue Art von Wissenschaft: Was Chen und Rhola getan haben, könnte man »Big Data in Aktion« nennen.

Im Beispiel geht es um Abermillionen Datensätze über den Aufenthaltsort von Menschen, aber vergleichbare, womöglich noch wertvollere Informationsberge gibt es längst zuhauf. »Ich bin mittlerweile überzeugt, dass Google-Suchen der wichtigste Datensatz über die menschliche Psyche sind, der je zusammengetragen wurde«, schreibt zum Beispiel Seth Stephens-Davidowitz in seinem Buch *Everybody Lies.*[157] Er sollte wissen, wovon er spricht, er hat nämlich früher als Datenanalyst für Google gearbeitet, verfügt aber auch über einen Doktortitel in Wirtschaftswissenschaften aus Harvard.

Bei Google und Facebook geht man übrigens ganz freimütig mit der Tatsache um, dass alle Nutzerinnen und Nutzer der eigenen Angebote ständig damit rechnen müssen, unwissentlich zu Versuchspersonen gemacht zu werden. In einem kürzlich erschienenen Buch zum Thema mit dem Titel *The Power of Experiments* zitieren die Autoren Hal Varian, Googles Chefökonomen.[158] Der erklärt den Wert der vielen Tausend A/B-Tests, die sein Arbeitgeber jedes Jahr durchführt, folgendermaßen: »Wir wollen nicht, dass hochbezahlte Manager darüber diskutieren, ob ein blauer oder ein gelber Hintergrund zu mehr Klicks führen wird. Warum debattieren, wenn wir es einfach mit einem Experiment herausfinden können?« Der Chef von Facebooks »Adaptive Experiments Team«, Eytan Bakshy, hat einmal gesagt: »Bei Facebook machen wir über 1 000 Experimente pro Tag.« Eines davon sorgte 2012 für eine Menge Aufsehen: Facebook hatte die emotionale Zusammensetzung der Newsfeeds von zwei Nutzergruppen manipuliert, insgesamt fast 700 000 Menschen. Eine Gruppe bekam mehr negative Posts zu sehen, die andere mehr positive. In der Tat wirkte sich das offenbar signifikant auf die Stimmung der ahnungslosen Versuchsobjekte aus: Die Nutzer mit den negativ gefärbten Feeds veröffentlichten anschließend im Schnitt selbst mehr Posts mit negativen Begriffen. Facebook hatte ihnen also aktiv die Laune verdorben. Als das Ganze herauskam, gab es einen wütenden Aufschrei und Facebook gelobte Besserung.

In seinem Buch führt Stephens-Davidowitz vor, was man aus den Datenspuren, die wir alle unwissentlich hinterlassen, so alles ablesen kann. Zum Beispiel, dass eine erstaunliche Menge von sowohl Männern als auch Frauen sich offenbar für Sex unter Verwandten interessiert – was man daran erkennen kann, dass sie in Pornoportalen nach Videos mit Inzestthematik suchen.

Die Pornodaten, glaubt Stephens-Davidowitz, würden eines Tages dazu beitragen, dass »das finale Urteil über die menschliche Sexualität einige Schlüsselthemen umfassen wird, die schon Freud betont hat«. Ödipus, entlarvt per Browser-History? Zu Suchfenstern, glaubt Stephens-Davidowitz, sind wir ehrlicher als zu unseren engsten Freunden.

Google-Suchen, Pornoseiten, Ortsdaten, Facebook-Posts, Instagram-Fotos und so weiter: Die Datenexplosion der vergangenen Jahre trägt dazu bei, dass wir uns, forschungstechnisch betrachtet, gerade in Ameisen verwandeln. Es muss nur jemand mit einer ausreichend großen Lupe kommen.

Der Physiker und Mathematiker Stephen Wolfram, der schon mit 15 Jahren Artikel über Teilchenphysik publizierte, geht sogar noch weiter. Er glaubt, dass die Datenberge eine bemerkenswerte Wahrheit enthüllen. Wolfram gilt als Genie, und wenn man ihm gegenübersitzt, hat man das Gefühl, es mit einem dieser Leute zu tun zu haben, in deren Kopf immer so viel vor sich geht, dass sie die Menschen um sich herum manchmal eher beiläufig wahrnehmen. In einem Gespräch, das ich 2013 mit ihm führen konnte, sagte Wolfram, nachdem er und sein Team einen ersten großen Batzen Facebook-Daten ausgewertet hatten: »Jetzt wird mir klar, dass sich bei diesem Projekt erstmals das überschneidet, was ich über Wissenschaft weiß, und das, was mich an Menschen interessiert: ihre Lebensläufe. Verlockend ist, dass man sehr präzise Kurven herausbekommt, wenn man sich Daten über das Verhalten von Menschen ansieht. Bei uns in der Firma kursierte vor einer Weile ein Witz: Unser Team von Web-Analytikern bestand zum Großteil aus Teilchenphysikern. Die sind daran gewöhnt, mit Neutrinos und so zu experimentieren, wobei man bestimmte Messraten bekommt und dann Kurven zeichnet über das Verhalten der Teilchen und so weiter. Die Datenraten in unserem Web-Analyse-System sind ungefähr die gleichen, die unsere Physiker aus ihren Teilchenphysikstudien kannten. Die Zahl der Klicks entspricht etwa der von Teilchen, die einen Detektor durchqueren. Überraschend ist dabei: Die Kurven aus den Web-Analysen sind viel glatter als die, die wir aus der Teilchenphysik kennen. Menschen sind gewissermaßen vorhersagbarer als die Quantenmechanik von Elementarteilchen.«[159]

So weit und so kalt wird der Blick der neuen Big-Data-Sozialwissenschaft sein – solange wir Ameisen mitmachen. Die Soziologin Zeynep Tufekci hat einmal geschrieben:[160] »Datenschutz ist kein Endverbraucherprodukt, bei dem man einfach ›akzeptieren‹

klickt, und dann ist alles gut. Datenschutz ist eher wie Luftqualität oder sicheres Trinkwasser, ein öffentliches Gut, das man nicht effektiv regulieren kann, indem man auf die Weisheit von Millionen individuellen Entscheidungen vertraut.«

Ein anschauliches Beispiel für die Wahrheit dieser Sätze ist mir vor einigen Jahren im Urlaub auf einer schwedischen Schäreninsel begegnet. Einem auf angenehme Weise scheinbar zivilisationsfernen Ort, an dem es keine Autos gibt und man zum Einkaufen mit der Fähre auf die Nachbarinsel fahren muss. Eine kleine Insel mit verschlungenen kleinen Trampelpfaden durch Nadelwälder, bewohnt von höchstens ein paar Dutzend Menschen.

Der nette Mann, der uns sein Haus dort vermietete, gab uns den Tipp, einem seiner Freunde, einem Künstler, der auf der Insel lebt, in der Fitness-Tracking-App Strava zu folgen, um Zugriff auf dessen Laufstrecken zu bekommen. Das erwies sich als sehr nützlich. Der Mann hatte das unter Kiefernwäldern verborgene Trampelpfadnetz der Insel, das nicht einmal Google Earth richtig abbildet, bei seinen sportlichen Aktivitäten praktisch vollständig kartiert. Ein Smartphone mit seinen Sensoren ist, gepaart mit einer gut ausgestatteten Kartenanwendung, ein mächtiges Werkzeug.

Nach dem Urlaub habe ich Strava wieder von meinem Smartphone gelöscht, aber ich bekomme noch immer per Mail Benachrichtigungen, dass irgendjemand mir jetzt auf Strava »folgt«. Ich bin kein großer Fan davon, meinen Aufenthaltsort und meine Bewegungsmuster öffentlich zu machen, aber viele Menschen sind da weniger zimperlich.

US-Soldaten zum Beispiel, und vermutlich auch CIA-Agenten. Anfang 2018 veröffentlichte das Unternehmen Strava sogenannte Heat Maps auf Basis des eigenen Datenschatzes. Es lieferte damit nicht nur eindrucksvolle Bilder der Fitnessaktivitäten von

Menschen rund um den Globus, sondern hatte versehentlich auch zum Teil geheime Militär- und Geheimdiensteinrichtungen sichtbar gemacht. Denn auch Soldaten und Agenten nutzen offenbar Strava, kombiniert mit Mobiltelefonen oder Fitnesstrackern mit GPS-Funktion.

Die Strava-Karten sind Bilder von eigentümlicher Schönheit: Pfade aus Licht auf dunklen Landkarten, die an den Film *Tron* denken lassen oder an die fotografische Technik der Lichtmalerei. Sie basieren dem Unternehmen zufolge auf »einer Milliarde Aktivitäten« und bestehen aus Billionen individueller GPS-Messpunkte.

Besonders hell strahlte die Strava-Weltkarte von 2018 in den Zivilisationszentren des Planeten. Europa sah aus wie ein See aus Lava, die US-amerikanischen Küsten trugen breite Spitzensäume aus Licht. Japan und Südkorea strahlten mancherorts fast weiß, während Nordkorea fast völlig schwarz erschien – bis auf ein paar Straßen in Pjöngjang, wo offenbar Angehörige der privilegierten Herrscherkaste mit Spielzeugen aus dem Westen an ihrer Kondition arbeiten. Oder Gäste aus dem Ausland, die mit ihren Fitnesstrackern joggen waren.

Andere derartige Anomalien fanden sich etwa am Rande von Mogadischu, wo eine geheime CIA-Einrichtung vermutet wird, oder in Afghanistan. Offenbar nutzten auch US-Agenten beim Joggen Strava. Warum nicht die neuen, verhaltenspsychologisch ausgeklügelten Motivationshelfer am Handgelenk nutzen, um an der Jason-Bourne-Konstitution zu arbeiten?

Das US-Militär hat zu diesem potenziell lebensgefährlichen Datenleck selbst beigetragen, indem es Tausende Fitnesstracker an Soldaten verteilte – offenbar ohne ausreichend nachdrücklich darauf hinzuweisen, dass die in vielen Apps standardmäßig aktivierten Funktionen zum Teilen der eigenen Daten dringend abgeschaltet werden sollten. Plötzlich konnten interessierte Taliban online nachsehen, wo die US-Marines am liebsten joggen gehen.

Die Strava-Weltkarte machte zwei unterschiedliche, aber verwandte Facetten der digitalen Gegenwart sichtbar. Die eine ist: Die Entscheidung darüber, ob bestimmte Daten weitergereicht oder gar öffentlich gemacht werden dürfen, kann man nicht einfach dem Einzelnen überlassen, der im Zweifel aus reiner Trägheit auf »akzeptieren« klickt. »Mehr« ist im Zusammenhang mit Daten über Abermillionen von Menschen nicht einfach mehr, sondern etwas anderes. Das Aggregat ist mehr als die Summe des Aggregierten.

Die Analogie zu anderen großen Kollateralschäden der menschlichen Zivilisation ist augenfällig: Die Abgase eines einzelnen Autos für den Klimawandel verantwortlich zu machen wäre widersinnig. Alle gemeinsam aber tragen wir mit unserer Mobilität und unserem Energieverbrauch die Schuld an der Tatsache, dass Gletscher und Polareis schmelzen, der Meeresspiegel ansteigt, Landschaften versteppen und so weiter (darauf kommen wir in Kapitel 11 noch zurück).

Gerade in Verbindung mit maschinellem Lernen sind die gigantischen Datenmengen, die wir Digitalzivilisierten ständig produzieren, auf andere, aber ähnlich schwer vorhersagbare Weise wirkmächtig. Zeynep Tufekci formuliert es so: »Selbst dann, wenn alle Technologiefirmen wohlmeinend und in gutem Glauben handeln würden, wären sie nicht in der Lage, Sie, die Nutzer darüber zu informieren, in was genau Sie da einwilligen.«

In diesem Zusammenhang sollte man sich eins klarmachen: Die Strava-Schätze sind, so eindrucksvoll und potenziell gefährlich sie sein mögen, ein Witz im Vergleich zu dem, was andere Unternehmen seit Jahren an Ortsdaten sammeln: vor allem Google, Apple und Microsoft mit ihren GPS-gekoppelten Karten- und

Navigationsdiensten, und natürlich Mobilfunkanbieter. Dass diese ungleich größeren Datenschätze eben nicht öffentlich zugänglich sind, macht sie sogar noch wertvoller, aber nicht weniger anfällig für Missbrauch.

Es geht aber nicht nur um Ortsdaten: biometrische Merkmale von Gesichtszügen bis zum individuellen Laufstil, Kommunikationsinhalte, dazugehörige Metadaten und in sozialen Netzwerken enthüllte persönliche Vorlieben, Suchmaschinenanfragen und Browserverläufe – die Datenberge, aus denen eines Tages womöglich nicht einkalkulierte Erkenntnisse, Einsichten und Risiken entstehen, wachsen sekündlich weiter. Die neue Europäische Datenschutz-Grundverordnung ist ein erster wichtiger Schritt auf dem Weg in eine Welt, in der wir dieser Tatsache ins Auge sehen. Aber sie wird auf Dauer nicht reichen. Bei Weitem nicht.

Das zweite Faktum der digitalen Gegenwart, das die Strava-Daten sichtbar machen, ist die Spaltung der Welt: Die mutmaßliche CIA-Einrichtung in Somalia, die Militärlager in Afghanistan und anderswo, die Joggingreviere der Autokraten Nordkoreas – alles leuchtende Inseln aus Zukunft in einem Meer aus vordigitaler, teils mittelalterlicher Gegenwart. Hier die Nutznießer und Rohstofflieferanten des Digitalkapitalismus, dort alle anderen, in deren Welt Privatsphäre noch existiert, aber auch Hunger, Kindersterblichkeit und millionenfaches Leid.

William Gibsons berühmter Satz muss erweitert werden: Die Zukunft ist schon da, sie ist nur nicht gleichmäßig verteilt – und sie birgt ungeahnte neue Gefahren.

# 10 DIE NEUE DATENHERRSCHAFT

»Alle anderen aber, die an dem Verfahren beteiligt sind, haben ein Vorurteil gegen mich. Sie flößen es auch den Unbeteiligten ein. Meine Stellung wird immer schwieriger.«

*Franz Kafka,* Der Prozess

Besonders augenfällig werden die Gefahren dieser neuen Welt allgegenwärtiger lernender Maschinen und allgegenwärtiger Datengewinnung für jeden Einzelnen überall dort, wo totalitäre oder diktatorische Regimes auf die Datenschätze zugreifen können. Nirgendwo ist das derzeit deutlicher erkennbar als im digitalisierungsberauschten, Machine-Learning-verrückten China. Dort hat sich seit dem »Sputnik-Moment« AlphaGo sehr viel getan. China investiert seit 2017 viele Milliarden in die Entwicklung von künstlicher Intelligenz[161] – weit mehr als etwa Europa. Auch die Vorzeichen, unter denen diese Entwicklung verläuft, sind deutlich andere.

Wenn jemand in China im populären Messenger WeChat beispielsweise Pu den Bären erwähnen will, wird die Nachricht automatisch blockiert.[162] Winnie the Pooh ist ein Spitzname, den Chinesen ihrem Staatschef Xi Jinping gegeben haben, weil sie offenbar eine gewisse optische Ähnlichkeit zwischen Alan Alexander Milnes »Bären von geringem Verstand« und ihrem Staatschef erkennen. Der Partei gefällt dieser eigentlich doch ganz nette Vergleich mit dem Teddy gar nicht, vielleicht wegen des nicht sehr schmeichelhaften

Beinamens. In China sind westliche Kinderbücher und Disney-Filme generell nicht sehr beliebt.[163] Und der Wunsch der Regierung ist den Betreibern von WeChat Befehl. Sogar Pu-Bilder werden automatisch zensiert. Auch so kann man auf maschinellem Lernen basierende automatisierte Bilderkennung einsetzen. Vermutlich in keiner anderen Nation der Welt, nicht einmal in den USA, hat man sich der Digitalisierung so ekstatisch und vorbehaltlos in die Arme geworfen wie in China. Digitale Technologie verändert das Land noch schneller als die westliche Welt. China baut unsere iPhones und Thinkpads. Doch gleichzeitig ist mit Xi Jinping jemand an der Macht, der in aller Konsequenz unterscheidet zwischen den Segnungen und Chancen des digitalen Kapitalismus – und dem, was wir im Westen unter Freiheit verstehen.

China digitalisiert sich rasend schnell, aber nach wie vor in mehrfacher Hinsicht abgeschottet. Ein Ergebnis dieser Strategie ist WeChat. Die App ist so etwas wie Facebook, WhatsApp, PayPal und diverse andere Dienste zusammen. Mithilfe der Great Firewall und mit politischem Druck hat China das erreicht, wovon Europa heimlich träumt: Unabhängigkeit von den Big Five, den fünf Tech-Riesen von der amerikanischen Westküste, Google, Apple, Facebook, Amazon und Microsoft. Die werden entweder ausgesperrt oder auf Linie gebracht.

WeChat gehört dem riesigen Internetkonzern Tencent, Börsenwert Anfang 2020: über 430 Milliarden Euro. Das zweite Börsenmonster Chinas ist Alibaba, mit einer Marktkapitalisierung von etwa 520 Milliarden Euro. Gemeinsam haben sie etwas erreicht, woran Google und Apple im Westen bislang scheitern: Das Smartphone dient als primäres Zahlungsmittel. Schon 2016 wurden in China etwa drei Viertel aller Online-Zahlungsvorgänge mit dem Smartphone abgewickelt, 2019 waren es Schätzungen zufolge 85

Prozent. Für 2017 kalkulierte das Marktforschungsunternehmen iResearch ein Volumen von umgerechnet fast 16 Billionen Euro für mobile Bezahlvorgänge, für 2018 waren es schon knapp 25 Billionen, und der Schätzwert für 2019 lag bei über 34 Billionen.[164] Das sind keine Rechen- oder Schreibfehler: Es sind wirklich Billionen. Zum Vergleich: Das deutsche Bruttoinlandsprodukt im Jahr 2016 betrug 3,15 Billionen Euro. In China wurde 2019 deutlich mehr als zehnmal so viel umgesetzt – nur über Smartphone-Bezahlvorgänge.

Abgewickelt werden diese unfassbar vielen Handyzahlungen fast ausschließlich von Tencent/WeChat und Alibabas Dienst Alipay. Jede Tube Zahnpasta, jede Flasche Schnaps und jede Taxifahrt ist jetzt einem Kunden zuzuordnen, einem Ort und einer Uhrzeit. Zum ersten Mal in der Geschichte des Kapitalismus liegt in einem Land eine nahezu vollständige digitale Dokumentation nicht nur der Bewegungen aller Bürger, sondern auch ihres gesamten Konsumverhaltens vor.

Westliche Firmen werden in den nächsten Jahren betteln, auf die mit maschinellem Lernen aus diesem Datenschatz gewonnenen Erkenntnisse zugreifen zu dürfen. Wie souverän westliche Konzerne gegenüber Chinas Staatsführung auftreten, ist schon jetzt jedes Mal zu bewundern, wenn es wieder einmal wegen eines Taiwan-T-Shirts oder eines Dalai-Lama-Zitats Ärger gibt. Regelmäßig entschuldigen sich westliche Konzernlenker und kriechen öffentlich zu Kreuze, wenn die Herrscher Pekings der Meinung sind, man habe die Gefühle des chinesischen Volkes verletzt, sprich: das eigene Propagandaweltbild infrage gestellt.

Auch die wichtigsten Unternehmen für Gesichtserkennungstechnologie kommen aus China: Megvii und SenseTime. SenseTime-Technik sorgt beispielsweise dafür, dass man am neuen

Flughafen Daxing in Bejing keine Bordkarte mehr vorzeigen muss: Check-in, Security, der Eintritt zur Business Lounge und selbst das Boarding werden sämtlich mit Gesichtserkennung abgewickelt und kontrolliert.[165] Megviis Gesichtserkennungssoftware ist schon in Sicherheitskameras eingebaut, mit denen Unternehmen beispielsweise ganz automatisch das Kommen und Gehen ihrer Mitarbeiter protokollieren können. Beiden, Megvii und SenseTime, sowie weiteren KI-basierten chinesischen Hightech-Firmen wie iFlytec (Übersetzungs- und Spracherkennungssysteme) und Yitu (KI-Systeme für Gesichtserkennung, medizinische Anwendungen und Smart Cities) wirft die US-Regierung vor, an den Unterdrückungsmaßnahmen gegen die muslimischen Uiguren in der einst mehrheitlich von ihnen bewohnten autonomen Provinz Xinjiang beteiligt zu sein. Die USA haben deshalb Sanktionen gegen diese Firmen verhängt.[166]

Xinjiang hat sich in den vergangenen Jahren zu einer Art Testlabor für totalitäre digitale Überwachung und Unterdrückung entwickelt – ein riesiges Labor, denn die Region hat etwa die viereinhalbfache Fläche Deutschlands. Gesichtserkennungstechnologie wird eingesetzt, um Han-Chinesen von Uiguren zu unterscheiden und Letztere dann mithilfe eines gewaltigen Netzes von Überwachungskameras auf Schritt und Tritt zu verfolgen. Mithilfe von iFlytec sollen auch Stimmprofile von Uiguren gesammelt und ausgewertet werden, sodass etwa bei überwachten Telefongesprächen die Teilnehmer jederzeit identifiziert werden können. iFlyTec-Software hilft auch, Telefonate anhand bestimmter Schlüsselwörter als verdächtig zu markieren und so die Aufmerksamkeit der Sicherheitsbehörden darauf zu lenken.[167]

Nach Schätzungen der Vereinten Nationen auf Basis geleakter Dokumente wurden 2019 in der Region etwa eine Million Menschen in Umerziehungslagern festgehalten und dort permanent überwacht. Aber auch diejenigen, die nicht eingesperrt sind, können sich nicht frei bewegen. *SPIEGEL*-Korrespondent Bernhard Zand, der Xinjiang 2018, vor den Enthüllungen über die Umerziehungslager, bereiste, beschrieb die Situation so:

> Von Millionenstädten wie Ürümqi bis in die entlegensten Gebirgsdörfer leuchten Kameras jede Straße aus; an Bahnhöfen, Flughäfen und den überall errichteten Checkpoints werden Iris-Scanner und sogenannte WiFi-Sniffer eingesetzt – Geräte und Programme, mit denen sich der Datenverkehr von drahtlosen Netzwerken überwachen lässt. Die Informationen laufen auf einer »Integrierten gemeinsamen Operationsplattform« zusammen, wo zudem weitere Daten der Bewohner gespeichert sind: über ihr Kaufverhalten, ihre Bankbewegungen, den Gesundheitszustand; dazu auch das DNA-Profil von jedem Bewohner Xinjiangs. Wer eine Datenspur hinterlässt, die ihn verdächtig macht, der wird verhaftet.[168]

Schon 2017 wurden die Uiguren in der Provinz angewiesen, eine App namens Jinwang auf ihren Smartphones zu installieren. Die Anweisung dazu kam per WeChat. Jinwang scannt automatisch den Inhalt des Smartphones, sucht nach Bildern, E-Books, Videos oder anderen Inhalten, die als »terroristisch« oder »religiös« eingestuft werden. Wer mit so etwas erwischt wird, muss die Inhalte löschen. Protokolliert werden auch Chatverläufe, Gerätekennungen und Internetzugriffe.[169]

»Human Rights Watch« berichtete im Jahr 2019, man habe eine von der Polizei in Xinjiang genutzte App namens Integrated Joint Operations Platform (IJOP) entdeckt und per *reverse engineering* ihre Funktionalität entschlüsselt.[170] Demnach können Polizisten mithilfe dieses Systems auf weitere Überwachungsdaten zugreifen, etwa darüber, wer wann und wo tankt, wer wie viel Strom verbraucht, wer wann an welchem Checkpoint vorbeikommt. Wenn die App »verdächtiges Verhalten« vermutet, werden demnach Beamte auf die jeweilige Person angesetzt. Die Internierung Hunderttausender zur »Umerziehung« in von Chinas Obrigkeit »Schulen« genannten Umerziehungslagern dürfte eine direkte Konsequenz dieser teilweise automatisierten Massenüberwachung sein. Mit anderen Worten: Xinjiang ist die realweltliche Umsetzung von George Orwells Albtraum, mit der Technik von heute. Das Ausmaß der Überwachung, die dort angewandt und zur aktiven Unterdrückung von etwa 13 Millionen Menschen eingesetzt wird, hätte aber vermutlich sogar den Autor von *1984* verblüfft.

Als Xi Jinping im Oktober 2017 beim Parteikongress in Peking eine seiner Dreieinhalbstunden-Reden hielt, um die nächsten fünf Jahre seiner Regentschaft einzuläuten und Chinas Anspruch als Supermacht zu betonen, sagte er, man müsse »in Wissenschaft und Technik zu neuen Ufern aufbrechen«, um »ein digitales China und eine smarte Gesellschaft aufzubauen«. Wie diese »smarte Gesellschaft« wirklich aussieht, wussten die Uiguren zu diesem Zeitpunkt bereits. Xi Jinping hat sich Anfang 2018 dann auch noch zum Staatschef auf Lebenszeit ausrufen lassen.[171]

Auch im Rest des Landes bauen Chinas Herrscher gerade ein System zur biometrischen Gesichtserkennung auf, das jeden der knapp 1,4 Milliarden Einwohner binnen Sekunden identifizieren können soll. Schon bis 2020 sollte allen Chinesen ein Punktwert zugewiesen werden. Der Social Credit Score ist eine Art staatlich sanktionierte eBay-Bewertung für Personen und Unternehmen. Er soll »traditionelle Tugenden« und eine »ehrbare Mentalität« fördern, so der schon 2014 veröffentlichte Plan zur »Errichtung eines Sozialkreditsystems«, jedenfalls laut der inoffiziellen Übersetzung eines in Oxford lehrenden Wissenschaftlers.[172] Offiziell geht es vor allem um ein funktionierendes Kontrollsystem für Kreditwürdigkeit. Aber das ist erst der Anfang.

»Jemand, der zehn Stunden am Tag Videospiele spielt, würde beispielsweise als untätige Person betrachtet werden, und jemand, der regelmäßig Windeln kauft, vermutlich als Elternteil, der mit höherer Wahrscheinlichkeit über Verantwortungsgefühl verfügt.« Das hat ein chinesischer Spitzenmanager namens Li Yingyun schon 2015 in einem Interview gesagt.[173] Er sprach nicht über den Social Credit Score, sondern über ein kommerzielles Scoring-System namens Sesame, das Alibaba gehört.[174] Tencent hat auch eines.[175] Beide beziehen folgende Faktoren in ihre Punktwerte ein, die aus dem beobachteten Verhalten abgeleitet werden: »Sicherheit«, »Wohlstand«, »Soziales«, »Fügsamkeit«, »Konsum«.[176]

Sesame gilt als eines der Vorbilder für das, was Chinas Regierung für alle will. Einen Punktwert, der alle Bürger zu besseren Menschen machen soll, der erwünschtes Verhalten belohnt, der bestraft, wenn man seine Eltern nicht besucht oder einfach zu lange untätig herumsitzt. Zunächst aber bekamen weder Alibaba noch Tencent, noch eine von sechs anderen Firmen, die beim Bürgerbewerten mitmachen wollten, eine Lizenz der Regierung. Es scheint Streit darüber gegeben zu haben, wem die Daten am Ende gehören.

Zur Rede des Staatschefs im Jahr 2017 hatte man sich bei Tencent trotzdem etwas Besonderes ausgedacht: ein WeChat-Spiel, in dem man Xi Jinping auf dem Touchscreen kräftig applaudieren konnte. Die alten Rituale und Ideen sind noch da. Jetzt aber mit digitaler Unterstützung.

Tatsächlich könnte man das Gefühl haben, dass in China gerade die Welt entsteht, die in den seit Mitte der 1980er-Jahre erschienenen Cyberpunk-Romanen beschrieben wird. Ein Beispiel, das offenbar bei vielen Beobachtern genau diese Assoziation hervorrief, ging Ende 2019 durch die Medien: Der Betreiber einer großen chinesischen Schweinefarm geriet damals in einen Konflikt mit der dortigen Luftfahrtbehörde. Die Farm hatte einen GPS-Jammer eingesetzt, ein Gerät also, das Lokalisierungssignale des Global Positioning System stört. Das war Piloten aufgefallen, die die Region überflogen.

Der Schweinefarmer hatte aber gar nichts gegen die Flugzeuge. Sein eigentliches Ziel war es, Drohnen fernzuhalten. Mit deren Hilfe warfen Kriminelle in China damals angeblich mit Schweinepest verseuchte Fleischstücke über Schweinefarmen ab. Wenn die Krankheit dann ausbrach, kauften die Täter die zwangsweise notgeschlachteten Tierbestände billig auf – um sie anschließend umzudeklarieren und das Fleisch teuer weiterzuverkaufen.

China ist der weltgrößte Markt für Schweinefleisch, und dort wütete die Schweinepest damals heftig. Die Schweinefleischproduktion brach dem dortigen Landwirtschaftsministerium zufolge zeitweise um 40 Prozent ein. Das machte die organisierte Kriminalität offenbar erfinderisch.

Als ein CNN-Journalist einen Artikel über den Vorgang auf Twitter teilte, erzielte er damit eine bemerkenswerte Resonanz – und haufenweise Kommentare, die auf Science-Fiction-Autoren wie Neal Stephenson oder William Gibson verwiesen.

Es gibt allerdings einen bedeutsamen Unterschied zwischen den Zukunftswelten von Romanen wie *Neuromancer* oder *Snow Crash*. Die Cyberpunk-Autoren porträtieren nämlich fast sämtlich eine düstere, turboliberale Fortschreibung der marktwirtschaftlichen

Demokratien des Westens: Konzerne üben darin ungezügelte Macht aus, befreit von den Fesseln staatlicher Kontrolle. Manche halten sich eigene Armeen oder Geheimdienste oder betreiben gleich selbst staatenähnliche Gebilde mit eigenem Territorium.

China ist zwar gerade dabei, sich in eine Hightech-Dystopie zu verwandeln – aber eine mit ganz anderen politischen Vorzeichen. Zwar existiert auch dort ein ungezügelt wirkender Turbokapitalismus, der sich um Arbeitnehmerrechte, die Umwelt, Verbraucherschutz oder gar Privatsphäre wenig bis gar nicht schert. Über diesem Turbokapitalismus aber steht weiterhin ein nahezu allmächtiger Staat, der seinen eigenen Konzernen jederzeit die Bedingungen diktieren kann. Der bei Bedarf eben ganze Bevölkerungsgruppen in Umerziehungslager sperrt. Und zur Unterdrückung mit Begeisterung Hightech-Werkzeug einsetzt.

Der durchdigitalisierte chinesische Überwachungsstaat mit seinem Social Credit Score, Videoüberwachung und öffentlichen Digitalprangern für Leute, die bei Rot über die Ampel gehen, wird zwar angetrieben von Kapital und Konsum. Kontrolliert aber wird er von der Kommunistischen Partei. Da lagen die Science-Fiction-Autoren falsch, aber die verfassen ja auch keine Prophezeihungen.

Es ist in den vergangenen Jahren auch von Journalistinnen und Wissenschaftlern viel geschrieben worden über Chinas Boom, über das rasante Wirtschaftswachstum, die atemberaubend schnell voranschreitende Digitalisierung, den unbedingten Aufstiegswillen der chinesischen Mittelschicht. In vielen Köpfen aber sitzt immer noch die Vorstellung fest, dass China irgendwie rückständig sei, dass Innovationen aus dem Westen kommen und aus dem Osten nur Klone. Das stimmt schon längst nicht mehr.

Im Digitalen kann man das zum Beispiel an einem manifestartigen Text sehen, den Facebook-Gründer Mark Zuckerberg im

März 2019 veröffentlichte. Darin heißt es unter anderem, man wolle sich bei Facebook künftig, nach dem Vorbild des 2014 hinzugekauften Dienstes WhatsApp, »auf das grundlegendste und privateste Anwendungsszenario konzentrieren«, nämlich private Nachrichten. Mit Zusatzfunktionen, »darunter Anrufe, Video-Chats, Gruppen, Stories, Geschäfte, Bezahldienste, Handel und am Ende eine Plattform für viele andere Arten privater Dienstleistungen«.

Ein Unternehmen, das genau das anbietet, gibt es bereits – wenn man den Begriff »privat« weglässt. Es hatte Ende 2018 schon über eine Milliarde Nutzer und heißt WeChat.

Zuckerberg orientiert sich bei seinen Plänen für sein eigenes Hauptprodukt also mittlerweile offen an der Funktionalität der chinesischen Schweizer-Messer-App, die ihren Betreibern insbesondere über den Bezahldienst so traumhafte Umsätze beschert. Facebooks zweites wichtiges Tochterunternehmen Instagram hat 2019 eine Erweiterung namens Reels vorgestellt – einen Klon der chinesischen Videoschnipsel-App TikTok. Die wurde weltweit bis April 2020 zwei Milliarden Mal heruntergeladen.[177] Dabei war TikTok im Westen erst ab 2018 überhaupt verfügbar.

Wer, auch im Westen, mit Teenagern zu tun hat, kennt TikTok längst. Das Herzstück der App ist eine Technologie, die man bis vor Kurzem ebenfalls für eine Domäne von Google, Facebook, Amazon und Microsoft hielt: maschinelles Lernen. Den niemals endenden Strom von meist mit Musik unterlegten Videoschnipseln von Leuten, die Tanzschritte oder Zaubertricks vorführen oder Miniatursketche nach einem gerade aktuellen Muster, das wenige Tage später wieder verschwunden sein wird, schneidet ein lernendes System auf jede Nutzerin und jeden Nutzer individuell zu. Jedes Weiterwischen, jeder »Like« und jeder Kommentar, jedes Noch-einmal-Ansehen geht ein in die maschinell erstellte

Gesamtkalkulation für das, was den Nutzer noch ein paar Minuten länger im Angebot halten wird.

Kurz gesagt: Social-Media-Innovationen kommen jetzt aus China, nicht mehr aus dem Silicon Valley.

Im Bereich künstliche Intelligenz wird China in den kommenden Jahren unaufhaltsam atemberaubende Sprünge machen, nicht zuletzt deshalb, weil sich dank des nicht existenten Datenschutzes einer der wichtigsten Rohstoffe für maschinelles Lernen im Überfluss findet.

Weniger stark diskutiert wird im Westen bislang eine Entwicklung, die nicht minder rasant voranschreitet: Chinesische Institutionen sind mittlerweile auch in naturwissenschaftlichen Grundlagendisziplinen in der globalen Spitzengruppe angekommen. Als *Nature* Ende 2019 seinen Jahresindex für qualitativ hochwertige Publikationen im Bereich Chemie veröffentlichte, enthielt die Rangliste für viele Fachleute eine Überraschung: Auf Platz eins lag dort im Ranking für das Jahr 2018 zum ersten Mal China. Die USA rutschten ab auf Platz zwei.

Die Chinesische Akademie der Wissenschaften (CAS), eine der Elite-Forschungseinrichtungen des Landes mit etwa 60000 Forschern, ist *Nature* zufolge, was hochwertige Publikationen angeht, die derzeit bei Weitem erfolgreichste Forschungseinrichtung der Welt – sie ist allerdings auch gewaltig. 2018 veröffentlichten CAS-Forscher über 4800 Fachartikel – weniger als halb so viele kamen aus Harvard, der zweitplatzierten Institution. Unter den Top Ten fand sich, neben US-amerikanischen und europäischen Einrichtungen wie dem französischen CNRS, Stanford, Cambridge oder den deutschen Max-Planck-Instituten, noch eine weitere chinesische Einrichtung: die Peking University. Auf den Plätzen 13, 16 und 18 landeten weitere chinesische Hochschulen. Chinas Forscher publizieren über Frühmenschen und Klimaforschung, über Biotechnologie und Astrophysik, über Nanotechnologie und Materialwissenschaft. In diesen und vielen anderen Bereichen gehören sie längst zur Weltspitze. Oft kooperieren sie mit Forschern aus dem Westen.

Weil China und die Sowjetunion im 20. Jahrhundert weitgehend abgeschottet waren und in Sachen Wissenschaft und Technologie oft hinterherhinkten, hat man sich im Westen den bequemen Irrglauben zugelegt, dass Demokratie und Freiheit automatisch auch mehr Spitzenforschung und technischen Fortschritt bringen. Das erweist sich jetzt als Trugschluss.

Die Welt ist auf eine Diktatur mit globalem Führungsanspruch, die wissenschaftlich und technisch Spitze ist, nur sehr unzureichend vorbereitet. Und eine Staatsführung, für die das Individuum ohnehin immer und grundsätzlich hinter den Interessen des Kollektivs zurückstehen muss, wird sich die Methoden der neuen Datenwissenschaft und -herrschaft zweifellos auch weiterhin aufs Rücksichtsloseste zunutze machen. Die bereitwillige Kooperation der großen chinesischen KI-Firmen bei der Totalüberwachung der Uiguren spricht dafür, dass auch die dortige Wirtschaft sich kaum wehren wird.

Bei uns im Westen wird die neue Datenwissenschaft sich gesellschaftlich zunächst weniger flächendeckend auswirken als in totalitären Staaten wie China. Es besteht allerdings die reale Gefahr, dass lernende Systeme bei uns zu einer Verschärfung gesellschaftlicher Ungleichheit und zu einer Zunahme diskriminierender Praktiken beitragen könnten – einfach deshalb, weil sie erstens nicht perfekt sind. Und zweitens, vor allem, wenn es sich um Supervised Learning handelt (siehe Exkurs »Wie funktionieren neuronale Netze«), weil die Resultate, die ein lernendes System produziert, maßgeblich auf der Qualität der annotierten Trainingsdaten basiert.

Das ist weitgehend unproblematisch, wenn man es mit der Klassifikation von Objekten, Wörtern oder Hausnummern zu tun hat, wie im erwähnten Beispiel ReCaptcha, bei dem Internetnutzer Bilder anklicken müssen, um zu beweisen, dass sie keine Bots sind. Problematisch wird es immer dann, wenn nicht Objekte klassifiziert werden, sondern Personen, und das gilt auch außerhalb autoritärer Systeme.

Ein gutes Beispiel für diese Problematik beschreiben der Künstler Trevor Paglen und die Wissenschaftlerin Kate Crawford in ihrem Essay »Excavating AI«.[178] Sie untersuchten die sogenannte ImageNet-Datenbank, eine über Jahre hinweg von vielen Machine-Learning-Teams benutzte Quelle mit Millionen von annotierten Fotos. Auf den meisten davon sind Objekte zu sehen, und im ImageNet genannten Wettbewerb ging es auch immer darum, ein System zu schaffen, das Objekte auf Bildern möglichst fehlerfrei erkennen und klassifizieren kann. Die Datenbank basiert auf einer Idee der heute für Google arbeitenden KI-Forscherin Fei-Fei Li.[179] Mithilfe einer bereits existierenden gewaltigen Sprachdatenbank namens WorldNet baute Li, damals Professorin in Princeton, eine Datenbank von zunächst gut drei Millionen Bildern auf. Die Bilder stammten aus dem Internet, und auf der ImageNet-Website, auf der man die Datenbank noch heute herunterladen kann, wird betont, dass »ImageNet nicht über das Copyright für die Bilder verfügt«. Annotiert wurden die Bilder anschließend von sogenannten Klickworkern: über Amazons Plattform Mechanical Turk.

Benannt ist die Plattform nach dem »Mechanischen Türken«, einer berühmten Illusion aus dem 19. Jahrhundert: Eine mechanische Figur, die Schach spielen konnte, eine Art Stockfish des Dampfzeitalters gewissermaßen, war der erste Schachautomat – angeblich. Tatsächlich steckte im Unterbau des vermeintlich rein mechanischen Schachspielers ein vermutlich kleinwüchsiger Schachgroßmeister, der die Hände des mechanischen Türken über Hebel und Zahnräder steuerte. Amazon nannte seinen nach dieser Schein-Maschine benannten Dienst, in dem auch Menschen die wahre Arbeit verrichten, einmal »Künstliche künstliche Intelligenz«. Der gängigere Begriff ist heute »Crowdsourcing«. Wer eine simple Aufgabe zu erledigen hat, etwa das Überprüfen schlecht lesbarer Zahlenkolonnen, kann beim Mechanical Turk Klickarbeiter anheuern, die diese Aufgabe für eine minimale Entlohnung übernehmen. Die meisten davon sitzen vermutlich in Ländern mit sehr niedrigem Einkommensniveau. Meist gibt es für jede abgearbeitete Aufgabe nur Cent-Beträge oder gar Bruchteile von Cents. Im Jahr 2006, als das Angebot ganz neu war, ließ sich ein Künstler von über Mechanical Turk angeheuerten Helfern Schafe zeichnen, eine Hommage an eine Szene aus *Der kleine Prinz* von Antoine de Saint-Exupéry. Die so angeheuerten Amateurzeichner bekamen zwei Cent pro Schaf – und beschwerten sich später, als der Künstler ihre Werke als Teil eines Kunstprojektes teuer weiterverkaufte.[180]

Auf diesem Weg angeheuerte Klickworker wurden nun also aufgefordert, Bilder aus der aus dem Netz zusammengeklaubten Datenbank in die Kategorien der WorldNet-Begriffsdatenbank einzusortieren. Diese ist hierarchisch sortiert. Eine typische Instruktion, auf deren Basis die ImageNet-Hilfsarbeiter ihre Dienste verrichteten, las sich so:

> Klicken Sie auf Bilder, die das Objekt oder das Konzept : Delta : darstellen, eine flache dreieckige Gegend mit angeschwemmten Ablagerungen, wo ein Fluss sich teilt, bevor er in ein größeres Gewässer einmündet; »das Mississippi-Flussdelta«;

»das Nildelta« BITTTE LESEN SIE DIE DEFINITION GRÜNDLICH. Suchen Sie so viele Bilder wie möglich heraus. NUR FOTOS, KEINE MALEREI, KEINE ZEICHNUNGEN etc. Es ist o.k., wenn das Bild auch andere Objekte oder mehrere Beispiele zeigt oder Verdeckungen oder Beschriftungen aufweist.

Die so entstandene Datenbank mit – in der Regel von mehreren Personen – annotierten und in eine Begriffshierarchie einsortierten Bildern bildete die Grundlage für den ImageNet-Wettbewerb, der von 2010 bis 2017 jährlich ausgetragen wurde. Die Aufgabenstellung bestand stets darin, ein technisches System zu bauen, das möglichst viele der annotierten Bilder korrekt klassifizieren kann. Im Jahr 2012 gewann den Wettbewerb mit gewaltigem Vorsprung ein Team um Geoffrey Hinton, der uns schon in Kapitel 2 begegnet ist: als der sogenannte Pate des Deep Learning, der heute für Google arbeitet. Der ImageNet-Sieg von 2012 gilt als Ausgangspunkt des gewaltigen Deep-Learning-Booms der vergangenen Jahre. Zwei Jahre nach dem Erfolg von Hintons Team basierten alle Klassifikationssysteme, die beim ImageNet-Wettbewerb in der Spitzengruppe landeten, auf »tiefen« neuronalen Netzen, also solchen mit vielen Schichten. Das Siegerteam, das im letzten Jahr des Wettbewerbs, 2017, gewann, erreichte eine Genauigkeit von 97,3 Prozent. Die Maschine klassifizierte die Bilder damit besser als ein durchschnittlicher menschlicher Proband.

In dem Wettbewerb ging es nur darum, Objekte zu erkennen, keine Personen. Doch der ImageNet-Datensatz, der heute über 14 Millionen annotierte Bilder umfasst, enthält eben auch Bilder von Personen – oder besser: enthielt sie bis vor Kurzem.

Wie Kate Crawford und Trevor Paglen zeigten, verschwanden die Fotos, auf denen Menschen abgebildet waren, Anfang 2019 plötzlich aus der Datenbank: »Auf einmal waren 1,2 Millionen Bilder auf den Servern der Stanford University nicht mehr zugänglich. Die Bilder von Cheerleadern, Tauchern, Schweißern, Ministranten, Rentnern und Piloten waren alle weg.« Crawford und Paglen haben auch einen Verdacht, woran das liegen könnte: Erstens hatte die abgebildeten Personen nie jemand um Erlaubnis gebeten. Die Bilder waren ja sämtlich schlicht aus dem Internet gefischt worden. Und zweitens waren die Annotationen gerade für Menschen auf den Fotos oft befremdlich bis hochproblematisch: »Das Bild von einem biertrinkenden Mann, der als ›Alkoholiker‹ charakterisiert worden war, verschwand, genau wie das Foto von einer Frau im Bikini, die als ›Schlampe‹ bezeichnet wurde und das eines Jungen, der als ›Versager‹ eingestuft worden war. Dasselbe Schicksal ereilte das Bild eines Mannes, der ein Sandwich isst (als ›selbstsüchtige Person‹ annotiert)«, schreiben Paglen und Crawford. Im Anschluss verschwanden auch weitere bis dahin öffentlich zugängliche Datenbanken mit vermutlich unerlaubt genutzten Bildern von Menschen, etwa mit Aufnahmen aus Überwachungskameras. Offenbar hatte irgendjemand in der Machine-Learning-Szene bemerkt, dass man da möglicherweise die ganze Zeit Persönlichkeitsrechte verletzt hatte. Es wird derzeit viel geredet und geschrieben über die Notwendigkeit, den Leuten, die an lernenden Maschinen forschen, erst einmal die Grundbegriffe von Ethik und Persönlichkeitsrecht beizubringen. Die von Paglen und Crawford aufgedeckten Vorgänge sind ein gutes Beispiel dafür, warum das wirklich dringend nötig wäre.

In den Tiefen des alten ImageNet-Datensatzes, den Crawford und Paglen schon vor dem mysteriösen Verschwinden der Personenbilder heruntergeladen hatten, fanden die beiden aber noch weitere sehr merkwürdige Kategorisierungen: »Schlechter Mensch«,

»Callgirl«, »Drogenabhängiger«, »heimliche Schwuchtel«, »Straftäter«, »Irrer«, »Kleptomane«, »Stecher«, »Wichser«, »Schizophrener«, »Waschlappen«. Mit all diesen Begriffen hatten Mechanical-Turk-Freiberufler Bilder von realen Menschen bezeichnet.

Die Klickworker mit dem armseligen Lohn hatten sich offenbar zum Teil sehr freimütig von den Kategorien der WorldNet-Begriffsdatenbank bedient. Die Frage, die Crawford und Paglen mit ihrer Arbeit aufwerfen, ist diese: Wie werden Maschinen, die mit solchem Material trainiert worden sind, Menschen beurteilen, wenn sie eines Tages zu anderen Zwecken eingesetzt werden sollten als für Wettbewerbe? Wird sich die implizite Annahme, dass man aus dem Bild einer Person auf Eigenschaften wie die sexuelle Orientierung, die Tugendhaftigkeit oder gar das Strafregister schließen kann, in Systemen, die auf solchen hochproblematischen Datensätzen basieren, nicht doch irgendwie auswirken? Werden solche tiefsitzenden Verzerrungen womöglich eines Tages Auswirkungen haben, die niemand mehr erklären kann, so wie bis heute uralte Sicherheitslücken in den Sedimentschichten über die Jahre immer wieder erweiterter Softwaresysteme entdeckt werden?

Tatsächlich gibt es längst eine Vielzahl von Beispielen dafür, was die lernenden Hardware-Software-Systeme der Gegenwart schon jetzt alles falsch machen, wie sie missbraucht und ausgetrickst werden können.[181] Da war zum Beispiel diese *Southpark*-Folge, in der die Cartoonfiguren die echten Amazon Echos in amerikanischen Wohnzimmern dazu brachten, ihren Besitzern »haarige Eier« auf die Einkaufsliste zu setzen. »Hey, Alexa« funktioniert als Befehl nämlich auch dann, wenn die Worte aus dem TV-Lautsprecher kommen.

Da war ein sensorgesteuerter Seifenspender, der nur auf weiße, nicht aber auf schwarze Hände reagierte. Eine Gesichtserkennungssoftware, die das Passfoto eines hellwachen asiatischstämmigen Mannes nicht akzeptieren wollte: dessen Augen seien ja geschlossen. Da war Googles Heimlautsprecher Google Home, der die Frage, ob Frauen böse seien, schon mal mit »Ja« beantwortete und männliche Stimmen besser verstand als weibliche. Und dann natürlich die Sache mit den Fotos von schwarzen Menschen und Gorillas: 2015 stellte der schwarze Softwareentwickler Jack Alciné fest, dass eine von Google kostenlos zur Verfügung gestellte Foto-App automatisch ein Fotoalbum aus Fotos von ihm und seiner ebenfalls schwarzen Freundin erzeugt hatte. Das Problem war der Titel: Die Software hatte das Ganze mit der Überschrift »Gorillas« versehen. Alciné twitterte einen Screenshot mit dem Kommentar: »Meine Freundin ist kein Gorilla.« Wenig später antwortete ein Google-Entwickler, wieder via Twitter: »Heilige Scheiße. (…) Das ist hundertprozentig nicht in Ordnung.« Der Mitarbeiter gestand später ein, dass es noch erheblichen Nachholbedarf bei der automatischen Verschlagwortung in »Google Fotos« gebe.[182]

Zwischenzeitlich erkannte Googles Gesichtserkennungssoftware erst einmal gar keine Gorillas mehr, zur Sicherheit. Es gibt aber auch harmlosere Beispiele wie den auf Basis von öffentlich zugänglicher Microsoft-Technik gebastelten Bilderkennungs-Bot, der eine Zeichnung von einem Dinosaurier mit Maßstab am unteren Ende für einen »Saurier auf einem Surfbrett« hielt. Einmal mehr zeigt sich, dass das Grundprinzip der Informationstheorie von Shannon und Weaver auch im Zeitalter lernender Maschinen noch gilt: Information darf nicht mit Bedeutung verwechselt werden.

Noch 2017 warf Googles Bildersuche zur Abkürzung »CEO« eine mindestens diskussionswürdige Ergebnisseite aus: Die ersten

25 Bilder zeigten ausschließlich Männer – und das CEO-Modell von Barbie. Mittlerweile finden sich unter den Top 25 auch ein paar Bilder von Frauen. Auch das aber war wieder das Resultat sehr öffentlicher Kritik an den versehentlich offengelegten Verzerrungen, die lernende Maschinen nun ganz beiläufig in den öffentlichen Diskurs hineintragen.

So ein Resultat mag, wenn es um eine beiläufige Bildersuche im Internet geht, noch vergleichsweise harmlos scheinen – aber wenn Systeme auf Basis der derzeit vorhandenen Daten lernen, kann das gravierende Folgen haben, egal ob es um *predictive policing*, Bewährungsentscheidungen, Kreditvergabe oder die Einstellungspraxis großer Unternehmen geht. Eine Personalauswahl-KI, die auf Basis der aktuell in Vorstandsetagen tätigen Menschen Prognosen über die Eignung neuer Kandidaten abgeben sollte, würde aller Wahrscheinlichkeit nach vor allem weiße Männer in Führungspositionen berufen. Die Frage sei, so hat es die an der Stanford University lehrende Informatikerin und KI-Forscherin Daphne Koller einmal formuliert, »wie wir Datensätze schaffen, die die Gesellschaft widerspiegeln, wie wir sie gerne hätten, nicht die, die wir haben«.

In der Tat: Wie soll das funktionieren? Immer wieder wird die Forderung geäußert, die lernenden Maschinen der Zukunft dürften nicht allein von Programmierern entwickelt werden. Auch Psychologinnen und Philosophen, Künstlerinnen, Designer und Ethikerinnen müssten an ihrer Entstehung mitwirken. Andere betonen, dass all das Streben nach Diversität in Unternehmen in einer Welt der beschleunigten Entwicklung noch dringlicher wird: Wenn ganze Bevölkerungsgruppen von der Entwicklung gerade der Systeme ausgeschlossen werden, die immer größeren Einfluss auf unser aller Leben haben, könnte das Ungerechtigkeit und Diskriminierung weiter perpetuieren. Und diejenigen, die im Silicon Valley den Code schreiben, sind in aller Regel bis heute männlich, relativ jung und weiß.

Das vermutlich berühmteste Beispiel für die Gefahren unkontrolliert eingesetzter autonomer Entscheidungssysteme ist kafkaesk im wörtlichen Sinne und passt hervorragend zu dem Zitat am Beginn dieses Kapitels. Es geht dabei um ein intransparentes, rätselhaftes, gesichtsloses System, das über die Freiheit oder Einkerkerung von Menschen mitentscheidet. Auf Basis von Vorurteilen.

Das System heißt COMPAS, für Correctional Offender Management Profiling for Alternative Sanctions. Es gehört der Firma Equivant, die früher Northpointe hieß, aber nach einem ganz bestimmten, im Frühjahr 2016 erschienenen Artikel wohl nicht mehr mit diesem Namen in Verbindung gebracht werden wollte. In dem bewussten Artikel, publiziert bei der gemeinnützigen, spendenfinanzierten Journalismusorganisation ProPublica, geht es um Ungerechtigkeit, die COMPAS ganz automatisch erzeugt.[183] Ein Team von Rechercheuren und Wissenschaftlern stellte damals fest, dass das System schwarze Amerikaner diskriminierte. Es »stuft schwarze Angeklagte mit besonders hoher Wahrscheinlichkeit als zukünftige Kriminelle ein«, während »weiße Angeklagte häufiger fälschlich mit einem geringeren Risiko eingestuft wurden als schwarze«, so die Autoren.

Das ist deshalb relevant, weil COMPAS von vielen amerikanischen Gerichten eingesetzt wird, um Richter bei Entscheidungen über Freiheit oder Haft zu beraten. Es ist ein Algorithmus, der auf Basis eines Fragebogens mit 137 Merkmalen eine Wahrscheinlichkeit dafür errechnet, ob ein Straftäter rückfällig werden wird oder nicht. Die Firma gab nach der Kritik allerdings bekannt, dass der Algorithmus zur Errechnung von Rückfallwahrscheinlichkeiten gar nicht alle 137 Merkmale in Betracht zieht: »Die COMPAS-Risikoeinschätzung hat nur sechs Inputs.«[184] Welche das sind, teilte die Firma nicht mit.

Richter setzen COMPAS unter anderem ein, um über die Frage zu entscheiden, ob jemand auf Bewährung freikommt oder in Haft muss. Dafür bezahlen Gerichte und auch Gefängnisse in den USA Equivant Geld. Der Algorithmus ist proprietär, es ist also unbekannt, wie er genau funktioniert. COMPAS ist eine Blackbox – allerdings zweifellos weit weniger komplex als die Netzwerkmodelle, die uns in Kapitel 2 und 5 begegnet sind.

Manche der Informationen, die in die Berechnungen von COMPAS einfließen, stammen aus Gerichts- oder Gefängnisakten. Andere Fragen müssen die Delinquenten selbst beantworten. Darunter so harmlos scheinende wie: »Wie oft sind Sie in den vergangenen zwölf Monaten umgezogen?« Andere sind nach deutschem Rechtsverständnis mindestens unverschämt: »Wie viele Ihrer Freunde und Bekannten sind schon einmal verhaftet worden?« Mehr als eine Million US-Bürger sind mit dem COMPAS-Verfahren schon beurteilt worden.

Die ProPublica-Studie aus dem Jahr 2016 ergab, dass COMPAS besonders häufig und in einer bestimmten Richtung irrte, wenn man die Hautfarbe der Betroffenen einbezog. Schwarze wurden fast doppelt so häufig fälschlicherweise als rückfallgefährdet eingestuft wie Weiße. Umgekehrt wurden Weiße, deren Rückfallrisiko COMPAS als niedrig einschätzte, viel häufiger doch wieder straffällig als Schwarze mit niedrigem Risikowert.

2018 veröffentlichten dann zwei Informatiker vom US-amerikanischen Dartmouth College, Julia Dressel und Hany Farid, Hinweise darauf, dass COMPAS nicht nur diskriminierte – sondern außerdem offenbar auch sonst wenig Sinnvolles beizutragen hatte.[185] Sie verglichen COMPAS-Vorhersagen zum von ProPublica verwendeten Datensatz mit den Prognosen von juristischen Laien, die wieder einmal über Mechanical Turk rekrutiert worden waren.

Die menschlichen Beurteiler waren etwa genauso gut oder genauso schlecht wie der Algorithmus: COMPAS liegt, was die Rückfallwahrscheinlichkeit angeht, bei einer Trefferquote von gut 65 Prozent. Die einzelnen menschlichen Beurteiler kamen auf eine durchschnittliche Trefferquote von knapp 63 Prozent. Sahen sich Dressel und Farid die Urteile von je 20 Teilnehmern, die dieselben Fälle beurteilt hatten, gemeinsam an, kam diese Jury sogar auf 67 Prozent richtige Prognosen.

Noch vernichtender für Equivant waren die Ergebnisse eines zweiten und dritten Tests: Dressel und Farid ließen COMPAS gegen einen einfachen Algorithmus antreten, der nur dieselben, wenigen Merkmale berücksichtigte wie die menschlichen Beurteiler: Alter, Geschlecht, Straftat und Schwere der Straftat, vorangegangene Verurteilungen. Und siehe da: Der simple Algorithmus, der auf diesen kleinen Merkmalssatz zurückgriff, lag in 66,6 Prozent der Fälle richtig.

Ein Equivant-Vertreter sagte dem *Economist* daraufhin, die Forscher hätten ja nur den einen bestimmten Datensatz nutzen können, nämlich den, den auch ProPublica schon verwendet hatte.[186] Bei Straftätern aus anderen Gegenden wären die simpleren Algorithmen womöglich weniger erfolgreich. Belege blieb das Unternehmen selbstverständlich schuldig.

Tatsächlich erschien im Februar 2020 eine weitere Studie,[187] die die Ergebnisse von Dressel und Farid zwar replizierte – aber mit anderen Datensätzen und unter veränderten Bedingungen doch wieder leichte Vorteile für die algorithmischen Vorhersagesysteme ergab. Allerdings schnitt ein anderes, ebenfalls auf einem Katalog von Informationen über die Straftäter basierendes Entscheidungssystem besser ab als COMPAS.

Auch dieses Resultat macht, selbst wenn es wie ein Argument für die Algorithmen klingt, das zentrale Problem deutlich: Solche kommerziellen, intransparenten Systeme können eben nicht so einfach überprüft werden. Ihre Anwender – und die Steuerzahler, die diese Anwendung finanzieren – müssen einfach glauben, dass algorithmische Systeme funktionieren, gar besser funktionieren als menschliche Entscheider. Es geht aber um Systeme, die Entscheidungen über Freiheit oder Haft von Menschen beeinflussen. Systeme, die möglicherweise auch bereits erfolgte Ungerechtigkeiten innerhalb eines Rechtssystems weiter fortschreiben, weil sie vorangegangene Entscheidungen als Kriterien für die Vorhersage und damit automatisch als mutmaßlich richtig betrachten. Ein weiteres Problem solcher Systeme ist ein grundsätzliches, konzeptionelles: Wenn die Empfehlungen des Algorithmus in der Regel umgesetzt werden, wandern bestimmte Straftäter, weil man sie für rückfallgefährdet hält, zurück ins Gefängnis. Für diesen Teil der Prognosen werden dann aber zwangsläufig keine Fehlerdaten generiert: Es wird sich ja nie herausstellen, ob die jeweilige Person rückfällig geworden wäre, wenn man sie auf freien Fuß gesetzt hätte. Ein gesichtsloses System entscheidet also über die Schicksale von Menschen, ist aber unfähig, aus seinen Fehlern zu lernen, weil ihm darüber keine Informationen zur Verfügung stehen. Kafka hätte seine Freude daran gehabt.

Schon jetzt sind auch anderswo automatisierte, lernende Entscheidungssysteme in Einsatz, die sich offenkundig diskriminierend verhalten, auch wenn sie niemanden die Freiheit kosten. Im Frühjahr 2019 wurde beispielsweise eine Studie veröffentlicht,[188] die zeigt, wie Facebooks Systeme zur Verteilung von Werbung automatisch Stereotype bedienen. Stellenangebote für Holzfällerjobs wurden überwiegend weißen Männern gezeigt, Taxifahrerjobs überwiegend schwarzen Nutzerinnen und Nutzern, Stellen an der Supermarktkasse überwiegend Frauen. Obwohl die Forscher von zwei US-Universitäten, die die Anzeigen selbst geschaltet hatten, keinerlei Angaben zur gewünschten Zielgruppe gemacht hatten. Facebooks Anzeigensystem hatte also autonom entschieden, wer am ehesten für welche Jobs infrage käme.

Es nicht schwierig zu erraten, wie diese Verzerrungen zustande kommen. Auch Facebooks Werbemaschinerie ist ein lernendes System. Es schließt aus den Daten, die es in der Vergangenheit gesammelt hat, auf das, was in der Zukunft geschehen wird. Konkret: Wenn mehr Frauen auf Stellenanzeigen für Jobs an der Supermarktkasse geklickt haben, bekommen in Zukunft mehr Frauen solche Anzeigen zu sehen.

Das bringt zwei Probleme mit sich. Erstens könnte es sein, dass diese Praxis zumindest in den USA verboten ist: Dort gab es bis in die 1970-Jahre Stellenanzeigen, die sich explizit nur an Männer oder Frauen wandten. Schon seit Längerem gilt so etwas aber als Diskriminierung und ist illegal. Wegen ähnlich gelagerter Fälle hat Facebook in den USA Ärger mit Behörden und Gerichten.[189]

Zweitens: Solche lernenden Systeme perpetuieren Stereotype. Die Grundannahme ist immer: Was in der Vergangenheit funktioniert hat, wird auch in Zukunft funktionieren. Schwarze werden weiterhin Taxifahrer, weiße Männer werden Holzfäller oder – auch das kommt in der Studie vor – Forscher im Bereich künstliche Intelligenz.

Aus Sicht der Unternehmen ist diese Art der Inhaltesortierung völlig rational: Lief letztes Mal gut, machen wir wieder so. Wenn aber ein Inhaltesortiersystem, das das Weltbild von zwei Milliarden Menschen mitbestimmt, aus Prinzip die Welt von gestern als Vorbild für die Welt von morgen heranzieht, ist das für den gesellschaftlichen Fortschritt zweifellos nicht ideal.

Die Soziokinformatikerin Katharina Zweig formuliert es in ihrem Buch *Ein Algorithmus hat kein Taktgefühl* so: »Was ich aber nicht nachvollziehen kann, ist, dass die Maschine etwas dürfen soll, was wir in jedem Labor der Welt für unwissenschaftlich halten: aus Beobachtungen Hypothesen zu entwickeln und diese ungetestet zur Beurteilung weiterer Situationen zu verwenden.«[190]

Sortieralgorithmen basieren auf deskriptiven Daten: Darauf haben viele Leute geklickt, das haben sie kommentiert oder darauf reagiert, dieses Video angesehen und so weiter. Aus diesen deskriptiven Daten werden dann normativ wirkende Empfehlungen abgeleitet: Das hier sollten Sie lesen, das hier wird Sie interessieren, das hier ist die beste Antwort auf Ihre Suchanfrage. Auch wenn es vielleicht eine Holocaustleugner-Site ist. Die Maschine kennt den Inhalt ja nicht, nur die Quote. Information darf eben, man denke an Claude Shannons Definition, nicht mit Bedeutung verwechselt werden.

Wenn man aus dem Verhalten der Vergangenheit Empfehlungen für Gegenwart und Zukunft ableitet, geht das aber leicht schief. Würden wir als Gesellschaften so handeln, gäbe es noch die Prügelstrafe, Frauen dürften nicht wählen, in Zügen und Flugzeugen würde geraucht, Gebäude würden mit Asbest gebaut, Homosexualität wäre illegal, und Krankheiten würden mit Aderlass behandelt.

Mit anderen Worten: Es sieht ganz danach aus, als könne man die Welt nicht mit lernender Software besser machen, wenn man nicht gleichzeitig die Welt besser macht, in und von der diese Software lernt.

Innovation und Relevanz entstehen nicht auf der Basis der Interessen von gestern. Manchmal dauert es viele Jahre, bis die überdauernde Relevanz des nach aktuellen Maßstäben Uninteressanten sichtbar wird: Vincent van Gogh, Robert Musil oder Ada Lovelace hätten zu diesem Thema sicher einiges zu erzählen. Wer nur zurückschaut, kann keine gute Zukunft schaffen.

# 11 WAS WIR DEM PLANETEN (UND UNS SELBST) ANTUN (NICHT ERST SEIT GESTERN)

»Wir haben in nur fünf Jahrzehnten einen Übergang vollzogen: von einer relativ kleinen Welt auf einem großen Planeten, auf dem wir uns nicht nachhaltiges Wirtschaftswachstum erlauben konnten, ohne dass die Erde der Menschheit jemals eine Rechnung präsentiert hätte, zu einer großen Welt auf einem kleinen Planeten. Wir haben einen Sättigungspunkt erreicht, wir stoßen an die Decke der biophysikalischen Kapazitäten und können nicht mehr ausschließen, das gesamte Erdsystem aus dem Gleichgewicht zu bringen.«

*Johan Rockström, Stockholm Resilience Centre (2017)*

»Nicht wir haben den Weizen domestiziert, der Weizen hat uns domestiziert.«

*Yuval Noah Harari,* Eine kurze Geschichte der Menschheit *(2013)*

Ach ja, früher. Damals, als Mensch und Säbelzahntiger noch einträchtig Hand in Pfote über naturbelassene Blumenwiesen sprangen. Als man sich gelegentlich ein Mammut am Spieß briet, von dem die Sippe dann wochenlang satt wurde. Als der Mensch sich wirklich nur von Mutter Natur nahm, was er brauchte: regionales Obst und Gemüse, jahreszeitlich angemessen, versteht sich. Körner direkt vom Halm, Äpfel direkt vom Baum, Beeren direkt vom Strauch.

Als definitiv niemand auf die Idee gekommen wäre, Tiere einzusperren oder gar an den Gensequenzen irgendwelcher Pflanzen herumzufummeln, um sie menschlichen Bedürfnissen oder Umweltbedingungen anzupassen.

Oder ein bisschen später: Als gesunde Familien mit rotbackigen Kindern fröhlich singend die Felder bestellten. Als man das namentlich bekannte Schwein noch wehmütig um Verzeihung bat, bevor man es zum Wohle der Dorfgemeinschaft schlachtete.

Das Dumme ist: Dieses Damals hat es in Wirklichkeit nie gegeben, weder das erste noch das zweite. Die Diskussion darüber, wie wir Menschen in Zukunft leben wollen, wie wir leben sollten, ist häufig extrem verzerrt: Weil sie unter dem Eindruck einer fiktiven, im Rückblick erstrebenswert wirkenden Vergangenheit geführt wird, in verschiedenen Abfolgen. Manche wünschen sich die Fünfzigerjahre des 20. Jahrhunderts zurück, bei manchen hat man das Gefühl, sie streben zurück in die Dreißiger, und wieder andere wünschen sich in eine fiktive Vergangenheit mit Bauernhof und Subsistenzwirtschaft. Nostalgie ist ein psychologischer Grundmechanismus, der uns Menschen davor bewahrt, beim Gedanken an das, was hinter uns liegt, zu verzweifeln, melancholisch oder von Angst gelähmt zu werden. Sie ist deshalb aber auch ein sehr schlechter Ratgeber, wenn es um Pläne für eine wirklich lebenswerte Zukunft geht.

»Die wirtschaftliche Ungleichheit in vormodernen Zeiten war extrem hoch, und Durchschnittsmenschen lebten damals unter Bedingungen, die man heute extreme Armut nennen würde«, so formuliert es der Ökonom Max Roser.[191]

»Im Gleichgewicht mit der Natur« zu leben bedeutete noch vor ein paar Hundert Jahren in Wahrheit, dass ein Viertel bis ein Drittel der eigenen Kinder nie das Erwachsenenalter erreichte. Man muss sich den Tod eines eigenen Kindes explizit vor Augen führen, um zu begreifen, was das bedeutete. Unendliches Leid, entsetzliche

Trauer, millionenfach, war Alltag, gehörte zum normalen Leben praktisch jeder Familie.

Und wenn der Winter einmal zu lange dauerte, verhungerte die Familie eben. Ein offener Bruch oder eine entzündete Wunde konnte das Todesurteil sein. Kein heute in einem Industrieland lebender Mensch würde freiwillig als Bauer – nicht einmal als Adeliger! – im 18. oder gar 13. Jahrhundert leben wollen. Bewohner westlicher Industrienationen sind, was Komfort, Zugang zu einer Vielfalt von Lebensmitteln, Kleidungsstücken, zu Schutz, medizinischer Versorgung und nahezu grenzenlosen Unterhaltungsangeboten angeht, reicher, als Ludwig XIV. es jemals war.

Was Bauern damals anpflanzten, waren auch keine »natürlichen« Pflanzensorten, sondern die Ergebnisse jahrtausendelanger Züchtung. So wie ihre Hunde, Hühner, Schafe und Rinder. Um sich vor Augen zu führen, wie sehr der Mensch ganz ohne Genlabore schon seit Jahrtausenden in die evolutionäre Entwicklung eingreift, muss man nur einmal einen Chihuahua, einen Dackel oder einen Zwergspitz mit einem Wolf vergleichen. Jüngeren Genanalysen zufolge müssen sich die Erblinien von Wolf und Hund vor etwa elf- bis sechzehntausend Jahren voneinander getrennt haben.[192] Menschen haben also schon Hunde gezüchtet – als Begleiter, Beschützer, Jagdhelfer –, bevor die landwirtschaftliche Revolution und damit das Zeitalter der Sesshaftigkeit anbrach. In diesen wenigen Jahrtausenden haben wir, allein durch Zuchtwahl und Paarung, die verwirrende und zum Teil bizarre Vielfalt von Hunderassen hervorgebracht, die wir heute kennen. Die meisten davon wären ohne menschliche Hilfe zweifellos nicht überlebensfähig.

Für die Zeit vor der landwirtschaftlichen Revolution, die der eingangs zitierte Historiker Yuval Noah Harari mit einer eigentümlichen Verklärung betrachtet,[193] gilt Ähnliches wie für das der bäuerlichen Subsistenzwirtschaft: Das Leben war aus heutiger Sicht unmenschlich hart, gerade in unseren Breiten. Und vom »Einklang mit der Natur« konnte keine Rede sein. Ein harter Winter konnte jederzeit den Tod der gesamten Sippe bedeuten, und auch ganze genetische Varianten der Gattung Homo wurden bekanntlich ausgerottet. Die Neandertaler, unsere sympathischen Vettern mit den breiten Nasen und der wuchtigen Stirn, die auch schon, wie unsere direkten Vorfahren, das Feuer und Werkzeuge benutzten, starben bekanntlich vor etwa 30 000 Jahren aus. Es ist unklar, ob und inwiefern Homo sapiens dabei seine Hände im Spiel hatte.

In jedem Fall war Homo sapiens schon damals eine rabiate, zunehmend global agierende Veränderungsmacht, wie sie der Planet bis dahin nicht gekannt hatte. Wenn man von Klimaveränderungen, Asteroideneinschlägen und gigantischen Vulkanausbrüchen einmal absieht.

Wussten Sie zum Beispiel, dass es in Nord- und Südamerika, bis der tierliebende Frühmensch dort auftauchte, bis zu sechs Tonnen schwere und sechs Meter lange Riesenfaultiere gab? Dass in Australien Beuteltiere lebten, Verwandte der niedlichen Wombats von heute, mit der Größe von Nashörnern? Und bis zu drei Meter hohe Riesenkängurus, sieben Meter lange Warane und mächtige Beutellöwen? Diese und noch viele andere Tierarten verschwanden stets, kurz nachdem der tückische Homo sapiens es auf ihren Kontinent geschafft hatte. Sie fielen mit großer Wahrscheinlichkeit seinem Appetit auf Riesenwombatspeck und Riesenspiegeleier zum Opfer.

Unsere Vorfahren haben vermutlich das letzte Mal »im Einklang mit der Natur« gelebt, als man noch Fell trug – am Körper, nicht als Kleidungsstück. Unsere zerstörerische Macht hat über die Jahrtausende im gleichen Maße zugenommen wie das, was wir heute Zivilisation nennen. Je besser der Mensch darin wurde, sich auch unter widrigsten Umweltbedingungen zu behaupten, Landschaften, Tiere und Pflanzen zu domestizieren, desto größer wurde für seine Umwelt auch die Gefahr, die von ihm ausging.

Viele eigentlich dramatische Beispiele für diese Tatsache sind schon wieder in Vergessenheit geraten, dabei sind sie noch gar nicht lange her. Zum Beispiel lebten auch auf der Nordhalbkugel noch bis Mitte des 19. Jahrhunderts Pinguine. Genauer gesagt: Keine Pinguine im engeren Sinne, aber Vögel, die für Laien wie Pinguine aussehen und von europäischen Seeleuten auch als Erstes auf den Namen »Pinguine« getauft wurden. Ursprünglich muss es Millionen dieser bis zu 85 Zentimeter großen Tiere gegeben haben, ihr Verbreitungsgebiet reichte von Italien bis Florida, von Norwegen bis Neufundland.

Seeleute lernten zunächst das Fleisch, dann das Gefieder sowie die weitgehende Hilflosigkeit dieser Vögel zu schätzen. Sie töteten sie massenweise, um sie zu verspeisen. Später wurden die sogenannten Riesenalke in Scharen erschlagen und abgekocht oder gleich lebendig gerupft, um ihre Federn zu verkaufen. Die letzte größere Kolonie wurde 1830 auch noch Opfer eines Vulkanausbruchs. Wenn es irgendeine Art gibt, die Anspruch darauf erheben könnte, als die echten Originalpechvögel bezeichnet zu werden, wären es die schwarz-weißen Riesenalke.

Das letzte Pärchen wurde 1844 auf einer winzigen Felseninsel namens Eldey vor Island von drei Einheimischen stranguliert. Die Bälge verkauften die drei an Sammler. Das letzte Alk-Ei der Welt ging bei der Aktion zu Bruch. Für die endgültige Ausrottung der Tierart sind also im Endeffekt Forscher und Sammler des 19. Jahrhunderts verantwortlich, die hohe Preise für ausgestopfte Exemplare zahlten, eben weil die Riesenalke, auf Englisch *great auks* genannt, schon so selten geworden waren. Die Fachzeitschrift der American Ornithological Society heißt, als eine Art periodisch erscheinendes Mahnmal für die Gefährlichkeit wissenschaftlicher Hybris und Blindheit: *The Auk*.

Man kann die traurige Geschichte der Riesenalke in Elizabeth Kolberts sehr empfehlenswertem Buch *Das sechste Sterben*[194] nachlesen. Sie zeichnet darin gut 200 Jahre Wissenschaftsgeschichte nach, in deren Verlauf die Menschheit nach und nach begriff, wie zerstörerisch sich ihr eigenes Verhalten auswirkt. So paradox das klingt: Das macht – auch – Hoffnung. Denn immerhin begreifen wir mittlerweile, was wir anrichten. Das ist erst seit erschreckend kurzer Zeit so.

Das Ausmaß der Ignoranz, das noch zu Beginn der industriellen Revolution herrschte, ist heute weitgehend unbekannt und auch kaum noch vorstellbar. Wir haben in den vergangenen gut 200 Jahren nicht nur Methoden entwickelt, den Planeten an den Rand einer Katastrophe zu führen, wir haben im gleichen Zeitraum auch erstmals begriffen, was für Schäden wir schon verursacht haben und weiterhin verursachen. Das Schuldbewusstsein der Menschheit ist noch sehr jung.

Noch Anfang des 19. Jahrhunderts galt zum Beispiel die Vorstellung, dass Tierarten überhaupt aussterben könnten, als abwegig, wie man in Kolberts Buch nachlesen kann. 1739 entdeckten französische Soldaten in der Nähe des heutigen Cincinnati eine Ansammlung gewaltiger Knochen und Stoßzähne. Ihr kommandierender Offizier, der Baron von Longueuil, sorgte dafür, dass ein paar jeweils mehr als vier Kilogramm schwere Backenzähne, ein über einen Meter langer Oberschenkelknochen und ein gewaltiger Stoßzahn schließlich den Weg nach Frankreich fanden. Sie landeten im sogenannten Königlichen Kabinett, dem Privatmuseum von Ludwig XV.

Man rätselte, zu welchem Tier die Zähne und Knochen gehören könnten, denn sie passten in ihrer Kombination weder zu Mammuts noch zu Elefanten, die man damals ohnehin nicht voneinander unterschied. Tatsächlich stammten sie von einem Mastodon, aber von dessen Existenz wusste man damals nichts. 1762 erklärte der Leiter des Königlichen Kabinetts, Louis Jean Marie Daubenton, das Rätsel für gelöst. Es handele sich nicht um Überreste eines Tieres, sondern die von zweien: vermutlich eines Elefanten und eines Flusspferds. Einige Jahre später formulierte der Herzog von Buffon eine andere Hypothese: Die gefundenen Überreste stammten nicht von zwei, sondern sogar von drei unterschiedlichen Tierarten, und eine davon, »die größte von allen«, sei offenbar verschwunden.

US-Präsident Thomas Jefferson, der das nicht glauben wollte, schickte später Meriwether Lewis und William Clark in den Nordwesten der USA, auch, um nach dem rätselhaften Tier zu suchen, das es seiner Meinung nach irgendwo noch immer geben musste: »So wirtschaftet die Natur«, schrieb Jefferson im Jahr 1781, »dass sich kein Beispiel angeben lässt, dass sie jemals gestattet hätte, dass eine ihrer Tierrassen ausgestorben sei.«[195]

Heute wissen wir nicht nur, dass es früher einmal Mastodonten, Mammuts, Riesenfaultiere, Riesenwombats und Beutellöwen gab. Sondern eben auch, wer vermutlich die Schuld an ihrem Verschwinden trägt: Homo sapiens hat schon Arten vernichtet, bevor er das Rad erfand.

Seitdem hat sich unsere Fähigkeit, Schaden anzurichten, enorm gesteigert. Die zerstörerische Macht des Menschen wuchs stets schneller als die wissenschaftliche Erkenntnis, dass wir selbst die Zerstörer sind – bis heute.

Die Anfänge des menschengemachten Klimawandels liegen im 19. Jahrhundert, es dauerte aber bis in die Achtzigerjahre des 20., bis wir das begriffen. Der Autor Charles C. Mann beschreibt in seinem Buch *The Wizard and the Prophet*[196] den Moment, als der NASA-Forscher James E. Hansen den US-Kongress 1988 als Erster mit dem damals noch weitgehend unbekannten »Treibhauseffekt« konfrontierte: »Für Politiker schienen seine Ideen aus dem Nichts zu kommen. Die Vorstellung, dass ein farb- und geruchloses, ungiftiges Gas, das weniger als ein Prozent der Atmosphäre ausmacht, die menschliche Zivilisation Jahrzehnte in der Zukunft bedrohen könnte, war so verblüffend – so vage und abstrakt wie gewaltig –, dass sie instinktiv davor zurückwichen.« Die Vorstellung, dass unsere Sucht nach fossilen Brennstoffen nicht nur Ruß und Dreck, sondern auch diese ungleich größere, unsichtbare Gefahr ausgelöst haben könnte, erschien den Politikern in den USA damals ähnlich abwegig wie Jefferson gut 200 Jahre früher die Vorstellung ausgerotteter Tierarten.

Als Hansen am 23. Juni 1988 in Washington vor dem US-Senat sprach, gerieten alle Anwesenden ins Schwitzen. Der Demokrat Tim Wirth, der die Sitzung einberufen hatte, hatte sich dafür nämlich aus gutem Grund einen der heißesten Tage des Jahres ausgesucht und dann, Manns Buch zufolge, auch noch die Klimaanlage ausgeschaltet.

Bei unangenehm hohen Temperaturen schockierte Hansen die anwesenden Politiker mit einer Aussage, die sie größtenteils völlig überraschte: Man könne mit 99-prozentiger Sicherheit sagen, dass die Erdatmosphäre sich erwärme. 1988 sei das heißeste Jahr in der Geschichte der Aufzeichnungen. Kohlendioxid, $CO_2$, »verändert schon jetzt unser Klima«, sagte Hansen.

Aus heutiger Sicht war sein Modell ungenau, aber schon erstaunlich gut. Anti-Klimawandel-Propagandisten versuchen dennoch bis heute, Hansen mit verzerrten Versionen seiner tatsächlichen

Prognose zu diskreditieren. Die über viele Jahre nicht zuletzt von den Profiteuren fossiler Brennstoffe finanzierte Desinformationskampagne hinsichtlich der menschlichen Wirkung auf das Klima hat immer wieder auch explizit und rücksichtslos einzelne Forscher zum Ziel gemacht.

Wissenschaftler hatten sich damals tatsächlich schon über Jahrzehnte mit der Frage befasst, warum die Erdatmosphäre sich zu erwärmen schien und welche Rolle $CO_2$ dabei spielen könnte. Im öffentlichen Bewusstsein kam der Klimawandel aber erst mit Hansens Auftritt so richtig an. *Washington Post*[197] und *New York Times*[198] erklärten ihren Lesern am folgenden Tag, was es mit diesem sogenannten Treibhauseffekt auf sich habe. »Die Erderwärmung hat begonnen, erklärt ein Wissenschaftler dem Senat«, titelte die *NYT*.

Noch kurz vorher waren auch entgegengesetzte Vorstellungen von der Zukunft in Mode gewesen. In den 1970ern etwa gab es eine kleine, aber lautstarke Minderheit von Wissenschaftlern, die eine unmittelbar bevorstehende neue Eiszeit vorhersagten, verursacht durch Luftverschmutzung. Das *Time Magazine* veröffentlichte 1974 einen Artikel, in dem vor einer »Ausbreitung der Arktis« gewarnt wurde. Leugner des menschengemachten Klimawandels bemühen dieses schon damals überwiegend mediale Phänomen bis heute gerne als Argument dafür, dass Wissenschaftlern und ihren Prognosen generell nicht zu trauen sei.

Die Art und Weise, wie mancherorts noch heute über den menschengemachten Klimawandel gesprochen wird, hat vor allem mit dem zu tun, was kurz nach Hansens Auftritt geschah. Das Menschheitsproblem Klimawandel wurde in den Jahren nach seinem Warnruf zu einem politisch verortbaren Thema unter vielen gemacht. Den Temperaturanstieg als Bedrohung zu betrachten war irgendwie »links«. Ein weiterer Spleen dieser verrückten Umweltschützer, denen die Natur wichtiger ist als die Menschen. Mittlerweile sollte längst klar sein, dass der Schutz des Weltklimas genauso wie der von Artenvielfalt und Ökosystemen keineswegs politisch »links« oder gar dekadent, verrückt ist: Klima-, Arten- und Naturschutz ist für die Menschheit längst Selbstschutz. Aber die alten diskursiven Gewohnheiten sterben nur langsam aus, insbesondere in den USA, dem Geburtsland der organisierten Klimaskeptiker. Finanziert wurde und wird diese Szene nicht zuletzt von den Mineralölkonzernen, allen voran Exxon[199] und den Brüdern Charles und David Koch, deren Unternehmen, so Koch-Biograf Christopher Leonard, über »eine der größten und bestfinanzierten Lobby-Operationen der USA« verfügen. Diese Lobbyarbeit war sehr erfolgreich: Die US-Republikaner waren noch 2018 die einzige große konservative Partei des Planeten, die noch immer den menschengemachten Klimawandel leugnete.[200] Und die USA waren zu diesem Zeitpunkt das Industrieland mit dem größten Anteil an Menschen, der das genauso sah.[201] Unterstützt wurde diese mit voller Absicht erzeugte Wahrnehmungsverzerrung von ganz oben: Noch im Jahr 2007 etwa erklärte der damalige Vizepräsident Dick Cheney, ein großer Freund der Ölbranche, als Reaktion auf eine weitere, wieder einmal noch dringlichere Warnung des Weltklimarates, es werde jetzt eine »große Debatte« über die Frage geben, ob die längst allzu deutlich messbare Erwärmung der Erdatmosphäre nicht doch nur »Teil eines normalen Zyklus« sei: »Wir wissen einfach noch nicht genug, um jetzt loszurennen und irgendeine politische Intervention zusammenzukloppen, die das Problem dann ›lösen‹ wird«, sagte Cheney wörtlich. Obwohl er es natürlich besser wusste, genauso wie die Führungskräfte der gesamten Ölbranche, die schon Jahrzehnte zuvor verstanden hatten, dass der

Klimawandel eine direkte Folge ihres Geschäftsmodells war. Kurz nachdem Dick Cheney diese Sätze gesagt hatte, enthüllte das US-Magazin *Rolling Stone* anhand von auf gerichtlichem Weg erstrittenen Dokumenten, dass George W. Bushs Weißes Haus »eine von der Industrie formulierte Desinformationskampagne implementiert« habe.[202] Die Überschrift des Artikels lautete »Sechs Jahre Betrug«.

Die menschliche Ignoranz gegenüber den selbst verursachten Schäden beruhte lange Zeit, siehe Jefferson, schlicht auf Unwissenheit oder der Unfähigkeit, komplexe Wechselwirkungen zu verstehen. Die aktive, wohlfinanzierte Propaganda mit dem Ziel, wissenschaftliche Erkenntnisse zu diskreditieren oder zumindest Zweifel an ihnen zu säen, kam erst vor einigen Jahrzehnten hinzu. Hansens Auftritt vor dem US-Senat kann damit auch als der Startschuss zur vermutlich größten und erfolgreichsten Desinformationskampagne in der Geschichte angesehen werden, wenn man von der Staatspropaganda der ehemaligen Ostblockstaaten einmal absieht. Es gibt wohl nicht viele Menschen, die mehr dafür getan haben, die Zukunft der Menschheit aufs Spiel zu setzen, als die Koch-Brüder und Rupert Murdoch, der Gründer von News Corp und damit auch der Finanzier von Fox News, dem Propagandasender der amerikanischen Rechten – und weite Teile der republikanischen Partei der USA.

Ignoranz gegenüber den Konsequenzen unseres eigenen Wirkens gab es aber schon lange vor dem Klimawandel und der enorm erfolgreichen Propagandakampagne derer, die von der $CO_2$-Herstellung profitieren. Wir Menschen haben uns mit eingeschleppten Krankheitserregern sogar gegenseitig dezimiert – von den spanischen Conquistadores bis zu den protestantischen Siedlern in Nordamerika. Begriffen haben wir das oft erst viel später.

Dank des internationalen Schiffs- und Flugverkehrs haben wir lokale Ökosysteme mittlerweile fast in ein zusammenhängendes globales Ökosystem verwandelt. Die Coronakrise ist, so zynisch das klingt, eines der vergleichsweise seltenen allgemein bekannten Beispiele dafür, dass diese neue Grenzenlosigkeit auch für die Menschheit neue biologische Gefährdungen mit sich bringt. »Wir bewegen Wildtiere rund um die Welt wie nie zuvor und erzeugen dadurch neue Virencocktails«, hat die Biologin Kate Jones, Expertin für Biodiversität am University College London, 2020 dem *SPIEGEL* gesagt.[203] »Wir erschaffen Lebensräume, in denen Viren einfacher übertragen werden, und dann wundern wir uns, dass es neue Erreger gibt.« Mensch und Tier rückten immer näher zusammen, und es gebe, so Jones, »Hinweise, dass dadurch jene Arten begünstigt werden, die Krankheiten besonders effektiv übertragen können«.

Covid-19 ist eine sogenannte Zoonose, ein vom Tier auf den Menschen übergesprungenes Virus. Und die machen wir mit unserer globalisierten Lebensweise und der vielerorts hohen Bevölkerungsdichte immer wahrscheinlicher. Orte, an denen Wildtiere wie Fledermäuse oder Affen zum Verkauf und Verzehr angeboten werden, scheinen die perfekten Transitstationen für Viren auf dem Weg vom Tier zum Menschen zu sein.

Tiere treffen die Folgen unserer biologischen Globalisierung allerdings viel häufiger als uns, und oft bleibt das lange unbemerkt. Mittelamerikanische Frösche und europäische Flusskrebse sind beispielsweise eingeschleppten Pilzen zum Opfer gefallen. Aktuell sind in Nordamerika niedliche braune Mausohrfledermäuse bedroht,[204] durch einen Pilz, der vermutlich aus Europa eingeschleppt wurde. Zahllose andere Tierarten haben wir so schon ganz oder fast ganz ausgerottet – realisiert haben wir auch das fast immer zu spät. Und auch die Schäden für Insektenpopulationen, Stichwort Bienensterben, die Monokultur-Landwirtschaft, Pestizide und Düngemitteleinsatz mit sich bringen, begreifen wir Menschen erst seit wenigen Jahrzehnten.

Eine wachsende Gruppe von Forscherinnen und Forschern ist angesichts der drastischen Veränderungen, die der Mensch auf dem Planeten Erde bereits herbeigeführt hat und noch herbeiführt, sogar der Meinung, dass ein neues geologisches Zeitalter angebrochen ist: das Anthropozän, in dem der Mensch selbst die bestimmende globale Veränderungsmacht ist. Sie machen diese These an einer ganzen Reihe von Indikatoren fest.

### Exkurs: Was ist das Anthropozän?

Die Gegenwart, wie wir sie kennen, hat, zumindest klimatisch betrachtet, vor 11 000 bis 12 000 Jahren begonnen. Zu diesem Zeitpunkt endete die letzte Eiszeit und eine Periode ungewöhnlich milder und stabiler Temperaturen begann: das Holozän. Als die damalige Menschheit einige Tausend Jahre lang, mutmaßlich erfreut, beobachtet hatte, dass das Klima und das Wetter plötzlich erstaunlich verlässlich und berechenbar waren, dass es in jährlichen Abständen wiederkehrende Jahreszeiten mit jeweils ziemlich gut vorhersehbarer Witterung gab, geschah etwas für die weitere Menschheitsgeschichte Fundamentales: Die Menschen begannen, Ackerbau zu betreiben und sesshaft zu werden. Und weil man mit Ackerbau und Viehzucht, im Gegensatz zum Jagen und Sammeln, gewaltige Nahrungsüberschüsse produzieren kann, fing die Menschheit nun auch an, kräftig zu wachsen und andere zivilisatorische Errungenschaften anzuhäufen. Vor 10 000 Jahren lebten auf der Erde geschätzte fünf Millionen Menschen. Zur Zeit von Christi Geburt waren es schon 190 Millionen. Wie stark die Temperaturen auf dem Planeten, den doch damals auch schon Menschen bewohnten, vor dem Beginn des milden Holozäns schwankten, kann man zum Beispiel an der Konzentration bestimmter Substanzen in Eisbohrkernen aus Grönland ablesen: Die

Durchschnittstemperaturen schwankten in den vergangenen 100 000 Jahren dramatisch, mitunter bis hin zu Werten, die mehr als 20 Grad Celsius unter den Durchschnittstemperaturen von heute lagen. Dann, vor ziemlich genau 11 700 Jahren, beruhigte sich die Temperaturkurve plötzlich, die vorher aussah wie das hektische Zucken einer EEG-Aufzeichnung mit vielen dramatischen Ausschlägen nach unten. Das stabile, milde Klima des Holozäns fällt also zusammen mit dem Beginn der menschlichen Zivilisation, wie wir sie heute kennen. Das ist einer der Gründe dafür, dass Wissenschaftler es so wichtig finden, dieses stabile, gemäßigte Klima zu erhalten.

Auf die Erfindung der Landwirtschaft folgten die ersten größeren Ansiedlungen, die Erfindung des Rades, der Schrift, der Literatur, der Mathematik und so weiter. Es gibt deshalb Wissenschaftler, die den Beginn des Anthropozäns, des Zeitalters, in dem der Mensch die bestimmende Veränderungsmacht auf dem Planeten auch in geologischen Zeiträumen geworden ist, an den Beginn der landwirtschaftlichen Revolution vor ungefähr 8 000 Jahren verlegen möchten. Andere setzen den Anfang des von Menschen dominierten Erdzeitalters später an, nämlich zu Beginn der industriellen Revolution: ab dem späten 18. Jahrhundert bis zur Mitte des 19. Jahrhunderts, kurz nach der Erfindung der Dampfmaschine durch James Watt. Also ab dem Zeitpunkt, an dem die Menschheit dazu überging, fossile Brennstoffe zu verbrauchen und so den $CO_2$-Gehalt der Atmosphäre und mittelbar auch den Säuregehalt der Weltmeere zu verändern. Und zwar damals schon so stark, dass man vermehrtes Kohlendioxid und Methan schon zu diesem Zeitpunkt in Eisbohrkernen nachweisen kann. Zu den Wissenschaftlern, die den Beginn des Anthropozäns so definieren, gehört der Erfinder des Begriffs: der Chemiker und Atmosphärenforscher Paul Crutzen, der 1995 gemeinsam mit zwei Kollegen den Chemie-Nobelpreis für seine Forschung zum Ozonloch bekam. Im Januar 2002 veröffentlichte Crutzen in *Nature* einen Artikel mit der Überschrift »Die Geologie der Menschheit«,[205] in dem er vorschlug, das Anthropozän als offizielles Erdzeitalter einzuführen. »Wenn es keine globale Katastrophe gibt – einen Meteoriteneinschlag, einen Weltkrieg oder eine Pandemie – wird die Menschheit viele Jahrtausende lang einen großen Veränderungseinfluss auf die Umwelt ausüben«, schrieb Crutzen. Die Corona-Pandemie, das kann man jetzt schon sagen, wird nicht so verheerende Auswirkungen haben, dass der Mensch als Veränderungsmacht plötzlich wieder in den Hintergrund tritt. Zu unserem Glück. Crutzens Vorschlag blieb nicht unwidersprochen: Es gibt Wissenschaftlerinnen und Wissenschaftler, die der Meinung sind, dass die menschengemachten Veränderungen auf dem Planeten noch nicht ausreichen, um die strengen Anforderungen der sogenannten Stratigrafie, also der wissenschaftlichen Klassifikation der Sedimentschichten der Erde, zu erfüllen. Um als geologisches Zeitalter anerkannt zu werden, muss eine Umweltveränderung so gravierend sein, dass sie Hunderttausende oder Millionen Jahre später noch in stratigrafischen Aufzeichnungen, in Sedimentschichten zu erkennen ist. Das trifft zum Beispiel auf den Meteoriteneinschlag zu, der vor 66 Millionen Jahren die Dinosaurier ausrottete: Der Einschlag beendete die Kreidezeit und leitete den Beginn des heute so genannten Paläogens ein. Die sogenannte K/P-Grenze (für Kreide/Paläogen), die früher auch K/T-Grenze (für Kreide/Tertiär) genannt wurde, kann man rund um den Globus im Boden finden, wenn man tief genug gräbt. Der Asteroid mit einem vermuteten Durchmesser von etwa 10 bis 15 Kilometern schlug mit einer Geschwindigkeit von über 70 000 Stundenkilometern im heutigen Mexiko ein. Er riss nicht nur einen Krater mit einem Durchmesser von 150 Kilometern, sondern verursachte auch einen Tsunami (der Meeresspiegel lag, dank eisfreier Pole, damals etwa 300 Meter über dem heutigen), ein Erdbeben, das vermutlich rund um den Globus zu spüren war, und er schleuderte geschmolzene Mineralien in Höhen bis weit über den Rand der Erdatmosphäre hinaus. Tausende Kilogramm Material aus dem Boden des amerikanischen Kontinents landeten schließlich auf dem Mars und womöglich sogar auf den Jupitermond Titan.[206] Auf der Erde löste der Einschlag gigantische Brände aus – nicht nur in der unmittelbaren Umgebung des Kraters, sondern auch auf der anderen Seite des Globus: Ganz Indien stand vermutlich in Flammen, als dort brennende Mineralien vom Himmel regneten. Heutigen Schätzungen zufolge verbrannten weltweit 70 Prozent aller

Wälder. Monatelang wurde es auf der Erde wegen der Asche in der Atmosphäre finster, was praktisch alle pflanzlichen Lebewesen an Land und in den Meeren tötete. Geschätzte drei Viertel aller Spezies und 99,9999 Prozent aller lebenden Organismen auf dem Planeten starben aus. Die geologischen Folgen all dieser katastrophalen Ereignisse kann man in einer dünnen Schicht im Boden rund um den Planeten ablesen, jeweils datierbar auf die Zeit von vor ungefähr 66 Millionen Jahren. Die K/P-Grenze ist ein dunkler Sedimentstreifen, etwa so dick wie ein Taschenbuch. Sie markiert das letzte große »Extinction Event«, also Massenaussterben, in der Geschichte unseres Planeten, das fünfte nach wissenschaftlicher Zählung.

Das sechste Massenaussterben ist dem Internationalen Biodiversitätsrat der UNO zufolge gerade im Gange – verursacht vom Menschen.[207] Dieses durch Landwirtschaft, Landnutzung, Umweltverschmutzung und Klimawandel ausgelöste Massenaussterben, das Verschwinden von Pflanzenarten und damit Pollen, die sich später im Boden würden nachweisen lassen, und die zu erwartende Zerstörung von Wasserschnecken, Muscheln und vor allem Korallen durch die Übersäuerung der Meere werden vermutlich die geologisch betrachtet langfristigsten Folgen der menschlichen Aktivitäten sein. Alle fünf bisher bekannten Massenaussterben waren jeweils mit sogenannten *reef gaps* verknüpft: Die Veränderung der klimatischen Bedingungen zerstörte jedes Mal alle Korallenriffe rund um den Globus, und es dauerte in der Regel Millionen Jahre, bis sich neue bilden konnten.[208] Wir sind gerade dabei, die nächste *reef gap* zu verursachen. Dazu kommt, dass die Menschheit mit Bauaktivität und Landwirtschaft mittlerweile Jahr für Jahr deutlich mehr Boden bewegt, als die natürliche Sedimentproduktion das tut.[209]

Die sogenannte stratigrafische Kommission der Geological Society of London hat 2009 eine Arbeitsgruppe gegründet, die einen Entscheidungsvorschlag zu der Frage vorlegen soll, ob das Anthropozän wirklich als Erdzeitalter gelten kann. Anders als Crutzen, der Erfinder des Begriffs, tendiert die Kommission dazu, den Beginn des Zeitalters in die Fünfzigerjahre des 20. Jahrhunderts zu verlegen. Unter anderem deshalb, weil durch die Atombombenabwürfe im Zweiten Weltkrieg und Atomwaffentests rund um den Globus künstliche radioaktive Stoffe wie Plutonium verteilt wurden, die in der Natur bis dahin nicht vorkamen. Sie wären gewissermaßen das Anthropozän-Äquivalent zur K/P-Schicht, überall rund um die Erde als Sedimentschicht nachweisbar. Im Mai 2019 entschied die Anthropozän-Arbeitsgruppe, die Evidenz reiche aus, um eine neue geologische Epoche auszurufen. 29 der 34 Mitglieder der Gruppe stimmten dafür,[210] vier dagegen, einer nahm an der Abstimmung nicht teil. Im Jahr 2021 will die Gruppe der internationalen Stratigrafiekommission einen ausgearbeiteten Vorschlag vorlegen. Es ist daher wahrscheinlich, dass das Anthropozän demnächst offiziell ausgerufen wird.

Ein Team um Will Steffen vom Stockholm Resilience Centre, das zur Universität von Stockholm gehört, betrachtet seit gut 15 Jahren je zwölf sozioökonomische Indikatoren und zwölf Indikatoren, die Veränderungen am Erdsystem betreffen. Die Forscher verfolgen dabei Veränderungen von globalem Ausmaß und globaler Relevanz. Steffen und seine Kollegen gehören zu denen, die den Begriff Anthropozän klar befürworten – und sie verorten den Beginn dieses neuen Zeitalters, so wie die Anthropozän-Arbeitsgruppe der Stratigrafischen Kommission (siehe Exkurs), in den Fünfzigerjahren des 20. Jahrhunderts. Damals wurde nicht nur radioaktiver Staub auf dem Planeten verteilt, es begannen auch viele der zahlreichen Indikatoren, die die Gruppe beobachtet, sich plötzlich exponentiell zu entwickeln. Die Exponentialfunktion ist mit dem Anthropozän eng verbunden. Wir, die Menschheit, sind die großen Beschleuniger.

Zu den sozioökonomischen Faktoren, die die schwedische Arbeitsgruppe beobachtet, gehören zum Beispiel das Bevölkerungswachstum, die Anzahl von Menschen, die in Städten wohnen, der Primärenergieverbrauch, das Wachstum von Transport, Tourismus, Telekommunikation. Die Kurven für all diese Indikatoren haben eins gemeinsam: Sie verlaufen, oder verliefen bis vor Kurzem, exponentiell. Besonders steil werden manche der Kurven, wenn man sie noch nach der Wirtschaftskraft der dargestellten Länder unterteilt: Am stärksten wachsen die städtische Bevölkerung, die Wirtschaftskraft, die Mobilität und die Durchdringung der Gesellschaften mit Telekommunikationstechnologie in den Ländern, die weder zu den OECD- noch zu den sogenannten BRIC-Staaten (Brasilien, Russland, Indien und China) gehören. Man könnte es auch positiv formulieren: Der Abstand zwischen den Industrienationen und sogenannten Schwellenländern schrumpft immer weiter, denn letztere wachsen wirtschaftlich besonders schnell. Doch das hat, wenn das Wachstum weiter so erzeugt wird wie bisher, einen hohen Preis.

Das zeigt der zweite Satz von zwölf Kurven, die ökologische Indikatoren darstellen. Exponentiell verlaufen nämlich auch die Graphen für atmosphärisches Kohlendioxid und Lachgas, ein weiteres wirkmächtiges Treibhausgas. Das Gleiche gilt für die Kurven für die Versauerung der Ozeane und für Stickstoff, der sich durch Überdüngung in Küstenregionen ansammelt. Dramatisch ansteigend, wenn auch augenscheinlich derzeit nicht mehr exponentiell, sehen auch die Kurven für die Zerstörung von Regenwaldflächen, die Zerstörung der Biosphäre an Land und die Methankonzentration in der Atmosphäre aus – Methan ist das zweitwichtigste Treibhausgas. Die Autoren sprechen insgesamt von der *Great Acceleration*, der Großen Beschleunigung. Die Great-Acceleration-Kurven, insgesamt 24 an der Zahl, ergeben eine hervorragende, etwas beklemmende Illustration für den ursprünglichen Titel dieses Buches: Das Experiment sind wir.

Steffen und seine Kollegen haben neun sogenannte planetare Grenzen definiert, Bereiche, von denen sie überzeugt sind, dass sie den »sicheren Operationsbereich für die Menschheit« begrenzen. Dazu gehören neben dem Klimawandel auch der Verlust von Biodiversität, also das Artensterben, biogeochemische Veränderungen, namentlich in die Umwelt eingebrachte Mengen von Stickstoff und Phosphor, die Versauerung der Weltmeere, die landwirtschaftliche Nutzung von Flächen, der Verbrauch von Trinkwasser, der Zustand der Ozonschicht, in der Atmosphäre vorhandene Aerosole sowie die chemische Verschmutzung der Umwelt, von Giften über Plastikmüll bis hin zu radioaktiver Verseuchung. Bei den ersten vier genannten Faktoren, davon sind Steffen und seine Kollegen überzeugt, haben wir die Grenzen per heute schon überschritten.

Tatsächlich hat die Große Beschleunigung der Menschheit zwei scheinbar völlig gegenläufige Entwicklungen beschert: Das Leben auf dem Planeten Erde wird für immer mehr Menschen immer besser – und gleichzeitig sind wir dabei, die Grundlagen dieses immer besseren Lebens so nachhaltig zu beschädigen, dass unsere eigene Zukunft jetzt in existenzieller Gefahr ist.

Wir stehen an einem Wendepunkt: Zum ersten Mal in der Geschichte begreift der Mensch wirklich, was er anrichtet und noch anrichten wird. Die Ausrede »Das konnte doch niemand ahnen« zieht nicht mehr. Wir begreifen mittlerweile sogar, welche kognitiven Einschränkungen uns selbst davon abhalten, aus diesen Tatsachen rechtzeitig die richtigen Schlüsse zu ziehen.

Unglücklicherweise wissen wir zwar beispielsweise, dass wir dabei sind, das sechste Massenaussterben in der Geschichte des Planeten zu verursachen, wie der Bericht des Weltbiodiversitätsrats im Mai 2019 völlig unmissverständlich deutlich gemacht hat. Darin heißt es: »Die globale Rate des Artensterbens ist mindestens um den Faktor zehn bis Hunderte Male höher als im

Durchschnitt der vergangenen zehn Millionen Jahre, und sie wächst.« Eine Antwort auf dieses eindeutig von uns selbst verursachte Problem aber fehlt uns bislang.

Wir wissen auch, dass wir dabei sind, das Klima des Planeten so zu verändern, dass er sich in einen höllischen Ort verwandeln könnte. Die Auswirkungen sind von Jahr zu Jahr klarer erkennbar, mittlerweile auch für Laien und ehemalige Skeptiker: eine wachsende Zahl von Extremwetterereignissen wie Stürme oder Starkregen, Dürre- und Hitzeperioden, Waldbrände, Ernteausfälle. In den Anden haben Wissenschaftler gezeigt, dass bestimmte Baumarten im Südosten Perus, die nur in einem schmalen Temperaturband gedeihen, bereits begonnen haben, die Berge hinaufzuwandern. Sie tun das, um der zunehmenden Wärme zu entkommen, und zwar mit einer durchschnittlichen Geschwindigkeit von zweieinhalb Metern pro Jahr. Natürlich verlassen die Bäume nicht den Ort, an dem sie stehen, aber neue Pflanzen wachsen nun bevorzugt weiter oben, nicht weiter unten. Die Bäume des Genus *Schefflera* wandern sogar mit einer Geschwindigkeit von 30 Metern pro Jahr die Hänge hinauf. Die Studie mit dem Titel »Bergaufwanderung von Andenbäumen« erschien schon 2011.[211] Es geht alles sehr schnell, alarmierend schnell.

Alle jüngeren Erkenntnisse zu diesem Thema zeichnen sich durch diese immer wiederkehrende, sehr beunruhigende Formulierung aus: »Schneller als erwartet.«

Schneller als erwartet steigt laut dem Sonderbericht des Weltklimarates zum Zustand der Ozeane etwa der Meeresspiegel. Weil das Eis in Grönland und der Antarktis sowie die Gletscher immer schneller schmelzen und sich das immer wärmere Meerwasser ausdehnt. Das wird »tropische Zyklone und Regen, Extremwellen und einen Anstieg des relativen Meeresspiegels« mit sich bringen und damit mehr »extreme Meeresspiegelereignisse und Gefahren für Küstengebiete«.

Vorgestellt wurde der Bericht 2019 im Zwergstaat Monaco, der bekanntlich in so einem Küstengebiet liegt. Fürst Albert II. war bei der Präsentation des Berichts anwesend und sah angemessen bedrückt aus. Zur Erinnerung: Viele der größten Städte und auch viele der teuersten Immobilien der Welt liegen sehr nah am Meer. Nicht nur, aber auch deshalb beginnt sich nun auch das Kapital selbst für die drohende Klimakatastrophe zu interessieren. »Der Klimawandel ist zu einem definierenden Faktor geworden, was die langfristigen Aussichten von Unternehmen angeht«, schrieb Larry Fink, der Chef von Blackrock, dem größten Vermögensverwalter weltweit, Anfang 2020 in seinem jährlichen Brief an Firmenchefs rund um den Globus. Er rechne mit einer »fundamentalen Umformung der Finanzbranche«. Und in einem vom 14. Januar 2020 datierten Bericht von zwei Ökonomen des Bankhauses JP Morgan Chase, das zu den größten Finanziers von Projekten zur weiteren Förderung fossiler Brennstoffe gehört, steht dem *Guardian* zufolge:[212] »Wir können katastrophale Entwicklungen nicht ausschließen, deren Eintreten das menschliche Leben, wie wir es heute kennen, bedrohen würde.« Die letzten Klimawandelleugner stehen längst auf verlorenem Posten, denn diejenigen, die das Geld verteilen, haben schon verstanden, dass die ökologische Katastrophe auch ihre Geschäftsmodelle existenziell bedroht. Auch wenn diese Einsicht reichlich spät kommt.

Wer Schwierigkeiten hat, sich die Konsequenzen eines langfristigen Anstiegs des Meeresspiegels – der würde 2100 übrigens nicht einfach aufhören – vorzustellen, dem sei der schon in Kapitel 3 erwähnte Science-Fiction-Roman *New York 2140* von Kim Stanley Robinson ans Herz gelegt. Darin geht es um ein New York, das zu weiten Teilen unter Wasser steht, eine Art Venedig an der US-Ostküste. Romantisch ist das allerdings nicht: Regelmäßig stürzen vom Wasser zerfressene, aber von Katastrophenflüchtlingen bewohnte Wolkenkratzer in die Fluten. Den Super-Hurrikanen, die in der erwärmten Welt regelmäßig auftreten, ist die Stadt weitgehend schutzlos ausgeliefert. Im Sommer ist es in diesem halb versunkenen New York stets unerträglich heiß, im Winter sinken die Temperaturen in Bereiche, die man heute aus den extremeren Regionen Sibiriens kennt. Jedes Jahr erfrieren im Roman New Yorker, die zu cool sind, sich warm genug anzuziehen, und ihre Haustüren nicht schnell genug aufgeschlossen bekommen.

Einer der Protagonisten, der stets als eine Art Off-Sprecher für die historische Perspektive auftritt und nur »Der Bürger« genannt wird, erklärt in längeren Rückblicken, wie es zu der Katastrophe kommen konnte, nach der die Welt so vollkommen anders aussieht. Und weil Kim Stanley Robinson ein erklärter Vertreter der »harten«, auf wissenschaftlichen Erkenntnissen beruhenden Science-Fiction ist, strotzen diese Kapitel vor Informationen über schon heute bekannte Mechanismen, die etwa für das Abbrechen gigantischer Eisschelfe in der Antarktis verantwortlich sind.

Der Kapitalismus und der Glaube an ein ständiges, vermeintlich folgenloses Wachstum auf Kosten der Natur spielen in diesen Rückblicken zentrale, sehr unrühmliche Rollen: »Diese Ignoranz gegenüber den Folgen der Kohlenstoffverbrennung hatte das Eis entfesselt, das den Welthandel ruinierte und eine Wirtschaftskrise verursachte, die die Angehörigen dieser Generation noch schlimmer schädigte als die damit einhergehende Flüchtlingskrise.«

Auch die Zukunft des Immobilienmarkts spielt in Robinsons Roman eine zentrale, sehr interessante Rolle. Tatsächlich ist es erstaunlich, wie viele Gebäude noch im Jahr 2020 sehr nah am Meer gebaut oder sogar erst geplant werden, oft nur wenige Dezimeter über dem Meeresspiegel. Es ist ein sehr plastisches Beispiel für die Kurzsichtigkeit der Menschheit.

Stiege der Meeresspiegel abrupt um, sagen wir mal, einen Meter, würde sich der dann klägliche Rest von Ostfriesland in eine Halbinsel verwandeln, Cuxhaven und Emden lägen größtenteils unter Wasser. Hamburg läge am Meer. Das Beispiel mit einem Anstieg um einen Meter ist nicht aus der Luft gegriffen, sondern laut dem bereits zitierten IPCC-Bericht ein in etwa 80 Jahren durchaus plausibles Szenario. Wenn wir nicht schleunigst unseren $CO_2$-Ausstoß drastisch reduzieren. Es könnte aber auch, wenn es dumm kommt, schneller gehen. Wenn das Eis in der Arktis und der Antarktis beginnt, mit exponentieller Geschwindigkeit zu schmelzen zum Beispiel, was ernst zu nehmende Wissenschaftler derzeit befürchten.[213]

Wenn der Weltklimarat übrigens mitteilt, dass etwas schneller passiert als erwartet, dann ist das wirklich ein Grund zur Sorge: Es zeigt nämlich, dass die Wissenschaftler bislang genau das Gegenteil dessen tun, was ihnen die Abwiegler bis heute gerne vorwerfen: Panik schüren oder einen »Hype« befeuern.

Die IPCC-Prognosen und -Projektionen sind in der Regel sehr vorsichtig und konservativ. Das hat zur Folge, dass immer wieder Dinge schneller passieren als erwartet. Ein weiteres extremes Beispiel für diese vorzeitigen Folgen der Erwärmung, die Forscher weltweit schockierten, ist das Auftauen des Permafrostbodens in der Arktis, 70 Jahre früher, als der IPCC das prognostiziert hatte.[214] In Sibirien und anderswo bilden sich dadurch Krater, mancherorts hat sich die Landschaft binnen weniger Monate vollständig verändert. Das größere Problem aber entsteht dadurch, dass der auftauende Boden freisetzt, was darin gespeichert war: Kohlendioxid und das noch viel wirksamere Treibhausgas Methan.

**Exkurs: Permafrost und andere Kippelemente**

Permafrostboden nennt man alle Böden, egal ob Mutterboden, Sedimente oder Felsen, die mindestens zwei Jahre am Stück 0 Grad Celsius kalt oder kälter sind. Die Temperatur ist das definierende Merkmal, das Material oder die Feuchtigkeit des Bodens spielen keine Rolle. Diese gefrorene Schicht kann einen Meter dick sein oder mehr als einen Kilometer. Über 22 Millionen Quadratkilometer auf der Nordhalbkugel gelten als Permafrostregionen. Manchmal ist der gefrorene Boden schneebedeckt, aber nicht immer. Unter Gletschern, Bächen und Flüssen ist der Boden oft frei von Permafrost, auch wenn die Lufttemperatur darüber dauerhaft unter null Grad liegt.

Die größten Permafrostgebiete auf der Nordhalbkugel erstrecken sich zwischen dem 60. und 68. Breitengrad. Es gibt aber auch eine Region rund um den 35. Breitengrad, im Himalaja gelegen, in den Rocky Mountains in den USA und in Gebirgen im Südwesten Asiens. Die größten zusammenhängenden Gebiete auf der Nordhalbkugel liegen im Westen in Alaska, dem Norden Kanadas und Grönland, im Osten in Sibirien, der nördlichen Mongolei und dem Nordosten Chinas. In Skandinavien und Island dagegen gibt es vergleichsweise wenig Permafrost, was mit der Nähe zum Ozean zu tun hat: Große Wasserflächen reduzieren extreme Temperaturen. Auf der Südhalbkugel gibt es, weil dort in den entsprechenden Breiten kaum Landmassen existieren, kaum Permafrostböden. Ausnahmen finden sich in extremen Höhenlagen der Anden und den wenigen nicht von Eis bedeckten Tundren der Antarktis.

Taut Permafrostboden dort auf, wo der gefrorene Untergrund organische Bestandteile enthält, passieren unerwartete, oft unangenehme Dinge: Methan tritt aus und fängt, im schlimmsten Fall, sogar Feuer. Es bilden sich Krater und Teiche, wo vor Wochen noch fester Untergrund war. Neben Methan wird im Boden gebundenes Kohlendioxid freigesetzt, denn in Teilen der eisigen Tundren gab es noch vor Zehntausenden von Jahren Graslandschaften, in denen Mammuts und andere Tiere lebten – in Sibirien ist deshalb ein regelrechter Goldrausch in Sachen Mammutelfenbein ausgebrochen.[215] Tauender Permafrostboden trägt auf diese Weise massiv zum Treibhauseffekt bei. Diese Tauvorgänge gelten deshalb als einer der »Kipp-Punkte«, die dazu beitragen könnten, das Weltklima plötzlich und unumkehrbar in einen neuen Zustand zu versetzen.

Das Potsdam-Institut für Klimafolgenforschung hat schon mehr als ein Dutzend solcher »Kippelemente« identifiziert, die »bereits durch kleine externe Störungen in einen qualitativ neuen Zustand versetzt werden können«.[216] Dazu gehören Eiskörper wie die Eisschilde der West- und Ostantarktis, der Eisschild Grönlands und das Meereis in der Arktis, aber auch Ökosysteme wie der Amazonas-Regenwald und die Korallenriffe des Planeten. Die dritte Gruppe der Kippelemente sind sogenannte Strömungssysteme, etwa die El-Niño-Oszillation und die sogenannte thermohaline Zirkulation, eine Art Wasserförderband, das die fünf Ozeane miteinander verbindet und zu deren Bestandteilen auch der Golfstrom gezählt wird. Gemeinsam haben diese Kippelemente, dass sie unter bestimmten Bedingungen plötzlich und scheinbar überraschend in völlig andere Zustände übergehen könnten oder selbstverstärkende Mechanismen beinhalten. Schmilzt beispielsweise Festlandeis, wird der Boden darunter sichtbar, der dann mehr Sonnenlicht absorbiert als das stark reflektierende Eis, das ihn zuvor bedeckte. Das trägt zu einer weiteren Beschleunigung der Erwärmung und des Schmelzvorgangs bei. Schon 2015 haben Forscher vom Potsdam-Institut nachgewiesen, dass die thermohaline Zirkulation sich bereits abzuschwächen scheint.[217] Wenn aber der Golfstrom langsamer wird oder gar zum Stillstand kommt, wird es bei uns im Bereich des Nordatlantiks plötzlich sehr kalt. An der nordamerikanischen Atlantikküste dagegen würde der Meeresspiegel kräftig ansteigen.

Der Amazonas-Regenwald wiederum könnte kippen, wenn es ihm durch die Klimaerwärmung zu trocken wird: Er könnte sich dann binnen Jahrzehnten in einen der größeren Trockenheit angepassten saisonalen Wald oder eine Graslandschaft verwandeln, womit eine gigantische Kohlenstoffsenke und außerdem eines der für die Artenvielfalt der Welt wichtigsten Ökosysteme des Planeten einfach verschwinden würden. Auch Abholzung und Brandrodung könnten diese Entwicklung beschleunigen.

In Brasilien brannte im Jahr 2019 der Regenwald, wochen- und monatelang, in gigantischem Ausmaß. Die Brandrodungen verschärfen ein Problem, für das der rechtsradikale Präsident Jair Bolsonaro selbst maßgeblich mitverantwortlich ist: Die Abholzung der Amazonaswälder hat sich unter seiner Präsidentschaft noch einmal beschleunigt. Ohne den Dschungel aber, da sind sich Fachleute einig, funktioniert das Ökosystem Erde nicht mehr richtig. Der Regenwald geht die ganze Menschheit etwas an, genauso wie das Eis der Arktis, der Golfstrom oder die großen Korallenriffe. Der Zustand des Amazonas-Regenwalds wird zu den möglichen Kipppunkten gezählt, die das Weltklima irreversibel verändern könnten, wenn sie überschritten werden.

All das wissen wir längst. Aber es fällt uns augenscheinlich sehr schwer, die richtigen Konsequenzen zu ziehen.

Das hat mit unserem Wirtschaftssystem zu tun, mit der politischen Verfasstheit unserer Staaten und internationalen Organisationen – und ganz maßgeblich auch mit den kognitiven Einschränkungen und Verzerrungen, um die es in Kapitel 7 ging.

Ein wichtiger Faktor bei alledem ist auch, dass uns die Prozesse, die den Planeten immer näher an den Rand einer Katastrophe bringen, in den vergangenen Jahrzehnten so viel Wohlstand und Bequemlichkeit gebracht haben. Tatsächlich leben nicht nur wir global betrachtet sehr reichen Bewohner der Industrienationen dank all der exponentiellen Entwicklungen so angenehm: Auch das Leben vieler Menschen in anderen Teilen der Erde wird messbar immer besser. Viele Kennzahlen, die abstrakt wirken, aber für millionenfach ausbleibendes Leid stehen, entwickeln sich extrem positiv. In den erfreulichsten Fällen heißt das oft: nach unten.

Zum Beispiel nimmt die Kindersterblichkeit weltweit weiterhin ab, und zwar in fast allen Ländern der Erde, relativ unabhängig von ihrem jeweiligen Reichtum. Dasselbe gilt für die Zahl von Menschen, die in extremer Armut leben müssen.

Und das ist, entgegen den Thesen der Überbevölkerungsapokalyptiker, nicht gefährlich, sondern gut, denn wenn Kindersterblichkeit und Armut abnehmen, sinken in aller Regel auch die Geburtenraten. Aus irgendwelchen Gründen fällt es gerade uns wohlhabenden Bewohnern der Industrienationen aber extrem schwer zu akzeptieren, dass sich viele Dinge zum Positiven entwickeln.

### Exkurs: Gibt es eine Bevölkerungsexplosion?

Die Vorstellung, dass es bis heute eine »Bevölkerungsexplosion« gibt, ein ungebremstes, exponentielles Wachstum der Anzahl der Menschen, die auf diesem Planeten leben, ist sehr hartnäckig und tief verwurzelt. Immer wieder hat es Prognosen gegeben, denen zufolge es demnächst gewaltige Katastrophen geben werde, immer verknüpft mit der lange Zeit exponentiell wachsenden Weltbevölkerung. Der berühmteste Vertreter dieser Sichtweise ist der Pfarrer und erste Professor für Politische Ökonomie Thomas Robert Malthus, der schon 1798 prognostizierte, dass, weil die Bevölkerung immer weiter wachse, die Lebensmittelproduktion bald nicht mehr für alle ausreichen werde. Er prognostizierte dramatische Hungersnöte. 1968 verkündete der Biologie Paul Ehrlich in seinem internationalen Bestseller *The Population Bomb* (dt. *Die Bevölkerungsbombe),* dass »der Kampf um die Ernährung der gesamten Menschheit« schon vorüber sei: »In den Neunzehnhundertsiebziger Jahren werden Hunderte Millionen Menschen verhungern.« Nichts, das jetzt noch getan werden könnte, werde diese Katastrophe verhindern. Bekanntlich irrte Ehrlich.

In einem damals geheimen, im Jahr 1974 im Auftrag von US-Präsident Richard Nixon verfassten Papier des Nationalen Sicherheitsrats der USA, heute nach Henry Kissinger als »Kissinger Report«[218] bekannt, wurden mit derselben Begründung drastische Maßnahmen angeregt: Ziel der Außenpolitik der USA solle die »Depopulation« vor allem bestimmter Staaten sein – der Bericht enthielt eine konkrete Liste, in der unter anderem Indien, Bangladesch und Mexiko aufgeführt waren. Zu diesem Zweck solle man beispielsweise auf Abtreibungen, »Erziehung und Indoktrination« setzen. Als 1989 die Geheimhaltung für den Bericht aufgehoben wurde, sorgten die Vorschläge nachträglich für Empörung.

Diese Vorstellung, dass die unkontrolliert immer weiter wachsende Menschheit sich eines Tages selbst in den Abgrund stürzen würde, sitzt auch heute noch tief in den meisten Köpfen, auch denen gebildeter Menschen.

Sie ist aber falsch.

Bis Mitte 2019 lag die Prognose der UNO für die Menge der Weltbevölkerung im Jahr 2100 bei über elf Milliarden Menschen. Schon diese Prognose enthielt aber auch die Vorhersage, dass die Weltbevölkerung spätestens bis zu diesem Zeitpunkt nicht mehr weiterwachsen, sondern zu schrumpfen beginnen würde. Möglicherweise auch schon viel früher.

Die Zahl selbst hat die »Population Division« der UNO dann Mitte 2019 leicht nach unten korrigiert: Nun liegt die Prognose bei 10,9 Milliarden Menschen im Jahr 2100. Die Prognosen der UNO haben sich in den vergangenen Jahrzehnten wieder und wieder als überraschend präzise erwiesen.

Das stärkste Bevölkerungswachstum der Geschichte gab es in den Jahren 1962 und 1963. Die Wachstumsrate lag damals bei 2,2 Prozent. Heute ist sie nur noch etwa halb so groß, die Weltbevölkerung wächst also immer noch, aber immer langsamer. In absehbarer Zeit wird sie damit aufhören und wieder kleiner werden. Die Frage ist nicht mehr, ob, sondern nur noch, wann.

Auch das Wachstum in absoluten Zahlen geht bereits zurück: Die meisten zusätzlichen lebenden Menschen kamen um das Jahr 1990 hinzu, damals waren es 90 Millionen in einem Jahr. Diese und viele andere Zahlen kann man sich, sehr anschaulich aufbereitet, auf der Webseite Our World in Data[219] ansehen. Sie ist oft sehr hilfreich, wenn man das Bedürfnis hat, seine Vorstellungen von der Welt der Realität anzupassen.

Entscheidend an der schrumpfenden Wachstumsrate ist: Die Weltbevölkerung wächst eben nicht exponentiell, es gibt keine »Bevölkerungsexplosion«. Heute geborene Kinder haben gute Chancen, das Ende des Wachstums persönlich mitzuerleben. Das heißt aber nicht, dass fast elf Milliarden Menschen im Jahr 2100 und bereits 9,7 Milliarden bis 2050 nicht eine gewaltige Herausforderung wären, sowohl was Nahrungs- als auch was Energieversorgung angeht.

Die beste Methode zur Begrenzung des Bevölkerungswachstums aus Sicht der Industrienationen ist effektive, gezielte Entwicklungshilfe. Und zwar insbesondere Investitionen in Bildung für Mädchen und Frauen und für bessere medizinische Versorgung in Entwicklungsländern, etwa in Zentral-, Ost- und Westafrika.

Die Mechanismen, die in vielen Ländern der Welt längst zu sinkenden Fortpflanzungsraten geführt haben, sind bekannt: Bildung für Frauen, Gesundheitsversorgung, Urbanisierung und der Zugang für Frauen zum Arbeitsmarkt. Diese Faktoren sorgen dafür, dass Frauen nicht mehr vier oder fünf, sondern irgendwann im Schnitt nur noch ein oder zwei Kinder bekommen. Je besser es den Frauen einer Gesellschaft geht, desto besser geht es der Gesellschaft – und desto weniger Kinder werden geboren. Die zweite wichtige Methode, das Bevölkerungswachstum einzudämmen, ist die Bekämpfung der Kindersterblichkeit. Das klingt paradox, stimmt aber. Siehe Europa.

In einer Reihe von Ländern der Welt ist das und mehr längst passiert, ihre Bevölkerungen schrumpfen. Deutschland gehört dazu, Japan, viele Staaten Osteuropas. Selbst China wächst kaum noch. Das wird neben einer Reduktion des Drucks auf globale Ökosysteme ganz neue, aber eben völlig andere Probleme mit sich bringen: Überalterung, Rentenlücken, Innovationsrückgang.

Es gibt eine Reihe durchaus namhafter Forscher, die noch weiter gehen als die UNO, die, wie gesagt, in den vergangenen Jahrzehnten mit ihren Prognosen fast vollständig richtiglag. In dem faszinierenden Buch *Empty Planet*[220] von Darrel Bricker und John Ibbitson kann man die Positionen und Argumente für die These nachlesen, dass die Menschheit noch viel früher mit dem Schrumpfen beginnen wird. Darunter ist auch die Position des norwegischen Wissenschaftlers Jørgen Randers, der einst am berühmten Club-of-Rome-Bericht »Die Grenzen des Wachstums« mitgearbeitet hat, jener Studie, die 1972 vor einem Kollaps der menschlichen Zivilisation warnte, auch aufgrund des rasanten Bevölkerungswachstums. Mittlerweile hat Randers, der als Experte für Klimastrategie an einer Wirtschaftshochschule in Oslo arbeitet, seine Meinung geändert: »Die Weltbevölkerung wird neun Milliarden Menschen nie erreichen«, sagt er jetzt, »sie wird ihren Gipfelpunkt von acht Milliarden im Jahr 2040 erreichen und dann zurückgehen.«

Es gibt tatsächlich gute Argumente dafür, dass der Schrumpfungsprozess deutlich vor 2100 beginnen wird. Etwa, dass die Fruchtbarkeitsraten in vielen Ländern in jüngerer Zeit viel schneller gefallen sind als erwartet. Im Sommer 2020 erschien im renommierten medizinischen Journal *The Lancet* eine Studie, derzufolge das Bevölkerungswachstum schon 2064 enden wird. Demnach würde die Menschheit in diesem Jahr mit 9,7 Milliarden ihren Höchststand erreichen und dann schrumpfen. Für das Ende des Jahrhunderts sagt das 24-köpfige Forscherteam eine Weltbevölkerung von 8,8 Milliarden Menschen voraus. Egal ob neun oder elf Milliarden, eins bleibt jedoch sicher: Auf uns kommt eine gewaltige Herausforderung zu. Eine Bevölkerungsexplosion aber findet, das steht zweifelsfrei fest, schon heute nicht mehr statt. Wir sollten lieber damit beginnen, eine Zukunft mit einer immer älter und langsam kleiner werdenden Menschheit in unsere Planungen einzubeziehen.

Nach unten zeigen auch die Kurven für lebensgefährliche Infektionskrankheiten. Im Jahr 2000 gab es pro 100 000 Menschen laut der Weltgesundheitsorganisation WHO noch 172 Fälle von Tuberkulose, 2018 waren es nur noch 132 Fälle, das entspricht einem Rückgang von fast einem Viertel binnen 18 Jahren. Die Anzahl der Malariafälle in Risikogebieten fiel zwischen 2010 und 2017 von fast 72 pro Tausend auf 59 pro Tausend. Die durchschnittliche Lebenserwartung weltweit liegt heute bereits bei 70 Jahren. Um das mal ins Verhältnis zu setzten: Noch um 1870 lag die mittlere Lebenserwartung in Deutschland bei etwa 40 Jahren.[221] Selbst in den ärmsten Ländern der Welt werden die Menschen heute im Schnitt 62 Jahre alt.

Auch in Schwellenländern in Afrika leben die Menschen also im Mittel mehr als ein Drittel länger als im Deutschland Otto von Bismarcks. Für viele sind solche Informationen bis heute sehr überraschend, weil ihr Weltbild in etwa die Realität des Jahres 1965 widerspiegelt, nicht die von heute. Die gestiegene Lebenserwartung hat selbstverständlich viel mit dem Rückgang der Kindersterblichkeit zu tun – eine der Entwicklungen, die das Bevölkerungswachstum am wirksamsten bremsen: Wie bereits einmal erwähnt, sind im Jahr 2016 weniger als halb so viele Kinder unter fünf Jahren gestorben wie noch 1990. 2016 starben fünf Millionen Kleinkinder, 1990 waren es über elf Millionen. »Es sind nicht die Zahlen an sich, die interessant sind«, hat Hans Rosling, der Arzt, der sein Leben der Aufklärung des Westens über die wahren Verhältnisse auf der Welt von heute gewidmet hatte, einmal geschrieben. »Interessant ist, was sie uns über die Leben hinter diesen Zahlen sagen.«

Aufwärts verlaufen diverse Kurven, die mittelfristig dafür sorgen werden, dass Menschen überall auf dem Globus bessere, auf besserer Information basierende Entscheidungen treffen können: Die Zahl der Menschen, die lesen können, wächst jedes Jahr weiter. Mitte der 1970er-Jahre lag die weltweite *literacy rate* noch bei 65 Prozent, im Jahr 2018 bei über 86 Prozent. Außerdem besuchen mittlerweile weltweit fast ebenso viele Mädchen wie Jungen zumindest eine Grundschule. Das wiederum erhöht die Wahrscheinlichkeit, dass die Geburtenraten gerade in Schwellenländern schneller sinken werden als erwartet.

Dass die Weltgemeinschaft all das erreicht hat – Abermillionen Kinder vor dem Tod bewahrt, zumindest basale Schulbildung in die entlegensten Regionen gebracht, durchaus erfolgreich extreme Armut, Hunger und Krankheiten bekämpft und sogar ihre eigene Schuld an der noch immer drohenden Klimakatastrophe endlich kollektiv akzeptiert und Besserung gelobt hat –, das lässt doch hoffen. Und es ist, das gehört zur Wahrheit dazu, eine Folge unseres zunehmend globalisierten Wirtschaftssystems und des stattlichen Wirtschaftswachstums gerade in vielen ärmeren Ländern.

Gleichzeitig bleibt die Tatsache bestehen, dass wir darauf angewiesen sind, eine vorläufig weiterhin wachsende Menschheit mithilfe von Landwirtschaft und Technologie zu ernähren.

Es gibt Leute, die haben sich für diesen Blickwinkel ein Schimpfwort ausgedacht, es heißt »anthropozentrisch«. Wer das Schicksal der Menschheit über das Schicksal der übrigen Natur stellt, finden Fans dieses Begriffs, ist irgendwie ein schlechter Mensch. Ich persönlich bekenne mich zu meinem Anthropozentrismus.

Verstehen Sie mich nicht falsch: Artenschutz ist auch für die Menschheit ein existenziell wichtiges Ziel, und ich wäre der Erste, der sich freuen würde, wenn es noch Riesenwombats, Megawarane und Beutellöwen gäbe. Wir müssen dringend damit aufhören, die Lebensräume weiterer Tier- und Pflanzenarten zu zerstören, die Ozeane leer zu fischen und mit Plastik zu vermüllen. Aus Liebe zur Natur, aber vor allem aus Liebe zu uns selbst. Luft-, Wasser- und Bodenverschmutzung sind der »Kommission für Verschmutzung und Gesundheit« der renommierten medizinischen Fachzeitschrift *The Lancet* zufolge für neun Millionen Todesfälle pro Jahr verantwortlich.[222] Das sind 16 Prozent aller Sterbefälle in einem Jahr und etwa 15-mal so viele Tote, wie sie durch Kriege und Gewalt im Jahr verursacht werden.

Die Bewahrung der Ökosysteme ist auch noch aus anderen Gründen im absolut eigennützigen Interesse der Menschheit: Eine monokulturelle Welt mit gigantischen landwirtschaftlichen Flächen, auf der es außer uns nur noch Kühe, Schweine, Hühner und Zuchtlachse gibt, erscheint mir alles andere als lebenswert. Abgesehen davon würde es in so einer Welt bald keine Bienen mehr geben und damit auch viele Obst- und andere Pflanzensorten nicht mehr. In Douglas Couplands Roman *Generation A*[223] kann man nachlesen, wie eine Welt ohne Bienen in etwa aussehen würde: kaum noch Blumen, Äpfel und Honig als Luxusgüter, kollabierte Ökosysteme und Fettsucht fördernder Maissirup als Grundnahrungsmittel – Mais wird nämlich durch den Wind bestäubt. Und die Menschen wissen, dass sie all das selbst verursacht haben, durch die versehentliche Vernichtung der Bienen: »Es gab auf der ganzen Welt niemanden, der nicht dieses üble Schuldgefühl in der Magengegend hatte, weil wir wussten, dass wir diesen Fehler gemacht hatten, nicht Mutter Natur.«

Trotz alledem müssen wir eine Lösung für die Aufgabe finden, zehn Milliarden Menschen vor dem Verhungern zu bewahren. Das ist eine Aufgabe, die die Menschheit nur kooperativ wird lösen können. Genauso wie die andere Menschheitsaufgabe, den von uns selbst verursachten Klimawandel aufzuhalten.

Dem Klima sind Staatsgrenzen gleichgültig, das Erdsystem nimmt auf die willkürlichen Unterteilungen, die wir Menschlein vorgenommen haben, keine Rücksicht. Die größten Probleme, die es derzeit gibt, betreffen uns alle gleichermaßen. Auch wenn sich die Auswirkungen von Klimakrise und Artensterben in verschiedenen Regionen zunächst ganz unterschiedlich zeigen werden. Wir können uns nur als Menschheit retten, nicht als Nationen.

In der Psychologie spricht man von drei Arten von Fallen, die Menschen in so selbstzerstörerische Handlungsweisen führen, wie wir sie im Moment rund um den Globus wahrnehmen, zum

Beispiel in Brasilien, wo Jair Bolsonaro den Regenwald abbrennen lässt, oder in Australien, wo die Kohleförderung vorangetrieben wird, während das Great Barrier Reef jedes Jahr, übersäuertem Meerwasser sei Dank, noch weiter abstirbt.

- »Soziale Fallen«: Die anderen fischen mit Dynamit – das macht zwar die Korallenriffe kaputt und damit bald auch die Fischbestände, von denen wir alle abhängen. Aber bis dahin fangen meine Konkurrenten viel mehr Fische. Warum sollte ich dann nicht auch mit Dynamit fischen, solange es noch geht?

- »Zeitliche Fallen«: Es mag ja sein, dass mein Verhalten irgendwann in der Zukunft negative Konsequenzen haben wird, aber im Moment bringt es mir Vorteile – billige Energie zum Beispiel oder bequemen Transport. Der Schaden scheint in ferner Zukunft zu liegen, also ignorieren wir ihn.

- »Räumliche Fallen«: Es mag ja sein, dass es für die Einwohner von Kiribati und Mikronesien irgendwann ungemütlich wird, wenn das Wasser weiter steigt, aber was geht das mich an? Mein Haus steht auf einem Hügel, weit weg vom Meer.

All diese Haltungen sind fatal, wenn eine für alle lebensnotwendige Ressource unwiederbringlich verbraucht oder zerstört wird, »The Tragedy of the Commons« hat der Ökologe Garrett Hardin das im Jahr 1968 genannt, die Tragik der Allmende.[224]

In eine dieser drei Kategorien fällt auch nahezu jedes Argument, das derzeit gegen wirksame, konzertierte Klimaschutzmaßnahmen in Stellung gebracht wird. Weniger Kohleverstromung? Wozu, in Polen baut man doch weiter Kraftwerke? Schnelle Klimaschutzmaßahmen? Wozu, im Moment ist doch noch alles halbwegs in Ordnung? Weniger $CO_2$ durch Flüge, etwa durch die Abschaffung der steuerlichen Begünstigung für Kerosin? Das klappt doch ohnehin nicht, dann betanken die Fluggesellschaften ihre Maschinen eben woanders.

Wir Menschen wissen heute aber, anders als noch in der ersten Hälfte des 20. Jahrhunderts, eine Menge über unsere individuellen und kollektiven Beschränkungen und Denkfehler. Vor allem die Sozialpsychologie und die Verhaltensökonomie haben bemerkenswerte Erkenntnisfortschritte erzielt. Noch nie wusste die Menschheit so viel über ihre eigenen Schwächen – und wir lernen immer mehr über Methoden, wie wir uns diesen Schwächen widersetzen können. Wenn wir uns jetzt falsch verhalten, dann nicht mehr aus Ignoranz, sondern aus Schwäche und Rücksichtslosigkeit gegenüber zukünftigen Generationen.

Wir sind anders als ein Pilz, der Frösche ausrottet, die ihm als Wirtstier dienen, und damit am Ende seinen eigenen Lebensraum zerstört: Der Mensch ist in der Lage, die Konsequenzen seines eigenen Handelns zu begreifen – und sogar dazu zu verstehen, warum es ihm so schwerfällt, sein Verhalten zu ändern.

Ein paar Beispiele aus einer sehr erhellenden Überblicksstudie australischer und US-amerikanischer Psychologen aus dem Jahr 2014[225] mit dem Titel »Die Psychologie von Umweltentscheidungen«:

Selbst gebildeten Menschen fällt es offenbar schwer, die Folgen von Zu- und Abflüssen für den Gesamtbestand einer gegebenen Größe zu verstehen. Zum Beispiel die Tatsache, dass die Menge an $CO_2$ in der Atmosphäre auch dann noch immer weiter zunimmt, wenn der Zufluss konstant gehalten wird. Es gibt aber Wege, um diese Fehlschlüsse zu vermeiden, etwa indem man anschauliche

Alltagsbeispiele wählt – dass eine Badewanne überlaufen wird, in die konstant mehr Wasser hineinfließt als durch den Abfluss hinaus, versteht jeder.

Menschen sind umso weniger willens, ihr Verhalten zu ändern, je weiter die vermuteten Konsequenzen des Nichthandelns entfernt scheinen, zeitlich wie räumlich. Umgekehrt entscheiden sie sich lieber für eine kleinere, aber kurzfristig zu erwartende Belohnung als für eine, auf die sie länger warten müssen. Noch schlimmer wird dieser Effekt, wenn auch nur ein Hauch Unsicherheit über die zu erwartenden Folgen herrscht. Das ist übrigens der Grund, warum die Unternehmen, die am Handel mit Roh-$CO_2$ so unfassbar viel Geld verdienen (die Kohle-, Gas- und Ölbranche also), seit Jahrzehnten bewusst, gezielt und wider besseres Wissen Zweifel am menschengemachten Klimawandel schüren: Ein bisschen Zweifel reicht, um das eigene Geschäftsmodell noch jahrelang am Leben zu erhalten und die selbst verursachten Schäden weiterhin der Allgemeinheit anzulasten.

Es gibt aber Faktoren, die den eben skizzierten entgegenwirken: Zum Beispiel verändert sich die Einstellung zum Klimawandel dann, wenn Menschen regelmäßig Ereignisse in ihrem eigenen Umfeld wahrnehmen, die sie auf diesen Klimawandel zurückführen – hier wirkt die Verfügbarkeitsheuristik (siehe Exkurs »Kognitive Verzerrungen«) in eine durchaus menschheitsdienliche Richtung: Jeder Hurrikan in den USA, jeder unerwartet katastrophale Buschbrand in Kalifornien oder Australien schwächt die Position der Klimawandelleugner. Ganz egal, ob der Kausalzusammenhang nun wirklich schon klar belegt ist oder nicht.

Das ist gut und nützlich, denn dass Monsterstürme, Dürren und Brandkatastrophen durch die Erderwärmung zunehmen werden, kann als gesichert gelten. Als in São Paulo, weit von den Bränden im Amazonasgebiet entfernt, aufgrund der gewaltigen Rauchentwicklung eines Tages schwarzer Regen fiel, kam sicher der eine oder andere Brasilianer ins Grübeln. Und als der »klimawandelskeptische« australische Premierminister Scott Morrison Ende 2019, inmitten einer Brandkatastrophe, wie sie Australien noch nie erlebt hatte, einen Brandort besuchte, verweigerte ihm ein Feuerwehrmann den Handschlag mit diesen Worten: »Herr Premierminister, Sie werden am Ende eines Feuerwehrschlauchs keinen Klimaskeptiker mehr antreffen.«

Menschen sind zudem intuitiv risikofreudiger, wenn es um mögliche Verluste geht. Wenn es eine kleinere Summe sicher zu gewinnen gibt, eine größere nur mit einer gewissen Wahrscheinlichkeit, wählen die meisten Versuchspersonen den sicheren Gewinn. Das ändert sich, wenn es um eine Wahl zwischen einem sicheren Verlust und einem nicht völlig sicheren, noch größeren Verlust geht: Dann sind die meisten bereit zu zocken. Das ist ungünstig, wenn der Einsatz die Zukunft der Menschheit ist.

Diese Liste ist alles andere als vollständig, das Wissen über unsere eigenen kognitiven Beschränkungen aber ist mittlerweile immens. Das ist eine wichtige, eine überlebenswichtige Veränderung: Wir wissen jetzt um unsere Schwächen. Das heißt, wir sind auch in der Lage, uns ihnen zu widersetzen. Wir wissen sogar, wie das geht.

Um es mit den Autoren der zitierten Studie zu sagen: »Das weckt Optimismus, dass das Anthropozän nicht die letzte Epoche sein wird, die wir auf diesem Planeten genießen können.« Immerhin kann die Menschheit schon auf eigene Erfahrungen zurückblicken, die zeigen, dass wir in der Lage sind, in Notsituationen global konzertiert und effektiv zu handeln. Die besten Beispiele sind der Kampf gegen sauren Regen und das Ozonloch: Beide Probleme wurden mit internationalen Übereinkünften und Regulierung weitgehend gelöst, bevor sie die Menschheit in noch größere Gefahren stürzen konnten. Gefährliche Stoffe wurden durch Regulierung vom Markt gedrängt oder gleich ganz verboten. Es geht also.

Es gibt aber noch ein paar andere Faktoren, die durchaus dafür sprechen, dass die Menschheit keineswegs dazu verdammt ist, die Zerstörung ihrer eigenen Lebenswelt immer weiter voranzutreiben, bis sie ihr eigenes Überleben gefährdet. Das hat mit unserer sich wandelnden Vorstellung von einem guten Leben zu tun – und einmal mehr mit der Exponentialfunktion.

# 12 NUR DIE EXPONENTIALFUNKTION KANN UNS RETTEN

»Wenn in Nairobi ein Baum gefällt wird, zählt das Bruttoinlandsprodukt die dafür aufgewendete Arbeit und das produzierte Holz, aber es zieht den Schatten und die Schönheit des Baumes, die verloren gegangen sind, nicht davon ab. Das BIP misst nur den Dingen, die bepreist und vermarktet werden, einen Wert zu.«

*Die Wirtschaftsnobelpreisträger Abhijit Banerjee und Esther Duflo in* Gute Ökonomie für harte Zeiten *(2019)*

»Alles für uns selbst und nichts für die anderen, das scheint in allen Weltzeitaltern die widerliche Maxime der Herrschenden gewesen zu sein. Sobald sie deshalb einen Weg gefunden hatten, den ganzen Wert ihrer Einkünfte selbst zu verbrauchen, zeigten sie keine Bereitschaft mehr, mit anderen zu teilen.«

*Adam Smith,* Der Wohlstand der Nationen *(1776, eigene Übersetzung)*

Immer kurz vor dem Jahreswechsel gibt es vor der Bucht, an der die der Hauptstadt der Karibikinsel Saint-Barthélemy, auch St. Barths genannt, liegt, ein seltsames und sehr teures Schauspiel zu betrachten. In den letzten Dezembertagen versammeln sich vor der Küste von Gustavia, so heißt die Hauptstadt, viele gigantische Motorjachten. In den winzigen Hafen der Stadt passen nur ein paar davon. Ein Liegeplatz dort kostet ortskundigen Skippern zufolge Tausende von Euro pro Tag.

Manche der vor der Küste liegenden Superjachten haben riesige aufblasbare Rutschen, die von einem der oberen Decks hinunter zum Wasser führen, viele verfügen über geräumige Bootsgaragen und Dutzende Jetskis, einige auch über Hubschrauberlandeplätze. Manche haben, so wird zumindest gemunkelt, eigene U-Boote an Bord. Viele der Beiboote haben selbst das Format von normalen Motorjachten.

Es gibt auch sogenannte Begleitjachten, die Hubschrauber, Rennboote und andere Spielzeuge transportieren und aussehen wie weiß lackierte Fracht- oder Kriegsschiffe, dekoriert mit kugelförmigen Radomen und Kränen. Die fast 70 Meter lange *Intrepid* zum Beispiel hat keinerlei Passagierkabinen. Sie befördert nur Motorboote und einen Helikopter für die Passagiere ihres Mutterschiffs *Infinity*. Beide gehören einem Milliardär aus den USA, dem Besitzer einer Kette von Fachgeschäften für Schiffs- und Hafenausrüstung.

Viele der Super- und Megajachten sehen aus wie nur leicht geschrumpfte Kreuzfahrtschiffe, zum Beispiel die über 160 Meter lange *Eclipse*, die sich der russische Oligarch Roman Abramowitsch von der Hamburger Werft Blohm und Voss bauen ließ. Zweimal hat Abramowitsch die *Eclipse* verlängern lassen, kein Witz.[226] Und zwar deshalb, weil er gerne den Titel des Besitzers der längsten Motorjacht der Welt behalten wollte. Schon 2018 galt die *Eclipse* trotzdem nur noch als drittlängste Megajacht der Welt. Auf Platz eins und zwei lagen nun zwei Schiffe, die dem Sultan von Oman und dem Präsidenten der Vereinigten Arabischen Emirate gehörten. Letzteres, die *Azzam*, ist über 180 Meter lang.

Schon die *Eclipse* hat, je nach Quelle, vermutlich etwa 400 Millionen Euro gekostet, mit Ausstattung vermutlich noch deutlich mehr, von bis zu 850 Millionen ist die Rede.[227] Angeblich gab es am Ende Streit um eine Summe von 80 Millionen Euro zwischen Werft und Oligarch. Zur nachträglich ergänzten Ausstattung der

*Eclipse* gehörten Gerüchten zufolge ein Mini-U-Boot und ein Raketenabwehrsystem, das angeblich in Frankreich nachgerüstet werden musste: Das deutsche Kriegswaffenkontrollgesetz hätte es verboten.[228]

An den Tagen vor Silvester 2019 teilte sich die *Eclipse* die Wasserfläche vor Gustavia mit vielen Dutzend anderen Schiffen, die meisten etwas oder auch deutlich kleiner, aber trotzdem teils Hunderte von Millionen Euro teuer. Die an ein von Luigi Collani gestaltetes Alien-Raumschiff erinnernde *Anna* beispielsweise, die dem russischen Oligarchen Dmitry Rybolovlev gehören soll. Die 134 Meter lange, in klassischem Blau und Weiß gehaltene *Serene*, die angeblich der ebenfalls russische Wodka-Milliardär Yuri Shefler besitzt. Oder die mit ihrem spitzen, vollkommen geschlossenen Bug an ein futuristisches U-Boot erinnernde *Excellence*.

Feuerwerk darf auf St. Barths und von den Schiffen aus keines gemacht werden. Nur von der historischen Festungsanlage der Hauptstadt Gustavia werden zum Jahreswechsel ein paar Minuten lang bunte Raketen abgeschossen. Das Schauspiel kann sich kaum mit einem durchschnittlichen deutschen Volksfestfeuerwerk messen, und doch versammeln sich die Superreichen und ihre Gäste dort Jahr für Jahr – auf der *Eclipse* beispielsweise ist zur Not Platz für mehr als 60 davon, die zusätzlich zur Crew von 70 bis 90 Personen noch eigenes Personal mitbringen können. Im Anschluss an das bescheidene Feuerwerk drücken die Steuerleute der Superjachten alle gleichzeitig einmal auf die Hupe, Dutzende gewaltige Schiffshörner dröhnen übers Wasser, und dann ist es wieder still. Nicht mal ein »Happy New Year!« ist zu hören. Am nächsten Tag, nach den zahlreichen Partys auf Schiffen und an Land, zu denen kein Normalsterblicher Zugang bekommt, es sei denn, als Bediensteter, verschwinden die Reichen mit ihren Yachten wieder.

Die erste Lehre aus der karibischen Jachtparade ist eine, die allerspätestens seit den »Panama Papers« und den »Paradise Papers« über Offshore-Firmen, Steuerparadiese und Steuervermeidungstricks zum Allgemeinwissen gehören sollte: Wo besonders viel Geld sitzt und verdient wird, werden besonders wenige oder gar keine Steuern bezahlt. Nicht nur, aber auch die größten die Profiteure der Erzeugung von $CO_2$ vergesellschaften nicht nur die gewaltigen Schäden, die ihre Geschäftsmodelle verursachen – sie sind auch Meister darin, den Gesellschaften, in denen sie leben, ihren Anteil an den Erlösen vorzuenthalten. Viele Karibikinseln sind bekanntlich auch Steueroasen, St. Barths gehört dazu.

Das Superjacht-Schaulaufen vor St. Barths ist außerdem ein in seiner Klarheit geradezu plumpes Symbol: Die Besitzer der Riesenschiffe sind zu einem sehr großen Teil entweder russische Oligarchen oder arabische Scheichs, was man auf einschlägigen Superjacht-Plattformen im Internet problemlos recherchieren kann. Ein paar superreiche Amerikaner wie David Geffen oder der Modekettenbesitzer Leslie Wexner sind zwar auch darunter, aber ein sehr großer Teil des vielen Geldes, das vor St. Barths herumschwimmt und permanent gewaltige Mengen Dieselabgase in die karibische Luft pustet, stammt aus dem Verkauf von fossilen Brennstoffen oder der postsowjetischen Plünderung der Öl- und Gasexportnation Russland.

Die reichsten der Reichen auf diesem Planeten sind bis heute vielfach diejenigen, die von dem, was diesen Planeten zu zerstören droht, am meisten profitiert haben. Sie tragen mit ihrem Lebensstil außerdem persönlich in überragender Weise zur weiteren Erzeugung von $CO_2$ bei: »10 Prozent der Weltbevölkerung (die größten Emittenten) tragen etwa 50 Prozent zu den globalen $CO_2$-Emissionen bei, während die 50 Prozent der Menschheit, die am wenigsten kontaminieren, nur etwas mehr als 10 Prozent der Emissionen beitragen«, so halten es die Wirtschaftsnobelpreisträger Abijit Banerjee und Esther Duflo in ihrem Buch *Gute Ökonomie für harte Zeiten* fest.[229] Diese Zahl betrifft nicht nur die Einwohner der reicheren Länder, sondern Reiche überall: Zwar sind Länder wie die USA und die Staaten Europas prozentual für den bisher größten Teil der von Menschen in die Erdatmosphäre geblasenen $CO_2$-Menge verantwortlich – aber, so Duflo und Banerjee, »auch in den Entwicklungsländern setzen die Reichen sehr viel mehr $CO_2$ frei als die Armen«.

Je reicher man ist, desto mehr versündigt man sich am Planeten und dessen Zukunft, das gilt fast ohne Ausnahme. Das gilt aber nicht nur für Superjacht-Besitzer, sondern auch für praktisch jeden Einwohner einer Industrienation: Ständig muss man sich fragen, ob man sich nicht schuldig macht. Die Sünde ist wieder da, nur ist sie jetzt viel stärker ausdifferenziert als zu Zeiten von Moses. Und die der ganzen Menschheit, nicht nur den Sündern drohenden Bestrafungen sind sehr viel greifbarer, konkreter und vor allem plausibler als das Jüngste Gericht.

Ist der Kaffee fair gehandelt? Die Schokolade? Kommt das T-Shirt aus einer baufälligen Fabrik in Bangladesch, oder haben es gar Kinder in irgendeinem illegalen Sweatshop zusammengenäht? Das sind die alten, lang bekannten Fragen des fairen oder eben unfairen Konsums. Sie sind manchmal weniger eindeutig zu beantworten, als es zunächst scheint: Vielleicht wäre die Näherin in Bangladesch gar nicht begeistert, wenn wir entscheiden, ihrer Hände Arbeit aus grundsätzlichen Erwägungen nicht mehr haben zu wollen.

Es geht aber um weit mehr als Kaffee und Turnschuhe. Vom sogenannten Fairphone, dem meines Wissens einzigen Handy, bei dem man seriöserweise davon ausgehen kann, dass keine seltenen Erden aus Konflikt- und Ausbeutungsregionen verbaut sind, wurden nach den jüngsten verfügbaren Zahlen keine 150 000 Exemplare verkauft. Es gibt weltweit aber Milliarden von Smartphones, alle unfair.

Auch an Ihrem Handy klebt vermutlich Blut. Oder der Schweiß von in Minen schuftenden afrikanischen Kindern. Und natürlich der von chinesischen Fließbandarbeitern. Wann haben Sie das letzte Mal getankt? Haben Sie dabei daran gedacht, dass Frauen in Saudi-Arabien immer noch weitgehend rechtlos sind? Und übrigens: Ihre Autoreifen sind rollende Produzenten von Mikroplastik. Vom $CO_2$, den Stickoxiden und dem Feinstaub aus dem Auspuff ganz zu schweigen.

Essen Sie noch Fleisch? Wenn ja – über das Thema Massentierhaltung muss hier wohl nicht mehr viel gesagt werden, weder was ethische Fragen noch was den Klimawandel angeht. Und wie ist es mit Hühnerbrust? Wissen Sie, dass mit dem Rest des Hühnchens der lokale Markt für Geflügel in afrikanischen Ländern zerstört wird? Fahren Sie Fahrrad? Ja? Gut! Und wann sind Sie zum letzten Mal mit dem Flugzeug im Urlaub oder auf Geschäftsreise gewesen? Kaufen Sie Kaffee in Pappbechern? Und Ihre Energiesparlampen – kommen die in den Sondermüll? Benutzen Sie noch Einwegbatterien? Trennen Sie Ihren Müll korrekt? Und selbst wenn – wissen Sie, wo der am Ende landet?

Nahezu jede Konsumentscheidung hat Auswirkungen auf das Leben von Menschen, in der Nachbarschaft oder in fernen Ländern, auf Tiere, das Klima, die Umwelt oder alles zusammen. Wir alle sind eingebunden in derart komplexe internationale Handels- und Produktionszusammenhänge, dass es unmöglich erscheint, jede Konsumentscheidung ethisch oder ökologisch zu bewerten.

Ein einziges südamerikanisches Rindersteak enthält womöglich Sünden gegen Klima, Umwelt (Methan, internationaler Transport, abgeholzter Regenwald), Menschen (vertriebene Ureinwohner) und Tiere. Weil wir fast alle hier im Westen im globalen Vergleich so furchtbar reich sind und weil wir diesen Reichtum jahrhundertelanger Ungerechtigkeit und Unterdrückung und für die Ärmsten bis heute weiterhin oft sehr unfairen wirtschaftlichen Bedingungen verdanken, machen wir uns heute ständig schuldig, ob wir wollen oder nicht.

Wir reichen Sünder leben auch deshalb so komfortabel. Die meisten Menschen haben das längst im Gefühl. Auch die Debatte über Zuwanderung dürfte zum Teil von diesem ständig verdrängten Schuldgefühl überlagert sein: Plötzlich kommen Leute aus den Ländern, in denen die Lebensbedingungen so viel schlechter sind als hier, zu uns nach Hause und machen das Gefälle aus der Nähe sichtbar, wie unangenehm.

Solche Probleme lassen sich prinzipiell nicht mit individuellen Entscheidungen lösen, das ist absolut unzweifelhaft, aber bei vielen Menschen trotzdem noch nicht so richtig angekommen. Wenn Greta Thunberg sagt, dass wir alle anders leben müssen, um den Planeten zu retten, hat sie zweifellos recht. Das wird aber nicht gelingen, indem wir jeden einzelnen Menschen zum Sachwalter der Zukunft der Erde machen. Tatsächlich ist die Forderung nach individueller Tugendhaftigkeit zur Lösung globaler Probleme nicht zuletzt ein Ablenkungsmanöver, erdacht von den Industrien, die mit noch einem bisschen mehr Planetenzerstören, noch ein bisschen mehr Ungerechtigkeit und Ausbeutung schöne Profite für ihre Shareholder erwirtschaften. Nachweisen lässt sich das zum Beispiel für die These, dass jeder und jede Einzelne mit seinem eigenen Verhalten zur Reduktion von Plastik in der Umwelt beitragen könne, wie Sascha Lobo in seinem Buch *Der Realitätsschock* ausführt.[230] Die betreffenden Industrien hatten ein großes Interesse daran, dass beim Konsumenten der Eindruck entsteht, wenn er seinen Müll nicht auf die Straße, sondern in den vorgesehenen Eimer werfe, sei das Problem gelöst.

Beim Thema $CO_2$ ist Ähnliches geschehen: Als zunehmend klar wurde, dass die alte Strategie, beständige Zweifel am menschengemachten Klimawandel säen zu lassen, nicht mehr lange funktionieren würde, änderte die Öl- und Gasbranche ihren Ansatz: British Petroleum (BP) zum Beispiel stellte schon 2005 einen $CO_2$-Rechner ins Netz,[231] mit dem man angeblich seinen eigenen Klimawandel-Fußabdruck ausrechnen kann. Die 2020 aktuelle Version des Rechners wirbt mit der Möglichkeit, die eigenen, etwa durch eine Reise entstehenden $CO_2$-Emissionen mit persönlichen Zahlungen auszugleichen.[232]

Dem Einzelnen zu vermitteln, er oder sie selbst trage die Hauptverantwortung, hat sich über die Jahre für viele Branchen als sehr effektive Methode erwiesen, lästiger Regulierung aus dem Weg zu gehen. Ohne Regulierung geht es aber nicht. Die Verantwortung für die durch das eigene Geschäftsmodell entstehenden Schäden für die Allgemeinheit von dieser Allgemeinheit ausbaden zu lassen hat in den Wirtschaftswissenschaften sogar einen Namen: negative Externalitäten. Die gelten als eines der Beispiele für Marktversagen, also für Situationen, in denen Adam Smiths unsichtbare Hand des Marktes eben *nicht* automatisch alles zum Besseren wendet.

Zur Illustration ein Beispiel: Stellen Sie sich vor, Sie hätten herausgefunden, dass im Stadtpark bei Ihnen in der Gegend ein Schatz vergraben ist. Sie heuern ein paar Arbeiter an, mieten einen Bagger und Kettensägen. Ihr Trupp sperrt ein Areal im Park mit Flatterband ab und beginnt, Büsche abzubrennen und Bäume zu fällen. Dann wird gebuddelt. Am dritten Tag der Ausgrabungen stößt ein Bauarbeiter mit seiner Schaufel auf die Schatzkiste. Nun verkaufen Sie die Goldmünzen, versteuern den Gewinn, bezahlen Arbeiter und Geräteverleih und erfreuen sich am gewaltigen Gewinn. Wenn sich jemand beschwert, dass Sie den Park verwüstet, ein riesiges Loch im Boden und Dutzende gefällte Bäume hinterlassen haben, verweisen Sie darauf, dass Sie doch Arbeitsplätze geschaffen und Steuern gezahlt hätten.

So ähnlich verhalten sich die Firmen, die fossile Brennstoffe fördern und verkaufen, seit vielen Jahrzehnten. Sie graben Schätze aus, erzeugen gewaltige Schäden und überlassen die dann der Allgemeinheit. Oft wird all das vom Steuerzahler sogar bezuschusst, auch in Deutschland, nicht nur in Ölnationen. Noch im Jahr 2017 schätzten Fachleute die weltweiten[233] Subventionen für fossile Brennstoffe auf 500 bis 600 Milliarden Dollar.

### Exkurs: Woher kommt das $CO_2$?

Über drei Viertel allen in die Atmosphäre entlassenen Kohlendioxids entsteht durch die Nutzung fossiler Brennstoffe, der Rest entfällt dem Weltklimarat zufolge auf Land- und Forstwirtschaft.[234] Die von den Letzteren produzierten Treibhausgase sind allerdings in der Menge konstant, in den letzten Jahren sogar rückläufig, während die durch fossile Brennstoffe erzeugte $CO_2$-Menge pro Jahr etwa seit den Vierzigerjahren dramatisch ansteigt. Zudem kann man die Landwirtschaft nicht einfach auf klimaneutrale Produktion umstellen, auch wenn es zweifellos helfen würde, vor allem den Verbrauch von Rindfleisch dramatisch einzuschränken. Umstellung auf eine $CO_2$-neutrale Energieversorgung wäre deshalb der einfachste und schnellste Weg, die Kohlendioxidemissionen zu senken. Zum $CO_2$ kommen allerdings weitere Treibhausgase, vor allem Methan und Lachgas, die, gerechnet in $CO_2$-äquivalenten Einheiten, etwa ein Viertel aller Treibhausgase ausmachen, die pro Jahr in die Atmosphäre gelangen.

Von allen fossilen $CO_2$-Quellen, die zur Erwärmung der Erdatmosphäre beitragen, ist Kohle die wichtigste. Dem Global Carbon Project zufolge erzeugte die Verbrennung von Kohle im Jahr 2019 weltweit etwa 14,5 Gigatonnen, also Milliarden Tonnen $CO_2$, das sind 40 Prozent des gesamten durch fossile Brennstoffe erzeugten Kohlendioxids.[235] Weltweiter Spitzenreiter bei der Kohleverstromung ist China. An zweiter Stelle der fossilen $CO_2$-Quellen liegt Öl in all seinen Formen mit einem Beitrag von 12,5 Gigatonnen $CO_2$ (34 Prozent). An dritter Stelle folgt Gas mit 7,7 Gigatonnen (20 Prozent). Mit weitem Abstand den größten Anteil haben, nach Branchen betrachtet, die Erzeugung von Wärme und Elektrizität (45 Prozent), gefolgt von Industrie (23 Prozent) und Transport ohne internationalen Flugverkehr (19 Prozent). Schifffahrt und internationale Luftfahrt steuern demnach 3,5 Prozent der $CO_2$-Emissionen aus fossilen Brennstoffen bei.

Braunkohle ist der dreckigste aller fossilen Energieträger, Spitzenreiter unter den $CO_2$-Verursachern und außerdem noch ein schier unerschöpflicher Quell anderer giftiger Substanzen: Quecksilber, Schwefeldioxid, Stickoxide. Ins Grundwasser entlässt der Tagebau Sulfat und Chlorid, ins Oberflächenwasser Eisen, was Flüsse »verockert« und so zum Artensterben beiträgt. In Deutschland ist die Braunkohle allein für die Hälfte allen bei der Stromerzeugung anfallenden $CO_2$ verantwortlich,[236] weitere 30 Prozent entfallen auf Steinkohle.

Braunkohle ist für die Unternehmen, die daran verdienen, aber ein sehr stabiler und kalkulierbarer Umsatzbringer. Das liegt daran, dass RWE und LEAG, die gemeinsam einen Marktanteil von weit über 80 Prozent haben, die Kohle nicht am Markt einkaufen müssen, sondern sie direkt vom Tagebau in ihre Kraftwerke schicken. Wie billig die selbst geförderte Braunkohle wirklich ist, verraten die Energieversorgungsunternehmen nicht.

Von der Braunkohle wird gern behauptet, sie sei ein »subventionsfreier« Brennstoff. Das ist falsch. Braunkohle ist von der sogenannten Förderabgabe für Bodenschätze freigestellt. Die Förderunternehmen sind auch weitgehend von den »Wasserentnahmeentgelten« befreit. Sie saugen im Schnitt für etwa 17 bis 20 Millionen Euro Wasser aus dem Kreislauf, gratis. Die Braunkohle profitiert außerdem von Ausnahmeregelungen im Erneuerbare-Energien-Gesetz (EEG) und vom sogenannten Eigenstrom-Privileg. All das summiert sich auf Hunderte Millionen Euro pro Jahr. Noch extremer waren über die Jahre allerdings die Subventionen für Steinkohlebergbau, der in Deutschland im internationalen Vergleich noch nie profitabel war: Der Freiburger Wirtschaftshistoriker und Kohlefachmann Franz-Josef Brüggemeier schätzt, dass der deutsche Steuerzahler insgesamt 200 bis 300 Milliarden Euro in Form von Steinkohlesubventionen ausgegeben hat.[237]

Auch die Braunkohle wäre trotz all der versteckten Unterstützung längst nicht mehr profitabel, wenn die betreffenden Unternehmen auch nur annähernd für die Umweltschäden zur Rechenschaft gezogen würden, die sie verursachen. Laut Umweltbundesamt erzeugt eine Tonne $CO_2$ Klima-Folgeschäden in Höhe von 180 Euro.[238]

Man könnte, das rechnet zum Beispiel das gemeinnützige Projekt Agora Energiewende vor, auf einen Schlag die 20 ältesten deutschen Kohlekraftwerke stilllegen, ohne dass eine »Versorgungslücke« entstünde.[239] Zusätzliche Versorgungssicherheit für die Zeiten, in denen es dunkel und windstill gleichzeitig ist, könnte man mit Gaskraftwerken gewährleisten, die sich schnell hoch- und wieder herunterfahren lassen. Gaskraftwerke erzeugen im Vergleich zu Kohlekraftwerken für dieselbe Energiemenge nur ein Drittel des $CO_2$.

Das von wenigen vorübergehenden Ausnahmesituationen abgesehen permanente, vor allem von solchen fossilen Brennstoffen angetriebene Wirtschaftswachstum der vergangenen gut 220 Jahre hat die Welt vollständig verändert und vor allem uns Bewohnern der westlichen Industrienationen im globalen Vergleich unglaublichen Wohlstand beschert. Gleichzeitig ist es der Hauptgrund für die existenzbedrohenden ökologischen Probleme, denen sich die gesamte Menschheit heute gegenübersieht. Einer noch viel kleineren Gruppe hat das Wirtschaftswachstum irrealen, ja absurden

Reichtum gebracht, so wie den Superjacht-Eignern vor St. Barths. Manche davon verdanken ihren extremen Reichtum zum Teil eigener Leistung, manche, das dürfte vermutlich auf den Sultan von Oman und den Präsidenten der Vereinigten Arabischen Emirate zutreffen, eher in die Wiege gelegten Privilegien und den Machtstrukturen ihrer Gesellschaft. Und manche, so wie der eine oder andere Oligarch, der Bereitschaft, die eigenen Interessen mit Rücksichtslosigkeit und ohne Skrupel oder moralische Bedenken durchzusetzen.

Bei vielen der größten Vermögen des Planeten haben fossile Brennstoffe wichtige Rollen gespielt. Das noch im Jahr 2018 profitabelste Unternehmen der Welt war die staatliche saudi-arabische Ölfirma Saudi Aramco. Sie gab für dieses Jahr einen Gewinn von 111 Milliarden Dollar an. Das war zu dieser Zeit knapp doppelt so viel wie der Gewinn von Apple, dem zu diesem Zeitpunkt wertvollsten börsennotierten Unternehmen der Welt. Saudi Aramco gab den eigenen Gewinn 2019 erstmals bekannt, weil sein eigener Börsengang bevorstand. Über viele Jahre hinweg teilten sich Ölfirmen die Top Ten der wertvollsten Unternehmen der Welt mit wenigen Firmen aus anderen Branchen. Das hat sich mittlerweile geändert: Zu den wertvollsten Firmen gehören mittlerweile vor allem die Tech-Giganten aus dem Silicon Valley und Seattle sowie ihre chinesischen Pendants. Die Vermarktung von menschlicher Aufmerksamkeit ist heute schon lukrativer als die von Erdöl.

»Verdient« im engeren Sinne hat mit Sicherheit niemand ein Privatvermögen von mehreren Milliarden Euro, aber hier greift eine Regel, die der am MIT in Boston lehrende Physiker und Netzwerkforscher Albert-László Barabási in seinem faszinierenden Buch *The Formula: The Universal Laws of Success*[240] formuliert hat: Leistung ist begrenzt, aber Erfolg ist unbegrenzt. Tiger

Woods, eines von zahlreichen Beispielen in Barabásis Buch, spielt zweifellos sehr gut Golf, im Schnitt offenbar besser als alle anderen Golfspieler seiner Generation. Er spielt aber nicht doppelt so gut wie die nächsten Kandidaten auf der Rangliste, nur gerade so viel besser, und zwar konsistent, dass er sehr oft gewinnt. Woods hat aber schon mindestens doppelt so viel Geld verdient wie andere, ähnlich erfolgreiche Golfer: Sein Privatvermögen wird auf etwa 800 Millionen Dollar geschätzt, die Vermögen des zweit- und drittreichsten Golfers auf jeweils 400 Millionen. Der Spieler auf Platz zehn der Rangliste besitzt weniger als ein Zehntel des Geldes, über das der Champion selbst verfügt. Tiger Woods ist angeblich der erste Sportler und überhaupt der erste Prominente, der es geschafft hat, im Laufe seiner Karriere mehr als eineinhalb Milliarden Dollar einzunehmen.

Barabásis »Gesetz« des potenziell unbegrenzten monetären Erfolgs trifft aber auch auf viele andere Berufe zu: Das Talent und die Leistung von Menschen in nahezu beliebigen Bereichen sind, wie man das mathematisch formulieren würde, normalverteilt, sie folgen also einer Glockenkurve: Wenige sind sehr schlecht, links außen ist die Kurve deshalb sehr flach. Die meisten liegen mit ihren Leistungen irgendwo in der Mitte, nahe dem Scheitelpunkt der Glockenform, und wiederum sehr wenige besetzen die wenigen Punkte ganz rechts außen auf der Kurve. Irgendwann geht es nicht mehr weiter. Es wird niemals jemand die 100 Meter in fünf Sekunden laufen (außer jemand in der Zukunft, dessen Gene zu genau diesem Zweck so sehr verändert worden sind, dass man ihn oder sie kaum noch »Mensch« nennen könnte). Leistung ist begrenzt, Erfolg aber nicht.

Die Erträge, die Leute im rechten, sehr dünnen Zipfel der Normalverteilung erzielen können, kennen kein natürliches Limit:

Künstler und Musikerinnen, CEOs und Schriftstellerinnen, Unternehmerinnen und Hedgefonds-Manager können in der Weltwirtschaft der Gegenwart, wenn Talent, Timing, Fleiß und Glück zusammentreffen, potenziell nahezu unbegrenzt reich werden. Extremer Reichtum folgt nämlich keiner Normalverteilung oder Glockenkurve – sondern einem sogenannten Potenzgesetz. Wie eine Kurve aussieht, die einem Potenzgesetz entspringt, wissen Sie schon: Sie ist links ziemlich lang ziemlich flach und wird dann nach rechts plötzlich sehr steil und immer noch steiler – eine Exponentialfunktion. Sehr wenige haben oder verdienen sehr viel Geld, die meisten anderen haben deutlich weniger. Tatsächlich macht die Kurve der weltweiten Einkommensverteilung ganz links noch eine scharfe Kurve nach unten. Dort existieren die ärmsten zwei bis drei Prozent der Weltbevölkerung, die deutlich weniger als einen Dollar pro Tag verdienen.[241] Ganz rechts aber, beim obersten einen Prozent, wo die Superreichen zu Hause sind, verläuft die Kurve praktisch senkrecht.

Das hat unter anderem damit zu tun, dass die Spitzensteuersätze in vielen Ländern in den vergangenen Jahrzehnten immer weiter gesenkt worden sind. Dabei gibt es, wie die Ökonomen Banerjee und Duflo festgestellt haben, keinerlei belastbare Evidenz dafür, dass hohe Spitzensteuersätze tatsächlich der Wirtschaft oder dem Wachstum schaden, im Gegenteil: In den USA gab es in den Zeiten des größten Wachstums für die absoluten Spitzenverdiener Steuersätze von weit über 70, in den 1950er-Jahren sogar von über 90 Prozent. Banerjee und Duflo empfehlen hohe Spitzensteuersätze für sehr Wohlhabende, um die extreme Verzerrung, die sich auch in Barabásis »Gesetz« zu Leistung und Erfolg niederschlägt, abzumildern. Denn wenn extrem hohe Einkommen auch extrem hoch besteuert werden, sinkt die Motivation von CEOs und anderen Spitzenverdienern, solche extrem hohen Einkommen überhaupt einzufordern. Es gibt keinen plausiblen Grund, warum jemand mit mehr als 100 Millionen Euro im Jahr entlohnt werden sollte, außer, damit er auf dem Golfplatz vor den CEO-Kollegen aus anderen Firmen damit angeben kann.

Im Jahr 2015 besaß das reichste Prozent der Weltbevölkerung einer Studie der Organisation Oxfam zufolge mehr als die verbleibenden 99 Prozent der Weltbevölkerung[242] zusammen. Und das liegt definitiv nicht daran, dass dieses reichste Prozent exponentiell mehr leistet als die übrige Menschheit. Leistung folgt ja keiner Exponential-, sondern einer Normalverteilung. Leute, die behaupten, dass Umverteilung dem Wachstum, dem Fleiß der Wohlhabenden oder deren Innovationskraft schade, lügen den Reichsten dieser Welt in die Tasche. Das Gleiche gilt für die ungerechte Besteuerung von Arbeitseinkünften und Kapitalerträgen: Wer so reich ist, dass nur noch sein oder ihr Geld für ihn oder sie arbeitet, kommt in vielen Ländern, wenn überhaupt Steuern gezahlt werden, viel billiger weg als jemand, der Einkommenssteuer auf sein Gehalt bezahlt. Banerjee und Duflo halten deshalb auch Vermögenssteuern auf sehr hohe Vermögen für sinnvoll.

Es ist ein Dogma unter Ökonomen, dass alle Menschen grundsätzlich immer mehr wollen, dass das ein unveränderlicher Aspekt der menschlichen Natur sei. Zurückgeführt wird dieses Dogma oft auf den zu Beginn dieses Kapitels zitierten Ökonomen Adam Smith, den man als eine Art Erfinder des Kapitalismus bezeichnen könnte. Er ist unter anderem Schöpfer der Idee von der »unsichtbaren Hand des Marktes«, die die Dinge von alleine so regelt, dass es dem Gemeinwohl dient. Das wohl berühmteste Zitat aus Smiths *Wohlstand der Nationen* ist dieses: »Nicht von dem Wohlwollen des Fleischers, Brauers oder Bäckers erwarten wir unsere Mahlzeit, sondern von ihrer Bedachtnahme auf ihr eigenes Interesse. Wir wenden uns nicht an ihre Humanität, sondern an ihre Eigenliebe, und sprechen ihnen nie von unseren Bedürfnissen, sondern stets von ihren Vorteilen.« In den bald 250 Jahren seit dem Erscheinen des Buches hat sich, zumindest in den Wirtschaftswissenschaften, eine sehr eindimensionale Auslegung von diesem »Interesse« und diesen »Vorteilen« des hypothetischen Fleischers, Brauers und Bäckers etabliert: Es geht den drei Herren und allen anderen Marktteilnehmern dieser Lesart zufolge immer und ausschließlich ums Geld. Um möglichst viel davon, immer mehr, und dann noch mehr. Das ist die doch eigentlich psychologische, so gut wie gar nicht mehr hinterfragte Behauptung im Herzen aller Theorien über die Marktwirtschaft. Kurioserweise hatte Smith selbst übrigens ein weit differenzierteres Bild von menschlichen Bedürfnissen und auch vom Gemeinwohl als viele derer, die sich auf ihn beziehen. Das Zitat zu Beginn des Kapitels zeigt sehr schön, wie sehr ihn die Gier der Mächtigsten anekelte. Heute gilt es unter den Wirtschaftswissenschaftlern, die das Ohr der Mächtigen haben, als Dogma, dass man die Reichen auf jeden Fall immer reicher werden lassen muss. Weil sie sonst womöglich aufhören, uns andere, weniger Reiche, mit nach oben zu ziehen. Dabei ist das nachweislich falsch. Vielleicht unterscheiden sich manche Superreiche von uns Normalsterblichen weniger durch ihren Fleiß oder ihr Talent, sondern durch ihre außergewöhnlich ausgeprägte Gier?

Die bald 250 Jahre seit der Erstausgabe von Smiths *Wohlstand der Nationen* haben eins überdeutlich gezeigt: Wenn Ökonomen grundlegende und angeblich allgemeingültige Behauptungen über die »menschliche Natur« zu einem unverrückbaren Bestandteil ihrer Modelle machen, ist höchste Vorsicht geboten. Zur Erinnerung: Die wichtigsten Modelle der Wirtschaftswissenschaften basierten bis in die 1970er-Jahre hinein auf der grundlegenden Annahme, dass menschliche Marktteilnehmer sich im Kern vernünftig verhalten, das der *Homo oeconomicus* ein rationales Wesen sei. Genau deshalb bekam Daniel Kahneman für seine Arbeiten mit Amos Tversky – zwei Psychologen! – schließlich den Wirtschaftsnobelpreis: Sie wiesen den in Sachen menschliche Natur eben in Wahrheit ziemlich ahnungslosen Ökonomen empirisch nach, dass diese als belastbares Axiom betrachtete Grundannahme falsch ist. Menschen handeln und denken keineswegs immer rational. Sie benutzen oft in die Irre führende Abkürzungen, sie lassen sich vom Kontext beeinflussen, von dem, woran sie sich gerade erinnern können. Sie benutzen kognitive Heuristiken. Sie treffen falsche Vorhersagen, sie schätzen Risiken unterschiedlich ein, je nachdem, wie man die Frage nach diesen Risiken formuliert. All das überraschte viele Menschen, die keine Wirtschaftswissenschaftler waren, keineswegs. Modelle blenden immer und zwangsläufig etwas aus, die Karte ist nicht das Territorium, sonst wäre sie nutzlos. Die Wirtschaftswissenschaften aber haben absolut elementare Eigenschaften ihres Forschungsgegenstandes, des Menschen nämlich, ausgeblendet, jahrhundertelang. Und irgendwann haben viele ihrer prominentesten Vertreter offenbar aufgehört, diese doch ziemlich wichtigen Modellannahmen zu hinterfragen.

Sie können das übrigens an sich selbst ausprobieren: Wären Sie selbst auch gern Besitzerin oder Besitzer einer Superjacht mit einer Besatzung von 90 Angestellten, die permanent bezahlt werden müssen? Und falls ja: Was wären Sie dafür zu opfern bereit? Würden Sie für die Superjacht ab jetzt bis ans Ende Ihrer Tage 80 Stunden die Woche arbeiten? Würden Sie auf den Kontakt zu Ihrer Familie und Ihren Freunden weitgehend verzichten? Würden Sie, dem Status des Superreichen zuliebe, Freundschaften aufkündigen, sich dafür aber mit Personenschützern umgeben? Oder nie wieder ein Buch lesen, das nicht unmittelbar auf Ihre Produktivität im Job einzahlt? Würden Sie sich mit Regimes verbünden, für die Folter und Mord zum politischen Repertoire gehören? Was genau wäre Sie Ihnen also wert, die Jacht und alles, was dazugehört?

Mein Verdacht ist, dass viele Leserinnen und Leser dieses Buches schon die erste Frage im vorangegangenen Absatz nach kurzem Nachdenken mit »Nein« beantwortet haben. Die meisten Menschen, die keine russischen Oligarchen oder arabischen Ölscheichs sind, haben andere, wichtigere Interessen, als möglichst großen Reichtum zu erwerben, um ihn anschließend zur Schau zu stellen. Sicher, viele würden gerne mal auf einem Boot durch die Karibik fahren, und vermutlich hat fast jede und jeder schon einmal von märchenhaftem Reichtum geträumt, der absolute Sicherheit und absolute Freiheit zu versprechen scheint.

Vermutlich haben aber nur wenige Menschen tatsächlich das Bedürfnis, zur Gewährleistung ihrer Freiheit und Sicherheit auf, unter anderem, eine neunzigköpfige Crew angewiesen zu sein, die den Großteil des Jahres nichts anderes tut, als die Messingarmaturen auf Hochglanz zu halten. Für viele Menschen gibt es Wichtigeres, und zwar eine ganze Menge. Mehr Freizeit zum Beispiel, gute Beziehungen zu den eigenen Verwandten und Freunden, das Gefühl, etwas Sinnvolles zu tun, gebraucht zu werden. Gesund, fit, vielleicht sportlich zu sein. Seinen Hobbys nachzugehen. Im Beruf Erfüllung zu finden. Schönheit, Kunst, Musik zu genießen. Seinen Kindern beim Aufwachsen zuzusehen, möglichst viele gute Bücher zu lesen, respektiert zu werden für das, was man tut, nicht für das, was man besitzt. Und so weiter.

Tatsächlich war die Annahme, dass alle Menschen grundsätzlich immer mehr, und zwar erst einmal: mehr Geld wollen, in den vergangenen zweihundertfünfzig Jahren ein vorübergehend durchaus tragfähiges Konzept. Eine, wenn man so will, Heuristik, eine gedankliche Abkürzung. In diesen zweihundertfünfzig Jahren haben wir Menschen unsere Welt unfassbar verändert, unsere Anzahl versiebenfacht, die ökologischen Zusammenhänge des Planeten teils irreversibel verändert, die Schwerkraft bezwungen, den Mond bereist und einst Furcht einflößende Krankheiten ausgerottet. Immerhin lag die durchschnittliche Lebenserwartung am Beginn dieses jahrhundertelangen Exponentialsprints noch bei unter 30 Jahren. Weite Teile der Weltbevölkerung waren regelmäßig mit Hunger konfrontiert, litten unter Krankheiten, Kälte, Hitze, Schmerzen, quälender Langeweile, unerträglichen Arbeitsbedingungen und zum Teil ständiger, zur Gewohnheit gewordener Todesangst. Der aus heutiger Sicht absolut verständliche Wunsch, all diesen Qualen zu entrinnen, der Wunsch nach gutem Essen, Sicherheit, Freiheit von Schmerzen, Kälte, Hitze, Angst und Langeweile wurde zur Triebfeder des Konsumkapitalismus, wie wir ihn heute kennen. Mehrwollen war evolutionär betrachtet sinnvoll, denn Mehrhaben erhöhte die Wahrscheinlichkeit, dass man länger überlebte, und dass auch die eigenen Nachkommen gesund heranwuchsen und ein langes Leben vor sich hatten.

Dann wurde das Mehrwollen selbst zu einem Dogma: Schließlich war doch der wachstumsorientierte Kapitalismus augenscheinlich der mächtigste, beste und einzige Mechanismus, um menschliches Leid überall auf dem Planeten zu reduzieren. Und dieser wachstumsorientierte, produkt- und konsumzentrierte Kapitalismus war eben auf das ständige, allgegenwärtige Mehrwollen als Triebfeder angewiesen. Konsumieren, Mehrwollen, wurde damit sogar zu einer Art Tugend. Schließlich trug jeder und jede Einzelne mit diesem Antrieb zum Weiterlaufen des marktwirtschaftlichen

Motors bei. Banerjee und Duflo, die doch selbst Ökonomen sind, sprechen süffisant von der »ungebrochenen Liebe der Ökonomen zum materiellen Konsum als Grundlage des Wohlergehens«. Dabei sei es doch längst offenkundig, dass purer ökonomischer Egoismus keineswegs der einzige Antrieb menschlichen Verhaltens ist – andernfalls könnten etwa partizipative Demokratien, die ja unter anderem unentgeltliches Engagement erfordern, wohl kaum funktionieren.

Die Zunahme des menschlichen Wohlergehens wurde von Politik und Wirtschaft trotzdem fast überall auf einen einzigen abstrakten Messwert reduziert: Heute ist es das Bruttoinlandsprodukt (BIP). Bis gegen Ende des 20. Jahrhunderts war es das von dem Ökonomen Simon Kuznets im Auftrag des US-Kongresses erst in den 1930er-Jahren ersonnene Bruttosozialprodukt (BSP), das es dank der Band »Geier Sturzflug« in den Achtzigern in Deutschland bekanntlich sogar in die Hitparade schaffte. Beide, BSP und BIP, sind pauschale Maße für das Wirtschaftswachstum ganzer Länder. Dieses Wirtschaftswachstum galt dann schon kurz nach Kuznets' Erfindung als wichtigster Indikator überhaupt für das nationale Fortkommen. Wieder und wieder haben Politiker Wirtschaftswachstum in Höhe konkreter Prozentwerte in Aussicht gestellt, als hätte der oder die Einzelne davon irgendetwas. John F. Kennedy versprach im Wahlkampf von 1960 fünf Prozent, und zuletzt versprach Donald Trump seinen potenziellen Wählern im Jahr 2016 ein jährliches Wirtschaftswachstum von vier Prozent (eines von vielen Versprechen, die er nicht einhalten konnte).

Kuznets selbst fand solche Versprechen grundsätzlich eher unsinnig – er hielt das gesamtwirtschaftliche Wachstum nämlich für ein ungeeignetes Maß für »das Wohlergehen einer Nation«, wie er schon in dem Bericht ausführte, mit dem das Bruttosozialprodukt in die Welt kam.[243] In den 1960ern mahnte Kuznets: »Rufe nach ›mehr‹ Wachstum sollten spezifizieren, was wachsen soll und wozu.«[244] Trotz alledem bekam er 1971 den Wirtschaftsnobelpreis für seine »empirisch begründete Interpretation des Wirtschaftswachstums«.

Die Konzentration auf Wachstumsmaße, damals das Bruttosozialprodukt, heute das BIP, hat seither, wenn überhaupt, eher zu- als abgenommen. Dabei ist Kuznets' Hinweis, dass es darauf ankommt, was da genau wächst und wozu, heute aktueller denn je.

Um ein weiteres Mal daran zu erinnern: Ein mindestens prozentual konstantes, womöglich sogar prozentual zunehmendes Wachstum ergibt eine Exponentialfunktion. Darüber sprechen aber weder Politiker noch Ökonomen besonders gern, denn Exponentialfunktionen sind ja auch immer ein bisschen unheimlich. Die rebellische Ökonomin Kate Raworth formuliert es in ihrem Buch *Die Doughnut-Ökonomie* so: »Ein Diagramm in der Wirtschaftstheorie ist so gefährlich, dass es praktisch niemals gezeichnet wird: der langfristige Verlauf des BIP-Wachstums.«[245] Tatsächlich hat sich das Bruttoinlandsprodukt der Welt insgesamt von 1950 bis 2010 etwa versiebenfacht, während die Weltbevölkerung sich im selben Zeitraum verdreifachte.[246] Ein stark überproportionaler Anteil an diesem Zuwachs landete in den Händen einer sehr kleinen Gruppe sehr reicher Menschen.

Aus dem Blick geriet bei der dauerhaften Konzentration auf das BIP als Maß für den Fortschritt außerdem, dass Hunger, Kälte, Hitze, Langeweile, ständige Angst und ständiger Schmerz in vielen Ländern schon seit langer Zeit aus dem Alltag verschwunden sind. Die Mehrwollenmaschinerie aber läuft ungebremst weiter, ja, sie hat mit dem Internet sogar noch einen Turbolader hinzubekommen: weil sich das Mehrwollen jetzt, wo existenzielle Nöte nicht mehr im Vordergrund stehen, meist aus dem sozialen Vergleich speist, nur diesmal aus dem nach oben. Einst begehrten die Bauern, was der Adel hatte, dann die Bürger, was die reichen Unternehmer hatten, dann die Mittelschicht, was die Prominenten hatten, und heute viele junge Leute das, was ihnen Influencer vorleben. Der Neid ist der dunkle Bruder des Ehrgeizes, und beide halten die Marktwirtschaft am Laufen. Wer sie infrage stellt, galt noch bis vor Kurzem als wunderlich, als Späthippie, als spaßfeindlicher, humorloser Spielverderber.

Die Vorstellung, dass der Erwerb und Konsum von immer neuen Produkten als Lebensinhalt ausreichen könnten, ist bis heute allen Ernstes eine gesellschaftlich favorisierte Perspektive. Ihre extremsten Formen sind in kaum zu übersehender Weise dekadent: Fast-Fashion-Kleidung zum Beispiel, die explizit dafür hergestellt wird, höchstens ein- bis zweimal getragen und anschließend weggeworfen zu werden. Jeder Werbespot, jedes »Kunden kauften auch«, jede Influencer-»Produktkooperation« hilft, das Prinzip Konsum statt Sinn am Leben zu erhalten. Dabei wissen die meisten Menschen in den Industrienationen selbstverständlich längst, dass noch mehr Konsum nicht noch glücklicher macht, zumindest theoretisch. Gleichzeitig funktionieren die uralten Belohnungssysteme immer noch: Ein neues Paar Schuhe oder eine neue Stereoanlage verschaffen ihren Käufern vorübergehende Glücksgefühle. Mit Betonung auf »vorübergehend«. Man kann sich nicht glücklich kaufen. Wenn man es versucht, damit einfach immer weitermacht und sich das leisten kann, landet man irgendwann bei einer Motorjacht mit 90-köpfiger Besatzung, auf der man zweimal im Jahr ein paar Tage verbringt.

Die Idee einer postmaterialistischen Gesellschaft, die der Tatsache Rechnung tragen würde, dass viele Menschen den Existenzkampf schon gewonnen haben, ist aber längst in der Welt. Roman

Abramowitsch gilt den meisten Menschen in Deutschland nicht als wichtigstes Vorbild, obwohl er doch so ein schönes großes Schiff hat. Viele Menschen, ob höher oder weniger gebildet, finden das Zurschaustellen großen Reichtums inzwischen eher peinlich bis obszön. Diese Position ist vielleicht noch nicht mehrheitsfähig, aber sie gewinnt immer mehr Anhänger.

Ökonomen haben Modelle auf der Behauptung aufgebaut, dass Mehrwollen eine unveränderliche menschliche Grundeigenschaft sei. Wir haben ein Wirtschaftssystem auf diesem Dogma aufgebaut, das Menschen nachweislich keineswegs glücklicher macht. Gleichzeitig droht es, unseren Planeten mittelfristig unbewohnbar zu machen. Wie kann es sein, dass wir unsere eigene Umwelt womöglich irreversibel zerstören, während mehr als die Hälfte allen Besitzes in den Händen von einem Prozent der Weltbevölkerung landet? Haben diese Leute es wirklich verdient, dass wir ihrem Reichtum die Zukunft unserer Kinder und Eltern opfern?

Viele Menschen haben all das intuitiv längst verstanden. Sogar viele erfolgreiche Influencerinnen und Influencer preisen und praktizieren eine vegane Lebensweise, manche geben das kommerzielle Modell gleich ganz auf und widmen sich lieber einer guten Sache. Greta Thunberg wird vermutlich als bedeutendste Teenagerin unserer Zeit in die Geschichte eingehen, obwohl sie nun wirklich nicht reich ist und das auch definitiv nicht anstrebt. Aus dem Gedanken, dass es so nicht weitergehen kann, ist eine globale, dezentrale Organisation namens Fridays for Future erwachsen.

Auch die Vorstellung, dass Erlebnisse womöglich wertvoller sein könnten als Objekte, bahnt sich längst ihren Weg in den gesellschaftlichen Mainstream. Allerdings noch nicht in den Mainstream der Wirtschaftswissenschaften. Das zentrale Dogma, dass die stetige Steigerung des Bruttoinlandsprodukts tatsächlich mit

»Wachstum« gleichzusetzen sei, besteht noch. Auch im Kontext der Coronakrise wird wieder fast ausschließlich auf Basis der zu erwartenden BIP-Schrumpfung argumentiert. Selbstverständlich ist der Schaden, den die Weltwirtschaft durch das Virus nimmt und noch nehmen wird, ein Problem für viele Einzelne, die ihre Jobs verlieren, ihre Firmen dichtmachen müssen oder keine Aufträge mehr bekommen. Aber für die Zeit nach der Krise ist Simon Kuznets' Mahnung, dass es darauf ankommt, was da wächst und wozu, wichtiger denn je.

Wenn die Weltwirtschaftsleistung bis 2050 um drei Prozent pro Jahr wächst, dann verdoppelt sich die Größe der Weltwirtschaft bis etwa 2037 und verdreifacht sich bis 2050 knapp. »Kein einziges Mal hielten wir inne und fragten, ob das Wachstum des Bruttoninlandsprodukts immer notwendig war, stets wünschenswert oder auch zu jeder Zeit möglich«, so beschreibt Kate Raworth ihre eigenen wachsenden Zweifel an den Dogmen ihrer Disziplin schon während ihres Studiums. Mittlerweile gibt es großangelegte Proteste von Studierenden der Wirtschaftswissenschaften gegen den Mainstream der eigenen Disziplin, die diese Dogmen nicht mehr akzeptieren wollen. Die ökonomische Theorie komme bislang nicht an der Tatsache vorbei, »dass bestimmte Wertvorstellungen ihren Kern bilden«, schreibt Raworth: »Sie wird geprägt von der Vorstellung des Nutzens, der definiert wird als die Zufriedenheit eines Menschen, die aus dem Konsum bestimmter Güter erwächst.« Viele Studierende von heute wissen aber längst, dass Zufriedenheit so nicht funktioniert.

Auch zahlreiche äußert renommierte Kolleginnen und Kollegen der rebellischen Kate Raworth betrachten den Fokus auf das Bruttoinlandsprodukt als einzig selig machendes Kriterium für wirtschaftliches Fortkommen mittlerweile als Irrweg. Nicht nur die schon zitierten Wirtschaftsnobelpreisträger Duflo und Banerjee, die ihren wissenschaftlichen Ruhm vor allem mit streng empirischen, experimentellen Arbeiten über Wirtschaftsförderung in sehr armen Ländern erworben haben. Sie notieren: »Weder die ökonomische Theorie noch die verfügbaren Daten beweisen, dass das höchste Pro-Kopf-BIP von allgemeinem Nutzen ist.« Und: »Im Jahr 2019 können wir nicht mehr über das Wirtschaftswachstum sprechen, ohne uns mit seiner unmittelbaren Auswirkung zu beschäftigen.« Gemeint sind der Klimawandel und die Zerstörung der Umwelt.

Es gibt dabei nur ein Problem: Eine wirklich tragfähige Alternative zur Marktwirtschaft hat bislang niemand anzubieten. Die Probleme sind klar benannt, umrissen und definiert: Eine wachsende Kluft zwischen einigen wenigen Superreichen und allen anderen, der rücksichtslose Ressourcenverbrauch, den das ständige »Wachstum« zwangsläufig mit sich bringt, die Tatsache, dass der Energiehunger der Mehrwollenmaschinerie unter den derzeitigen Bedingungen dazu führen wird, dass der Planet immer heißer und heißer wird, Ökosysteme zerstört und Arten in rasantem Tempo ausgerottet werden.

Nicht alle diese Probleme lassen sich auf einmal lösen, und nicht alle mit derselben Methode: Das ist der Denkfehler all derer, die der Meinung sind, man müsse nur »den Kapitalismus« abschaffen, dann werde sich alles andere von selbst finden, so wie Teile der sogenannten Degrowth-Bewegung, die Wachstum an sich für einen grundsätzlichen Irrweg hält. Das gilt schon deshalb, weil es äußerst unfair gegenüber all jenen wäre, in deren Leben Hunger, Hitze, Kälte, Angst und Schmerzen immer noch dominierende Rollen spielen: Sie haben das gleiche Recht, von den Qualen des vorindustriellen Lebens befreit zu werden, wie wir Gesegneten, unverdient Geschonten, global betrachtet fast alle superreichen

Bürger der westlichen Industrienationen. Wir, die wir noch immer viel mehr Ressourcen verbrauchen und Schäden anrichten als diejenigen, die das Pech hatten, anderswo geboren zu werden. Deshalb müssen wir eine Reihe von Kunststücken bewältigen.

Die konsumgetriebenen westlichen Industrienationen brauchen eine neue Definition von Wachstum. Eine, die sich nicht auf das bezieht, was man kaufen kann, sondern auf das, was zufrieden macht. Diese Idee ist nicht neu, es gibt sie schon seit spätestens den 1970er-Jahren. Mittlerweile kann man sogar in offiziellen Verlautbarungen der einst explizit zur Förderung des Wirtschaftswachstums gegründeten Organisation für wirtschaftliche Zusammenarbeit und Entwicklung (OECD) lesen, dass die Mitgliedsstaaten die Notwendigkeit erkannt hätten, »sich über konventionelle ökonomische Maße wie das BIP pro Kopf hinauszubewegen«. Explizit genannt werden in dieser gemeinsamen Erklärung die schon aus dem Jahr 2007 stammt, die sogenannten Milleniums-Entwicklungsziele der Vereinten Nationen. Die umfassten ursprünglich: die Gleichstellung der Geschlechter, die Senkung der Kindersterblichkeit, die Verbesserung der Gesundheitsversorgung für Mütter, die Bekämpfung von HIV, Malaria und anderen schweren Krankheiten, ökologische Nachhaltigkeit und, etwas schwammig, den Aufbau einer globalen Partnerschaft für Entwicklung. 2015 wurden diese Ziele ergänzt und erweitert, die neue Liste nennt sich nun »Ziele für nachhaltige Entwicklung« und umfasst 17 Punkte.[247] Als die Corona-Pandemie sich weltweit auszubreiten begann, erklärte UNO-Generalsekretär António Guterres, die Reaktion auf die Krise müsse »zu einer Wirtschaft führen, die darauf abzielt, Teilhabe bietende und nachhaltige Volkswirtschaften zu schaffen, die Pandemien, dem Klimawandel und den vielen anderen globalen Herausforderungen besser gewachsen sind«.

Längst würden viele Menschen in der westlichen Welt die Frage, was sie sich am meisten wünschen, wenn sie wirklich die Wahl hätten und einmal in Ruhe darüber nachdenken könnten, vermutlich so beantworten: Gesundheit, Sicherheit, einen gewissen Wohlstand – und Zeit. An Möglichkeiten, einmal gewonnene Zeit sinnstiftend zu füllen, herrscht kein Mangel: Es gibt schon lange mehr hervorragende Bücher zu lesen, mehr Filme und Fernsehserien zu sehen, mehr Musik zu hören, mehr Feste zu feiern, mehr Gespräche zu führen, mehr Natur zu erleben, mehr Spiele zu spielen, mehr schöpferische Tätigkeiten auszuprobieren, mehr sportliche Erfüllung zu finden, als dass ein Menschenleben dafür ausreichen würde. Sicher: Es gibt noch immer Menschen, die sich im Urlaub langweilen, aber das liegt vielleicht auch daran, dass sie nie wirklich gelernt haben, sich selbst genug zu sein. Das kann man aber. Nur ist es im Zeitalter des Konsumkapitalismus, der ständig seinen Tribut fordert, ein geradezu subversiver Akt.

Gleichzeitig ist dieser Prozess in den großen Industrienationen längst im Gange, und das Dogma vom dauerhaften Wachstum hat auch empirisch betrachtet Risse bekommen. Glauben Sie nicht mir, glauben Sie der kühlen ökonomischen Statistik der vergangenen Jahrzehnte: Das Wirtschaftswachstum pro Kopf in den Industrienationen lahmt schon seit einiger Zeit. Die Leute werden einfach nicht immer noch produktiver, sogar trotz der mächtigen neuen digitalen Werkzeuge. Für die USA etwa gilt, dem US-Ökonomen Dietrich Vollrath zufolge: »Die Wachstumsrate des BIP pro Kopf (…) lag für die Jahre 1950 bis 2000 bei 2,25 Prozent. Aber die durchschnittliche Wachstumsrate des BIP pro Kopf von 2000 bis 2016 lag nur bei einem Prozent.« Dabei haben natürlich die Finanzkrise und die anschließende Rezession im Jahr 2009 eine Rolle gespielt, aber die allein können den Effekt nicht erklären, sagen Vollrath und viele seiner Kollegen. Vollrath hat ein ganzes Buch über dieses unter Ökonomen schon seit Jahren besorgt diskutierte Faktum geschrieben. Es heißt *Fully Grown*, also »Ausgewachsen«, und genauso ist der Titel auch gemeint: Vollrath glaubt, und weist das in seinem von ökonomischen Statistiken strotzenden, durchaus sperrigen Werk auch akribisch nach, dass die Entschleunigung beim Pro-Kopf-Wachstum vor allem zwei Gründe hat: »Die Kombination aus der Verschiebung hin zu Dienstleistungen und dem Rückgang der Fortpflanzungsraten erklärt den weit überwiegenden Teil der Verlangsamung des Wachstums.« Mehr noch: »Beide sind klare Folgen unseres Erfolges.«

Je besser es den Menschen wirtschaftlich geht, desto weniger Kinder bekommen sie im Schnitt. Und viele Menschen stecken ihr Geld heute lieber in Dienstleistungen, vom Haarschnitt über den Yogakurs bis zur Finanzberatung, als in immer noch mehr physische Produkte. Dienstleistungen »skalieren« aber oft nicht in der gleichen Weise – ein einzelner Friseur kann auch mithilfe eines Computers nicht mehr Schöpfe pro Tag verschönern. Auch wenn es, etwa in Deutschland, immer noch gelegentliche Ausschläge des Pro-Kopf-Wachstums nach oben gibt – die sogenannten goldenen Jahrzehnte des Wachstums in den Fünfziger- und Sechzigerjahren, das ist Vollraths Kernbotschaft, werden in den Industrieländern nie mehr wiederkommen. Und das sei auch gar nicht schlimm. Es geht uns ja schon ziemlich gut: »Das Wachstum an sich sollte nicht herangezogen werden, um den Fortschritt oder das Wohlbefinden unserer Wirtschaft oder Gesellschaft zu beurteilen.«

Trotzdem muss einerseits die Versorgung all der vielen jetzt schon ziemlich reichen Menschen mit dem Notwendigen, dem Unterhaltsamen, dem Sinnstiftenden weiterhin gewährleistet sein. Und irgendwoher muss die Energie kommen, um dieses zufriedenstellende Leben vielen zu ermöglichen. Gleichzeitig sollte die gesamte Menschheit ein Interesse daran haben, dass diejenigen, die unser aus der Perspektive eines Bewohners des 18. Jahrhunderts sorgenfreies Leben noch nicht erreicht haben, möglichst schnell und umfassend zu uns aufschließen. Ihre Volkswirtschaften werden dazu noch einige Zeit weiterwachsen müssen. Aber nach Möglichkeit, ohne die katastrophale Ressourcenverschwendung und Umweltzerstörung im gleichen Maße fortzuführen, wie wir, unsere Eltern und Großeltern sie zu verantworten haben. Nicht nur, aber vor allem, was die Versorgung mit Energie angeht.

Für dieses Problem gibt es eine letztlich dann doch fast lächerlich einfache Lösung: Wir brauchen nur die endlichen, begrenzten und zudem schädlichen Energieträger, mit denen wir das alte Wachstum von heute derzeit antreiben, durch andere zu ersetzen.

### Exkurs: Woher kommt in Zukunft die Energie?

Es gibt eine ganze Reihe von in menschlichen Zeithorizonten betrachtet unendlichen, unerschöpflichen Energiequellen auf der Erde, und die sind auch längst allgemein bekannt: Die Sonne strahlt ständig 120 000 Terawatt Energie auf den Planeten, und zwar, nachdem man die etwa 30 Prozent, die von den Wolken oder der Erdoberfläche zurück ins All reflektiert werden, bereits abgezogen hat. Der *Economist*-Journalist Oliver Morton hat in seinem Buch *The Planet Remade* für diese unglaubliche Menge an Energie das wunderschöne Bild eines weltumspannenden Wasserfalls gefunden: Er wäre einen Kilometer hoch, also etwa zwanzig Mal so hoch wie die Niagarafälle, und jeden Meter Breite des Weltwasserfalls müssten pro Sekunde 300 Tonnen Wasser überqueren: »Diese endlose, kilometerhohe Wand aus Wasser, 40 000 Kilometer lang, würde die Welt entzweischneiden und mit ihrem ununterbrochenen Donnern Leviathan in der Tiefe ertauben lassen«, schreibt Morton.

Diese gigantische Energiequelle hebt täglich gigantische Mengen von Wasser in die Höhe, wo es zu Wolken kondensiert und anderswo wieder als Regen herunterfällt. Sie treibt den Wind und die Strömungen der Ozeane an, sorgt für das Wachstum aller Pflanzen von der kleinsten Alge bis hin zum größten Mammutbaum. Einen Teil dieser Energie können wir mit Wind- und Wasserkraft nutzbar machen, oder wir verwandeln das Sonnenlicht direkt in Elektrizität oder in Wasserstoff, den man dann in Industrieanlagen rückstandslos verbrennen kann. Eine weitere gewaltige Energiequelle ist der Mond: Die Gezeiten erzeugen weltweit noch einmal 3 000 Gigawatt. Wenn wir die Energie, die von der Sonne verlässlich Tag für Tag bei uns ankommt, wenn wir die Anziehungskraft des Mondes, der unsere Ozeane beständig in Bewegung hält, endlich sinnvoll nutzen würden, bräuchten wir keine komprimierten Urwälder und Saurier mehr aus dem Boden zu graben oder zu pumpen, um sie anschließend in Brand zu setzen. Eine Energiewirtschaft zu schaffen, die diese unerschöpflichen, für sich genommen kostenlosen und garantiert emissionsfreien Quellen anzapft, die Erträge intelligent verteilt und speichert, sollte eine Priorität wirtschaftlicher Entwicklung überall auf der Welt sein. Dass sie es noch nicht ist, liegt nicht zuletzt daran, dass die Profiteure fossiler Brennstoffe die negativen Externalitäten ihrer Geschäftsmodelle weiterhin ungestraft und nahezu unbesteuert auf den Rest der Menschheit und die zukünftigen Bewohner unseres Planeten abwälzen. Würde Energieerzeugung aus fossilen Brennstoffen das kosten, was sie tatsächlich an Schäden verursacht, wäre sie schon längst nicht mehr rentabel.

Tritt man einen Schritt zurück, erscheint es absolut unglaublich, dass wir, obwohl wir längst wissen, wie man diese definitiv unerschöpflichen und völlig unschädlichen Energiequellen anzapfen kann, noch immer am suizidalen Kurs der Verbrennung fossiler Brennstoffe festhalten.

Es gibt durchaus ernst zu nehmende Wissenschaftler, die glauben, dass auch ansonsten weiteres Wachstum möglich ist, ohne den

Planeten für uns selbst unbewohnbar zu machen. Zu ihnen gehört der am MIT in Boston tätige Ökonom Andrew McAfee, der uns in Kapitel 5 einmal begegnet ist. In seinem jüngsten Werk mit dem Titel *Mehr aus weniger* vertritt McAfee eine auf den ersten Blick verblüffende Position[248]: Wirtschaftswachstum und Ressourcenverbrauch seien schon längst dabei, sich voneinander zu entkoppeln. McAfee führt dafür eine Reihe eher anekdotischer Beispiele an, etwa die Tatsache, dass eine Bierdose in den USA in den 1950er-Jahren noch aus etwa fünfmal so viel Aluminium bestand wie eine moderne Bierdose. Ganz generell, so der Ökonom, könne man an diversen Indikatoren erkennen, dass Effizienzsteigerungen in vielen Branchen dazu geführt hätten, dass mit schrumpfendem Ressourcenverbrauch weiterhin Wachstum möglich sei. McAfee ist kein rücksichtsloser Wirtschaftsliberaler, der daran glaubt, dass der Markt alleine es schon richten werde: Negative Externalitäten und die Tatsache, dass viele Branchen ungestraft damit durchkommen, die von ihnen verursachten Schäden zu vergesellschaften, hält er für ein ernstes Problem. Er spricht sich auch explizit für eine nennenswerte Besteuerung von $CO_2$ aus – eine Position, die er übrigens mit den meisten Ökonomen teilt, die sich mit solchen Fragen beschäftigen. McAfee weist auch darauf hin, dass pessimistische Prognosen wie die in den »Grenzen des Wachstums«, dem Bericht des Club of Rome von 1972, sich immer wieder als falsch erwiesen hätten: So seien die bekannten Vorräte vieler wichtiger Rohstoffe, etwa Gold und Silber, heute um ein Vielfaches größer als die 1972 bekannten Vorräte, weil sich Nachweis- und Abbautechniken so sehr verbessert hätten. Auch die bekannten Reserven von Rohstoffen wie Kupfer, Aluminium und sogar Erdöl seien »viel größer als zu der Zeit, als das Buch (gemeint ist *Die Grenzen des Wachstums*) veröffentlicht wurde«.

Möglicherweise ist McAfee ein bisschen zu optimistisch, was die Entkoppelung von Wachstum und Ressourcenverbrauch angeht – andere Wissenschaftler halten die »Decoupling«-Hypothese für kaum haltbar. In einem viel zitierten Fachartikel mit dem Titel »Ist grünes Wachstum möglich?« kamen der Anthropologe Jason Hickel und der Umweltökonom Giorgos Kallis 2019[249] beispielsweise zu diesen Schlussfolgerungen: »1. Es gibt keine empirische Evidenz, dass absolute Entkoppelung vom Ressourcenverbrauch vor einem Hintergrund von fortgesetztem Wirtschaftswachstum auf globaler Ebene erreichbar ist. Und 2. Es ist sehr unwahrscheinlich, dass eine absolute Entkoppelung von Kohlenstoffemissionen schnell genug erreicht werden kann, um eine globale Erwärmung von über 1,5 Grad oder 2 Grad zu verhindern, selbst unter optimistischen politischen Bedingungen.«

Egal von welcher Seite man sich dieser vielerorts bemerkenswert hitzig geführten Debatte nähert, hat man den Eindruck, dass die Beteiligten sich nicht zuletzt von ideologischen Positionen leiten lassen. Diejenigen, die den Markt und das Wachstum an sich für Kräfte des Guten halten, wollen auch weiterhin daran glauben und sehen deshalb vor allem die Chancen, die in einer veränderten Form des Wirtschaftens liegen könnten. Diejenigen, die schon seit Langem der Überzeugung sind, dass endloses exponentielles Wachstum irgendwann in den Abgrund führen muss, sehen vor allem die Gefahren und plädieren für eine Abkehr, für Schrumpfung und Rückzug. Der bereits zitierte Autor Charles C. Mann hat die beiden Fraktionen, deren Geschichte er bis zur Zeit kurz nach dem Zweiten Weltkrieg zurückverfolgt, »Zauberer« und »Propheten« genannt: Die einen, die Zauberer, hoffen, wie Andrew McAfee, auf die rettende Kraft der Innovation, auf die immer wieder unter Beweis gestellte Fähigkeit der Menschheit, von ihr selbst geschaffenen Probleme mit einem genialen Einfall doch noch zu lösen. Die anderen, die Propheten, mahnen zur Um- und Einkehr, zu Dezentralisierung, Rückbau und Schrumpfung.

Das European Energy Bureau zum Beispiel, eine Dachorganisation von mehr als 160 Umweltorganisationen aus 35 europäischen Staaten, erteilte in ihrem auf einem umfassenden Überblick über die Fachliteratur fußenden Bericht mit dem Titel »Decoupling Debunked«, der 2019 erschien, den Ideen von Andrew McAfee und anderen mit ähnlichen Visionen eine klare Absage: Es gebe keine belastbare Evidenz für eine bereits jetzt im Gang befindliche Entkoppelung von Wirtschaftswachstum und Umweltzerstörung, und das sei auch nicht zu erwarten: »Sich nur auf die Entkoppelung zu verlassen, erscheint wie eine extrem riskante und verantwortungslose Wette«, so die Autoren, zu denen wiederum ein Mitglied des Stockholm Resilience Centre zählt, aus dem die Idee der »Planetaren Grenzen« stammt, die wir nicht überschreiten dürfen, wenn wir überleben wollen. »Was wir tun müssen«, so die Autoren weiter, »ist nicht, Wirtschaftswachstum von Umweltbelastungen zu entkoppeln, sondern Wohlstand und das ›gute Leben‹ vom Wirtschaftswachstum.« Sie unterscheiden dabei allerdings explizit zwischen dem Wachstum in den entwickelten Industrienationen und dem weiterhin als notwendig erachteten Wachstum in Schwellen- und Entwicklungsländern. Außerdem seien alle Anstrengungen, eine Entkoppelung zu erreichen, definitiv zu begrüßen – sie reichten nur einfach nicht aus.

Vermutlich ist es, wie so oft, eine Kombination aus beiden Positionen, die der Menschheit wirklich helfen kann. Wachstum ist nicht alles, jedenfalls nicht jede Form von Wachstum, und schon gar nicht eine, die zu wachsender Ausbeutung des Planeten und einer immer weiter ansteigenden globalen Durchschnittstemperatur führt. Sollten wir den Planeten für uns selbst unbewohnbar machen, so wie der Asteroid es vor 66 Millionen Jahren für die Dinosaurier getan hat, wird das das Leben auf der Erde nicht beenden – aber für die Menschheit wäre es doch schade, zumal das für uns klimatisch so angenehme Anthropozän vermutlich noch mindestens 50 000 Jahre weitergehen könnte, wenn wir es nicht ruinieren.[250]

Wir werden dazu mehrere Veränderungen gleichzeitig in Angriff nehmen müssen:

- Ein Welt- und Selbstbild zu entwickeln, das nicht das Mehrhabenwollen ins Zentrum stellt, sondern Bildung, Zufriedenheit, Kultur und gesellschaftliche Teilhabe

- Uns an ein niedriges Wachstum oder sogar Schrumpfungsprozesse in den reifen, um es mit Dietrich Vollrath zu sagen, den »ausgewachsenen« Volkswirtschaften der Industrieländer gewöhnen – und Wege finden, damit umzugehen

- Das Wachstum in den Ländern, denen es noch nicht so gut geht wie uns, so gestalten, dass es die unglaublich ressourcenintensive Phase, die die Industrieländer sämtlich durchgemacht haben, möglichst überspringt – etwa, indem dort direkt erneuerbare Energien und Elektromobilität statt fossiler Brennstoffe und Verbrennungsmotoren eingesetzt werden

- Mit wissenschaftlich-technischen Innovationen dafür sorgen, dass ein lebenswertes Leben überall auf dem Planeten mit wesentlich weniger Ressourcen und ohne neue $CO_2$-Produktion auskommt

- Eine Lebensmittelproduktion ermöglichen, und dazu werden wir auch um gentechnisch optimierte Pflanzen nicht herumkommen, die einerseits möglichst viel $CO_2$ speichern hilft, statt noch mehr freizusetzen, und andererseits auch eine Weltbevölkerung von 11 Milliarden noch verlässlich ernähren kann

Mit anderen Worten: Wir brauchen sowohl die Propheten als auch die Zauberer. Letztere haben, das spricht für diese Position, im Lauf der Menschheitsgeschichte die (Untergangs-)Propheten schon diverse Male widerlegt. Als Thomas Malthus prophezeite, dass das Bevölkerungswachstum bald zu riesigen Hungersnöten führen würde, kalkulierte er die Fortschritte in der Landwirtschaft nicht ein. Diese Fortschritte haben mit heute fast vergessenen historischen Episoden zu tun, zum Beispiel dem sogenannten Salpeterkrieg zwischen Chile auf der einen und Bolivien und Peru auf der anderen Seite, geführt von 1879 bis 1884. Es ging damals unter anderem um Grenzregionen zwischen diesen Staaten, in denen Guano, also eingetrockneter Vogelkot, »abgebaut« werden konnte. Diesen Guano benutzten europäische Bauern ab den Zwanzigerjahren des 19. Jahrhunderts erstmals zum Düngen. Die nitratreiche Guanodüngung steigerte die landwirtschaftlichen Erträge gewaltig und half, die wachsende Bevölkerung zu ernähren, die Malthus so viel Kopfzerbrechen bereitet hatte. Über viele Jahrzehnte war der südamerikanische Vogelkot ein in großen Mengen eingeführtes Exportgut, ein echter Wirtschaftsfaktor.

Die Innovation Nitratdüngung machte Malthus' düstere Prognosen obsolet, und das Gleiche tat dann im Jahr 1910 eine der wichtigsten Erfindungen des 20. Jahrhunderts mit dem Salpeterimport: Der deutsche Chemiker (und in seinen Einstellungen verabscheuungswürdige Rassist) Fritz Haber entwickelte gemeinsam seinem Kollegen Carl Bosch ein Verfahren, mit dem man Ammoniak erstmals in großem Stil synthetisch herstellen konnte. Beide, Haber und Bosch, wurden später mit dem Chemienobelpreis ausgezeichnet, allerdings mit 13 Jahren Abstand. Ohne das Haber-Bosch-Verfahren wäre es vermutlich unmöglich gewesen, die rasant wachsende Menschheit des 20. Jahrhunderts zu ernähren. Gleichzeitig verdanken wir dem Nitratdünger die lebensfeindliche Stickstoffverunreinigung von Flüssen, Seen, Grundwasser und Küstengewässern.

Während Paul R. Ehrlich in den 1960ern die »Populationsbombe« beschwor, entwickelten der heute fast vergessene US-Agrarwissenschaftler Norman Borlaug und andere das, was später »grüne Revolution« genannt werden sollte: Sie züchteten neue Nutzpflanzen, die widerstandsfähiger und ertragreicher waren und so die Ernährung einer wachsenden Menschheit ermöglichten. Gleichzeitig bereiteten sie den Weg für die landwirtschaftlichen Monokulturen, die heute für das Insektensterben und ausgelaugte Böden verantwortlich sind.

Das Wissen und die technologischen Möglichkeiten, die wir heute haben, sind um ein Vielfaches größer als zu den Zeiten von Haber oder Borlaug, und beide wachsen weiterhin exponentiell. Vor allem aber lernen wir ständig mehr über die schädlichen Folgen, die unsere eigenen Erfindungen oft mit sich bringen. Wir müssen vorsichtiger werden, aber nicht weniger innovativ. Tatsächlich gibt es im Moment eine geradezu unüberschaubare Vielfalt an Innovationen, von denen einige uns irgendwann helfen werden, unsere Probleme zu lösen. Zur Illustration ein paar ausgewählte Beispiele:

- An vielen Orten rund um die Welt wird zu effizienteren Photovoltaik-Zellen geforscht, die weit höhere Wirkungsgrade erzielen können als jene, die im Moment in der Regel im Einsatz sind. Ein Start-up aus der Schweiz hat zum Beispiel ein System entwickelt, das Zellen mit einer Effizienz von 29 statt den bisher gängigen 17 bis 19 Prozent ermöglicht. Zudem können sie auch noch aus diffusem Licht Elektrizität erzeugen.[251] Ein koreanisches Team entwickelt derweil Solarmodule, die transparent sind, sich also zum Beispiel in Fensterflächen einbauen lassen würden.[252] Bei solchen Arbeiten helfen die rasanten Fortschritte in der Materialforschung, die durch maschinelles Lernen weiter beschleunigt wird.

- Ein Team von der University of Massachusetts hat im Februar 2020 ein System vorgestellt, das Energie nicht aus Sonne oder Wind, sondern aus der Feuchtigkeit in der Luft erzeugt. Es basiert auf einem biotechnologischen Trick: Winzige »Drähte« aus Proteinen, die von einem Bakterium stammen, werden zu einem dünnen Film verarbeitet, der aus Feuchtigkeitsunterschieden im Material selbst Elektrizität erzeugen kann,[253] vielleicht genug, um eines Tages etwa Mobiltelefone zu betreiben. Bei solchen Ansätzen helfen die rasanten Fortschritte im Bereich Biotechnologie.

- Ein Team um die Pflanzenbiologin Joanne Chory, die sogenannte Harnessing Plants Initiative,[254] arbeitet an Nutzpflanzen, die dickere, tiefere Wurzeln bilden sollen, die eine zum Beispiel in Korkeichen vorkommende Substanz namens Suberin enthalten. Solche Pflanzen könnten viel mehr $CO_2$ aufnehmen, wenn sie wachsen, und würden es anschließend im Boden lassen. Sie könnten einen gewaltigen Beitrag dazu leisten, $CO_2$ aus der Atmosphäre zu holen, und gleichzeitig die Menschheit mit Nahrung versorgen. Bei solchen Arbeiten helfen die rasanten Fortschritte im Bereich genetischer Veränderung von Pflanzen.

- Die britische Small Robot Company stellt einen Farmroboter namens Dick her, der Unkraut auf dem Feld erkennen kann und es dann gezielt und gewissermaßen chirurgisch mit einem Elektroschock zerstört, der die Pflanzenzellen zum Kochen bringt. Bei solchen Ansätzen helfen die rasanten Fortschritte in den Bereichen maschinelles Lernen, Objekterkennung und Robotik. Die Gründer der Firma träumen von einer »Post-Glyphosat-Ära«, in der Landwirte gänzlich auf Pflanzengifte verzichten könnten.

Aber auch schon heute existierende Technik könnte uns auf unserem Weg in eine klimaneutrale, ressourcenschonende Zukunft schon sehr weit bringen, wenn wir sie konsequent und flächendeckend einsetzen würden. Tatsächlich ist die Verstromung von Kohle eigentlich längst nicht mehr rentabel. 2019 haben erneuerbare Energien in Europa erstmals mehr Strom erzeugt als Kohle.[255]

Die wichtigste Exponentialfunktion der nahen Zukunft wird die sein, die Veränderungen in der Art und Weise abbildet, wie wir Energie gewinnen – und wie wir das $CO_2$, das in die Atmosphäre gelangt, reduzieren. Der zu Beginn dieses Kapitels zitierte schwedische Forscher Johan Rockström vom Stockholm Resilience Centre hat mit einer Gruppe von Kolleginnen und Kollegen, zu denen auch Hans Joachim Schellnhuber vom Potsdam-Institut für Klimafolgenforschung gehört, schon 2017 einen konkreten Fahrplan vorgeschlagen, mit dem die Menschheit ihre selbst gesetzten Klimaziele doch noch erreichen könnte. Im Kern geht es um ein »Kohlenstoffgesetz«, das gewissermaßen an Moore's Law angelehnt ist, aber umgekehrt funktioniert: Das Ziel ist es, »die vom Menschen verursachten Gesamtemissionen von Kohlendioxid jedes Jahrzehnt zu halbieren«. Notwendig sei dafür »disruptiver, nichtlinearer technologischer Fortschritt in Richtung einer emissionsfreien Welt«. Der sämtlichen Rückschlägen zum Trotz intakte Optimismus der Autoren schlägt sich in im Indikativ gehaltenen Sätzen wie diesen nieder: »Bis 2050 werden wir $CO_2$-Emissionen von Netto Null erreicht haben, mit einer Weltwirtschaft, die von kohlenstofffreier Energie angetrieben und mit $CO_2$-verringernder, nachhaltiger Landwirtschaft ernährt wird.« Dazu aber braucht es nicht nur eine exponentielle Entwicklung, sondern gleich mehrere – nur diesmal in einer Richtung, die uns nicht immer schneller auf den Abgrund zuführt.

Es gibt durchaus Anlass zur Hoffnung. Einem exponentiellen Verlauf folgt im Moment beispielsweise der Ausbau von Photovoltaikanlagen: Allein von 2010 bis 2017 hat sich die Leistung, die mit Solarzellen erzeugt wird, verzehnfacht. Den größten Anteil an diesem exponentiellen Wachstum hatte das wegen seiner massiv anwachsenden Kohleverstromung häufig kritisierte China. Es ist unklar, ob die Zunahme in diesem Tempo weitergehen kann, denn die absolute Größe der für weitere Verdoppelungen notwendigen Solaranlagen könnte die Produktions- und Ausbaukapazitäten schnell an ihre Grenzen bringen. Am Ende hätte man gigantische Produktionsanlagen für Solarzellen, die dann keiner mehr braucht.

Ob der Ausbau weiterhin zügig voranschreitet, so formuliert es ein Analyst der Internationalen Energieagentur IEA, »wird weiterhin hauptsächlich von den Entscheidungen abhängen, die

Regierungen treffen«.[256] Es ist an uns allen, dafür Sorge zu tragen, dass unsere Regierungen endlich die richtigen Entscheidungen treffen. Entscheidungen, die bewirken, dass die Große Beschleunigung eine Richtung nimmt, die uns nicht in den Abgrund, sondern die Menschheit zu einem sicheren Leben innerhalb der planetaren Grenzen führt.

# NACHWORT

Wir Menschen sind ein Produkt der Evolution, so viel kann man heute mit an Sicherheit grenzender Wahrscheinlichkeit sagen. Die Evolution ist eine unvorstellbar lange Abfolge von Experimenten, allerdings ohne Experimentator. Mutationen sind isolierende Variationen: Es wird eine Kleinigkeit am Gencode geändert, alles andere bleibt gleich. Dazu kommt ein ergänzendes Forschungsprogramm: Was überlebt, darf weitermachen. Es tritt dann eines Tages gegen die nächste mutierte Version seiner selbst an. Wenn diese mutierte Version besser an ihre Umwelt angepasst ist, wird sie sich effektiver fortpflanzen, ihren Nachwuchs besser beschützen. Ein Teil dieses Nachwuchses wird wieder winzige Mutationen aufweisen, von denen manche nützlich sind. Vielleicht nützlich genug, um die nicht mutierten Verwandten im Wettlauf um Nahrung, Zuflucht, Geschlechtspartner auszustechen. Und so weiter.

Die Evolution hat auf diese Weise in etwa vier Milliarden Jahren immer komplexere Gebilde hervorgebracht. Sie hat mit dem ständigen Ausprobieren, Verwerfen, Weitermachen eine unübersehbare Vielzahl von sich selbst reproduzierenden Organismen geschaffen, alle erzeugt vom selben blinden Mechanismus. Einem Mechanismus, der einem physikalisch doch eigentlich auf Entropie, Zerfall und immer größere Gleichförmigkeit und Unordnung programmierten Universum zumindest vorübergehend wachsende Ordnung, wachsende Komplexität abringt. Mit gelegentlichen

Rückschlägen, wenn etwas von außen plötzlich auf das System Erde einwirkt. So wie der Asteroid, der vor 66 Millionen Jahren die Dinosaurier auslöschte.

Wir Menschen unterscheiden uns von allen anderen Produkten dieses Prozesses in mehrfacher Hinsicht. Diverse entscheidende Unterschiede zwischen uns und allen anderen Lebewesen auf dem Planeten sind erst in den vergangenen etwa 220 Jahren hinzugekommen, und einer davon ist: Wir sind die einzigen Bewohner dieser Erde, die wissen, dass wir selbst ein Ergebnis dieses Prozesses sind (auch wenn es bis heute Leute gibt, die es zwar wissen, aber nicht glauben wollen), ein Produkt von Mutation und Selektion. Wir sind auch die einzige Spezies, die, von einigen sehr rudimentären Ausnahmen im Tierreich abgesehen, selbst kontrollierte und leider auch sehr viele unkontrollierte Experimente durchführt, in großem Stil und zunehmendem Ausmaß. Wir haben vor allem mit dieser Methode Furcht einflößende Macht gewonnen. Binnen weniger Jahrhunderte haben wir unseren Planeten so stark verändert, dass die Ära Mensch, was immer auch passieren mag, für lange Zeit in die Sedimentschichten der Erdkruste eingeschrieben sein wird. Wir können mittlerweile fliegen, in die tiefsten Tiefen des Meeres abtauchen, uns durch Erde und Gestein graben, Löcher durch Berge bohren und sogar unseren Planeten verlassen. Und wir wissen, als Einzige auf diesem Planeten, wie klein und verletzlich dieser Planet wirklich ist, wie einsam und wie gewaltig und fremd der Weltraum ist, in dem er seine Bahn zieht. Wie unfassbar viele Sonnen es da draußen noch gibt.

Die Dinosaurier waren viel größer und stärker als wir. Sie haben Knochen hinterlassen, aber keine Pyramiden und keine Städte gebaut, keine Bergwerke gegraben und keine Substanzen hergestellt, die es auf dem Planeten vorher nicht gab, und sie dann bis in den letzten Winkel der Erde verteilt. Die Menschheit bewegt schon jetzt pro Jahr mehr Boden mit Baumaßnahmen und Landwirtschaft als alle natürlichen Erosionsprozesse des Planeten zusammen.

Viele Spezies haben mit ihren Stoffwechselprodukten die Erdatmosphäre verändert, grüne Pflanzen zum Beispiel. Das können wir Menschlein nicht, das bisschen $CO_2$, das wir ausatmen, fällt kaum ins Gewicht. Aber keine Spezies hat es bislang geschafft, binnen etwa 200 Jahren eine Veränderung herbeizuführen, die die Ozeane versauern, Korallenriffe sterben lässt und die Temperatur des ganzen Planeten erhöht. Nicht mit unserem Stoffwechsel haben wir das erreicht, sondern mit Technologie. Also mit unseren Gehirnen und unserer Fähigkeit zusammenzuarbeiten.

Die Evolution hat uns, wie immer versehentlich, blind, tastend, herumprobierend, mit einem weltgeschichtlich einzigartigen Intellekt und mit einzigartiger Lernfähigkeit und Flexibilität ausgestattet. Genetisch unterscheidet die Menschen von heute praktisch nichts von den Menschen, die vor zehn- oder zwanzigtausend Jahren auf der Erde lebten. Alles, was wir als Spezies seit dem Beginn der Landwirtschaft vor etwa 8000 Jahren erreicht haben, ist dieser unerhörten Anpassungs- und Lernfähigkeit zu verdanken, gepaart mit der Fähigkeit, in sozialen Gruppen zu kooperieren, und zwar sogar über die Zeit hinweg. Wir machen Experimente und geben weiter, was dabei herauskommt, wieder und wieder, wie die Evolution. Unterstützt von immer komplexerer Technologie, immer komplexeren Systemen zur Organisation unserer sozialen Kooperation, von der Schrift bis zum Geld. Was funktioniert, wird belohnt – auch wenn sich leider allzu oft erst später zeigt, was dieses Funktionieren für negative Begleiterscheinungen mit sich bringt. Wir Menschen werden jetzt nicht mehr primär durch Mutation und Selektion widerstandsfähiger, stärker, intelligenter, leistungsfähiger, wir haben dafür neue Mechanismen in die Welt gebracht: den friedlichen Wettbewerb zum Beispiel, Forschung, Bildung, Medizin.

Leider übersehen oder ignorieren wir oft Variablen, die wir versehentlich mitverändern, wenn wir die Früchte dieses ständigen, ständig weiter beschleunigten Erkenntnisprozesses ernten. Und bringen dann uns selbst, einzelne Ökosysteme oder gleich das für uns doch sehr vorteilhafte Gleichgewicht des ganzen Planeten in Gefahr.

Auch das aber wissen wir mittlerweile. Wir haben sogar gute Ideen dazu, wie es besser ginge. Und über uns selbst haben wir mittlerweile herausgefunden, was uns davon abhält, das Richtige zu tun. Diese Erkenntnis sollte uns auch in die Lage versetzen, unser Verhalten zu ändern.

Die Evolution wird uns Menschen nicht retten, allenfalls aussortieren. Wir werden, um das selbst angerichtete Unheil zu überwinden, mit dem Material arbeiten müssen, das wir haben und heute besser verstehen als je zuvor: uns selbst.

# DANK

Es gibt eine Menge Leute, ohne die dieses Buch nicht hätte entstehen können, die meisten davon finden sich im Quellenverzeichnis oder arbeiten in der Onlineredaktion des SPIEGEL, so wie Barbara Hans, Michail Hengstenberg, Kurt Stukenberg und Judith Horchert, oder haben das früher einmal getan, so wie Florian Harms und Konrad Lischka. Ohne die Hartnäckigkeit meines Agenten Thomas Hölzl wäre das Projekt vielleicht nie in Gang gekommen. Tobias Berben verdanke ich nahezu alles, was ich über Go weiß, und auch den Go-Crashkurs in Kapitel 2. Ich danke meinen Freunden Axel Baumann, Tilman Bayer, Christian Dünisch, Bernhard Kniepkamp und Christian Zübert, denn auf eine sehr lange Diskussion mit ihnen geht die Grundidee für dieses Buch zurück. Marion Dräger hat die beste Schreibklause zur Verfügung gestellt, die man sich vorstellen kann. Ingeborg Stöcker war wie immer meine unerschrockene Erstleserin. Meine Frau Dinny und unsere Kinder haben klaglos akzeptiert, dass dem Schreiben viele Abende, Wochenenden und Urlaubstage zum Opfer fielen. Ihnen allen gilt mein besonderer Dank.

# ANMERKUNGEN


1 The Great Acceleration | FutureEarth, https://futureearth.org/2015/01/16/the-great-acceleration/, zuletzt abgerufen 2020/06/07.

2 The Growing Threat Posed by Accelerationism and Accelerationist Groups Worldwide – Foreign Policy Research Institute, https://www.fpri.org/article/2020/04/the-growing-threat-posed-by-accelerationism-and-accelerationist-groups-worldwide/, zuletzt abgerufen 2020/06/07.

3 Transnational White Terror: Exposing Atomwaffen And The Iron March Networks, https://www.bellingcat.com/news/2019/12/19/transnational-white-terror-exposing-atomwaffen-and-the-iron-march-networks/, zuletzt abgerufen 2020/06/07.

4 Yergin, D.: The prize: the epic quest for oil, money, and power. Simon & Schuster, New York (1991).

5 How could global warming accelerate if $CO_2$ is »logarithmic«?, https://skepticalscience.com/why-global-warming-can-accelerate.html, zuletzt abgerufen 2020/02/09.

6 Vollrath, D.: *Fully Grown: Why a Stagnant Economy is a Sign of Success*. The University of Chicago Press, Chicago (2020).

7 Desjardins, J.: The Rising Speed of Technological Adoption, https://www.visualcapitalist.com/rising-speed-technological-adoption/, zuletzt abgerufen 2020/03/17.

8 Kathrin Passig – Standardsituationen der Technologiekritik, http://kathrin.passig.de/texte/standardsituationen_der_technologiekritik.html, zuletzt abgerufen 2020/02/09.

9 Christensen-Szalanski, J.J.J., Willham, C.F.: The hindsight bias: A meta-analysis. Organizational Behavior and Human Decision Processes. 48, 147–168 (1991). https://doi.org/10.1016/0749-5978(91)90010-Q.

10 Blank, H., Nestler, S., von Collani, G., Fischer, V.: How many hindsight biases are there? Cognition. 106, 1408–1440 (2008). https://doi.org/10.1016/j.cognition.2007.07.007.

11 Silver, D., Huang, A., Maddison, C.J., Guez, A., Sifre, L., Driessche, G. van den, Schrittwieser, J., Antonoglou, I., Panneershelvam, V., Lanctot, M., Dieleman, S., Grewe, D., Nham, J., Kalchbrenner, N., Sutskever, I., Lillicrap, T.,

Leach, M., Kavukcuoglu, K., Graepel, T., Hassabis, D.: Mastering the game of Go with deep neural networks and tree search. *Nature.* 529, 484–489 (2016). https://doi.org/10.1038/nature16961.

12 Chase, W.G., Simon, H.A.: The Mind's Eye In Chess. In: *Visual Information Processing*. pp. 215–281. Elsevier (1973). https://doi.org/10.1016/B978-0-12-170150-5.50011-1.

13 Lee, K.-F., Haas, J.W.: AI-Superpowers: China, Silicon Valley und die neue Weltordnung. (2019).

14 Bechtel, W., Abrahamsen, A.: *Connectionism and the Mind: Parallel Processing, Dynamics and Evolution in Networks*. Blackwell, Malden, Mass. (2002).

15 Bostrom, N.: *Superintelligenz: Szenarien einer kommenden Revolution*. Suhrkamp, Berlin (2018).

16 Clarke, A. C.: Profile der Zukunft: über die Grenzen des Möglichen. Heyne, München (1984)

17 Silver, D., Schrittwieser, J., Simonyan, K., Antonoglou, I., Huang, A., Guez, A., Hubert, T., Baker, L., Lai, M., Bolton, A., Chen, Y., Lillicrap, T., Hui, F., Sifre, L., Driessche, G. van den, Graepel, T., Hassabis, D.: Mastering the Game of Go Without Human Knowledge. *Nature*. 550, 354–359 (2017). https://doi.org/10.1038/nature24270.

18 Klein (MikeKlein), M.: Google's AlphaZero besiegt Stockfish in einem 100-Partien Vergleich, https://www.chess.com/de/news/view/google-s-alphazero-besiegt-stockfish-in-einem-100-partien-vergleich-3971, zuletzt abgerufen 2020/02/19.

19 *SPIEGEL*, F.P., DER: Schachweltmeister Magnus Carlsen: Der Bauernopferer – *DER SPIEGEL* – Sport, https://www.spiegel.de/sport/sonst/schach-magnus-carlsen-profitiert-von-alphazero-und-daniil-dubow-a-1274072.html, zuletzt abgerufen 2020/02/19.

20 AlphaStar: Mastering the Real-Time Strategy Game StarCraft II, /blog/article/alphastar-mastering-real-time-strategy-game-starcraft-ii, zuletzt abgerufen 2020/03/18.

21 Simanowski, R.: *Stumme Medien: vom Verschwinden der Computer in Bildung und Gesellschaft*. Matthes & Seitz, Berlin (2018).

22 Kirsch, A.: Technology Is Taking Over English Departments, https://newrepublic.com/article/117428/limits-digital-humanities-adam-kirsch, (2014).

23 Manfred Spitzer zum »Digitalpakt« für Schulen – Eine Maßnahme zur Verdummung, https://www.deutschlandfunkkultur.de/manfred-spitzer-zum-digitalpakt-fuer-schulen-eine-massnahme.1008.de.html?dram:article_id=368325, zuletzt abgerufen 2020/03/18.2

24 Bildung in Deutschland: Das große Schul-Versagen – DER SPIEGEL. Im Internet: https://www.spiegel.de/politik/bildung-in-deutschland-das-grosse-schul-versagen-a-00000000-0002-0001-0000-000170604430
25 Dawkins, R., Wickler, W., Sousa Ferreira, K. de: *Das egoistische Gen*. Springer Spektrum, Berlin (2014).
26 Inside Artificial Intelligence's First Church | *WIRED*, https://www.wired.com/story/anthony-levandowski-artificial-intelligence-religion/, last accessed 2020/03/18.
27 Bostrom, N.: Superintelligenz: Szenarien einer kommenden Revolution, Suhrkamp, Frankfurt a.M. (2016)
28 Tegmark, M.: Leben 3.0: Mensch sein im Zeitalter Künstlicher Intelligenz. München: Süddeutsche Zeitung (2018)
29 Hillenbrand, T.: *Hologrammatica*. Kiepenheuer & Witsch, Köln (2018).
30 Dehaene, S., Lau, H., Kouider, S.: What is consciousness, and could machines have it? Science. 358, 486–492 (2017). https://doi.org/10.1126/science.aan8871.
31 Elon Musk Left OpenAI to Focus on Tesla, SpaceX, https://www.bloomberg.com/news/articles/2019-02-17/elon-musk-left-openai-on-disagreements-about-company-pathway, (2019).
32 Banks, I.: *Das Spiel Azad*. Heyne, München (1990).
33 Strange Horizons – A Few Questions About the Culture: An Interview with Iain Banks By Jude Roberts, http://strangehorizons.com/non-fiction/articles/a-few-questions-about-the-culture-an-interview-with-iain-banks/, zuletzt abgerufen 2020/03/18.
34 Vincent, J.: Elon Musk says we need to regulate AI before it becomes a danger to humanity, https://www.theverge.com/2017/7/17/15980954/elon-musk-ai-regulation-existential-threat, zuletzt abgerufen 2020/03/18.
35 Jürgen Schmidhuber: »Der Weltraum ist für Roboter gemacht« – *DER SPIEGEL*, https://www.spiegel.de/netzwelt/gadgets/juergen-schmidhuber-der-weltraum-ist-fuer-roboter-gemacht-a-1074759.html, zuletzt abgerufen 2020/03/18.
36 Ware, M., Mabe, M.: The STM Report An overview of scientific and scholarly journal publishing. International Association of Scientific, Technical and Medical Publishers (2015).
37 Tshitoyan, V., Dagdelen, J., Weston, L., Dunn, A., Rong, Z., Kononova, O., Persson, K.A., Ceder, G., Jain, A.: Unsupervised word embeddings capture latent knowledge from materials science literature. *Nature*. 571, 95–98 (2019). https://doi.org/10.1038/s41586-019-1335-8.
38 Hubble, E.P.: A spiral nebula as a stellar system, Messier 31. ApJ. 69, 103 (1929). https://doi.org/10.1086/143167.

39 Rosling, H., Rosling Rönnlund, A., Rosling, O., Freundl, H., Remmler, H.-P., Schreiber, A: *Factfulness Wie wir lernen, die Welt so zu sehen, wie sie wirklich ist*. Ullstein, Berlin (2019).

40 Klaß, C.: Twittern mit dem C64 – Golem.de, https://www.golem.de/0906/67762.html, zuletzt abgerufen 2020/02/10.

41 Introducing OpenAI, https://openai.com/blog/introducing-openai/, zuletzt abgerufen 2020/02/20.

42 Hao, K.: The messy, secretive reality behind OpenAI's bid to save the world, https://www.technologyreview.com/s/615181/ai-openai-moonshot-elon-musk-sam-altman-greg-brockman-messy-secretive-reality/, zuletzt abgerufen 2020/02/20.

43 Microsoft is investing $1 billion in OpenAI to create brain-like machines, https://www.technologyreview.com/f/613994/microsoft-is-investing-1-billion-in-openai-to-create-brain-like-machines/, zuletzt abgerufen 2020/02/20.

44 McAfee, A., Brynjolfsson, E.: *Machine, Platform, Crowd: Wie wir das Beste aus unserer digitalen Zukunft machen*. Plassen, Kulmbach (2018).

45 Segler, M.H.S., Preuss, M., Waller, M.P.: Planning chemical syntheses with deep neural networks and symbolic AI. *Nature*. 555, 604–610 (2018). https://doi.org/10.1038/nature25978.45 Tegmark, M.: Leben 3.0, S.102

46 Shannon, C.E.: A Mathematical Theory of Communication. *Bell System Technical Journal*. 27, 379–423 (1948). https://doi.org/10.1002/j.1538-7305.1948.tb01338.x.

47 Shannon, C.E., Weaver, W.: *The Mathematical Theory of Communication*. University of Illinois Press, Urbana (1975)

48 Hidalgo, C.A.: *Wachstum geht anders: Von kleinsten Teilchen über den Menschen zu Netzwerken*. Hoffmann und Campe, Hamburg (2016).

49 Folding@home takes up the fight against COVID-19 / 2019-nCoV – Folding@home, https://foldingathome.org/2020/02/27/foldinghome-takes-up-the-fight-against-covid-19-2019-ncov/, zuletzt abgerufen 2020/03/25.

50 Gleick, J.: *Die Information, Geschichte, Theorie, Flut,* Redline Verlag, München (2011)

51 Watson, J.D., Crick, F.H.C.: Molecular Structure of Nucleic Acids: A Structure for Deoxyribose Nucleic Acid. *Nature*. 171, 737–738 (1953). https://doi.org/10.1038/171737a0.

52 Shipman SL, Nivala J, Macklis JD, et al. CRISPR–Cas encoding of a digital movie into the genomes of a population of living bacteria. Nature 2017; 547: 345–349

53 Wong, P.C., Wong, K., Foote, H.: Organic data memory using the DNA approach. Commun. ACM. 46, 95–98 (2003). https://doi.

54 Tweney D. How OK Go's Amazing Rube Goldberg Machine Was Built.

Wired 2010; Im Internet: https://www.wired.com/2010/03/ok-go-rube-goldberg/
55 Ney P, Koscher K, Organick L, et al. Computer Security, Privacy, and {DNA} Sequencing: Compromising Computers with Synthesized {DNA}, Privacy Leaks, and More. 2017: 765–779 Im Internet: https://www.usenix.org/conference/usenixsecurity17/technical-sessions/presentation/ney
56 Gates, B., Myhrvold, N., Rinearson, P.: *Der Weg nach vorn*. Hoffmann und Campe, Hamburg (1995).
57 The Cost of Sequencing a Human Genome, https://www.genome.gov/about-genomics/fact-sheets/Sequencing-Human-Genome-cost, zuletzt abgerufen 2020/02/19.
58 Silva, D.-A., Yu, S., Ulge, U.Y., Spangler, J.B., Jude, K.M., Labão-Almeida, C., Ali, L.R., Quijano-Rubio, A., Ruterbusch, M., Leung, I., Biary, T., Crowley, S.J., Marcos, E., Walkey, C.D., Weitzner, B.D., Pardo-Avila, F., Castellanos, J., Carter, L., Stewart, L., Riddell, S.R., Pepper, M., Bernardes, G.J.L., Dougan, M., Garcia, K.C., Baker, D.: De novo design of potent and selective mimics of IL-2 and IL-15. *Nature*. 565, 186–191 (2019). https://doi.org/10.1038/s41586-018-0830-7.
59 Stokes JM, Yang K, Swanson K, et al. A Deep Learning Approach to Antibiotic Discovery. Cell 2020; 180: 688-702.e13
60 AlQuraishi M. AlphaFold @ CASP13: »What just happened?«. Some Thoughts on a Mysterious Universe 2018; Im Internet: https://moalquraishi.wordpress.com/2018/12/09/alphafold-casp13-what-just-happened/
61 Kan, S.B.J., Lewis, R.D., Chen, K., Arnold, F.H.: Directed evolution of cytochrome c for carbon – silicon bond formation: Bringing silicon to life. *Science*. 354, 1048–1051 (2016). https://doi.org/10.1126/science.aah6219.
62 Yang, K.K., Wu, Z., Arnold, F.H.: Machine learning-guided directed evolution for protein engineering. arXiv:1811.10775q-bio. (2019).
63 Wu, Z., Kan, S.B.J., Lewis, R.D., Wittmann, B.J., Arnold, F.H.: Machine learning-assisted directed protein evolution with combinatorial libraries. Proc Natl Acad Sci USA. 116, 8852–8858 (2019). https://doi.org/10.1073/pnas.1901979116.
64 Synthetic biology – The engineering of living organisms could soon start changing everything | Technology Quarterly | The Economist. Im Internet: https://www.economist.com/technology-quarterly/2019/04/04/the-engineering-of-living-organisms-could-soon-start-changing-everything
65 Attia PM, Grover A, Jin N, et al. Closed-loop optimization of fast-charging protocols for batteries with machine learning. Nature 2020; 578: 397–402
66 Ponomarenko, E.A., Poverennaya, E.V., Ilgisonis, E.V., Pyatnitskiy, M.A., Kopylov, A.T., Zgoda, V.G., Lisitsa, A.V., Archakov, A.I.: The Size of the

Human Proteome: The Width and Depth. *International Journal of Analytical Chemistry*. 2016, 1–6 (2016). https://doi.org/10.1155/2016/7436849.

67 Schmidt, J., Marques, M.R.G., Botti, S., Marques, M.A.L.: Recent advances and applications of machine learning in solid-state materials science. npj Comput Mater. 5, 83 (2019). https://doi.org/10.1038/s41524-019-0221-0.

68 Rana, H.K., Akhtar, Mst.R., Islam, M.B., Ahmed, M.B., Lió, P., Huq, F., Quinn, J.M.W., Moni, M.A.: Machine Learning and Bioinformatics Models to Identify Pathways that Mediate Influences of Welding Fumes on Cancer Progression. *Sci Rep*. 10, 2795 (2020). https://doi.org/10.1038/s41598-020-57916-9.

69 Kaufmann, K., Zhu, C., Rosengarten, A.S., Maryanovsky, D., Harrington, T.J., Marin, E., Vecchio, K.S.: Crystal symmetry determination in electron diffraction using machine learning. *Science*. 367, 564–568 (2020). https://doi.org/10.1126/science.aay3062.

70 Ekpenyong, M.E., Etebong, P.I., Jackson, T.C.: Fuzzy-multidimensional deep learning for efficient prediction of patient response to antiretroviral therapy. *Heliyon*. 5, e02080 (2019). https://doi.org/10.1016/j.heliyon.2019.e02080.

71 Reddy, G., Wong-Ng, J., Celani, A., Sejnowski, T.J., Vergassola, M.: Glider soaring via reinforcement learning in the field. *Nature*. 562, 236–239 (2018). https://doi.org/10.1038/s41586-018-0533-0.

72 Bergen, K.J., Johnson, P.A., de Hoop, M.V., Beroza, G.C.: Machine learning for data-driven discovery in solid Earth geoscience. *Science*. 363, eaau0323 (2019). https://doi.org/10.1126/science.aau032373

73 Buchanan, M.: The power of machine learning. *Nat. Phys*. 15, 1208–1208 (2019). https://doi.org/10.1038/s41567-019-0737-8.

74 Tech Giants Are Paying Huge Salaries for Scarce A.I. Talent – *The New York Times*, https://www.nytimes.com/2017/10/22/technology/artificial-intelligence-experts-salaries.html, zuletzt abgerufen 2020/03/25.

75 «We can't compete«: why universities are losing their best AI scientists | Science | *The Guardian*, https://www.theguardian.com/science/2017/nov/01/cant-compete-universities-losing-best-ai-scientists, zuletzt abgerufen 2020/03/25.

76 Keßler, M.: Silicon Valley macht Universitäten Forschertalente streitig, https://www.futurezone.de/digital-life/article212422009/Silicon-Valley-macht-Universitaeten-Forschertalente-streitig.html, zuletzt abgerufen 2020/03/25.

77 Abali, F., Broekmaat, J., Tibbe, A., Schasfoort, R.B.M., Zeune, L., Terstappen, L.W.M.M.: A microwell array platform to print and measure biomolecules produced by single cells. *Lab Chip*. 19, 1850–1859 (2019). https://doi.org/10.1039/C9LC00100J.

78 Synthetic biology – The engineering of living organisms could soon start changing everything | Technology Quarterly | *The Economist*, https://www.economist.com/technology-quarterly/2019/04/04/the-engineering-of-living-organisms-could-soon-start-changing-everything, zuletzt abgerufen 2020/03/25.
79 Doudna, J.A., Sternberg, S.H.: *Eingriff in die Evolution: Die Macht der CRISPR-Technologie und die Frage, wie wir sie nutzen wollen*. Springer, Berlin (2018).
80 Dolgin, E.: The kill-switch for CRISPR that could make gene-editing safer. *Nature*. 577, 308–310 (2020). https://doi.org/10.1038/d41586-020-00053-0.
81 Stafforst, T., Schneider, M.F.: An RNA-Deaminase Conjugate Selectively Repairs Point Mutations. *Angew. Chem. Int*. Ed. 51, 11166–11169 (2012). https://doi.org/10.1002/anie.201206489.
82 Cyranoski, D.: What CRISPR-baby prison sentences mean for research. *Nature*. 577, 154–155 (2020). https://doi.org/10.1038/d41586-020-00001-y.
83 Cyranoski, D.: ›Gene-edited babies‹ is one of the most censored topics on Chinese social media. *Nature*. (2019). https://doi.org/10.1038/d41586-019-00607-x.
84 CohenOct. 21, J., 2019, Pm, 6:40: Embattled Russian scientist sharpens plans to create gene-edited babies, https://www.sciencemag.org/news/2019/10/embattled-russian-scientist-sharpens-plans-create-gene-edited-babies, zuletzt abgerufen 2020/02/21
85 Hürter, T.: Der Philosoph, der keiner sein wollte, https://www.hoheluft-magazin.de/2019/04/der-philosoph-der-keiner-sein-wollte/.
86 James, W.: *The Principles of Psychology Vols. 1–2*. Henry Holt, New York (1890).
87 Tversky, A., Kahneman, D.: Belief in the law of small numbers. *Psychological Bulletin*. 76, 105–110 (1971). https://doi.org/10.1037/h0031322.
88 Rozin, P., Royzman, E.B.: Negativity Bias, Negativity Dominance, and Contagion. *Pers Soc Psychol Rev*. 5, 296–320 (2001). https://doi.org/10.1207/S15327957PSPR0504_2.
89 Kahneman, D.: *Schnelles Denken, langsames Denken*
90 Frederick, S.: Cognitive Reflection and Decision Making. *Journal of Economic Perspectives*. 19, 25–42 (2005). https://doi.org/10.1257/089533005775196732.
91 Bialek, M., Pennycook, G.: The cognitive reflection test is robust to multiple exposures. *Behav Res*. 50, 1953–1959 (2018). https://doi.org/10.3758/s13428-017-0963-x.
92 Macrae, C.N., Bodenhausen, G.V., Milne, A.B., Jetten, J.: Out of mind but back in sight: Stereotypes on the rebound. *Journal of Personality and Social Psychology*. 67, 808–817 (1994). https://doi.org/10.1037/0022-3514.67.5.808.

93 Diamond, J.M.: *Vermächtnis: Was wir von traditionellen Gesellschaften lernen können*. S. Fischer, Frankfurt/M. (2012).

94 Devine, P.G., Plant, E.A., Amodio, D.M., Harmon-Jones, E., Vance, S.L.: The regulation of explicit and implicit race bias: The role of motivations to respond without prejudice. *Journal of Personality and Social Psychology*. 82, 835–848 (2002). https://doi.org/10.1037/0022-3514.82.5.835.

95 Moskowitz, G.B., Ignarri, C.: Implicit volition and stereotype control. *European Review of Social Psychology*. 20, 97–145 (2009). https://doi.org/10.1080/10463280902761896

96 Leslie, I.: The scientists who make apps addictive, https://www.1843magazine.com/features/the-scientists-who-make-apps-addictive, zuletzt abgerufen 2019/05/30.

97 Fogg BJ. *Persuasive Technology: using computers to change what we think and do*. Amsterdam ; Boston: Morgan Kaufmann Publishers (2003)

98 Eyal, N.: *Hooked: Wie Sie Produkte erschaffen, die süchtig machen*. Redline, München (2014).

99 Autoplay Is Now The Default For YouTube Videos, https://marketingland.com/autoplay-is-now-the-default-for-youtube-videos-122555, zuletzt abgerufen 2020/02/22.

100 The Latest YouTube Stats on Audience Demographics, https://www.thinkwithgoogle.com/data-collections/youtube-viewer-behavior-online-video-audience/, zuletzt abgerufen 2020/02/22.

101 Solsman, J.E.: Ever get caught in an unexpected hourlong YouTube binge? Thank YouTube AI for that, https://www.cnet.com/news/youtube-ces-2018-neal-mohan/, zuletzt abgerufen 2020/02/22.

102 Meyerson, E.: YouTube Now: Why We Focus on Watch Time, https://youtube-creators.googleblog.com/2012/08/youtube-now-why-we-focus-on-watch-time.html, zuletzt abgerufen 2018/09/12.

103 Eyal, N., Li, J.,: *Die Kunst, sich nicht ablenken zu lassen. Indistractable-Werden Sie unablenkbar*. Redline, München (2019).

104 Nodder, C.: *Evil by Design: Interaction Design to Lead Us into Temptation*. Wiley, Indianapolis, IN (2013).

105 Andrews, S., Ellis, D.A., Shaw, H., Piwek, L.: Beyond Self-Report: Tools to Compare Estimated and Real-World Smartphone Use. *PLOS ONE*. 10, e0139004 (2015). https://doi.org/10.1371/journal.pone.0139004.

106 Eberth, J., Sedlmeier, P.: The Effects of Mindfulness Meditation: A Meta-Analysis. Mindfulness. 3, 174–189 (2012). https://doi.org/10.1007/s12671-012-0101-x.

107 Zylowska, L., Ackerman, D.L., Yang, M.H., Futrell, J.L., Horton, N.L., Hale, T.S., Pataki, C., Smalley, S.L.: Mindfulness Meditation Training in Adults and Adolescents With ADHD: A Feasibility Study. *J Atten Disord.* 11, 737–746 (2008). https://doi.org/10.1177/1087054707308502.

108 Moore, A., Malinowski, P.: Meditation, mindfulness and cognitive flexibility. *Consciousness and Cognition.* 18, 176–186 (2009). https://doi.org/10.1016/j.concog.2008.12.008.

109 Kozasa, E.H., Sato, J.R., Lacerda, S.S., Barreiros, M.A.M., Radvany, J., Russell, T.A., Sanches, L.G., Mello, L.E.A.M., Amaro, E.: Meditation training increases brain efficiency in an attention task. *NeuroImage.* 59, 745–749 (2012). https://doi.org/10.1016/j.neuroimage.2011.06.088.

110 Zeidan, F., Johnson, S.K., Diamond, B.J., David, Z., Goolkasian, P.: Mindfulness meditation improves cognition: Evidence of brief mental training. *Consciousness and Cognition.* 19, 597–605 (2010). https://doi.org/10.1016/j.concog.2010.03.014.

111 Jain, S., Shapiro, S.L., Swanick, S., Roesch, S.C., Mills, P.J., Bell, I., Schwartz, G.E.R.: A randomized controlled trial of mindfulness meditation versus relaxation training: Effects on distress, positive states of mind, rumination, and distraction. ann. behav. med. 33, 11–21 (2007). https://doi.org/10.1207/s15324796abm3301_2.

112 »Pizzagate« Gunman Sentenced To 4 Years In Prison, https://www.npr.org/sections/thetwo-way/2017/06/22/533941689/pizzagate-gunman-sentenced-to-4-years-in-prison, zuletzt abgerufen 2020/03/31.

113 Meineck, S.: *VICE*-Recherche: So radikalisiert Xavier Naidoo seine Fans mit Verschwörungstheorien, https://www.vice.com/de/article/939pwd/xavier-naidoo-verschwoerungstheorien-kinder-qanon-adrenochrom, zuletzt abgerufen 2020/05/04.

114 tagesschau.de: »Hygienedemos« – Jahrmarkt der kruden Ideen, https://www.tagesschau.de/faktenfinder/corona-demos-101.html, zuletzt abgerufen 2020/05/04.

115 Rupar, A.: Trump spent his holidays retweeting QAnon and Pizzagate accounts, https://www.vox.com/policy-and-politics/2020/1/2/21046707/trump-qanon-pizzagate-retweets, zuletzt abgerufen 2020/03/31.

116 Wilson, J.: Conspiracy theories like QAnon could fuel »extremist« violence, FBI says, https://www.theguardian.com/us-news/2019/aug/01/conspiracy-theories-fbi-qanon-extremism, (2019).

117 Stöcker, C.: How Facebook and Google accidentally created a perfect ecosystem for targeted disinformation. In: Grimme, C. and Preuss, M. (eds.) Conference Proceedings Misdoom 2019 (in press).

118 Neue Droge in Schulen? »Erdbeere schnell,« https://www.mimikama.at/allgemein/erdbeere-schnell/, zuletzt abgerufen 2020/02/22.
119 Pörksen, B.: *Die große Gereiztheit: Wege aus der kollektiven Erregung*. Carl Hanser, München (2018).
120 *SPIEGEL*: DAK-Report: Krankenkasse warnt vor Social-Media-Sucht unter Jugendlichen, https://www.spiegel.de/gesundheit/psychologie/dak-report-krankenkasse-warnt-vor-social-media-sucht-unter-jugendlichen-a-1196016.html, zuletzt abgerufen 2020/02/23.
121 Artwork Personalization at Netflix – Netflix TechBlog, https://netflixtechblog.com/artwork-personalization-c589f074ad76, zuletzt abgerufen 2020/02/22.
122 Raphael, R., Raphael, R.: Netflix CEO Reed Hastings: Sleep Is Our Competition, https://www.fastcompany.com/40491939/netflix-ceo-reed-hastings-sleep-is-our-competition, zuletzt abgerufen 2020/02/22.
123 Covington, P., Adams, J., Sargin, E.: Deep Neural Networks for YouTube Recommendations. In: *Proceedings of the 10th ACM Conference on Recommender Systems – RecSys '16*. pp. 191–198. ACM Press, Boston, Massachusetts, USA (2016). https://doi.org/10.1145/2959100.2959190.
124 Lewis, P.: »Fiction is outperforming reality«: how YouTube's algorithm distorts truth, https://www.theguardian.com/technology/2018/feb/02/how-youtubes-algorithm-distorts-truth, (2018).
125 Lischka, K., Stöcker, C., Bertelsmann Stiftung: Digitale Öffentlichkeit. Impuls Algorithmenethik. (2017). https://doi.org/10.11586/2017028.
126 Stöcker, C.: IS-Horrorvideos: Diese Videos sind in Ihrem Land leider verfügbar, http://www.spiegel.de/wissenschaft/mensch/islamischer-staat-horrorvideos-plaedoyer-fuers-wegsehen-a-1119722.html, (2016).
127 Hern, A.: YouTube accused of »violence« against young children over kids' content, https://www.theguardian.com/technology/2017/nov/07/youtube-accused-violence-against-young-children-kids-content-google-pre-school-abuse, (2017).
128 Tufekci, Z.: Opinion | YouTube, the Great Radicalizer, https://www.nytimes.com/2018/03/10/opinion/sunday/youtube-politics-radical.html, (2018).
129 Kaiser, J., Rauchfleisch, A.: The implications of venturing down the rabbit hole, https://policyreview.info/articles/news/implications-venturing-down-rabbit-hole/1406, zuletzt abgerufen 2020/01/20.
130 Fisher, M., Taub, A.: On YouTube's Digital Playground, an Open Gate for Pedophiles, https://www.nytimes.com/2019/06/03/world/americas/youtube-pedophiles.html, (2019).
131 Stöcker, C., Preuss, M.: Riding the Wave of Misclassification: How we End Up with Extreme YouTube Content. HCII2020, Kopenhagen (2020).
132 Berg, M.: The Highest-Paid YouTube Stars of 2019: The Kids Are Killing It,

https://www.forbes.com/sites/maddieberg/2019/12/18/the-highest-paid-youtube-stars-of-2019-the-kids-are-killing-it/, zuletzt abgerufen 2020/02/24.

133 Pew Research Center: Many Turn to YouTube for Children's Content, News, How-To Lessons, https://www.pewresearch.org/internet/2018/11/07/many-turn-to-youtube-for-childrens-content-news-how-to-lessons/, zuletzt abgerufen 2020/02/24.

134 Zahlen und Fakten: YouTube-Nutzung in Deutschland, https://www.klicksafe.de/themen/kommunizieren/youtube/zahlen-und-fakten-youtube-nutzung-in-deutschland/, zuletzt abgerufen 2020/02/24.

135 Infografik: Erfolgreiche Instagram-Fashion-Influencer in Deutschland, https://de.statista.com/infografik/7112/instagram-fashion-influencer/, last accessed 2020/02/24.

136 Serrato, R.: #Chemnitz on YouTube, https://threadreaderapp.com/thread/1036349167394795527.html, zuletzt abgerufen 2018/09/13.

137 Fisher, M., Bennhold, K.: As Germans Seek News, YouTube Delivers Far-Right Tirades, https://www.nytimes.com/2018/09/07/world/europe/youtube-far-right-extremism.html, (2018).

138 Video | ARD/ZDF-Forschungskommission, http://www.ard-zdf-onlinestudie.de/multimedianutzung/video/, zuletzt abgerufen 2020/02/23.

139 Habermas, J.: *Strukturwandel der Öffentlichkeit: Untersuchungen zu einer Kategorie der bürgerlichen Gesellschaft*; mit einem Vorwort zur Neuauflage 1990. Suhrkamp, Frankfurt am Main (2015).

140 Schmehl, K.: 7 der 10 erfolgreichsten Artikel über Angela Merkel auf Facebook sind Fake News. Buzzfeed.de.

141 Aragão, A., Silverman, C.: The Top Fake News Stories Outperformed Real News About A Major Scandal In Brazil, Too, https://www.buzzfeed.com/alexandrearagao/noticias-falsas-lava-jato-facebook-1, zuletzt abgerufen 2017/03/01.

142 Gibbs, S.: Google alters search autocomplete to remove »are Jews evil« suggestion, https://www.theguardian.com/technology/2016/dec/05/google-alters-search-autocomplete-remove-are-jews-evil-suggestion, (2016).

143 Scheiber, N.: How Uber Uses Psychological Tricks to Push Its Drivers' Buttons, https://www.nytimes.com/interactive/2017/04/02/technology/uberdrivers-psychological-tricks.html, https://www.nytimes.com/interactive/2017/04/02/technology/uber-drivers-psychological-tricks.html, (2017).

144 Google Duplex: An AI System for Accomplishing Real-World Tasks Over the Phone, http://ai.googleblog.com/2018/05/duplex-ai-system-for-natural-conversation.html, zuletzt abgerufen 2020/02/24.

145 Lyrebird: Ultra-realistic voice cloning and text to speech | Descript, https://www.descript.com/lyrebird-ai?source=lyrebird, zuletzt abgerufen 2020/02/24.
146 Stupp, C.: Fraudsters Used AI to Mimic CEO's Voice in Unusual Cybercrime Case, https://www.wsj.com/articles/fraudsters-use-ai-to-mimic-ceos-voice-in-unusual-cybercrime-case-11567157402, (2019).
147 Deutscher Bundestag – Öffentliche Fachgespräche, https://www.bundestag.de/ausschuesse/ausschuesse18/a23/anhoerungen, zuletzt abgerufen 2020/02/24.
148 Stöcker, C.: *Nerd Attack! Eine Geschichte der digitalen Welt vom C64 bis zu Twitter und Facebook*. DVA, München (2011).
149 Apple says that 500 million customers use Siri, https://www.businessinsider.com/apple-says-siri-has-500-million-users-2018-1?r=DE&IR=T, last accessed 2020/02/24.
150 Parmar, M.: Microsoft will retire Cortana on mobile devices in some markets, https://www.windowslatest.com/2019/11/17/microsoft-will-retire-cortana-on-mobile-devices-in-some-markets/, zuletzt abgerufen 2020/02/24.
151 Bohn, D.: Exclusive: Amazon says 100 million Alexa devices have been sold, https://www.theverge.com/2019/1/4/18168565/amazon-alexa-devices-how-many-sold-number-100-million-dave-limp, zuletzt abgerufen 2020/02/24.
152 Google Says Over 500 Million People Use Its Assistant Monthly, https://www.bloomberg.com/news/articles/2020-01-07/google-says-over-500-million-people-use-its-assistant-monthly, zuletzt abgerufen 2020/02/24.
153 Jin, H., Wang, S.: Voice-based determination of physical and emotional characteristics of users, https://patents.google.com/patent/US10096319B1/en, (2018).
154 Cellphone data seems to confirm that politics is ruining Thanksgiving, https://www3.bostonglobe.com/news/politics/2017/11/15/cellphone-data-seems-confirm-that-politics-ruining-thanksgiving/SWIqq8ydzZa1Z-7fpQ4C9eM/story.html?arc404=true, zuletzt abgerufen 2020/02/24.
155 Politics really is ruining Thanksgiving, according to data from 10 million cellphones, https://www.washingtonpost.com/news/wonk/wp/2017/11/15/politics-really-is-ruining-thanksgiving-according-to-data-from-10-million-cellphones/, zuletzt abgerufen 2020/02/24.
156 Chen, M.K., Rohla, R.: The effect of partisanship and political advertising on close family ties. *Science*. 360, 1020–1024 (2018). https://doi.org/10.1126/science.aaq1433.
157 Stephens-Davidowitz, S., Pinker, S.: *Everybody Lies: Big Data, New Data, and What the Internet Can Tell Us About Who We Really Are*. Dey Street, New York (2017).

158 Luca, M., Bazerman, M.H.: The Power of Experiments: Decision Making In a Data-driven World. The MIT Press, Cambridge, Massachusetts (2020).
159 *SPIEGEL*, D.: Stephen Wolfram über Auswertung von Facebook-Daten, https://www.spiegel.de/netzwelt/web/stephen-wolfram-ueber-auswertung-von-facebook-daten-a-896959.html, zuletzt abgerufen 2020/04/05.
160 Tufekci, Z.: Opinion | The Latest Data Privacy Debacle, https://www.nytimes.com/2018/01/30/opinion/strava-privacy.html, (2018).
161 Davenport, T.H.: China is catching up to the US on artificial intelligence research, http://theconversation.com/china-is-catching-up-to-the-us-on-artificial-intelligence-research-112119, zuletzt abgerufen 2020/04/05.
162 McDonell, S.: How Chinese authorities censor your thoughts, https://www.bbc.com/news/world-asia-china-41523073, (2017).
163 *SPIEGEL*, D.: Buchzensur: Chinesische Partei fürchtet Einfluss von Kinderbüchern, https://www.spiegel.de/kultur/literatur/buchzensur-chinesische-partei-fuerchtet-einfluss-von-kinderbuechern-a-1138582.html, zuletzt abgerufen 2020/02/25.
164 2019 China's Third-party Payment Data Report, http://www.iresearchchina.com/content/details8_55484.html, zuletzt abgerufen 2020/02/24.
165 China's AI Unicorns Can Spot Faces. Now They Need New Tricks, https://www.wired.com/story/chinas-ai-unicorns-spot-faces-new-tricks/.
166 Trump's Latest Salvo Against China Targets AI Firms, https://www.wired.com/story/trumps-salvo-against-china-targets-ai-firms/.
167 *SPIEGEL*, S.P.: Wie China die Uiguren überwacht: Ein Volk wird gehackt, https://www.spiegel.de/netzwelt/apps/china-wie-die-muslimische-minderheit-der-uiguren-ueberwacht-wird-a-1284783.html, zuletzt abgerufen 2020/02/24.
168 *SPIEGEL*, B.Z.: Xinjiang: In China entsteht ein ungeheuerlicher Überwachungsstaat, https://www.spiegel.de/politik/xinjiang-in-china-entsteht-ein-ungeheuerlicher-ueberwachungsstaat-a-00000000-0002-0001-0000-000158500367, zuletzt abgerufen 2020/02/24.
169 Ng, Y.S.: China forces its Muslim minority to install spyware on their phones, https://mashable.com/2017/07/21/china-spyware-xinjiang/, zuletzt abgerufen 2020/02/24.
170 China: How Mass Surveillance Works in Xinjiang, https://www.hrw.org/video-photos/interactive/2019/05/02/china-how-mass-surveillance-works-xinjiang, zuletzt abgerufen 2020/02/24.
171 *Süddeutsche Zeitung* China: Xi Jinping, Präsident auf Lebenszeit, https://www.sueddeutsche.de/politik/china-xi-jinping-praesident-auf-lebenszeit-1.3901314, zuletzt abgerufen 2020/04/07.

172 Planning Outline for the Construction of a Social Credit System (2014-2020), https://chinacopyrightandmedia.wordpress.com/2014/06/14/planning-outline-for-the-construction-of-a-social-credit-system-2014-2020/, zuletzt abgerufen 2020/02/24.

173 Hatton, C.: China sets up huge »social credit« system, https://www.bbc.com/news/world-asia-china-34592186, (2015).

174 Huang, Z.: All Chinese citizens now have a score based on how well we live, and mine sucks, https://qz.com/519737/all-chinese-citizens-now-have-a-score-based-on-how-well-we-live-and-mine-sucks/, zuletzt abgerufen 2020/02/24.

175 Horwitz, J.: China's Tencent is quietly testing a »social credit score« based on people's online behavior, https://qz.com/1049669/chinas-tencent-hkg-0700-is-quietly-testing-a-social-credit-score-based-on-peoples-online-behavior/, zuletzt abgerufen 2020/02/24.

176 Tencent Credit Score Launching Soon On WeChat & QQ – China Channel, https://chinachannel.co/tencent-credit-score-wechat/, zuletzt abgerufen 2020/02/24.

177 Carman A. TikTok reaches 2 billion downloads. The Verge 2020; Im Internet: https://www.theverge.com/2020/4/29/21241788/tiktok-app-download-numbers-update-2-billion-users

178 Crawford, K., Paglen, T.: Excavating AI, https://www.excavating.ai, zuletzt abgerufen 2020/02/25.

179 Gershgorn, D.: The data that transformed AI research—and possibly the world, https://qz.com/1034972/the-data-that-changed-the-direction-of-airesearch-and-possibly-the-world/, zuletzt abgerufen 2020/02/25.

180 *SPIEGEL*, C.S.: »Crowdsourcing«: Zwei Cent für den Schafzeichner, https://www.spiegel.de/netzwelt/web/crowdsourcing-zwei-cent-fuer-den-schafzeichner-a-453450.html, zuletzt abgerufen 2020/02/25.

181 *SPIEGEL*, C.S.: Künstliche Intelligenz: Saurier auf Surfbrettern, https://www.spiegel.de/wissenschaft/mensch/kuenstliche-intelligenz-saurier-auf-surfbrettern-christian-stoecker-a-1198543.html, zuletzt abgerufen 2020/02/25.

182 Machkovech, S.: Google dev apologizes after Photos app tags black people as »gorillas,« https://arstechnica.com/information-technology/2015/06/google-dev-apologizes-after-photos-app-tags-black-people-as-gorillas/, zuletzt abgerufen 2020/02/25.

183 Julia Angwin, J.L.: Machine Bias, https://www.propublica.org/article/machine-bias-risk-assessments-in-criminal-sentencing, zuletzt abgerufen 2020/02/25.

184 equivant: Official Response to Science Advances, https://www.equivant.com/official-response-to-science-advances/, zuletzt abgerufen 2020/02/26.

185 Dressel, J., Farid, H.: The accuracy, fairness, and limits of predicting

recidivism. *Sci. Adv*. 4, eaao5580 (2018). https://doi.org/10.1126/sciadv.aao5580.

186 Computers and criminal justice – Are programs better than people at predicting reoffending? *The Economist*, https://www.economist.com/science-and-technology/2018/01/17/are-programs-better-than-people-at-predicting-reoffending, zuletzt abgerufen 2020/02/25.

187 Lin, Z. »Jerry,« Jung, J., Goel, S., Skeem, J.: The limits of human predictions of recidivism. *Sci. Adv*. 6, eaaz0652 (2020). https://doi.org/10.1126/sciadv.aaz0652.

188 Ali, M., Sapiezynski, P., Bogen, M., Korolova, A., Mislove, A., Rieke, A.: Discrimination through Optimization: How Facebook's Ad Delivery Can Lead to Biased Outcomes. *Proc. ACM Hum.-Comput. Interact*. 3, 1–30 (2019). https://doi.org/10.1145/3359301.

189 HUD files charges against Facebook over housing ad discrimination – *CNN*, https://edition.cnn.com/2019/03/28/tech/facebook-hud-ad-discrimination/index.html, zuletzt abgerufen 2020/02/25.

190 Katharina Zweig, *Ein Algorithmus hat kein Taktgefühl*. Heyne, München (2019), S. 262.

191 Roser, M.: Economic Growth. *Our World in Data*. (2013).

192 Freedman, A.H., Gronau, I., Schweizer, R.M., Ortega-Del Vecchyo, D., Han, E., Silva, P.M., Galaverni, M., Fan, Z., Marx, P., Lorente-Galdos, B., Beale, H., Ramirez, O., Hormozdiari, F., Alkan, C., Vilà, C., Squire, K., Geffen, E., Kusak, J., Boyko, A.R., Parker, H.G., Lee, C., Tadigotla, V., Siepel, A., Bustamante, C.D., Harkins, T.T., Nelson, S.F., Ostrander, E.A., Marques-Bonet, T., Wayne, R.K., Novembre, J.: Genome Sequencing Highlights the Dynamic Early History of Dogs. *PLoS Genet*. 10, e1004016 (2014). https://doi.org/10.1371/journal.pgen.1004016.

193 Harari, Y.N.: *Eine kurze Geschichte der Menschheit*. DVA, München (2013).

194 Kolbert, E.: *Das sechste Sterben: Wie der Mensch Naturgeschichte schreibt*. Suhrkamp, Berlin (2017).

195 Jefferson, T.: Notes on the state of Virginia. (2012).

196 Mann, C.C.: *The Wizard and the Prophet: Two Remarkable Scientists and Their Dueling Visions to Shape Tomorrow's World*. Alfred A. Knopf, New York (2018).

197 Weisskopf, M.: Scientist Says Greenhouse Effect Is Setting In, https://www.washingtonpost.com/archive/politics/1988/06/24/scientist-says-greenhouse-effect-is-setting-in/3844f00f-42f4-420f-8811-62de6c989d8f/, (1988).

198 Shabecoff, P.: Global Warming Has Begun, Expert Tells Senate, https://www.nytimes.com/1988/06/24/us/global-warming-has-begun-expert-tells-senate.html, (1988).

199 Cook, J., Supran, G., Oreskes, N., Maibach, E., Lewandowsky, S.: Exxon has misled Americans on climate change for decades. Here's how to fight back, https://www.theguardian.com/commentisfree/2019/oct/23/exxon-climate-change-fossil-fuels-disinformation, (2019).
200 Nuccitelli, D.: The Republican Party stands alone in climate denial, https://www.theguardian.com/environment/climate-consensus-97-per-cent/2015/oct/05/the-republican-party-stands-alone-in-climate-denial, (2015).
201 Erickson, A.: The U.S. has more climate skeptics than anywhere else on earth. Blame the GOP., https://www.washingtonpost.com/news/worldviews/wp/2017/11/17/the-u-s-has-more-climate-skeptics-than-anywhere-else-on-earth-blame-the-gop/, zuletzt abgerufen 2020/03/12.
202 Dickinson, T.: Six Years of Deceit, https://www.rollingstone.com/politics/politics-news/six-years-of-deceit-192430/, zuletzt abgerufen 2020/04/22.
203 *SPIEGEL*, P.B.: Gefährliche Zoonosen: Auf Umwegen züchtet der Mensch neue Seuchen, https://www.spiegel.de/wissenschaft/natur/pandemien-und-ihre-ursachen-so-zuechtet-der-mensch-ungewollt-neue-seuche n-a-00000000-0002-0001-0000-000170323296, zuletzt abgerufen 2020/04/10.
204 Facebook, YouTube, Twitter, LinkedIn, Instagram: Regional Extinction of Myotis lucifugus Due to Psychrophilic Geomyces destructans and Persisting White-Nose Syndrome, http://www.lakeforest.edu/live/news/5513-regional-extinction-of-myotis-lucifugus-due-to?preview=1, zuletzt abgerufen 2020/04/22.
205 Crutzen, P.J.: Geology of mankind. *Nature*. 415, 23–23 (2002). https://doi.org/10.1038/415023a.
206 Preston, D.: The Day the Dinosaurs Died, https://www.newyorker.com/magazine/2019/04/08/the-day-the-dinosaurs-died, zuletzt abgerufen 2020/02/18.
207 Global Assessment Report on Biodiversity and Ecosystem Services | IPBES, https://ipbes.net/global-assessment, zuletzt abgerufen 2020/02/15.
208 Veron, J.E.N.: Mass extinctions and ocean acidification: biological constraints on geological dilemmas. Coral Reefs. 27, 459–472 (2008). https://doi.org/10.1007/s00338-008-0381-8.
209 Cooper, A.H., Brown, T.J., Price, S.J., Ford, J.R., Waters, C.N.: Humans are the most significant global geomorphological driving force of the 21st century. *The Anthropocene Review*. 5, 222–229 (2018). https://doi.org/10.1177/2053019618800234.
210 Subramanian, M.: Anthropocene now: influential panel votes to recognize Earth's new epoch. *Nature*. (2019). https://doi.org/10.1038/d41586-019-01641-5

211 Feeley, K.J., Silman, M.R., Bush, M.B., Farfan, W., Cabrera, K.G., Malhi, Y., Meir, P., Revilla, N.S., Quisiyupanqui, M.N.R., Saatchi, S.: Upslope migration of Andean trees: Andean trees migrate upslope. *Journal of Biogeography*. 38, 783–791 (2011). https://doi.org/10.1111/j.1365-2699.2010.02444.x.

212 Greenfield, P., Watts, J.: JP Morgan economists warn climate crisis is threat to human race, https://www.theguardian.com/environment/2020/feb/21/jp-morgan-economists-warn-climate-crisis-threat-human-race, (2020).

213 Hansen, J., Sato, M., Hearty, P., Ruedy, R., Kelley, M., Masson-Delmotte, V., Russell, G., Tselioudis, G., Cao, J., Rignot, E., Velicogna, I., Tormey, B., Donovan, B., Kandiano, E., von Schuckmann, K., Kharecha, P., Legrande, A.N., Bauer, M., Lo, K.-W.: Ice melt, sea level rise and superstorms: evidence from paleoclimate data, climate modeling, and modern observations that 2 °C global warming could be dangerous. *Atmos. Chem. Phys*. 16, 3761–3812 (2016). https://doi.org/10.5194/acp-16-3761-2016.

214 Arctic permafrost is thawing fast. That affects us all., https://www.nationalgeographic.com/environment/2019/08/arctic-permafrost-is-thawing-it-could-speed-up-climate-change-feature/, zuletzt abgerufen 2020/02/15.

215 Weiss, S.: The climate crisis has sparked a Siberian mammoth tusk gold rush, https://www.wired.co.uk/article/mammoth-tusk-hunters-russia-china, (2019).

216 Kippelemente – Achillesfersen im Erdsystem. Potsdam-Institut für Klimafolgenforschung.

217 Rahmstorf, S., Box, J.E., Feulner, G., Mann, M.E., Robinson, A., Rutherford, S., Schaffernicht, E.J.: Exceptional twentieth-century slowdown in Atlantic Ocean overturning circulation. Nature Clim Change. 5, 475–480 (2015). https://doi.org/10.1038/nclimate2554.

218 NSSM 200 The Kissinger Report: Implications of Worldwide Population Growth for U.S. Security and Overseas Interests. Suzeteo Enterprises, Greenwood (2014).

219 https://ourworldindata.org

220 Bricker, D.J., Ibbitson, J.: *Empty Planet: The Shock of Global Population Decline*. Corwn, New York (2019).

221 Wiesner, G.: Der Lebensverlängerungsprozess in Deutschland: Stand – Entwicklung – Folgen. Robert-Koch-Inst, Berlin (2001).

222 Landrigan, P.J., Fuller, R., Acosta, N.J.R., Adeyi, O., Arnold, R., Basu, N. (Nil), Baldé, A.B., Bertollini, R., Bose-O'Reilly, S., Boufford, J.I., Breysse, P.N., Chiles, T., Mahidol, C., Coll-Seck, A.M., Cropper, M.L., Fobil, J., Fuster, V., Greenstone, M., Haines, A., Hanrahan, D., Hunter, D., Khare, M., Krupnick, A., Lanphear, B., Lohani, B., Martin, K., Mathiasen, K.V.,

McTeer, M.A., Murray, C.J.L., Ndahimananjara, J.D., Perera, F., Potočnik, J., Preker, A.S., Ramesh, J., Rockström, J., Salinas, C., Samson, L.D., Sandilya, K., Sly, P.D., Smith, K.R., Steiner, A., Stewart, R.B., Suk, W.A., van Schayck, O.C.P., Yadama, G.N., Yumkella, K., Zhong, M.: The Lancet Commission on pollution and health. *The Lancet*. 391, 462–512 (2018). https://doi.org/10.1016/S0140-6736(17)32345-0.

223 Coupland, D.: *Generation A*. Scribner, New York (2009).

224 The Tragedy of the Commons. *Science*. 162, 1243–1248 (1968). https://doi.org/10.1126/science.162.3859.1243.

225 Newell, B.R., McDonald, R.I., Brewer, M., Hayes, B.K.: The Psychology of Environmental Decisions. *Annu. Rev. Environ. Resour*. 39, 443–467 (2014). https://doi.org/10.1146/annurev-environ-010713-094623.

226 *Süddeutsche Zeitung*: Endlich der Größte, https://www.sueddeutsche.de/leben/vip-klick-roman-abramowitsch-endlich-der-groesste-1.951042, last accessed 2020/04/22.

227 Zureck, D.: Abramowitsch lässt grüßen, https://www.welt.de/print/wams/reise/article113687945/Abramowitsch-laesst-gruessen.html, (2013).

228 *SPIEGEL* Superschiff: Milliardär Abramowitsch will Preis für seine Yacht drücken, https://www.spiegel.de/wirtschaft/unternehmen/superschiff-milliardaer-abramowitsch-will-preis-fuer-seine-yacht-druecken-a-731204.html, zuletzt abgerufen 2020/04/21.

229 Banerjee, A.V., Duflo, E.: Gute Ökonomie für harte Zeiten: Sechs Überlebensfragen und wie wir sie besser lösen können. Penguin, München (2020).

230 Lobo, S.: *Realitätsschock: Zehn Lehren aus der Gegenwart*. Kiepenheuer & Witsch, Köln (2019).

231 BP's Carbon Footprint Calculator, https://www.treehugger.com/renewable-energy/bps-carbon-footprint-calculator.html, zuletzt abgerufen 2020/05/01.

232 Calculate, https://www.bptargetneutral.com/uk/calculate/, zuletzt abgerufen 2020/05/01.

233 Rockström, J., Gaffney, O., Rogelj, J., Meinshausen, M., Nakicenovic, N., Schellnhuber, H.J.: A roadmap for rapid decarbonization. Science. 355, 1269–1271 (2017). https://doi.org/10.1126/science.aah3443.

234 Pachauri, R.K., Mayer, L., Intergovernmental Panel on Climate Change eds: Climate change 2014: synthesis report. Intergovernmental Panel on Climate Change, Geneva, Switzerland (2015).

235 Global Carbon Project (GCP), https://www.globalcarbonproject.org/carbonbudget/index.htm, zuletzt abgerufen 2020/05/02.

236 Drosihn, D., et al.: Daten und Fakten zu Braun- und Steinkohlen. Umweltbundesamt (2017).

237 Teure Steinkohle – Der Kampf um Subventionen, https://www.deutschlandfunkkultur.de/teure-steinkohle-der-kampf-um-subventionen.976.de.html?dram:article_id=436329, zuletzt abgerufen 2020/05/02.
238 Poetschke, F.: Hohe Kosten durch unterlassenen Umweltschutz, https://www.umweltbundesamt.de/presse/pressemitteilungen/hohe-kosten-durch-unterlassenen-umweltschutz, zuletzt abgerufen 2020/05/01.
239 Kohleausstieg, Stromimporte und -exporte sowie Versorgungssicherheit. Agora Energiewende (2017).
240 Barabási, A.-L.: *The Formula: The Universal Laws of Success*. Little, Brown and Company, New York (2018).
241 How global inequality changed from 2003 to 2013 and what we can expect for the future, https://ourworldindata.org/how-global-inequality-has-changed-from-2003-to-2013, zuletzt abgerufen 2020/05/01.
242 An Economy For the 1%, https://www.oxfam.org/en/research/economy-1, zuletzt abgerufen 2020/04/26.
243 Kuznets, S.: National Income 1929–1932. A report to the U.S. Senate, 73rd Congress, 2nd Session. US Government Printing Office, Washington, DC (1934).
244 Kuznets, S.: How to Judge Quality. *The New Republic*. Vol. 147, 29 ff (1962).
245 Raworth, K.: *Die Donut-Ökonomie: Endlich ein Wirtschaftsmodell, das den Planeten nicht zerstört*. Hanser, München (2018).
246 OECD: Istanbul Declaration, https://www.oecd.org/newsroom/38883774.pdf, (2007).
247 dpicampaigns: About the Sustainable Development Goals, https://www.un.org/sustainabledevelopment/sustainable-development-goals/, last accessed 2020/05/02.
248 McAfee, A.: *Mehr aus weniger: Die überraschende Geschichte, wie wir mit weniger Ressourcen zu mehr Wachstum und Wohlstand gekommen sind – und wie wir jetzt unseren Planeten retten*. DVA, München (2019).
249 Hickel, J., Kallis, G.: Is Green Growth Possible? *New Political Economy*. 1–18 (2019). https://doi.org/10.1080/13563467.2019.1598964.
250 Berger, A.: CLIMATE: An Exceptionally Long Interglacial Ahead? Science. 297, 1287–1288 (2002). https://doi.org/10.1126/science.1076120.
251 Askins, S.A., Jost, N., Aguila, A.F., Anglade, L., Nardin, G., Duchemin, M., Gerlich, F., Ackerman, M., Coulot, L., Levrat, D., Petri, J., Faes, A., Champliaud, J., Despeisse, M., Domínguez Domínguez, C., Antón Hernández, I.: Performance of Hybrid Micro-Concentrator Module with Integrated Planar Tracking and Diffuse Light Collection. In: *Proceedings of the 46th IEEE PVSC. Ies*, Chicago (2019).

252 Lee, K., Kim, N., Kim, K., Um, H.-D., Jin, W., Choi, D., Park, J., Park, K.J., Lee, S., Seo, K.: Neutral-Colored Transparent Crystalline Silicon Photovoltaics. *Joule*. 4, 235–246 (2020). https://doi.org/10.1016/j.joule.2019.11.008.
253 Liu, X., Gao, H., Ward, J.E., Liu, X., Yin, B., Fu, T., Chen, J., Lovley, D.R., Yao, J.: Power generation from ambient humidity using protein nanowires. *Nature*. 578, 550–554 (2020). https://doi.org/10.1038/s41586-020-2010-9.
254 Harnessing Plants Initiative, https://www.salk.edu/harnessing-plants-initiative/, zuletzt abgerufen 2020/05/03.
255 *SPIEGEL*: CO2-Emissionen der europäischen Stromproduktion stark gesunken, https://www.spiegel.de/wissenschaft/mensch/europa-co2-emissionen-der-europaeischen-stromproduktion-stark-gesunken-a-9ae4d0f0-b031-4388-a35d-fe6c7ab28628, zuletzt abgerufen 2020/05/03.
256 Is exponential growth of solar PV the obvious conclusion? – Analysis, https://www.iea.org/commentaries/is-exponential-growth-of-solar-pv-the-obvious-conclusion, zuletzt abgerufen 2020/05/03.